U0526322

本书受到国家社科基金项目"新时代中国法律史学的新发展"（项目批准号20STA010）的资助

中国法律史学的新发展（2012—2020）

张生 —— 主编
姚宇 —— 副主编

中国社会科学出版社

图书在版编目(CIP)数据

中国法律史学的新发展.2012—2020/张生主编.—北京：中国社会科学出版社，2023.9
ISBN 978-7-5227-2516-1

Ⅰ.①中… Ⅱ.①张… Ⅲ.①法制史—研究—中国—现代 Ⅳ.①D929.7

中国国家版本馆 CIP 数据核字（2023）第 165841 号

出 版 人	赵剑英	
责任编辑	郭如玥	
责任校对	杨　林	
责任印制	郝美娜	

出　　版	中国社会科学出版社	
社　　址	北京鼓楼西大街甲 158 号	
邮　　编	100720	
网　　址	http://www.csspw.cn	
发 行 部	010-84083685	
门 市 部	010-84029450	
经　　销	新华书店及其他书店	

印刷装订	北京君升印刷有限公司	
版　　次	2023 年 9 月第 1 版	
印　　次	2023 年 9 月第 1 次印刷	

开　　本	710×1000　1/16	
印　　张	25.75	
插　　页	2	
字　　数	449 千字	
定　　价	148.00 元	

凡购买中国社会科学出版社图书，如有质量问题请与本社营销中心联系调换
电话：010-84083683
版权所有　侵权必究

序

党的十八大以来，以习近平总书记为核心的党中央高度重视传承和弘扬中华优秀传统法律文化。习近平总书记在中央全面依法治国工作会议上指出："自古以来，我国形成了世界法制史上独树一帜的中华法系，积淀了深厚的法律文化。""历史和现实告诉我们，只有传承中华优秀传统法律文化，从我国革命、建设、改革的实践中探索适合自己的法治道路，同时借鉴国外法治有益成果，才能为全面建设社会主义现代化国家、实现中华民族伟大复兴夯实法治基础。"习近平总书记在党的二十大报告中也特别提出，弘扬社会主义法治精神，传承中华优秀传统法律文化，引导全体人民做社会主义法治的忠实崇尚者、自觉遵守者、坚定捍卫者。这为新时代中国法律史学指明了方向。

以史为鉴，可知兴替。中国传统法律是中华民族传统文化的重要组成部分，在数千年的历史发展进程中，既延续着其基本体系样式、运作机制、价值理念，又因应时势屡有变迁，形成了独具特色的法律文化，至今仍深刻影响着人们的法律心理和法律观念。中国法律史学扎根于中华法系数千年深邃思考与宏大实践当中，不同代际的中国法律史学人以"贯通古今"的使命感、责任感，怀着深厚的"传统"情结，致力于传统法律研究，努力将民族法律传统与法律智慧同他们所置身的现实法律环境衔接起来，取得了辉煌成就。

中国特色社会主义进入新时代以来，中国法律史学界响应时代号召，克服重重困难，2012年至2020年间，中国法律史学取得的成果颇为丰硕，无论是在宏观的、体系的概括总结上，还是在具体而精微的考辨上，都有值得注意的成就。具体而言，广大学人继承学科优良传统，勤奋整理、努力考辨重要法制史料，探索具有中国特色的法律史学研究范式、推动法律史研究方法多元发展，守正创新，努力实现传统法律创造性转化，在正本清源的基础上为新时代法治中国建设做出属于自己的贡献。

探赜钩深：法律史料整理与研究

中国法律史学的主要研究对象是历史上的法律现象。要科学、客观地研究传统法律，就必须回到具体的历史语境之中，讲清楚什么是传统法律，讲清楚传统法律文化的体系样式、构成要素、演变机制、内在价值，对中国传统法律形成客观的认识和本原的理解。法律史的真实与客观性以法律史料的真实性及对其运用的科学性为前提，要廓清传统法律的本相，就必须系统收集、考证分析、甄别运用法律史料。正所谓"论由史出""史论结合"，法律史料是法律史学研究的基础，是法史学人立论说理的学术基础。法律史料整理与研究对于中国法律史学的健康、持续发展有着重要意义，长期以来都是法律史学界所关注的基础性工程。2012 年以来，中国法律史学界投入大量资源，多角度、全方位地开展法律史料整理研究工作，整理、出版了大量法律史料，并在此基础上推出不少内容丰富、影响力大的法律史料汇编、题录、提要、评析类作品。

2012 年以来，中国法律史学界对立法文献的整理编纂取得了重大的突破，被誉为"红色法经"的《革命根据地法律文献选辑》等成果集中反映了学界在相关领域达到的水平，为展开扎实的法律史研究提供了可靠的资料。新的《唐律疏议》点校本、围绕佚失已久的宋《天圣令》残卷产生的考证译注作品、《宋会要辑稿》点校本等新成果在丰富我们对于传统法本相的认识的同时，也说明了传统法律研究和立法文献整理之课题的持久生命力。学者们对《晋书·刑法志》《元史·刑法志》等部分正史《刑法志》也做了更加精密的校读乃至成体系的译注，斟酌文义，辨析句读，力求推出更加精准的善本，重现刑志文本的真实面貌，以此为契机探索、反思相应年代法制体系的真实状况。中国法律史学界在礼制典籍、国家和地方律令文献、传统律学著作等传世法律文献的整理研究方面也有新的成果。

随着法律史料发掘、整理工作的深入推进，新时代中国法律史学的研究领域从静态的法律制度史扩展到动态的法律实施、法律文化等多个层面，律令典籍以外的其他诸多史料也进入研究者的视野。司法档案领域，中国法律史学者整理汇编了冕宁司法档案、安顺司法档案、龙泉司法档案、民国时期江苏司法档案等珍贵史料，以原始材料全面展示特定时期、特定地域的司法组织、诉讼程序、司法活动参与者、司法文书的流转等各方面信息。这一时期，"司法档案"的学术内涵也在扩展，革命根据地司法档案、新中国成立后的司法档案等传统上学界利用不足的材料也逐渐受到重视，学术研究中的空白被渐次填补。民族法律文献领域，中国法律史学者对少数民族传统法律文献进行了整理汇编，展示了大一统多民族国家的基本国情背景下各少数民族历史上积累的法典法规、乡规民约、司法文书等多种文献，勾勒出传统上以中原王朝中央法制为典范和代表的"中华法系"的另一重面貌。此外，法律史学者在契约文书、法律碑刻、讼师秘本等法律史料整理研究方面也取得了重大成就。学者们在利用出土文献和"非传统"史料等各类新资料研究中国传统法律时，也强调对经典传世法律文献的研读，提倡将新见文献与经典的、传世的文献两相结合、彼此印证，既了解当时的整体背景和时代风貌，也深化对于相关具体议题的理解。

随着信息技术的不断进步，包括诉讼档案在内的大量法律史料以数字化、网络化的形式得到复制和传播，为学界提供了极大的便利。2012年以来，江津司法档案、龙泉司法档案、东京审判文献等珍贵史料通过在线数据库的形式走向网络，极大地提升了这些珍贵材料的使用的便利性。

法律史料为法律史学研究提供了资源，而法律史料本身也是值得研讨的独立对象。对法律史料本身的整理、评介已成为中国法律史学内部相对独立的一个分支，即"法律文献学"。2012年以来，中国法律史学界推出了不少从通论和断代、宏观和微观相结合的视角对法律史料的存量、分布等情况作扼要说明的著作。这些成果兼具工具书、教学参考书和研究论著的品格，是学界对法律文献整理研究经验的提炼总结，对学者鉴别、分析、运用相关材料有着重要的参考价值。

总的来说，新时代的中国法律史学继承了严谨治学、注重史料的优良传统，在通史和断代法律史料整理研究领域皆取得可圈可点的成绩。法律史料的整理研究，为法律史学研究带来了极大的便利，拓展了中国法律史学的研究视野，也孕育着新的法律史学研究范式。大量第一手文献的整理出版，催生了一批运用原始材料展开高水平研究的论著，提升了学界对相关问题的研究高度，深化了认识水平。同时，新的法律史料以及既有法律史料的新解，也为学界提出了新的研究命题，启发学人反思成说，实现学术上的创新突破。

百花齐放：法律史研究方法的探索

中国法律史学是法学与历史学的交叉学科，兼具法学与历史学的学术品格。自近代法律史学产生以来，注重材料的法律考据学和回应现实需要的法律史论学之分野就已经存在。由此导致的一大格局就是，中国法律史领域长期存在"历史学的法律史"和"法学的法律史"两种具有影响力的学术倾向。

中国法律史学从史料出发，旨在遵循一定的方法和理论，继而揭示历史上的法律经验、理性和价值，从这个意义上说，中国法律史学既是历史的，也是理论的。作为个体的研究者，其研究兴趣、目的各有不同，但就作为一个学科整体和知识体系的中国法律史学而言，其研究目的应在于传统法律的传承和发展。考辨法律史料、追索法系源流之所以重要，就是因为收集整理、考证阐释法律史料是对传统法律最重要、最基本的传承。而在传承的基础上，又生出如何进一步寻求传统法律之发展的问题。这个问题真正关系到中国法律史学作为一门法学基础学科的存在意义，也足以彰显中国法律史学的宗旨、追求与境界。进入新时代以来，中国法律史学界既在专门的方法论研讨中呈现百家争鸣的态势，也在具体研究中有意识地采用更加多样的研究方法。2012年以来的相关研究成果既有对法律史方法论的专论，也涉及对法学方法、史学方法等多种方法的切实运用，形成了法律史学研究方法多元、繁荣的局面。

面对新时代本学科的机遇与隐忧，中国法律史学人把握新中国成立七十周年、中国共产党建党百年、中国法律史学会创办四十周年等重要事件的契机，在回顾学科发展历程的同时，对于法律史研究方法这一话题自身进行了自觉的梳理、反思和展望。不少学者对中国法律史学科发展历史上采用的各类研究方法进行了回顾与总结，反思各种习用的法律史学研究范式和"法律儒家化"等袭用已久的经典话语，提倡在研究方法领域锐意创新，警惕研究方法的教条化、单一化，要重视和吸收历史学、部门法学等相关学科的相关前沿成果，保持现实关怀，对史料和法律史现象进行深入解读。可以说，在中国法律史学从"显学"到面临"危机"再到"新拓展"的过程中，关于研究方法的研讨与对既往研究的总结反思相伴而行，探讨力度日趋强化。而在2012年以来的法律史学具体研究中，学界运用以下几类较有代表性的方法，取得了显著成效。

法学方法。 中国法律史的学科建制属于法学，法律史学者也大多具备法学知识背景，这极大地塑造了中国法律史学研究方法的基本面貌。法学方法强调培育研究者的法学思维，注重对法律进行规范分析和体系化把握，对法理法意进行深入的阐释。学者们不止步于对法史真相本身的还原，而意在对历史上的法律现象背后的原因、价值或启示进行阐发，对法律的历史作出建构性的理论阐释。新时代法律史学者们推出的成果，既有根据现代部门法体系划分，对各时期的立法、民事经济法律制度、刑事法律制度、司法组织和诉讼制度等领域的史料进行分析、分类和体系搭建者，也有试图总结特定时期法律体系之概貌者。比如，有学者对明清"律例"法律体系之说提出质疑，认为应以"典例"代之，强调会典类文献在明清法律体系中的最高位阶。学者们还针对唐代诉讼制度的运行模式、宋代国家立法对私权益的保护、传统法下司法官员的裁判逻辑和价值取向等问题开展了分析，为法律史和部门法学、法律实践的对话搭建了有益的平台。

历史学方法。 理论素养的提升必须与史料阅读、整理与考证能力的增强相结合，理论阐释必须立足于真实的资料和详细的考辨，如此才能得出富有说服力和解释力的法史研究成果。2012年以来，学者们发扬中国历史学的考据传统，认真辨析法制史料的真伪、传承源流等方面情况，考证具体法律史实的本真含义。学者们发挥历史学方法关注历时性、擅长归纳推理的优势，立足史料本身，力图还原史实本真，对远至北魏天兴律令性质形态演变、《唐律疏议》的成书年代和文本构成、元宪宗朝钩考事件的性质，近至著名的"马锡五审判方式"在边区之实践状况等各类课题进行考辨，在事实层面丰富乃至改写了我们对法律史的认知，为学科进一步发展打下了扎实的基础。

此外，学者们还从其他人文社科学科汲取营养，学习相应方法，应用于法律史研究实践当中。比如，有学者将语言学的方法和视角引入唐律研究，梳理归纳传统法律典型概念，以规范分析的立场审视传统法律术语的功能、地位和深远影响。再如，有学者借鉴人类学家开展田野调查的方法，利用田野调查的成果补文献研究之不足，在清代县域民事纠纷、碑石等非传统法律史学资料整理研究等领域取得了新颖的成果。又如，有学者遵循法律社会史的路径，强调法律与社会整体之间的密切关系，由此研讨清末民初山区社会变迁与法律生态等议题。还有学者受文化学与类型化分析思路的启发，试图总结归纳中国传统法律内蕴的文化基因，探求中华法文化的源流和底色。中国法律史学由此日益加强与其他学科的对话、互鉴，加强了本学科与其他学科之间的交流合作，拓展了研究视野。

新时代的法史学术实践表明，无论是对昔日法理的深邃思辨，还是对法律史事的精详考论，只要方法运用得当，都能产出经得起时间检验的研究成果，而在科学认识与深刻把握基础上的融会贯通、诸法并用也值得提倡。总之，新时代的中国法律史学在"研究方法"领域，较诸以往，有了更多自觉检讨与勇敢尝试，这也为中国法律史学的未来发展提供了重要的思路和支持。

守正创新：传统法律的创造性转化、创新性发展

习近平总书记指出，中国式现代化，深深植根于中华优秀传统文化，体现科学社会主义的先进本质，借鉴吸收一切人类优秀文明成果，代表人类文明进步的发展方向，展现了不同于西方现代化模式的新图景，是一种全新的人类文明形态。中华传统法文化历史悠久、底蕴深厚、内涵丰富，绵延千载而从未中断，其中的很多优秀因子有着超越具体时空的积极意义，完全可以被当代中国的法治建设所吸收、借鉴。从这个意义上说，新时代中国法律史学的价值和意义已经超越了理论层面，它与社会主义法治建设有着极为密切的现实性关联。

从清末改法修律，到南京国民政府时期完成"六法全书"体系，立法者和法学家们皆以"参考古今，博稽中外"相标榜，却无一能切实地传承传统法律，无不以混合继受外国法为能事，致使数千年的法律传统在近代化进程中发生断裂。不可否认的是，对外国法律的持续继受是近现代中国法制变革的重要路径，这一过程中所吸纳的优秀法律成果已成为中国现当代法律的有机组成部分。但是，传统与现代法律文化之间，也因此出现了深刻的断裂。披着体系化、西方化外壳的中国法律失去了与中国社会深刻、密切的内在联系，也难以得到中国传统文化的滋养，成为无根之木、无源之水，既难于发挥应有的治理功效，也丧失了体系生长、发展的生命力。

当代中国已经形成了中国特色社会主义法律体系，全面依法治国已经成

为写入宪法的治国基本方略，但我们也必须清醒地看到，同党和国家事业发展要求相比，同人民群众期待相比，同推进国家治理体系和治理能力现代化目标相比，当代中国的法治建设还存在许多不适应、不符合的问题。如何贡献历史的、民族的法律智慧，回应现实问题，成为中国法律史学的时代使命。这就要求法史学者着眼时代大局，倾听时代呼声，在对传统法律的文化内涵和传统形式形成科学、全面认识的基础上，认真梳理、总结出至今仍有借鉴价值的优秀法律传统，对其进行科学改造，激活其生命力。这就是传统法律的创造性转化。2012年以来，中国法律史学围绕传统法律的创造性转化这一具有重大理论和实践意义的命题进行了热烈的讨论。

在长期历史实践中，中华法系逐渐形成了民惟邦本的民本主义、德法互补的治国要略等优良传统。2012年以来，中国法律史学界着力挖掘中华法文化中蕴含的优秀传统和理性因素，深入挖掘中华法系千年以来积累的宝贵经验教训。新时代中国法律史学界围绕传统中国礼法结合、德刑并用的独特法律秩序，探索其形成根源，思索传统法本体及其深层次的秩序结构与文化根源，深入研讨并积极介绍中国古代基于人文精神形成的道德法律共同治理、礼乐刑政综合作用的历史传统，为推动依法治国与以德治国更加紧密结合、促进国家治理体系与治理能力现代化做出了贡献。中国古代司法裁判依据的多元化特点也引起学者的关注，学界针对情理裁判等彰显传统法律理性的课题深入研讨，为当代司法活动提供借鉴。

无论是在独立发展的古代，还是在固有法同继受法激烈碰撞的近现代，中国法律都积累了大量遗产，其中不乏能与当代法治建设直接衔接者。新时代中国法律史学界密切关注当代法治前沿议题，总结归纳法律史上的相关实践经验与启示。学界针对国家监察体制改革与纪检监察立法，围绕中国古代监察法制通史、传统监察机构和监察法制、近代监察法制等内容展开热烈讨论。随着《民法典》等编纂、公布实施，以民法典编纂为代表的法典化工程成为热点话题。学者们深入研究中国固有民事法律的遗产、近代民事立法和民法体系等课题，为推动立法更加科学合理、适应国情建言献策。法史学界在司法体制改革、司法判例的效力与功能、证据制度、突发灾害事件应对、生态环境法律等部门法在中国的历史文化渊源等领域也有重要成果。

总体上来说，进入新时代以来，中国法律史学界努力谋求对传统法律的科学阐释和创新发展，发掘传统法律的当代价值，为促进传统法律创造性转化作了认真的努力，对在新时代传承弘扬优秀传统法律文化，从我国革命、建设、改革的实践中探索适合国情的中国法治道路，为中国式现代化提供民族法治文化支持作出了应有的理论贡献。

2012年以来的中国法律史学虽然取得了长足进步，但依然存在一些显著的不足。部分研究者的史料功夫不足，在诸多珍贵原始材料或精良的史料整理本日益可及的情况下，使用二手资料的情况依然不时可见，陈陈相因、以讹传讹的情况也偶有发生。部分研究者对研究方法的理解不准确、不科学，将研究方法视为教条，不能融会贯通、灵活运用，疏于把握特定方法的适用场合，影响了研究质量。部分研究成果还出于惯性地将"传统法律对现代法治建设的启发"引向一些为人们所熟知的宏大话语，未能紧密联系时代主题，对传统法律的创造性转化贡献有限。

要之，波澜壮阔的新时代为中国法律史学开辟了前所未有的大好局面，推动了中国法律史学研究的显著进步，同时也对法史学人提出了更高的要求。正所谓"辨章学术，考镜源流"，梳理新时代中国法律史学的学术思想发展脉络，整理、评析、归纳总结本学科在新时代取得的重要研究成果和最新研究动向，继承和发扬法史学的优秀学术传统，既是响应党和国家的号召、加快法史学科体系建设、推动作为法学基础学科的中国法律史学迈向健全扎实目标的必然要求，也是当代学人坚定文化自信、挖掘传统法律的史鉴价值、助力新时代法治中国建设不可回避的使命责任。

中国社会科学院法学研究所是新中国成立后组建的具有较高学术水准的国家级法学研究机构，多年以来，本所法制史研究室除努力开展科研攻关之外，还逐渐形成了为新中国法律史学著史的学术传统，在中国法律史学史撰述与研究方面做了认真的探索。法制史研究室曾两次编纂《中国法律史学的新发展》，对中国法律史学界在一定时段内取得的研究成果进行认真梳理，评析具有代表性的研究成果，总结学科成就与缺憾，把握学科发展动向，为学界同人和广大读者探求学问门径、追踪学术前沿提供重要参考。本书承国家社科基金项目"新时代中国法律史学的新发展"资助，赓续法制史研究室为中国法律史著史的光荣传统，沿用《中国法律史学的新发展》的书名。

在本书编撰过程中，我们邀请到来自中国社会科学院法学研究所、中央民族大学、中国政法大学等科研机构、高校的多位专家学者和青年才俊参加本书写作。本书稿件出自众手，各位作者的学术阅历、研究兴趣不尽相同，各章具体节次排布和行文风格也各有特点，适足观照不同历史时段法律史研究的基本格局，以利读者鉴别、参考。我们衷心期望本书对加快构建中国特色哲学社会科学学科体系、学术体系、话语体系，为繁荣和发展中国特色理论法学、推动中国法律史学迈向新的高度起到一定的促进作用。

由于时间仓促，加以学力、目力所限，本书必然有诸多不足之处。我们真诚期待并热烈欢迎广大法史同人和读者朋友批评指正。

是为序。

中国社会科学院法学研究所研究员　张生
2022 年 12 月 31 日

目　录

第一章　总论 ……………………………………………………（1）
　一　2012—2020年中国法律史学热点论题述要 ……………（1）
　二　法律文献整理研究的新进展 ……………………………（15）
　三　中国法律史学研究历程回顾与研究方法探索 …………（20）
　四　中国法律史学研究前景展望 ……………………………（27）

第二章　先秦法律史研究 ………………………………………（31）
　一　研究状况概述 ……………………………………………（31）
　二　重要专题研究 ……………………………………………（34）
　三　未来研究展望 ……………………………………………（41）

第三章　秦汉法律史研究 ………………………………………（44）
　一　研究状况概述 ……………………………………………（44）
　二　重要专题研究 ……………………………………………（54）
　三　未来研究展望 ……………………………………………（65）

第四章　魏晋南北朝法律史研究 ………………………………（68）
　一　研究状况概述 ……………………………………………（68）
　二　重要专题研究 ……………………………………………（73）
　三　未来研究展望 ……………………………………………（81）

第五章　唐代法律史研究 ………………………………………（83）
　一　关于《唐律疏议》的研究 ………………………………（83）
　二　关于《天圣令》和唐代法制的研究 ……………………（85）

三　关于唐代民事经济法律制度的研究………………………（86）
四　关于唐代刑事法律制度的研究……………………………（90）
五　关于唐代诉讼制度的研究…………………………………（92）
六　关于唐代判词的研究………………………………………（92）
七　关于唐代刑法奏表的研究…………………………………（98）

第六章　宋代法律史研究……………………………………（103）
一　关于宋代法律文化的研究…………………………………（104）
二　关于宋代法律制度变迁的探讨……………………………（107）
三　关于宋代鞫谳分司的商榷…………………………………（109）
四　关于乌台诗案的新发现……………………………………（116）
五　关于苏轼法律活动的重新评价……………………………（120）
六　关于宋代法律人的研究……………………………………（125）

第七章　元代法律史研究……………………………………（130）
一　关于元代法制南北差异的历史影响………………………（132）
二　关于元代"弃律用例"的原因分析………………………（135）
三　关于元代"十恶"有无之争………………………………（137）
四　关于元代"临阵先退者死"律的历史演变………………（137）
五　关于蒙古族"登高四射"的习惯法意义…………………（138）
六　关于元朝烧埋银起源的新发现……………………………（141）
七　关于元代"敲"刑的有无之辨……………………………（142）
八　关于"阿蓝答儿钩考"的制度渊源………………………（144）
九　关于元代推官"独专刑名"的含义………………………（146）
十　关于元代江南"好讼"之风的新认识……………………（150）
十一　关于元代贪污恶性发展的主要原因……………………（152）

第八章　明代法律史研究……………………………………（156）
一　法律文献的整理与出版……………………………………（156）
二　法律思想研究………………………………………………（157）
三　法律体系与律学研究………………………………………（158）
四　刑事法律制度研究…………………………………………（165）

五　民商事法律制度研究 ································ (167)
　六　行政法律制度研究 ································· (168)
　七　司法与诉讼制度研究 ······························· (172)
　八　司法实践与法律文化研究 ··························· (175)

第九章　清代法律史研究 ································ (179)
　一　法律文献的整理与出版 ····························· (179)
　二　法律与清代政治文化研究 ··························· (181)
　三　法律体系与律学研究 ······························· (184)
　四　刑事法律制度研究 ································· (191)
　五　民商事法律制度研究 ······························· (196)
　六　行政法律制度研究 ································· (200)
　七　司法与诉讼制度研究 ······························· (202)
　八　司法实践与法律文化研究 ··························· (207)

第十章　中国法律近代化研究 ···························· (216)
　一　法律近代化综论 ··································· (216)
　二　近代法律概念的研究 ······························· (219)
　三　法律文化的近代影响 ······························· (230)
　四　近代立法研究 ····································· (233)
　五　民商法近代化 ····································· (234)
　六　刑法近代化 ······································· (238)
　七　行政法近代化 ····································· (239)
　八　司法近代化 ······································· (241)
　九　区域法治近代化 ··································· (246)

第十一章　晚清法律改革研究 ···························· (250)
　一　晚清法律改革综论 ································· (250)
　二　晚清法律概念的研究 ······························· (251)
　三　晚清宪政改革 ····································· (256)
　四　晚清法律文化研究 ································· (260)
　五　晚清刑法改革 ····································· (264)

六　晚清民商事法改革 …………………………………（270）
　　七　晚清司法制度改革 …………………………………（274）
　　八　晚清诉讼制度改革 …………………………………（280）
　　九　晚清法治人物研究 …………………………………（283）

第十二章　民国法律史研究 ……………………………（292）
　　一　民国宪法与宪法相关法研究 ………………………（292）
　　二　民国行政法研究 ……………………………………（298）
　　三　民国民法研究 ………………………………………（302）
　　四　民国刑法研究 ………………………………………（306）
　　五　民国司法研究 ………………………………………（307）
　　六　民国边疆法律史研究 ………………………………（314）
　　七　法学思潮与法政人物思想研究 ……………………（315）

第十三章　革命根据地法律史研究 ……………………（323）
　　一　革命根据地法制综合整理研究 ……………………（323）
　　二　革命根据地宪法研究 ………………………………（325）
　　三　革命根据地民事经济法制研究 ……………………（327）
　　四　革命根据地刑事法制研究 …………………………（331）
　　五　革命根据地司法研究 ………………………………（334）
　　六　革命法学理论与法律文化研究 ……………………（339）

参考文献 …………………………………………………（343）

后　记 ……………………………………………………（395）

第一章

总 论

中国特色社会主义进入新时代以来，以习近平同志为核心的党中央把全面依法治国纳入"四个全面"战略布局，法治在国家治理体系和社会生活中的地位得到全面提高。面对新时代法治建设新形势，党中央高度重视传承和发扬中华优秀传统法律文化，力求发扬民族智慧、厚培法治沃壤。作为新时代推进全面依法治国的纲领性文件，《法治中国建设规划（2020—2025年）》明确提出："挖掘和传承中华优秀传统法律文化，研究、总结和提炼党领导人民推进法治建设实践和理论成果。"总之，新时代为中国法律史学开创了新局面、新机遇，也对广大学人提出了新问题、新要求。2012—2020年间，中国法律史学立足既有成果，锐意进取，研究视野不断拓展，研究方法日益精进，研究水平在质和量的层面均有明显提升。

需要说明的是，本章作为"总论"，重点在于评介总体、宏观、通达色彩比较突出的研究成果。为免与后续章节重复，断代特征比较明显的一些成果不在本章研讨之列。

一 2012—2020年中国法律史学热点论题述要

2012—2020年，中国法律史学科自身的知识架构日益完善，更加积极地面向社会需求，努力回应重大理论与现实关切。如果说21世纪开端的中国法律史学界"正在扎扎实实地进行着一场学科的革命"[①]，那我们现在或

[①] 中国社会科学院法学研究所法制史研究室编：《中国法律史学的新发展》，中国社会科学出版社2008年版，第1页。

许可以说，这场"学科的革命"不仅尚未结束，而且进行得更加全面、深入了。在此过程中，中国法律史学在既有成果基础上，既围绕传统议题进行深入讨论，也开拓新的研究领域，围绕一系列热点论题形成了可观的学术产出。这些热点论题既有关于制度的，也有关于文化、思想的；其成果既有贯通中华法系数千年宏观史的，也有所涉时段相对较短或从特定方面、角度入手的。不少成果具有较高的思想性、理论性。具体而言，这一时期学界热点论题主要涉及以下几个方面。

（一）传统法律的创造性转化、创新性发展

法学学科是实践性很强的学科。为当代法治实践提供历史文化滋养，传承和发展传统法律、实现传统法律的创造性转化和创新性发展，是中国法律史学科作为法学基础学科的庄严使命。2012—2020年间，中国法律史学界紧密关注法治中国建设形势，围绕司法体制改革、监察体制改革、民法典编纂等重要议题，从传统立法、法律组织、法律实践、法律文化等多角度入手，深入研讨传统法律蕴含的理性因素，挖掘几千年来积累的宝贵经验教训，以著作、论文、报告等形式将成果分享给法学界，为当代法治建设建言献策。

中国政法大学终身教授张晋藩是新中国法律史学科重要的开拓者和奠基人。他以博大的视野、深厚的学养和强烈的责任感、使命感，耄耋之年依然笔耕不辍，独力撰成《全面依法治国与中华法文化的创造性转化研究》一书。作者在书中设置了"国以民为本，本固则邦宁""治国皆有法，立法须适应社会生活与国情需要""以法治国，以德化民，德法共治"等八个专题，从法治思想、立法原则、德法关系、严法治吏、良法善治、司法文化、普法宣传、依法治国等角度，全面、系统、深入地展开论述，划定了"中华法文化创造性转化"宏大命题的基本疆域，具有重要的学术价值。[①] 2012—2020年间，作者还围绕深化监察体制改革、强化对公权力的监督、完善中国特色社会主义民事立法等重大、具体议题，撰成《综论中国古代司法渎职问题》[②]《俸禄与廉政史鉴》[③]《中国古代司法文明

[①] 张晋藩：《全面依法治国与中华法文化的创造性转化研究》，中国政法大学出版社2019年版。

[②] 张晋藩：《综论中国古代司法渎职问题》，《现代法学》2012年第1期。

[③] 张晋藩、杨静：《俸禄与廉政史鉴》，《国家行政学院学报》2013年第5期。

与当代意义》①《中国古代司法监察的历史管窥》②《中国古代监察机关的权力地位与监察法》③《以史为鉴 可知兴替》④《晚清制定民法典的始末及史鉴意义》⑤等一系列理论水平和现实关怀兼备的论文，代表中国法律史学界发出强有力的声音。

尤陈俊《"案多人少"的应对之道：清代、民国与当代的比较研究》将近年来广受关注的"案多人少"局面上溯到清代，形成一种贯通式的研究。作者提出，清代和民国不少地方的司法机关都曾经历"案多人少"的窘况。清代官方主要依靠刻意限制民众提起诉讼时可以使用的"制度资源"，从而打压其诉讼需求；民国以来，官方则放弃了这种做法，将努力的重心转向增加新式法院数量、扩充专业法官队伍。在这个过程中，对有关"调解"的话语资源的有意利用尤其值得注意。作者建议，当代中国若要务实有效地应对"案多人少"，不能单靠大量扩充法官编制、增加法官人数，而应重组优化现有制度资源，妥善地利用包括"调解"在内的各种话语资源，弥补可供利用的现有制度资源之不足。⑥

王立民《中国传统法典条标的设置与现今立法的借鉴》提出，从《唐律疏议》《宋刑统》，直至《大明律》《大清律例》，中国传统法典一般都设置条标。作为每条法条前的标题，条标集中反映了法条内容。作者认为，设置条标的做法对当代立法具有重要借鉴意义。⑦谢鸿飞《历史法学的思想内核及其中国复兴》回顾德国历史法学兴起、发展、衰落、"再发现"的历程，并以此为重要参考系来观察"与旧法统彻底割裂"的中国法律与法学。作者直面中国法学"历史意识的丧失、历史品格的阙如和历史精神的羸弱"之现实，呼吁当代民事立法为最典型的"活法"——习惯留出空间，呼吁当代法律学人重视法律的历史维度。⑧

---

① 张晋藩：《中国古代司法文明与当代意义》，《法制与社会发展》2014年第2期。
② 张晋藩：《中国古代司法监察的历史管窥》，《中国党政干部论坛》2014年第10期。
③ 张晋藩：《中国古代监察机关的权力地位与监察法》，《国家行政学院学报》2016年第6期。
④ 张晋藩：《以史为鉴 可知兴替》，《中国法律评论》2017年第5期。
⑤ 张晋藩：《晚清制定民法典的始末及史鉴意义》，《法律科学》（西北政法大学学报）2018年第4期。
⑥ 尤陈俊：《"案多人少"的应对之道：清代、民国与当代的比较研究》，《法商研究》2013年第3期。
⑦ 王立民：《中国传统法典条标的设置与现今立法的借鉴》，《法学》2015年第1期。
⑧ 谢鸿飞：《历史法学的思想内核及其中国复兴》，《中国法律评论》2015年第2期。

陈光中、朱卿《中国古代诉讼证明问题探讨》提出，在古代侦、控、审职能不分的体制下，"证明"主要是审判机关的职责，但案件的原告需要提供一定的证据，被告人更承担着证明自己有罪的责任。在诉讼证明标准方面，中国古代司法始终注重追求客观真相，其具体的制度表述日趋具体、明确，也越来越强调依据口供定罪。中国古代虽曾有疑罪从无的思想，但在法律规定上采取疑罪从轻、从赎的原则。古代诉讼证明制度深受专制主义政治体制的制约，反映了纠问制诉讼模式的特征，同时也从一个侧面体现了中国古代的司法文明。作者站在为当代司法体制改革提供经验教训的角度，设专节分析当代司法"侦查中心""联合办案"的实践格局、刑讯逼供与冤假错案、口供主义流毒、实践中疑罪"从轻"的错误做法等问题与固有法律传统的关系。[①]

张生《中国律例统编的传统与现代民法体系中的指导性案例》提出，中国古代逐渐确立了律典简约化的理念与条例成文化的技术，并在此基础上实行律例统编，形成了"律为正文，例为附注"的兼具稳定性与灵活性的法律体系。中国近代在移植大陆法系国家民法制度的过程中，经过二十余年的探索，建立了简约化的民法典与判例要旨共构的民法体系。中国古代与近代律例统编的经验教训，对我国当代建构稳定性与灵活性兼备的民法体系、完善指导性案例制度具有借鉴意义。作者提出，为更好发挥指导性案例的作用，在简约化民法典的体系下，我国民事指导性案例应当成文化，与民法典统编；同时创建指导性案例的整理与变更制度，完善以民法典为纲、以指导性案例为目之民法体系。[②]

2012—2020年，传统法律创造性转化、创新性发展是中国法律史学科当之无愧的核心、热点议题。这一时期，作为本学科国家一级学会的中国法律史学会也多次围绕这一主题组织学术年会，为广大学者打造宣读成果、交流心得、凝聚共识的高规格平台。具体而言，中国法律史学会2012年学术年会主题为"法律与国情：中华法制文明再探讨"；2013年学术年会主题为"中华传统法智慧与百年移植法制的本土化改良"；2014年学术年会主题为"中国边疆法律治理的历史经验"；2015年学术年会主题为"传统法律文化与现代法治文化"；2016年学术年会主题为"法制转型与政治文明"；2017

---

① 陈光中、朱卿：《中国古代诉讼证明问题探讨》，《现代法学》2016年第5期。

② 张生：《中国律例统编的传统与现代民法体系中的指导性案例》，《中国法学》2020年第3期。

年学术年会主题为"中国传统司法的智慧";2018年学术年会主题为"中华法文化与法治中国建设";2019年学术年会主题之一为"中国历史上立法·司法的技术与文化";2020年学术年会主题为"古今对话:中国国家治理中的法治实践"。历届年会均有来自其他部门法学科和实务部门的嘉宾与会,与法史学人展开对话,呈现出法史与法治互动、学术与实践沟通的热烈局面。

(二) 中国传统法律及其实践

中国有着数千年的制定法传统,积累了多种形式的成文法律,形成了完备的司法组织、独特的裁判模式和精深的法律思维。2012—2020年间,传统中国的法律体系、法律形式、部门法律、司法制度、法律推理等话题依然受到学界关注。随着法律史学研究领域的扩大和研究视角的更新,研究者的视野也逐渐从制度文本移向制度运行实况,对动态实践与静态制度关系的研讨进一步深化了学界对传统法律的理解。

杨一凡、刘笃才《历代例考》对历史上各类"例"的起源、内容、演变及其在各代法律体系中的地位和功能进行了系统的考证,认为在中国古代法律体系中,律、令、例是为历朝广泛采用的最基本的法律形式。作者提出,中国古代的立法史表明,随着时间的推移和社会的进步,"例"发挥的作用越来越突出。明清两代制定了大量条例、则例等例,不仅刑事法律需要通过以例补律、以例辅律的途径实施,就是国家社会生活的方方面面也都需要以例规范。作者认为,不了解例,就无法真正懂得中国古代法制。[①]

楼劲《魏晋南北朝隋唐立法与法律体系:敕例、法典与唐法系源流》讨论魏晋南北朝立法与法律体系的主要脉络及一系列重要问题。全书围绕"制敕与法典的关系"这一帝制时代法制根本问题,着眼于敕例编纂立法化和法典化进程的起伏,勾画了该时期立法与法律体系发展的主线——魏晋以来制定法作用和地位日益突出,至唐初形成律、令、格、式统一指导举国行政的格局,但盛唐以后这一格局迅速瓦解,整个法律体系重新开始以各种敕例为中心来整合和发展。该书篇幅浩大,眼光长远,上溯两汉,下及宋初,问题意识清晰,具有重要的学术价值。[②]

[①] 杨一凡、刘笃才:《历代例考》,社会科学文献出版社2012年版。
[②] 楼劲:《魏晋南北朝隋唐立法与法律体系:敕例、法典与唐法系源流》,中国社会科学出版社2014年版。

蒲坚编著《中国法制史大辞典》系编者倾注近十年心血编纂而成。该书涉猎广泛、体系严整、内容丰富，上及传说时代，下至民国和革命根据地法制，涵盖了各个时期立法、司法、监察等多个领域的主要内容。该书凝聚了编者研究中国法制史研究五十余年来的收获心得，兼具工具书和学术论著的品格。① 陈新宇《帝制中国的法源与适用：以比附问题为中心的展开》对传统中国法学的关键性概念"比附"进行全面研究，考察其词性与功能，梳理比附所援引的三种法源——经义、制定法、案例法，分析其适用位阶。随后，作者通过对以比附为中心的帝制中国法适用模式的提炼与总结，基于中国法主体性立场，从法文化整体性的视角和政治哲学的维度总结中国法的特质，回应"中国法是否是卡迪司法"的论争。②

岳纯之《中国古代礼法关系新论——以春秋战国至唐代为中心》将礼法关系与制定法传统联系起来。作者提出，中国古代的"礼"就是指一系列的外在礼仪规范，礼仪内在地包含了礼义和礼具，礼义和礼具正是通过礼仪才发挥了其沟通神人、规范行为、彰显尊卑亲疏男女长幼秩序的功能。礼与官制、法律等可能曾经有过共同的起源，在后世也存在某些相互影响，但这都不能成为礼包含官制、法律等的证据。礼并不是中国古代的根本法，它不具备根本法的形式特征和实质特征，甚至不完全具备法律的特征。如果以其包含了当时社会的主流价值观为由，遂认定其为根本法，则无异于将所有立足于、体现和服务于当时价值观的法律都上升为根本法。作者指出，成文法时代的行为人违礼未必会招来刑法的制裁，行为人合礼也未必能免于刑戮，判断的标准关键在于行为是否同时违反了律、令、格、式等法律规范。作者强调，在一个礼、法等规范形式已有明确分化的成文法时代，用具有远古传说色彩的"出礼入刑"来概括后世礼法关系并不完全合乎史实。③

杨一凡、朱腾主编《历代令考》是近百年来首次出版的系统考证古代"令"的著作，汇集了中国大陆、中国台湾和日本学者研究古代"令"这一独特法律形式的代表性成果。全书分为秦汉令考、魏晋南北朝令考、唐令考、宋令考、元明令考等五大部分，下分近三十个专题。该令在收录仁井田

---

① 蒲坚编著：《中国法制史大辞典》，北京大学出版社2015年版。

② 陈新宇：《帝制中国的法源与适用：以比附问题为中心的展开》，上海人民出版社2015年版。

③ 岳纯之：《中国古代礼法关系新论——以春秋战国至唐代为中心》，《法治研究》2016年第1期。

陛、高明士等海内外学者论著的同时，兼顾新秀的佳作；在择录经典文章的同时，也及时跟进针对宋《天圣令》等新见珍稀史料的研究动态。①

张晋藩主编《中国古代司法文明史》是国家社科基金重大课题"中国古代司法文明及当代意义研究"的结项成果，近 200 万字，依时代先后勒为四卷：第一卷主要论述先秦秦汉时期的司法文明史，第二卷主要论述魏、晋、隋、唐和宋代的司法文明史，第三卷主要论述辽、西夏、金、元和明代的司法文明史，第四卷主要论述清代的司法文明史。②张晋藩《中国监察法制史》将中国古代的权力监督传统追溯至夏商时期，通过对监察法制发展历程的详尽考论，指出中国古代监察制度深深植根于中华民族文化土壤，具有鲜明的特征，其发展历程充分体现了中华民族的智慧与创造力。中国古代统治者不仅注重监察体制的完善，而且致力于监察法的制定，以保证监察效能的发挥。③

这一时期，中国法律史学者在中国法制史理论概括和阐释方面取得突出成果。朱勇《论中国古代的"六事法体系"》提出，中国古代制度建构的基本模式是"官法同构"，至明清时代，与中央六部官制相对应、以吏事法等六事法为主体的"六事法体系"成熟、完善，这一法律体系体现了中国古代国家治理、社会管理方式的鲜明特色，展示了中华民族的政治智慧与法律智慧。④作者随后在《"官法同构"：中国古代的大国治理之路》中进一步提出，中国古代法律适应大国治理的基本需要，首先注重对于文武百官的全面治理，以直接"治官"推动间接"治民"，古代法律实现了"官民兼治"的双重目标。国家法律将普通社会主体概括为君、官、民三大类别，并对由此产生的君官、官官、官民三大涉官关系实行重点调整。中国传统法律重点调整涉官关系，重点规制官吏行为，推动法律对于文武百官实施紧逼式"贴身"规制，促成了"官法同构"的制度体系建构模式。⑤

刘晓林《传统刑律中的死刑限制及其技术策略——以〈唐律疏议〉中的"至死"为中心的考察》以唐律相关条款用语为考察重点，提出中国传统刑律在技术层面直接表现出对死刑适用的限制。作为立法语言的"至死"

---

① 杨一凡、朱腾主编：《历代令考》，社会科学文献出版社 2017 年版。
② 张晋藩主编：《中国古代司法文明史》，人民出版社 2019 年版。
③ 张晋藩：《中国监察法制史》，商务印书馆 2019 年版。
④ 朱勇：《论中国古代的"六事法体系"》，《中国法学》2019 年第 1 期。
⑤ 朱勇：《"官法同构"：中国古代的大国治理之路》，《学术月刊》2019 年第 11 期。

即出现于律典或法律规范中的直接表述,其基本含义沿袭了汉代之后正史文献中常见的"罪至死""法至死"等内容,但表述形式、用法与功能则与法典体例、刑罚结构及刑等累加计算标准直接相关。作者考察《唐律疏议》中"至死"的分布特征,认为律设"至死"表达着特定意图。立法者通过技术手段欲达到死刑限制的有效性与罪刑均衡相协调,而限制死刑的内在要求与统治者据以控制司法官员的技术策略相一致。①

中国传统法律制度与实践也是海外学者长期关注的话题。2012—2020年间,不少海外作品被译介来华。在这些作品中,日本学者的研究成果占有相当比重。日本学者寺田浩明《权利与冤抑:寺田浩明中国法史论集》收录15篇论文。作者虽来自域外,却对中国法情有独钟,试图用"首唱—唱和""权利—冤抑""非规则的法律形态"等理论概念来归纳中国历史上的法律现象,尝试在世界范围的文明比较视野中,从理论的高度来内在地理解中国法的历史位置。该书的诸多观点对中国法律史学界产生了重要影响。② 日本学者高桥芳郎《宋至清代身分法研究》收录作者从事研究工作25年来所发表的有关身份法的论文,每篇论文独立成章,又相互联系,在分别解决宋以后身份法若干关键问题的基础上,共同构成了作者对这一时期身份法史的基本理解。作者致力于采用身份法的观点来研究中国社会,在着重于"法"的层面进行探讨的同时,还大量使用各个时代的笔记、小说、方志等社会史资料,对宋元以来的奴婢、雇工人等底层社会的身份特征及其概念内涵详加辨析,剖析国家统治与社会实态之间的变革与互动。③

杨一凡、寺田浩明联合主编《日本学者中国法制史论著选》共四卷,从先秦秦汉、魏晋隋唐、宋辽金元、明清等四大时段入手,介绍了日本学者对中国法制史研究所取得的一些代表性成果。④ 日本学者夫马进编《中国诉讼社会史研究》收录了中国大陆、中国台湾、日本等多地学者围绕"中国诉讼社会史"这一新颖话题撰写的一系列文章,所涉时段从秦汉一直延伸

---

① 刘晓林:《传统刑律中的死刑限制及其技术策略——以〈唐律疏议〉中的"至死"为中心的考察》,《四川大学学报》(哲学社会科学版) 2019 年第 6 期。

② [日] 寺田浩明:《权利与冤抑:寺田浩明中国法史论集》,王亚新等译,清华大学出版社 2012 年版。

③ [日] 高桥芳郎:《宋至清代身分法研究》,李冰逆译,上海古籍出版社 2015 年版。

④ 杨一凡、[日] 寺田浩明主编:《日本学者中国法制史论著选》,中华书局 2016 年版。

到近现代，展现不同时段的中国作为"诉讼社会"的不同侧面。① 中国学者陈煜编译了含著名法学家庞德（Roscoe Pound）在内的来自美、英、法、加拿大、荷兰等国的十位学者的论文，合编成《传统中国的法律逻辑和司法推理——海外学者中国法论著选译》一书。该书所收各篇论文的成文时代和行文风格差异不小，但都侧重于分析中国法律的内在机理，试图用一种动态的眼光考察法律在现实生活中的应用逻辑。②

（三）中国传统法律文化研究

传统法律文化有着持久的生命力和潜移默化的影响力，并未因传统法律在形式上的中断而退出历史舞台；相反，它在当代社会依然起到不可忽视的作用。梳理传统法律文化的发展源流、对传统法律文化的本相形成清楚认识，是认识传统法律文化乃至整套传统法的必然要求，也是科学评估传统法律文化价值、为当代法治建设提供有益借鉴的逻辑前提。中国法律史学界围绕这一话题展开热烈探讨、进行理论提炼，形成诸多有代表性的研究成果。

中国人民大学一级教授曾宪义担任总主编的《中国传统法律文化研究》共计十卷，包括《礼与法：中国传统法律文化总论》（曾宪义、马小红主编）、《罪与罚：中国传统刑事法律形态》（赵晓耕主编）、《身份与契约：中国传统民事法律形态》（赵晓耕主编）、《官与民：中国传统行政法制文化研究》（范忠信主编）、《狱与讼：中国传统诉讼文化研究》（胡旭晟主编）、《律学与法学：中国法律教育与法律学术的传统及其现代发展》（曾宪义、王健、闫晓君主编）、《冲突与转型：近现代中国的法律变革》（夏锦文主编）、《输出与反应：中国传统法律文化的域外影响》（马小红、史彤彪主编）、《借鉴与移植：外国法律文化对中国的影响》（叶秋华、王云霞主编）、《传承与创新：中国传统法律文化的现代价值》（夏锦文主编）。该丛书作者群体规模大，项目课题组包含来自全国各高校、科研单位的学者数十人；内容覆盖广，时代上打通古代与近现代，领域上兼及制度与文化，地理范围上兼及中国与域外，对中国传统法律文化展开了全面、认真、系统的梳理评价；编纂过程艰辛，历时较长，丛书总主编生前未能看到该书正式发布，留

---

① ［日］夫马进编：《中国诉讼社会史研究》，范愉、赵晶等译，浙江大学出版社2019年版。

② 陈煜编译：《传统中国的法律逻辑和司法推理——海外学者中国法论著选译》，中国政法大学出版社2016年版。

下永久的遗憾。该丛书集中反映了学界在传统法律文化研究领域达到的水平。①

张晋藩《论中国古代司法文化中的人文精神》提出,"司法活动应坚持以人为本原则"的思想在中国可谓古已有之。西周确立的"明德慎罚"思想和儒家阐发的"仁政"思想,对司法理论与实践具有深远影响,是中国古代司法中人文精神的集中体现。在司法实践中形成的维护亲情伦理、坚持"五听"、限制刑讯、矜恤老幼妇残、慎待死刑等一系列司法原则与制度在汉朝以后不断发展,司法中体现人文精神的内容日益丰富。由于君主专制国家对个人权利的压制与侵害,加之儒家理论对专制王权的辩护、对团体本位和义务本位的宣扬,以人为本原则与制度在司法中难以真正与持久地发挥其应有的作用。作者提出,重新探讨与审视中国古代司法中的人文精神,可以让传统中的积极因素在新的历史条件下更好地得以继承与发扬。②

高明士《律令法与天下法》提出,战国秦汉以来到隋唐的法制发展,总的说来可以概括为对内实施律令法、对外实施天下法。律令法约束每一个人的行为,天下法则约束域外君长,两者终极目标均在德化百姓。作者长期主持台湾地区"唐律研读会",在读律基础上深入思考、论述了中华法系形成过程中的一系列重要问题。③徐忠明《明镜高悬:中国法律文化的多维观照》从"核心观念""器物与图像""档案虚构""人物与制度""诗与小说"等几点切入,对中国古代法律进行跨学科考察,涉及概念解读、人物考证、文化解释、制度梳理、司法实践考索、律条档案分析等多方面内容。作者试图通过勾勒和描述中国法律史图像,改变目前中国法律史的研究格局。④

陈晓枫《中国基本法文化的特征及其当代变迁》立足文化人类学的视角,提出中西方社会在由血缘组织走向地缘组织的过程中分别确立了共尊一权权威和共尊统一规则的不同秩序,由此奠定了中西基本法的始基。两者在后续发展中形成了迥异的权力来源观、法律层级观和权利保障观,这些文化基因决定了基本法能否走进近现代宪法。中国基本法文化在近代重构了西方宪法文化,由此形成民族化的、保留着一定非立宪主义趋向的中国宪法文

---

① 曾宪义总主编:《中国传统法律文化研究》(十卷本),中国人民大学出版社2012年版。
② 张晋藩:《论中国古代司法文化中的人文精神》,《法商研究》2013年第2期。
③ 高明士:《律令法与天下法》,上海古籍出版社2013年版。
④ 徐忠明:《明镜高悬:中国法律文化的多维观照》,广西师范大学出版社2014年版。

化，进而决定、引导和型塑着中国宪法和法律的变迁。① 苏亦工《天下归仁：儒家文化与法》集中反映了作者关于儒家法治思想的研究成果。在书中，作者对中国传统法律儒家化问题、诚信原则与中华伦理背景、儒家思想与司法公正、"和谐"与"斗争"理念的文化渊源等作了阐述，对法律与道德的语境、中西法律文化的共同点等提出见解，对《唐律》《四库提要》等作出独到解读。②

德法互补、德法共治是中国传统法律的重要特点，也是中华法文化对人类法治文明的重要贡献之一。这一传统同依法治国与以德治国相结合的时代智慧具有很强的契合度，受到学界的重点关注。张晋藩《论中国古代德法互补的法文化》提出，德法互补是中华法文化的核心内容和精华所在。在中国古代，"德"的功用之一在于以德化民，唤起民的内在正直天性，使民远恶迁善，使人心纳于正道的规范。以德化民不仅表现为内在的化人性之恶，也表现为外在的化不良之俗。然而，纯任德化不足以安民立政、禁暴止邪，要推动国家机器正常运转，必须辅之以政刑法度。因此，历代统治者都奉行"法为治国之具"的主张，由皇帝亲掌国家立法和司法，形成一系列具体的立法和司法原则。中国古代德法互补的法文化是中华民族智慧的结晶，也是法律思维的杰出创造。它不仅具有高度的理论研究价值，更具有极为现实的借鉴意义。③ 朱勇《中国古代社会基于人文精神的道德法律共同治理》立足于中西文明比较的角度，阐释德法共治的中国传统。作者提出，中国古代社会崇尚人文精神，在国家治理中坚持以人类自身的力量与智慧解决人类面临的问题；基于人文精神形成的道德法律结合，在中国古代官吏制约、基层社会治理方面取得突出成效。这一治理模式维护了国家统一、社会稳定与文化绵延，展示了中华文化的人文情怀，体现了中华民族的文化自信。法律借道德获得自身的正当性，并通过对于道德的依附而发挥调整社会关系、规范社会秩序的作用，对于中国传统法律本身产生诸多重大影响。④

俞荣根《儒家法思想通论》（修订本）侧重研究先秦诸子各家法思想的比较，从中国古代思想体系宏观层面出发，系统梳理孔子、孟子、荀子的法

---

① 陈晓枫：《中国基本法文化的特征及其当代变迁》，《中国法学》2015年第1期。
② 苏亦工：《天下归仁：儒家文化与法》，人民出版社2015年版。
③ 张晋藩：《论中国古代德法互补的法文化》，《中共中央党校学报》2015年第5期。
④ 朱勇：《中国古代社会基于人文精神的道德法律共同治理》，《中国社会科学》2017年第12期。

律思想，揭示儒家法律思想的特质、历史变迁，联系中华法系的当代使命，回溯儒家法的历史源泉，厚积薄发、一气呵成，材料梳理直至晚清。① 张生、邹亚莎《仁道与中国古代法统秩序研究》从个人、社会、政治三个层次阐发"仁"本身的含义与发展，以及仁道与法统价值体系在"超级国家社会"中的相互融合渗透，详述了仁道对法统的深刻影响和古代法统的制度体系及其现代转化。作者认为，中国古代社会的大一统秩序是由政统、道统、法统、社统四个子系统共构而成的权威秩序；在此共构的大系统中，政统发挥着整合的功能，在整个权威秩序中居于主导地位，法统得到政统的支撑，体现道统的价值理念，在国家公共领域建立强制性的规范秩序，在社统区域维持规范秩序。该书填补了"仁道与法统的关系"这一既往学界少有讨论的空白，既包含对传统法律文化的思索和解读，也包括基于传统的建设性提议。②

张中秋《中国传统法本体研究》提出，中国传统法本体的内涵直接来说是情理/德礼/仁义，终极来说是天理/天道/自然和道德，这表明中国传统法本体是一个动态的理据链。中国传统法本体内涵的核心是动态的合理正义观，以等者同等、不等者不等、等与不等辩证变动的有机统一为原则；其背后是天、地、人、法一体的道德原理，亦即万物有机的生命世界观，所以，道德是贯通天、地、人、法的根本。中国传统法本体对法的回答是：法是正义，即动态的合理正义，法因为是正义，所以法是法，法的现实形态是依义或合理或合道德，亦即具有正当性或正义的秩序和规范体系，表现为礼法，法成为法的途径是道生法以及教化、行政与司法的并行。中国传统法是符合人类法哲学本体论标准的法，它既有自己的个性，又有人类法的共性。中国传统法虽然在西方法的冲击下解体了，但它不是人类法的另类，而是人类法的正常组成部分。作者呼吁，对中国传统法应有真切的理解与信心。③

一些海外学者的中国传统法律文化研究成果也被介绍到国内。美国学者络德睦（Teemu Ruskola）《法律东方主义：中国、美国与现代法》考察"法律东方主义"的历史，试图揭示一项针对中国法的欧洲哲学偏见传统何

---

① 俞荣根：《儒家法思想通论》（修订本），商务印书馆 2018 年版。
② 张生、邹亚莎：《仁道与中国古代法统秩序研究》，黑龙江教育出版社 2019 年版。
③ 张中秋：《中国传统法本体研究》，《法制与社会发展》2020 年第 1 期。

以演变成一种独特且影响至今的美利坚帝国意识形态。①

（四）法律史学教材编写

教材反映出一个学科的基本格局，是初学者赖以登堂入室的"导览图"。2018 年，教育部发布《普通高等学校本科专业类教学质量国家标准》（下称"国标"）。"国标"以"中国法律史"取代"中国法制史"，将中国法律史确定为法学专业学生必须完成的 10 门专业必修课程之一。同年，原国家司法考试正式改革为国家统一法律职业资格考试。与原国家司法考试相比，国家统一法律职业资格考试将原考察科目"中国法制史"调整为"中国法律史"，加试历史上重要法律思想、学说等内容；取消原考察科目"外国法制史"，在"法理学"门下加试中西传统法律文化等内容。2012—2020 年间，中国法律史学界在习近平中国特色社会主义思想指导下，坚持立德树人、德育为先，适应教育政策新变化，将新思想、新内涵注入新教材，力求守正创新、推陈出新。

在党中央的亲切关怀和悉心指导下，在教育部实施马克思主义理论研究和建设工程领导小组领导下，2017 年，"马工程"重点教材《中国法制史》正式出版。《中国法制史》由中国政法大学教授朱勇担任主编并主持编写，华东政法大学教授王立民、中国人民大学教授赵晓耕担任副主编；教材编写课题组以主编、副主编为首席专家，以来自华东政法大学、北京大学、中国社会科学院法学研究所（下称"法学所"）、中国人民大学、杭州师范大学、江苏省社会科学院、沈阳师范大学等单位的 8 位专家学者为主要成员。《中国法制史》以时间顺序为经，以立法、部门法体系和司法为纬，分朝代（时段）详细梳理中国法制发展进程。较之既往教材，《中国法制史》将所载时间下限延展至新世纪中国特色社会主义法律体系形成，并增入国际法、港澳法制等章节，结构严整、体例新颖、内容丰富。该书由法史学界多位前辈学人、学术中坚和青年才俊联合编写，书成后又邀请来自最高人民检察院、武汉大学、中国政法大学等单位的资深学者审读，力求实现教材权威性、代表性、科学性的统一。② 2019 年，《中国法制史》（第二版）面世。该书在初版的

---

① ［美］络德睦：《法律东方主义：中国、美国与现代法》，魏磊杰译，中国政法大学出版社 2016 年版。

② 《中国法制史》编写组：《中国法制史》，高等教育出版社 2017 年版。

基础上，将习近平新时代中国特色社会主义思想及初版问世以来学界取得的新成果更加紧密地融入教材。① 经过严格评审，2021年，《中国法制史》（第二版）荣获全国优秀教材二等奖（高等教育类）。这充分体现了党和国家对于法史教育和教材编纂的高度重视，是法史学界共同的成绩。

除此之外，2012—2020年间，众多法史学人还自行或合作撰写了多部具有代表性的教材或具有教材特性的著作。黄源盛《中国法史导论》采取"轻其所轻，重其所重"的书写方式，有选择性地集中阐释了几个重要的核心课题。作者从规范的源流到法系的形成（溯源），总述传统中国法文化的内涵及其特征，以"历史时期"区分为经，以"问题导向"解析为纬，兼采"变"与"不变"的静态与动态书写方式，从时间、空间和事实三个向度呈现中国法史演变的面貌。② 聂鑫《中国法制史讲义》结合作者本人为不同层次学生开设中国法制史学、中国法律史、中国政治法律史等不同课程的经验，以法律部门演变发展为线索，就各类法律制度的演变进行系统的、跨越朝代的梳理。该书广泛征引中国大陆、中国台湾、日本等学者论著，体系全、视野广，笔调平实，引人入胜。③

张晋藩、陈煜《辉煌的中华法制文明》以凝练的篇幅、通俗的语言，整体上以时代先后为纲，根据《周礼》的制度设计、春秋战国与"法治"思想兴起、春秋决狱与中国法律儒家化等中国法律史关键问题谋篇布局，形成兼涉制度设计与思想文化、宏观法治特征与部门法制史纲的完备结构。该书提纲挈领地叙述了中华法制文明的特征、历史作用和现代价值，兼具思想性、学术性和通俗性、可读性，已入选教育部哲学社会科学研究普及读物项目。④ 陈新宇、陈煜、江照信《中国近代法律史讲义》从"晚清法律改革""近代公法的变迁""近代刑法的变迁""近代私法的变迁""近代司法的变迁"等五个方面重述近代法律史，不拘于传统的撰述体例，而是根据各位作者的阅历与兴趣设置具体章节。该书因为涉及一般教材往往阙如的《大清现行刑律》编纂时期的"分别民刑"、法律移植年代的中国法律"看不见中国"、法官罢工、司法党化、重建中华法系等问题，颇具拓展性。⑤

---

① 《中国法制史》编写组：《中国法制史》（第二版），高等教育出版社2019年版。
② 黄源盛：《中国法史导论》，广西师范大学出版社2014年版。
③ 聂鑫：《中国法制史讲义》，北京大学出版社2014年版。
④ 张晋藩、陈煜：《辉煌的中华法制文明》，江苏人民出版社2015年版。
⑤ 陈新宇、陈煜、江照信：《中国近代法律史讲义》，九州出版社2016年版。

李启成《中国法律史讲义》分上下编共计十六讲，系统论述中国近五千年法律发展历史，全面阐述法律史学科的基本理论和主要内容。该书融制度史和思想史为一体，按照专题形式进行讲授，大量引用古代文献资料，并作言简意赅的解释，利于学生自学。① 王宏治《中国刑法史讲义：先秦至清代》借古代文献与古代思想及其论说，从中梳理出几种刑法起源的假说。该书共分十一讲，介绍中国古代刑法的起源和历代刑法基本状况，又分专题探讨中古时期的罪名之制及其演化、历代刑法原则、以五刑制度为核心的刑罚制度史等内容。② 聂鑫《中国公法史讲义》兼有教科书和"读书札记"性质，强调对"传统政治法律史"的学习与研究，辅助读者培育学科交叉研究能力，引导读者领会传统政治法律制度及其文化在中国现代化进程中的断裂与延续。③ 王沛主编《中国法律史入门笔记》以教学辅助材料为定位，融合中国法制史、中国法律思想史和中西法律史比较等内容，在编纂过程中力图做到体系完备、重点突出、简洁明了、通俗易懂，帮助初学者在较短时间内全面、准确地掌握课程核心要点。④

　　总体而言，2012—2020年的法史教材编写体现了学者打通法律思想、法律文化史和法律制度史之间壁垒的努力。不同学说和新的发现不断进入法史教材，使得法史教材编写日益呈现动态、开放的格局。从法史教材编写的新局面，亦不难看出教材编写工作对国家政策动向的密切跟进。

二　法律文献整理研究的新进展

（一）地方司法档案整理与研究

　　近世档案是与甲骨文、简牍、敦煌遗书等珍贵文献齐名的重要新见史料群，日益得到海内外学者高度重视。现存地方司法档案在所属时代上以清代及以后为主，它们真实、完整地反映了特定地域在一定时期内司法活动的组织、样态、流程、文书等各方面内容，为我们考察法史本真、开展理论阐释

---

① 李启成：《中国法律史讲义》，北京大学出版社2018年版。
② 王宏治：《中国刑法史讲义：先秦至清代》，商务印书馆2019年版。
③ 聂鑫：《中国公法史讲义》，商务印书馆2020年版。
④ 王沛主编：《中国法律史入门笔记》，法律出版社2020年版。

提供了第一手资料。2012—2020年间，中国法律史学者整理了为数不少的地方司法档案文献，为中国法律史研究进一步开拓了史料源。

龙泉今属浙江省丽水市，地处浙西南山区，相对远离战乱，其司法档案得以相当完整地保留下来。新中国成立以后，龙泉司法档案由人民政府全面接收，历经几番曲折，得到重视、保护与整理。龙泉司法档案现存1.7万余卷，88万余页，始于清咸丰元年（1851），至1949年止，是目前所知保存最完整、数量最大的中国近代地方司法档案。浙江大学地方历史文书编纂与研究中心组织整理的《龙泉司法档案选编》共五辑，历时七年出齐。《龙泉司法档案选编》第一辑选录龙泉市档案馆所藏晚清司法档案，上起咸丰元年（1851），下至宣统三年（1911），部分讼案延续至民初。① 第二辑选录民国元年（1912）至民国十六年（1927）司法档案；② 第三辑选录民国十七年（1928）至民国二十六年（1937）司法档案；③ 第四辑选录民国二十七年（1938）至民国三十四年（1945）司法档案；④ 第五辑选录民国三十五年（1946）至1949年司法档案。⑤

冕宁今属四川省凉山州，历史上就是各民族杂居之地。与巴县档案、南部档案、紫阳档案、淡新档案等知名档案群相比，冕宁清代档案的独特价值在于鲜明的民族性。冕宁清代档案保留了大量关于汉族与少数民族之间、各少数民族之间文化融合、交往相处的珍贵资料，为妥善处理民族关系提供了重要的历史借鉴。冕宁清代档案首尾连贯，起始早、历时长，几乎与有清一朝相始终，既横向反映冕宁地区政治、民族、经济、法律、社会等各方面全貌，又具有纵向展示时代变迁的重要意义。冕宁清代档案种类齐全，尤以司法档案为主，是研究清代依法管理民族地区的重要资料。从整理情况来看，冕宁清代档案涉及的札文、信牌、书状、契约等具有法律史学研究价值的文

---

① 包伟民主编，吴铮强、杜正贞分辑主编：《龙泉司法档案选编》（第一辑：晚清时期），中华书局2012年版。

② 包伟民主编，傅俊分辑主编：《龙泉司法档案选编》（第二辑：1912—1927），中华书局2014年版。

③ 包伟民主编，吴铮强、傅俊分辑主编：《龙泉司法档案选编》（第三辑：1928—1937），中华书局2018年版。

④ 包伟民主编，杜正贞、傅俊分辑主编：《龙泉司法档案选编》（第四辑：1938—1945），中华书局2019年版。

⑤ 包伟民主编，傅俊、杜正贞分辑主编：《龙泉司法档案选编》（第五辑：1946—1949），中华书局2019年版。

书达六十多种。张晋藩总主编《清代冕宁司法档案全编》（第一辑）共计35卷，由中国政法大学法律史学研究院、四川省冕宁县档案局（馆）共同整理，是冕宁清代档案整理事业的阶段性成果。①

（二）判例判牍、司法文献整理与研究

古代司法研究一直是法史研究的薄弱领域。长期以来，因审判活动史料缺乏，一些著述对古代法律实施状况存在不少认识误区。中国社会科学院荣誉学部委员杨一凡长期关注珍稀法律文献辑存领域。2012—2020年间，他在判例判牍与司法文献整理出版方面深耕细作，有突出的贡献。杨一凡编《古代判牍案例新编》是新中国成立以来出版的第一部历代判例判牍汇集。②杨一凡主编《历代珍稀司法文献》着力关注有关古代司法指导原则、办案要略和司法运作方面的资料，收入唐、宋、元、明、清代表性的司法指南文献七十二种。③这些书籍为学界客观、切实地认识古代司法制度、审判程序、刑民案件审理等方面提供了宝贵的第一手资料。

（三）少数民族法律文献整理与研究

中华文化是各民族兄弟姐妹共同缔造的，"中华法系"在形成和发展过程中吸纳了各民族法律传统和法律文化中的精华，形成了多元一体的结构。但限于年代久远等因素，将我国历代各少数民族法律规范等重要文献单独编纂成书的作品不多，给人们研究相关的法律制度、法律文化及其演变发展造成了很大困难。多年来，少数民族法律史和司法研究都是民族学、法律史学乃至法律人类学研究的薄弱环节。张冠梓主编《中国少数民族传统法律文献汇编》（全五册）历时十余年编成，是一部关于我国少数民族传统法律文献的成果集成，具有法学、历史学、民族学、人类学等多学科价值。该书编者曾点校《中国珍稀法律典籍续编·少数民族法典法规与习惯法》，④深受好评。该书与《典籍续编》前后相隔十余年，体例基本相同，内容上更加完备、宏富，编辑更严谨。该书收录文献2371件（种），涵盖法典法规、

---

① 张晋藩总主编：《清代冕宁司法档案全编》（第一辑），法律出版社2019年版。
② 杨一凡编：《古代判牍案例新编》，社会科学文献出版社2012年版。
③ 杨一凡主编：《历代珍稀司法文献》，社会科学文献出版社2012年版。
④ 杨一凡、田涛主编，张冠梓点校：《中国珍稀法律典籍续编·少数民族法典法规与习惯法》，黑龙江人民出版社2002年版。

地方法规、乡规民约、习惯法、司法文书等多个门类，贯通古代与近现代，在汇编文献时也整理文献。该书突破以往著述多依据立法方面的资料静态描述古代司法制度、对司法运作和实证资料考察不够的局限性，给学界提供了可资借鉴的有关中国历代少数民族司法指导原则、办案要略和司法运作方面的资料，具有鲜明的"活法"色彩。[1]

（四）民间法律文献整理与研究

突出两相合意的民间契约和以自治自律为特色的民间规约反映了私主体之间确定权利义务、维护民间社会秩序的努力。它们对国家法律起到补充作用，受国家权力的支配和监管，但又未必时刻恪遵成文法，从而折射出中华法文化独特、复杂的"草根"维度。这些民间法律文献是研究传统中国基层法秩序实况的珍贵资料。2012—2020年间，中国法律史学界借鉴现代法学理论和方法，以特定时段内的特定地域为中心，多头并进，对中国历史上的民间规约、契约等文献进一步展开整理研究。

黄志繁等编《清至民国婺源县村落契约文书辑录》收集了清朝至民国婺源民间文书三千余份，其中以契约为主要收集对象。该书以保持历史文献的原始状态和更丰富的信息为原则来处理文献资料，意在为研究者提供具有较高史料价值的文书辑录。这些文献以小见大，体现了乡村社会生活的规范秩序。[2] 杨一凡、刘笃才编《中国古代民间规约》收入唐至明清民间规约四百余种，其内容包括敦煌社邑规约、历代乡约、文人会社规约、工商行会规约及《得一录》所载清代乡约。这些规约是整理者辛勤辑录而来，比较全面地反映了各类古代民间规约的内容和特色，对研究中国古代地方法制和民事管理制度有重要意义。[3] 郝平主编《清代山西民间契约文书选编》虽冠以"清代"之名，实则对清代以来山西民间契约情况进行了一次通史性调查，所收文献以清代为主，兼及民国、革命根据地时期和新中国成立初期等时段。该书收录契约文书数量大、来源广，所收文书类型有近四十种。[4]

---

[1] 张冠梓主编：《中国少数民族传统法律文献汇编》，中国社会科学出版社2014年版。
[2] 黄志繁、邵鸿、彭志军编：《清至民国婺源县村落契约文书辑录》，商务印书馆2014年版。
[3] 杨一凡、刘笃才编：《中国古代民间规约》，社会科学文献出版社2017年版。
[4] 郝平主编：《清代山西民间契约文书选编》，商务印书馆2019年版。

（五）中国古代法律碑刻资料整理与研究

中国古代有悠久的"镂之金石"传统，大量文献以碑石雕刻的形式存在。长期以来，这类文献未能受到法史学界的充分关注。2012—2020年间，中国法律史学界对中国古代法律碑刻资料进行了系统的走访考察、整理与研究。中国政法大学教授李雪梅长期从事法律古籍和碑刻法律文献整理研究，取得了在学界具有较强代表性的成果，主要表现为《法制"镂之金石"传统与明清碑禁体系》《昭昭千载：法律碑刻功能研究》和《中国古代石刻法律文献叙录》三部著作。

《法制"镂之金石"传统与明清碑禁体系》采取相对宏大的视角，对始自西周的"铭金纪法"和萌生于春秋战国的"刻石纪法"进行梳理，努力把握其发展进程中的普遍性与个别性、规律性与时代性的特征，力图通过对铭金刻石传统的系统梳理，建构解读中国古代法律的新话语体系。作者提出，中国法制"镂之金石"传统的核心是彰显"礼制"和布行"公政"，这种传统是一种相对独立的纪事体系和秩序建构要素。[①]《昭昭千载：法律碑刻功能研究》则包括基础性研究和碑刻个案分析研究两个层面，研究法律碑刻的生成路径和方式（亦即法律碑刻的"功能"研究），揭示区区石头何以变得具有约束力或确权作用，以及碑刻如何从依托文本，到最终超越文本，成为独立的"碑本"。[②]《中国古代石刻法律文献叙录》是内地法史学界首次单独、系统叙录我国历代石刻法律文献的成果，有利于摸清中国古代法律碑刻的"家底"、总结这批原生史料的特色，填补了这一领域的研究空白。[③]

（六）法律文献学自身的发展

法律文献学是专门研究法律文献之学，强调对法律文献自身的历史、种类、内容、特征等方面进行系统梳理，形成一定的理论，进而指导对法律文献的整理与研究。华东政法大学教授张伯元是中国内地较早专门关注"法律文献学"这一论题的学者之一，其所著《法律文献学》（修订版）对1998年初版进行多处修订，在充分吸纳法学、历史学、文献学理论的基础

[①] 李雪梅：《法制"镂之金石"传统与明清碑禁体系》，中华书局2015年版。

[②] 李雪梅：《昭昭千载：法律碑刻功能研究》，上海古籍出版社2019年版。

[③] 李雪梅：《中国古代石刻法律文献叙录》，上海古籍出版社2020年版。

上,提纲挈领地介绍法律文献的类目与概况、法典编纂体例流变及其影响、法律文献整理研究等一般性的法律文献学课题,注重援引实例。该书初版年代距今较久,作者修订时特别吸收了新见金文、简牍等珍贵史料研究成果,将存疑的"李悝著《法经》"从"法律文献学家及其著述"部分删除,并微调了部分章节。① 中国政法大学法律古籍整理研究所组织编写的《中国古代法律文献概论》以法律史学与历史文献学交叉研究的视角和方法,对各类古代法律文献的典籍、研究成果、研究动向等展开叙述,涉及金文、简牍、石刻、立法文献、正史刑法志、判例判牍、司法档案、契约、律学文献、文学作品等多种资料,内容丰富、结构谨严、叙述流畅,兼具论著、教材、研究导览与工具书性质。②

三 中国法律史学研究历程回顾与研究方法探索

2019年是中华人民共和国成立七十周年,也是中国法律史学会成立四十周年。中国法律史学界以此为契机,回顾和总结学科研究历程。同时,正所谓"工欲善其事,必先利其器",这一时期,法史学界针对本学科"研究方法"的研究也取得一系列成果。

(一) 法史研究历程回眸

不少中国法律史学史研究成果以论文的形式出现,其中既有贯穿百年的通论,也有立足特定书籍、人物、时段的专题研究。

张晋藩《继往开来的百年中国法制史学》对清末中国法制史学科的创设、民国时期中国法制史学的发展、新中国前三十年中国法制史学的跌宕起伏和近三十年中国法制史学的辉煌成就进行较为系统的回顾。作者指出,当前的时代背景下,学界的任务是解决传承与创新的问题;要从国情出发,关注世界法学发展大势,引入国外相关研究成果;中华民族伟大复兴目标提出以后,复兴中华文化成为首要任务,复兴法文化问题自然也摆上议事日程;要深入总结四千余年来在治国理政、明法治吏等方面的超越时空的历史经

---

① 张伯元:《法律文献学》(修订版),上海人民出版社2012年版。
② 中国政法大学法律古籍整理研究所编:《中国古代法律文献概论》,上海古籍出版社2019年版。

验；深入发掘规律性的经验，进行理论综合，在发展中国法制史学的同时发展中国的法理学。作者总结道：百年中国法制史学的发展证明，一定要自主创新，走中国自己的路，继续克服阻碍中国法制史学发展的"西方中心论"，扫清片面学习苏联的影响。①

周会蕾《中国近代法制史学史研究》将研究对象限缩为中国"近代"或"20世纪上半叶"的法制史学史，通过"内史""外史"相结合的研究范式，以课程设置、研究群体、研究方法、主要研究成果为切入点，观察这一时期中国法制史学的内在发展运行轨迹，在此基础上探讨中国近代法制史学的研究特点及学术贡献。②尤陈俊《中国法系研究中的"大明道之言"——从学术史角度品读杨鸿烈的中国法律史研究三部曲》站在学术批评的视角，关注杨鸿烈《中国法律发达史》《中国法律思想史》《中国法律在东亚诸国之影响》三书的内容、体例、研究方法、学术影响等方面，肯定杨鸿烈对中国法律史学的突出贡献，展示中国法律史学形成历程中的一个侧面。③

王立民《中国法制史学史三十五年》提出，"中国法制史学史"诞生，是因为中国法制史研究成果的大量涌现。20世纪80年代以来，中国法制史学史的成果主要可分为综合史学史类、通史学史类、断代史学史类、专题史学史类和其他史学史类等。中国法制史学史研究已经取得显著成绩，形成了一支产出成果的研究队伍，成果逐渐丰硕，并进一步丰富了中国法律史学科。作者分析了中国法制史学史学科取得上述成就的原因，提出该学科未来的努力方向，对学科未来寄予厚望。④王立民等主编《中国法制史研究70年》则集中反映新中国成立以来中国法制史研究的历程与相关内容，包括中国法制史研究的主要成果、作者、发展阶段、研究机构、学术争鸣等一些关键内容。⑤

张生《新中国法律史学研究70年：传统法律的传承与发展》对新中国成立以来中国法律史学的研究作了宏观的概括总结。中华人民共和国成立之

---

① 张晋藩：《继往开来的百年中国法制史学》，《甘肃政法学院学报》2012年第5期。
② 周会蕾：《中国近代法制史学史研究》，上海人民出版社2013年版。
③ 尤陈俊：《中国法系研究中的"大明道之言"——从学术史角度品读杨鸿烈的中国法律史研究三部曲》，《中国法律评论》2014年第3期。
④ 王立民：《中国法制史学史三十五年》，《浙江学刊》2016年第4期。
⑤ 王立民、洪佳期、高珣主编：《中国法制史研究70年》，上海人民出版社2019年版。

初，中国法律史学是最早复兴的法学学科之一，但限于当时的知识导向，中国传统法律只能通过"国家与法权历史"的形式得以传承。改革开放以后，中国法律史学是最早兴盛发展的法学学科，传承与发展的研究工作主要沿着制度史和思想史两个方向展开，在史料整理、考证解释、通史、断代史和专题研究诸方面均取得了丰硕成果。作者指出，在全面贯彻依法治国方略、实施传承与发展传统文化工程之际，如何"阐释建构，贯通古今"，为建设现代化法治国家提供文化支持，成为传承和发展传统法律的时代主题。①

法学所作为国家级高水平法学研究机构，常在重要的时间节点组织编纂具有学术史性质的图书。中国法律史学在这些图书中占有重要篇幅。2012—2020年间，法学所组织编写的《新中国法学研究70年》②和《当代中国法学研究（1949—2019）》③等书籍均设专门章节，回顾新中国成立以来中国法律史学的学术简史，总结成果、瞻望前景。这些书籍整体上依据法史学科自身的发展史展开回顾，行文风格比较宏阔。这一期间，按照法学所的统一安排，法学所法制史研究室组织编写了《中国法律史学的新发展》，依研究所涉时代先后，总结提炼各断代法律史研究的热点话题，搜集、排布主要研究成果及其基本观点，对2000—2012年间中国法律史学研究取得的新进展进行了比较细致、系统的梳理回顾。该书收录的研究成果上及秦汉，下至新中国，在为学界同人进行学术研究提供便利的同时，也对学科本身和学者自身的学术发展进行省思和定位。④

中国法律史学会1979年成立，是当时全国范围内第一个法学学术团体，也是近代以来法律史学科的首个学会组织，它的秘书处就设在法制史研究室。2019年，中国法律史学会喜迎成立40周年大庆。这一年度的学会学术年会，同时也是学会成立40周年纪念大会；会议的主题除了"中国历史上立法·司法的技术与文化"，还有"中国法律史学会成立40周年纪念活动"。吕丽《中国法律史学会四十年的回顾与展望》简要追述了中国法律史学会的创立、发展史。作者总结道，作为团结全国法律史学人的重要纽带，中国法律史学会引领法律史学科走过了四十年不凡历程。法律史学几代学人

---

① 张生：《新中国法律史学研究70年：传统法律的传承与发展》，《四川大学学报》（哲学社会科学版）2019年第5期。
② 陈甦主编：《新中国法学研究70年》，中国社会科学出版社2019年版。
③ 陈甦主编：《当代中国法学研究（1949—2019）》，中国社会科学出版社2019年版。
④ 高汉成主编：《中国法律史学的新发展》，中国社会科学出版社2013年版。

一直秉承"大家的学会大家办"的合作精神与办会传统，戮力同心、砥砺奋进，在学术研究与交流、刊物出版、人才培养等诸多方面取得了长足进步，形成了重学术、重开拓、重团结、重奉献的优良会风，取得了可喜成绩，为法律史学科的发展、学术的繁荣、传统法文化复兴、中国特色社会主义法治建设作出了重要贡献。[①]

（二）法史研究方法争鸣

2012—2020年间，针对中国法律史学研究方法的研讨成果多以专题论文的形式呈现，不时也透过专著、学术评论等其他形式折射出来。从总体情况来看，这一时期法史研究方法研究仍以"法学的法律史"或"历史学的法律史"之争为中心。诸多成果中，有梳理法史研究方法发展历程者，亦有提倡或批评某类特定方法者。

张世明《法律、资源与时空建构：1644—1945年的中国》系作者历时近二十年撰成。作者兼具法学、历史学知识背景，秉持新历史法学的方法，将该书分为导论卷、边疆民族卷、军事体系卷、司法场域卷、经济发展卷等五卷，以"资源"为核心概念，注意采撷域外成果，灵活运用多种语言，试图通过对历史的梳理和挖掘，树立新历史法学的观念。[②] 该书重视选择若干精到的问题，深究其来龙去脉，寻求与现实法律对话的平台。作者明确提出"在研究路线上将法学与史学结合起来，使在社会科学中被视为过于规范化的法学历史化，由制度而更多转向对创设制度之用心、身处制度中的人、运用制度的人的较为开阔而持重的长时段历史省察，从个体之人到社会结构、从微观到宏观之间的道路，揭示出其中被隐蔽的规则运作状态"。这体现出作者较强的方法论自觉。[③]

胡永恒《法律史研究的方向：法学化还是史学化》指出，中国法律史研究应该走向"法学化"还是"史学化"，是学界关心的重要问题。法律史学科位于法学学科建制中，长期以来研究主力为法学出身的学者。法学研究者重在对历史进行阐释、惯于演绎逻辑，常以西方法学概念、理论为前提来

[①] 吕丽：《中国法律史学会四十年的回顾与展望》，《法制与社会发展》2020年第6期。
[②] 张世明：《法律、资源与时空建构：1644—1945年的中国》，广东人民出版社2012年版。
[③] 邓建鹏：《我们需要什么样的法律史研究——读〈法律、资源与时空建构：1644—1945年的中国〉》，载高鸿钧、邓海峰主编《清华法治论衡》（第24辑：生态法治与环境司法），清华大学出版社2015年版。

评判中国法，因此目前法律史研究出现的主要问题是史料基础薄弱、西方中心主义与现代化范式泛滥。近年，大量史学出身的研究者进入法律史领域，为法律史研究带来新气象。作者主张，基于史学基础薄弱的现状，法律史研究应当走向史学化。在这一前提下，研究者个人应追求法史兼修，学界应加强分工合作。[①] 对此，魏建国《法律史研究进路的法学化：重申与再构——兼与胡永恒先生商榷》明确提出反对意见，认为当下中国法律史研究面临的主要问题正是史学化有余而法学化不足。作者认为，不应以史学的学术评价标准评价法律史，而应以法学的标准来评价；法学化与西方化是两个不同的问题；应重新认知法学化法律史在法学和法治发展中的重要作用。作者呼吁，法律史研究进路应该是法学化的，而非史学化的；法学化进路再构的关键是法律史研究必须坚守法学学术传统，而非史学学术传统。[②]

赵晶《正史〈刑法志〉"文本"研究路径举要》提出，法史学界对正史《刑法志》文本主要遵循点校、译注、文本型构分析等三种分析进路。作者将史学理论中的"历史书写"引入法律史研究，提倡对正史《刑法志》文本展开新的研究，探索其文本形成的背后动机，扩展法律史研究领域。作者特别提出，学界不应过分依赖"择善而从"的古籍整理本，以免失去发现新问题的好机会。[③]

方潇《当下中国法律史研究方法刍议》注意到法律史学流于边缘化的危险，提出研究方法虽未必是中国法律史学最为核心之所在，但它直接关乎法史学研究的活力和魅力。作者认为，研究方法创新已成为目前法史学如何通向"不失体面"的未来的关键通道。在实现法律史的现实关怀问题上，必须以法学思维来解读和阐释种种史料和法律现象，走"法学化"的研究路径，但研究者也要注意吸收史学界的研究成果。[④] 刘顺峰《迈向科学的中国法律史研究》从史料、技术与范式三个层面对科学的中国法律史研究如何展开进行了探讨。作者认为，忽略史料与"历史真相"之间的界限，关注法律/司法制度的理论阐释、缺乏法律/司法的技术分析，范式方法论意识

[①] 胡永恒：《法律史研究的方向：法学化还是史学化》，《历史研究》2013年第1期。

[②] 魏建国：《法律史研究进路的法学化：重申与再构——兼与胡永恒先生商榷》，《法学评论》2015年第6期。

[③] 赵晶：《正史〈刑法志〉"文本"研究路径举要》，（中国台湾）《法制史研究》第29期（2016年6月）。

[④] 方潇：《当下中国法律史研究方法刍议》，《江苏社会科学》2016年第2期。

的薄弱是当下中国法律史研究中存在的主要问题。借用西方现代法律人类学的相关理论知识，不仅有利于理解当下中国法律史研究中存在的问题的实质，还可为思考科学的法律史研究如何展开提供指引。[①]

王志强《类型化分析与中国法律史学》从强调社会科学区别于自然科学和人文学的立场，探讨社会科学方法对于法学范畴下法律史研究的意义。一方面，社会科学方法的运用对法律史研究的法学定位具有意义；另一方面，社会科学方法的内涵及其在法律史研究中的运用方式值得探讨。作者认为，不同于人文体悟，社科方法通过逻辑推理来建立现象之间可验证的因果关系。类型化作为法学最核心的分析方法之一，能说明社会科学方法在中国法律史研究中的状况和问题。其表现形式包括法律传统作为整体的类型化分析、传统法律内部结构和内容的类型化分析及法律传统与外部要素关系的类型化分析。前两种方法的运用在中国法律史研究中较普遍，但第三种视角的运用目前尚有限。作者期待，各种类型化方法交叉运用，并以非西方法为参照系进行类型化研究，有助于走出西方中心主义，获得更多启发。[②] 陈利《史料文献与跨学科方法在中国法律史研究中的运用》提出，中国法律史的研究需要注重"思全深新"，具体而言即以下四端：对史料性质要认真思考，对互补性史料收集要全，对重要史料挖掘要深，对史料分析角度要新。[③]

尤陈俊《中国法律社会史研究的"复兴"及其反思——基于明清诉讼与社会研究领域的分析》梳理晚近二十多年来的一些作者自我认同属于或者通常被学界同行归入"法律社会史"研究的主要作品，从学术史和知识社会学的复合角度，检视它们与瞿同祖在民国时期所开创的那种"法律社会史"研究范式之间是否存在着直接的承继关系。作者认为，上述的研究实际上并不是对"瞿同祖范式"的直接复兴，而是主要来自历史学传统的社会史研究进路在中国古代法律议题上的延伸和展开。这一现象的背后动力主要来自史料利用的便利性增强和史料利用范围拓宽。作者指出，当代学者

[①] 刘顺峰：《史料、技术与范式：迈向科学的中国法律史研究》，《江苏社会科学》2016年第2期。

[②] 王志强：《类型化分析与中国法律史学》，载苏力主编、尤陈俊执行主编《法律和社会科学》（第17卷第1辑），法律出版社2019年版。

[③] 陈利：《史料文献与跨学科方法在中国法律史研究中的运用》，载苏力主编、尤陈俊执行主编《法律和社会科学》（第17卷第1辑），法律出版社2019年版。

的中国"法律社会史"研究在对社会史实的发掘以及事实性描述方面日益丰富和深入，但也往往在分析框架的推陈出新、理论命题的概括提炼等方面力不从心。若要重构一种兼顾历史真实性和理论启发性的"法律社会史"研究范式，应当重新理解并认真对待瞿同祖留下的学术遗产。①

马小红、张岩涛《当代中国法律史学研究方法的分析》全面、系统梳理新中国成立以来中国法律史学研究方法。作者提出，从1949年到1966年，法史学界以采取"阶级分析"方法为主，这种方法对于推动中国法律史的研究起到重要作用；1978年以来，中国法律史研究受西方社会科学和其他学科研究方法的影响，发展并衍生出多种研究方法，主要包括阶级分析方法、交叉学科研究方法、比较研究方法、田野调查法等。作者总结道，新中国成立以来，中国法律史研究的方法经历了从单一到多元、从传统到现代、从本土化向国际化发展的过程。作者认为，在中国法律史学科从"显学"到"危机"再到"新拓展"的过程中，关于学科方法论的探讨呈现出不断强化的趋势，关于方法的研究既体现了本学科积极寻求发展路径的紧迫性，也体现了研究者对于以往研究的总结和反思。中国法律史学研究方法的探索是学科体系改善的一个重要路径，但并不是突破学科困境的唯一方法。对于方法的使用，学者更应该保持十分的理性，否则就会陷入另外一种研究困境。②

李栋《迈向一种法学的法律史研究——萨维尼法学方法论对于中国法律史研究的启示》提出，中国法律史研究近些年来虽然取得了较大进步，但由于法律史研究主体性定位不明确及其所引发研究方法的不统一，并未获得法学学科内部和其他人文社会科学学科的重视和承认。法律史研究最为重要的意义应当是建立起历史与当下之间的联系，从法律史的维度为当下实证法或法教义提供具体支撑和反思。作者认为，对于这一前提性的认识，19世纪萨维尼及其他历史法学派人物已经通过构建德国"法律科学"给出了证明。与史学的法律史研究不同，法学的法律史研究是以中国当下实在法为起点的，它不仅需要依据扎实史料对固有法处理典型社会生活进行"历史性的研究"，同时还需要在"历史性研究"的基础上进行"体系性研究"，对通过处理后的法律史素材进行体系性建构。作者认为法学的法律史研究是

---

① 尤陈俊：《中国法律社会史研究的"复兴"及其反思——基于明清诉讼与社会研究领域的分析》，《法制与社会发展》2019年第3期。

② 马小红、张岩涛：《当代中国法律史学研究方法的分析》，《政法论丛》2020年第1期。

具有功用性和阶段性的,其功用性和阶段性工作完成后,最终会走向史学的法律史。①

四 中国法律史学研究前景展望

现代语境下的中国法律史学始于近代,至今已走过百余年发展历程。新中国成立以后,旧法统中断,中国法律史学在马克思主义政法理论指导下开展新的探索。中国法律史学既是新中国成立以后最早复兴的法学学科之一,也是改革开放以后最早兴盛发展的法学学科。当代中国法律史学既有结构合理的人才梯队,也有领导力强、组织良好的学术团体,正处于历史上最好的发展期。然而,繁荣的背后也有着隐忧。

"中国法制史"属于教育部指定的法学专业核心课程,长期以来,它都为中国内地法学专业学生所必须修读。但在 2012 年,教育部高教司编发的《普通高等学校本科专业目录和专业介绍(2012 年)》将"中国法制史"课程从法学主干课(必修课)名单中删除。这一事件迅速引起中国法律史学界的高度关注。官方很快回应称此事是"编辑疏漏"所致,并保证中国法制史仍系法学专业核心课程之一。② 2018 年颁布的"国标"也将中国法律史明确规定为法学专业必修课程。尽管虚惊一场,但法律史学人依然产生了强烈的危机感,围绕本学科的地位、使命与前景展开深刻思索。③

中国法律史学的学科建制位于法学门下,其研究群体的主要知识背景和知识结构也是法学的。"什么是你的贡献?"④ 这一发人深省的追问,包括法律史学人在内的任何法律人都无从逃避。中国法律史不同于法理学,不能仅作形而上的哲学思辨,而必须到浩繁的史料中检验理论、求取线索。中国法

---

① 李栋:《迈向一种法学的法律史研究——萨维尼法学方法论对于中国法律史研究的启示》,《江苏社会科学》2020 年第 3 期。

② 《坚决支持教育部及时更正"编辑疏漏" 中国法制史作为法学本科必修课程不容改变》,新法律史学网,http://legalhistory.cupl.edu.cn/info/1033/1142.htm。

③ 王志强:《我们为什么研习法律史?——从法学视角的探讨》,《清华法学》2015 年第 6 期。

④ 苏力:《什么是你的贡献?》(自序),《法治及其本土资源》,中国政法大学出版社 1996 年版。

律史也不同于部门法学，其关注对象是中国历史上的法律，与现代部门法相对而言存在一定距离。那么，中国法律史的贡献在哪里？中国法律史应该作出怎样的贡献？这是本学科在未来发展的过程中亟需回应的关键问题，也是关系到本学科能否维持学科地位、吸引更多人才、获得更多支持的现实要害所在。

中国法律史学担负着总结历代法制盛衰得失、为当代法治建设提供历史借鉴的使命。中国法律史是法学与史学的交叉学科，故而其研究方法应当兼具法学和史学之长。研究者的研究兴趣和目的各有不同，但作为学科整体和知识体系的法律史研究，其目的在于传承和发展传统法律。为了实现传承和发展，法律史的研究可以分为三个连续的层次："史实"的层面（是什么），"根源"的层面（为什么），"意义"的层面（价值取舍）。学术研究的实践中，很多研究成果或满足于精细烦琐的碎片化考证，过于看重具体的史料和现象，或回避对传统法律历史根源及其价值的深入挖掘，只在末尾浮泛地、大而化之地提出一些老生常谈的"启示""借鉴"。一言以蔽之，就目前的研究现状而言，描述传承的成果固然丰硕，但阐释发展的研究颇有不足。这些倾向显然都与"为现代法治寻根铸魂"的时代呼唤背道而驰，值得所有法律史学人深刻反思。

法律文化是中华优秀传统文化的重要组成部分。在全面推进依法治国、实现中华民族伟大复兴的伟大事业中，法律史学同人既要尊重学术规律，独立开展研究，拿出高质量的研究成果，又要加强团队合作，在研究阐发、传承转化、创新发展、传播交流等方面协同推进，构建坚守中华文化立场、传承中华文化基因、滋养现代法治体系的中国法律史学。具体而言，首先，要回到具体的历史情境中，廓清传统法律的本相，讲清传统法律文化的体系样式、构成要素、演变机制、内在价值，对中国传统法律形成客观的认识和本原的理解。其次，要通过传统法律的运作、演变，阐释、挖掘其规范技术、规范功能、价值理念的内在传承与发展变化，将传统法律转化成建构现代法律的丰厚资源。最后，要在转化、发展传统法律的基础上，贯通古今法律体系，用传统法律智慧为当代法治国家的建设提供历史参照坐标。

同时，还要加强跨区域法史学术交流、避免闭门造车。港澳台作为中国的一部分，其学人对中国法律史的研讨自应受到关注；海外亦有悠久的汉学或中国学（Sinology）学术传统，很多治中国政治、中国史的外国学者也会对中国法律的历史与传统展开研究。可以说，作为学科的"中国法律史学"绝非境内学界独享。2012—2020 年间，境外中国法律史学界取得不少值得瞩目的研究成果。举例而言，陈利（Li Chen）、曾小萍（Madeleine Zelin）合编《中国法：1530 年代至 1950 年代间的知识、实践与转型》（*Chinese Law: Knowledge, Practice, and Transformation, 1530s-1950s*）收录了 12 篇案例研究（case studies）成果，以中华帝国晚期和现代中国法律的历史基础与转型为纲，展示法律和法律知识的多元作用，深入剖析法律和法律知识在给新兴的革命意识形态和至今仍影响着中国的政策赋形方面的作用。[1] 寺田浩明《中国法制史》作为作者结束教职生涯之际的一份总结答卷，设定"探明清朝法秩序的实态"和"建立起一个传统中国（非西方的）法秩序模型"两大课题，熟练运用多种研究方法，实现了对近代以来日本中国法制史学界各类研究论点的总结和超越。[2] 山本英史编《中国近世法制史料読解ハンドブック》收录了九位日本学者的文章，所研究的时间跨度从宋代直到民国，从法制史料中挑选出若干有代表性的实例，通过文献解题、史料译注等方式，展现解读与运用法制史料的基本方法。该书既是法制史料研究的工具书，也是反映日本中国法律史学界最新动向的学术研究作品。出版方将该书电子版全文置于网络，允许免费下载，以便利学界，这种学术公益心值得称道。[3]

在科技昌明、交流便捷的今天，我们欣喜地看到，越来越多境内法史同人能够及时获取、积极引用来自其他国家和地区的最新研究成果，境内法史同人的大作亦时常通过境外知名刊物或出版机构为外人所知。法史同人的声音更多地传向其他国家和地区，跨区域的法史智识交流已经成为一种新常态。比如，中国台湾地区的"两岸公法圆桌论坛"已经举办多届，该论坛时常邀请内地法史学人参会，就宪法史等议题发表意见，并同部门法学人深入切磋。2017 年 7 月在京召开的中国法律与历史国际学术研讨会（International Conference on Chinese Law and History）由中国政法大学法律古籍整理研究所主办，中国法律与历史国际学会（International Society for Chinese Law & History, ISCLH）协办，多国（地区）学者与会。不少内地学者加入

---

[1] Li Chen and Madeleine Zelin, eds., *Chinese Law: Knowledge, Practice, and Transformation, 1530s-1950s*, Leiden: Brill, 2015.

[2] ［日］寺田浩明:《中国法制史》，東京大学出版会 2018 年版。

[3] ［日］山本英史编:《中国近世法制史料読解ハンドブック》，東洋文庫 2019 年版。

ISCLH等国际性的法史学术社团，有的还在其中担任要职。这些可喜的趋势值得巩固和加强。中国法律史学界应珍惜难得机遇，积极开展跨区域、跨学科交流，把握学术前沿动向，为学界争取更多话语权，努力实现中国法律史学研究的国际化、开放化、前沿化。

第二章

先秦法律史研究

一 研究状况概述

先秦时期是中华传统法文明的源头，先秦法律史的研究，对于我们厘清中华传统法文明的渊源、探索中华传统法文明的演进具有重要意义，是探源中华文明这一学术任务的重要组成部分。自2011年至今，先秦法律史研究虽仍略显薄弱，但呈现出了一些可喜的发展趋势。在研究中，学者逐渐加强了对于出土文献的重视程度，且对于考古讯息也有所关注，改变了旧有的以传世典籍为核心材料的研究方法，呈现了明显的进步性。以下将以时代为限，对各个时段之研究加以概述。

关于夏代法史之研究，近年来学者罕有关注，这主要是受到考古学界关于二里头文化是否属于传世典籍所载之夏王朝这一争论的影响。[①] 在这一前置问题解决之前，利用考古材料对夏代法史进行研究总给人以半空虚悬之感，故而这一时段研究成果的稀少，其实正体现了法律史学者严谨的学术态度。近年来的夏代法史研究成果，可以李力先生的《〈尚书·甘誓〉所载夏代"军法"片段考析》[②] 一文为代表，该文以传统的夏代法制史研究中常引的《尚书·甘誓》这一材料为切入点，对于以《尚书·甘誓》为夏代军法这一观点的形成过程进行了细致的梳理，并结合相关考古材料对此提出了疑问，充分体现了法史学者审慎的学术态度。

关于商代法史之研究，近年来有一些零星的成果。商代法史的研究，目

[①] 相关论争可参见许宏《最早的中国》，科学出版社2009年版；孙庆伟：《鼎鼎禹迹》，生活·读书·新知三联书店2018年版。

[②] 李力：《〈尚书·甘誓〉所载夏代"军法"片段考析》，载王沛主编《出土文献与法律史研究》（第八辑），法律出版社2020年版。

前仍是以甲骨文为核心展开，因为甲骨文之释读需要较强的专业性，故而对大部分法律史学者造成了材料壁垒，从而使多数学者对此缺乏关注。为了解决这一问题，有一些学者尝试就商代法史研究现状进行综述与评价，以帮助学界更好地了解商代法史研究的最新信息与成果，这一努力无疑是非常有益于学术进步的。周博先生的《商代法制史研究综述》①一文便是近年来这类文章的代表。该文从立法概况、刑罚与监狱、军事法、司法审判四个方面出发，对于既有的商代法制史研究成果进行了系统地梳理，使人们对于相关问题的研究脉络一目了然。在文章的最后，周博先生还就商代法制史研究当中的问题提出了自己的思考，对于将来有志于此者大有裨益。

关于西周法史之研究，成果数量与夏商时期相比较要多出不少，研究的主题亦较为丰富。西周时期的研究以金文为核心材料，重点在于金文的整理、释读，并在此基础之上进行制度、思想等层面的探讨。法史学者所作的金文整理、释读类作品在近年时有出现，如王沛先生的《西周金文法律资料辑考（上）》②一文，收集整理涉法类金文四十余篇，并就各篇铭文内容进行了初步的考释。又如黄海的《曶鼎铭文集释》③，收集了法史研究中著名的曶鼎铭文的相关著作，并逐句罗列诸家观点，以明确铭文含义。对于西周时期制度、思想层面的法史研究成果，近年来法史学界亦为数不少，如王沛先生结集出版的专著《刑书与道术——大变局下的早期中国法》④便从多个方面详细探讨了两周时期众多的法律相关问题。又如雷安军先生所作《新出金文所见西周罚金刑研究》⑤一文，结合近年新见金文材料，对还原西周时期的罚金刑制度作出了有益的尝试。

关于春秋战国法史之研究，近年来法史学界亦有一些成果，主要可以分为两类，第一类为以简牍为中心研究相关制度、思想的成果，第二类为结合相关材料的宏观研究。春秋战国时期的研究，不似商代与西周时期基本以出

---

① 周博：《商代法制史研究综述》，载王捷主编《出土文献与法律史研究》（第九辑），法律出版社 2020 年版。

② 王沛：《西周金文法律资料辑考（上）》，载中国政法大学法律古籍整理研究所编《中国古代法律文献研究》（第七辑），社会科学文献出版社 2013 年版。

③ 黄海：《曶鼎铭文集释》，载张生主编《法史学刊》（2020 年卷），社会科学文献出版社 2020 年版。

④ 王沛：《刑书与道术——大变局下的早期中国法》，法律出版社 2018 年版。

⑤ 雷安军：《新出金文所见西周罚金刑研究》，《中国法学》2020 年第 2 期。

土文献为核心材料,而是传世文献与出土文献并重。这主要是因为春秋战国时期的传世典籍相对争议较少,可以在研究之中作为当时的史料直接使用,与此同时,这一时期的出土文献亦数量有限,主要集中于清华简、包山楚简等几批简牍。以简牍为中心研究相关制度、思想的研究成果,法史学界代表作品有王捷先生的《清华简〈子产〉篇与"刑书"新析》[1]《直诉制度的历史实践渊源新证——以包山楚司法简为材料》[2]、马腾先生的《子产礼义与变法新诠——〈左传〉与清华简〈子产〉互证》[3]、王沛先生的《子产铸刑书新考：以清华简〈子产〉为中心的研究》[4]等论文,另有张伯元先生的《包山楚简案例举隅》[5]、王捷先生的《包山楚司法简考论》[6]等著作。结合相关材料的宏观研究成果,代表作品有李峰先生的《中国古代国家形态的变迁和成文法律形成的社会基础》[7]、王沛先生的《刑鼎、宗族法令与成文法公布——以两周铭文为基础的研究》[8]、黄海的《论中国古代专职法官在战国时期的出现》[9]等论文,另有朱腾先生的《早期中国礼的演变——以春秋三传为中心》[10]等专著。

整体而言,近年来的先秦法史研究,以西周、春秋战国两个时段的研究成果居多,夏商时期的成果相对较少。与此同时,春秋战国时期的研究成果数量大于西周时期,且学者研究的题目相较于西周时期更为宏大。

---

[1] 王捷：《清华简〈子产〉篇与"刑书"新析》,《上海师范大学学报》（哲学社会科学版）2017年第4期。

[2] 王捷：《直诉制度的历史实践渊源新证——以包山楚司法简为材料》,《华东师范大学学报》（哲学社会科学版）2015年第1期。

[3] 马腾：《子产礼义与变法新诠——〈左传〉与清华简〈子产〉互证》,《四川大学学报》（哲学社会科学版）2021年第2期。

[4] 王沛：《子产铸刑书新考：以清华简〈子产〉为中心的研究》,《政法论坛》2018年第2期。

[5] 张伯元：《包山楚简案例举隅》,上海人民出版社2014年版。

[6] 王捷：《包山楚司法简考论》,上海人民出版社2015年版。

[7] 李峰：《中国古代国家形态的变迁和成文法律形成的社会基础》,《华东政法大学学报》2016年第4期。

[8] 王沛：《刑鼎、宗族法令与成文法公布——以两周铭文为基础的研究》,《中国社会科学》2019年第3期。

[9] 黄海：《论中国古代专职法官在战国时期的出现》,《华东政法大学学报》2019年第2期。

[10] 朱腾：《早期中国礼的演变——以春秋三传为中心》,商务印书馆2019年版。

二 重要专题研究

先秦法史研究因材料所限，多呈现碎片化的趋势，不过近年来，经过学者们的努力，在一些专题研究之上仍有所收获。具体而言，主要有如下几个专题值得关注。

（一）"德"与"刑"

"德"与"刑"是影响中国数千年的两个重要概念，其源起与初期流变均在先秦时期，故而其历来是学界的研究重点之一。近年来，这一问题仍然为学者所重点关注，产生了数量可观的成果。关于"德"与"刑"二者的研究，主要可以分为以下几类。

第一，"德""刑"二者的分别研究。欲研究"德"与"刑"二者之间的关系，自然需要首先对二者的分别有所了解，此点毋庸置疑。关于该类成果，近年的代表作有北京师范大学晁福林先生的《"五刑不如一耻"——先秦时期刑法观念的一个特色》一文。该文就先秦时期的刑法观念进行了探讨，并认为"中国上古时期刑罚的特色在于使犯有过错者异于普通社会成员，从而激发起其社会道德层面的羞耻之心。要实现这个目的，夏商时代主要靠天、神之罚，周代则主要靠浸透了社会道德精神的礼制。无论是夏商的神权时代，抑或是两周的礼制时代，刑罚的惩处的形式与目的皆以教化为内在主线。"[①] 在明确了先秦时期刑罚的教化目的之后，晁福林先生意识到了夏商周三代社会的稳定与这一刑法观念之间的联系，"夏商周三代近两千年漫长时代中，没有大规模的民众起义和战争，没有巨大的社会动荡，总体上处于和谐稳定发展的状态，不能不说与这个时期的以缓和社会矛盾为主旨的'刑'有着直接的关系。"[②]

第二，"德"与"刑"的关系。以"德"与"刑"各自的研究为基础，可以进一步探讨先秦时期"德"与"刑"的关系。这是先秦时期的

[①] 晁福林：《"五刑不如一耻"——先秦时期刑法观念的一个特色》，《社会科学辑刊》2014年第4期。

[②] 晁福林：《"五刑不如一耻"——先秦时期刑法观念的一个特色》，《社会科学辑刊》2014年第4期。

研究热点之一，近年亦有不少相关成果，例如冯时先生的《周代的臣扈与陪台——兼论穆王修刑与以刑辅德》一文。冯时先生由金文材料入手，通过分析认为，"周人受刑的根本原因并不全在失行，而要在失德。西周社会对德行与诚信的重视与推行意味着失德失信者同失行一样难逃刑律的惩罚，从某种意义上说，为刑罚所惩戒的首先就是失德。很明显，这意味着刑罚的作用首先即在于辅德。金文习见周人崇德之辞，当为其时社会风尚的客观反映。而失德失行者皆刑罚之，这种以刑辅德的刑德观其实与后人以为西周重德轻刑的偏面认识大为不同。"① 又如李凯先生的《从曾伯陭钺看周代的"德"与"刑"》。该文从著名的曾伯陭钺铭文出发，分析了铭文内容，并探讨了先秦时期"德"与"刑"的关系。作者认为，"曾伯陭钺并不是上古时期标明法令条文的'刑器'，而是曾伯在征伐异族等场合中在曾国族众面前发号施令、宣示权威的礼器。一方面，曾伯用自己征伐蛮夷的威仪为族众提供效法的范例，起到对曾国族众的教化作用；另一方面，曾伯把蛮夷当作打击对象，施加杀伐之刑。这样的解释，不仅基于曾国在两周之交的复杂历史背景，而且与上古时期族内外环境的巨大差别是合拍的。"② 在此基础之上，作者认为，"这一时期'德以柔中国，刑以威四夷'，统治者对本族主要用'德'进行教化，对蛮夷主要用'刑'进行打击。"③

第三，"德""刑"与先秦时期的天命观。"德"与"刑"和先秦时期的天命观关系密切，故而在相关研究中，先秦时期的天命观历来备受关注。近年来，有为数不少的学者瞩目于此，成果可观。代表性的成果有郭沂先生的《从西周德论系统看殷周之变》，该文从"德"的内涵出发，论述了殷周之际的变化。作者认为，"'德'的本义是'得'，在西周时期特指得自天的'命'，由此引申出七个义项。其中，以人伦之德为主干的外在之德和以人性之德为主干的内在之德直接源自作为至上神的天，它们通过心的作用落实为行为之德、品行之德和治理之德。据此，殷周之际确实存在新旧文化的更替，但这种更替既不像孔子说的那么和缓，亦非王国维说的那么剧烈，而是

---

① 冯时：《周代的臣扈与陪台——兼论穆王修刑与以刑辅德》，《考古学报》2019年第4期。
② 李凯：《从曾伯陭钺看周代的"德"与"刑"》，《中国古代法律文献研究》（第十四辑），社会科学文献出版社2020年版。
③ 李凯：《从曾伯陭钺看周代的"德"与"刑"》，《中国古代法律文献研究》（第十四辑），社会科学文献出版社2020年版。

新旧文化之间既有明显的延续,又有重大的变革。这场变革主要表现为神道与人道的合流,由此拉开了人类轴心时代的序幕"①。又如罗新慧先生《春秋时期天命观念的演变》一文,论述了春秋时期天命观念与西周时期的异同,并将之与战国时期相关观念联系起来,从而完整地勾勒了先秦时期天命观的内在发展脉络。罗新慧先生认为,"西周时人所发明的天命观念,在春秋时期发生重大变化。但是,需要看到,传统的天命观虽并非社会主流,但它不绝如缕,依然存留。传统天命论所推崇的天命无常、惟德是辅的政治意识,在春秋时期继续传播,它启迪了战国时期的德政观念,也成为此后大一统王朝思想意识的直接来源之一。"②

(二) 成文法公布与"铸刑鼎"

中国古代成文法的公布与"铸刑鼎"之事历来是先秦法史的研究热点之一,之前的研究多将春秋时期的"铸刑鼎"事件视为公布成文法,近年来则有了一些不同的观点,兹举例如下。

王沛先生在《刑鼎源于何时——由枣阳出土曾伯陭钺铭文说起》一文中,从曾伯陭钺铭文内容出发,探讨了后世所谓"刑鼎"的出现,并就《左传》所涉铸刑鼎之争论进行了初步分析。作者认为,"曾伯陭钺属于古书中所说的'刑器'。其铭文表明,该钺是配合刑鼎使用的刑器,由此可知,刑鼎至少在西周已经存在,远早于春秋末的范宣子铸刑书。上古铸刑书不一定必在鼎上,与鼎类似的其他礼器,都有镌刻刑书的可能,其性质和刑鼎是一样的,兮甲盘即为其例。《左传》所载叔向、孔子反对铸刑书,乃是攻击不符合礼制而滥造刑鼎的行为,而这种行为是刑鼎制度衰微后的产物,其与东周时代立法、司法权力趋于分离,程序性礼制的法律功能减弱,条文化律令模式萌芽的产生等社会现象密切相关。"③

在此文之后,王沛先生于《刑鼎、宗族法令与成文法公布——以两周铭文为基础的研究》一文中进一步论述了有关问题。在该文中,作者认为铸刑鼎事件"无关乎'成文法制定'或'成文法公布'这类法理问题,其真正价值在于,各方争论集中暴露出法律发展进程中的矛盾症结:宗族

---

① 郭沂:《从西周德论系统看殷周之变》,《中国社会科学》2020年第12期。
② 罗新慧:《春秋时期天命观念的演变》,《中国社会科学》2020年第12期。
③ 王沛:《刑鼎源于何时——由枣阳出土曾伯陭钺铭文说起》,《法学》2012年第10期。

治理社会的模式行将崩溃，立法者的身份混淆不清，法令适用群体亟须突破宗族范围。此时宗族礼器及其铭文无法承载更多的社会功能；由最高权力机关集中发布法令，并将其直接适用在每个社会成员身上的趋势又成定局。简言之，是为法律治理模式的转变问题，而非法律首次制定或公开的问题。"[1] 并进一步认为，"铸刑鼎事件同时表明，中国古代法制有其独到的演进法方式。中国本无秘密法传统，东周新社会关系的产生不是成文法公开的原因，而是成文法激增的原因。通观东西方社会可发现：权利诉求会要求公布成文法，集权伸张也会要求公布成文法。尽管两类成文法的性质大相径庭，但其成文形式及公开方式又无根本差异。世界文明发展路径各有千秋，或同因而异果，或同果而异因；或殊途同归，或同源歧路。单纯观察现象，难以认知其实质，将某种文明形态奉为普适标准来验证、分析乃至评判所有社会的做法更不可取，在法制史研究中，这点尤其需要引起警醒与注意。"[2]

孔许友先生在《论春秋时期的刑书书写——以铸刑鼎之争为中心》一文中亦重新分析了"铸刑鼎"事件与所谓的成文法公布，他认为"根据诸多文献的记载，春秋时期铸刑鼎并非中国历史上首次公布成文法，而且它与'悬法象魏'之制的关键区别在于后者是宣示旧章，前者则是颁布新法。铸刑鼎亦非首创罪刑合一的刑法，铸刑鼎的实质是将罪刑合一的属于制定法性质的刑书公之于民，具有刑书法典化和法典公开化的双重意义。铸刑鼎的政治背景是礼崩乐坏，社会动乱。推动其产生的社会指令则在于诸侯国礼法君主政制向集权君主政制的演进，铸刑鼎既是这一进程的体现，又推动了这种进程的加速发展。叔向、孔子等反对铸刑鼎则是其站在维护义神礼法君主制的立场上反对集权君主制的表现。"[3]

（三）先秦时期的"誓"制

先秦时期的"誓"制历来为学者所关注，自 2018 年山西大河口西周墓

---

[1] 王沛：《刑鼎、宗族法令与成文法公布——以两周铭文为基础的研究》，《中国社会科学》2019 年第 3 期。

[2] 王沛：《刑鼎、宗族法令与成文法公布——以两周铭文为基础的研究》，《中国社会科学》2019 年第 3 期。

[3] 孔许友：《论春秋时期的刑书书写——以铸刑鼎之争为中心》，《云南社会科学》2016 年第 3 期。

地 2002 号墓新出土霸姬盘铭公布以后,① 因其与"誓"制相关,又引起了一次研究热潮,产生了不少研究成果,兹举例如下。

严志斌、谢尧亭二位先生的《气盘、气盉与西周誓仪》一文,就气盘(即霸姬盘)铭及相关的气盉铭文进行了考释,认为"其文意是穆公命气将其属仆驭臣妾全部转归霸姬,气没有执行此命,霸姬将气讼至穆公。穆公命气发誓要听从命令,如果违誓,就处以鞭刑五百,并罚金五百锊。气据此发誓,并记录下来。穆公又命气增加誓言,说如果不听从穆公命令,就处以鞭刑,并逐出宗族。气据此再次发誓,并记录下来。为记录穆公的命令,作了这二件盘、盉,要子孙们长久存用下去。"② 在铭文解读的基础之上,作者进一步结合已见的金文材料分析了当时的誓仪,认为"西周时期的誓仪一般分为三个为仪程:首先是命誓,一般是裁判者主持,发布誓辞内容,明确需遵守的事项及违誓的处罚;接着是报誓,发誓者根据命誓内容重复说出誓辞,一般需将命誓之辞中的第二人称换作主格第一人称。报誓的内容与命誓可以不必完全相同;最后是则誓,即发誓者确认并记录其誓辞,以备以后稽核。"③

黄益飞、刘佳佳二位先生的《霸姬盘铭文与西周誓制》一文亦探讨了相关问题。作者首先梳理了霸姬盘及相关器物霸姬盉的器主与铭文大意,即:"知狱讼之事起于霸姬之奴隶逃亡至气处,穆公曾命气归还于霸姬,而气违逆穆公之命。霸姬与气争讼于穆公处,穆公再次命气将奴隶归还,并立下重誓。霸姬最终胜诉,故作器纪念,由是可明盘之器主应为霸姬。鸟形盉铭仅截取了盘铭所录气的最终誓词,但内容与盘铭基本相同,故盉亦为霸姬所作,是以二器应分别称为霸姬盘、霸姬盉。"④ 之后,作者结合相关传世典籍与出土文献,逐句考释了霸姬盘铭文,并进一步探讨了西周时期的誓制。作者认为,"以既有涉誓诸铭相互参证,誓及其与狱讼之关联已略得考见。而霸姬盘铭既出,西周誓制面貌更为清晰。""霸姬盘铭中'誓曰,……报厥誓,……则誓'的记录,虽仍嫌太简,然藉此已可观见西周立誓程序之荦荦大端,立誓人先自出其誓,后需论报以定其辞,最终'则

---

① 参见山西省考古研究所等《山西翼城大河口西周墓地 2002 号墓发掘》,《考古学报》2018 年第 2 期。

② 严志斌、谢尧亭:《气盘、气盉与西周誓仪》,《中国国家博物馆馆刊》2018 年第 7 期。

③ 严志斌、谢尧亭:《气盘、气盉与西周誓仪》,《中国国家博物馆馆刊》2018 年第 7 期。

④ 黄益飞、刘佳佳:《霸姬盘铭文与西周誓制》,《考古》2019 年第 3 期。

誓'而毕其事。"①

（四）宗族社会与先秦时期的法律

先秦时期的社会结构是以宗族为基本单位的宗族社会，这一时期的法律自然也与宗族社会息息相关。近年来，得益于不断出现的新见金文材料，有关宗族社会与先秦时期法律的研究成果亦不断涌现。以下拟从几个方面举例简介，以明研究之大端。

第一，关于西周邦国与宗族的法律与诉讼。西周时期邦国的法秩序，因材料所限，学界历来少有研究。近年来，在新出金文的基础之上，王沛先生撰写了《西周邦国的法秩序构建：以新出金文为中心》一文，对该问题进行了探讨。作者通过分析近年公布的山东、山西、湖北出土之金文资料，认为"周人在邦国法秩序构建中恪守其'收放界限'，并未将自己的法度全面移植，而是各依其便，甚至主动学习土著部族的制度。与之相应的是，王朝的司法力量会积极参与到邦国的法秩序构建中。当邦国内部秩序被破坏或出现不稳定迹象时，周王或者体现周王权力的执政大臣会担任审判官的角色，通过审判权力重新恢复其内部秩序。在以法律手段管控异族邦国时，王朝侧重'司法手段'而非'立法手段'，即通过充当裁判者的角色确立王朝的权威，而并不倾向强加周人法度于异族。是为西周邦国法秩序构建的基本特征。"② 关于西周时期的宗族内诉讼，王沛先生的《琱生诸器与西周宗族内部诉讼》一文进行了系统探讨。作者从琱生三器的铭文出发，通过分析认为琱生诸器与西周宗族内部诉讼相关，并进一步得出结论，即"铭文揭示，西周时期王朝司法与宗族司法并行于西周王畿。由于战国以后中央集权格局逐步形成，宗族司法渐渐消亡，而琱生诸器则将湮没已久的宗族司法场景再次展现在今人的面前，故具有重要的法制史意义。"③

第二，宗族社会演变中的法律与职官。先秦时代经历了夏商周三代宗族社会的全盛时期与春秋战国宗族社会逐渐解体的时期，与此大的社会发展趋势相结合，研究相关法律与职官演变的成果屡有出现。李峰先生的

---

① 并见黄益飞、刘佳佳：《霸姬盘铭文与西周誓制》，《考古》2019年第3期。
② 王沛：《西周邦国的法秩序构建：以新出金文为中心》，《法学研究》2016年第6期。
③ 王沛：《琱生诸器与西周宗族内部诉讼》，《上海师范大学学报》（哲学社会科学版）2017年第1期。

《中国古代国家形态的变迁和成文法律形成的社会基础》一文，便从社会性质变化的角度切入，论述了成文法律何以形成。李峰先生认为，"要搞清中国成文法形成的原因，关键在于真正理解西周到战国时期社会变化的性质""西周是一个'权力代理的亲族邑制国家'，其社会的基本组织单位则是拥有大量人口和土地，并对其成员承担着法律责任的'宗族'。因此，西周时期并没有形成成文法律的需要或条件。但是，公元前771年西周灭亡，中国古代社会在列国战争中从'邑制国家'逐渐向'领土国家'转变。特别是作为'领土国家'一级行政组织的'县'的出现，为'核心家庭'的发展提供了机体，也使国家第一次与一家一户的小农家庭发生了直接关系。对'县'里的自由农民以及城市中出现的大量平民管理之需要，促使成文法在中国春秋晚期到战国早期应运而生。"[1] 黄海的《论中国古代专职法官在战国时期的出现》一文结合两周之时社会性质的变迁，论述了中国古代专职法官出现于何时。他认为，"中国古代的专职法官虽然本质上只是依托于政治权力的官僚机构之一员，但其出现却仍是中国特有法律传统的一大进步。关于中国专职法官的出现时间，传世文献与出土文献的记载存在很大矛盾，这应该是因为传世文献当中包含着后世之人追溯前代时的想象。中国古代专职法官出现的时间当在集权社会初成的战国时代，他的出现与战国时期社会形态的变迁存在紧密的联系。具体而言，专职法官出现的原因，正在于宗族社会之解体和集权社会之形成所造成的司法事务数量剧增。"[2]

第三，先秦时期的法律形式。先秦时期的法律形式历来众说纷纭，近年来亦有一些新的研究成果。例如，朱腾先生的《从君主命令到令、律之别——先秦法律形式变迁史纲》一文，便结合商周时期的社会形态论证了先秦法律形式的变迁。他认为，"周王极有可能不会以全域为范围制定法律，西周时代的法则表现为诸邑之主的逐条命令。至春秋时代，随着社会结构的变动，变革旧制、推出新政的命令频发，作为一种制度化的法律形式的令遂登上列国政坛。然而，时人为令寻找权威来源的努力却归于失败。到战国时期，集权君主以其威势保证令的效力，而在君臣的文书往来中又形成了令的固定样态，令遂逐渐走向成熟。与此同时，由于君与国的适度分离，作

---

[1] 并见李峰《中国古代国家形态的变迁和成文法律形成的社会基础》，《华东政法大学学报》2016年第4期。

[2] 黄海：《论中国古代专职法官在战国时期的出现》，《华东政法大学学报》2019年第2期。

为国'法'的一种形式的律也开始出现，律与令的并存成了先秦法律形式之变迁的最重要成果。"①

三　未来研究展望

近年来的先秦法史研究取得了一些成果，展现出了良好的发展趋势，不过，既往研究仍然存在有待加强之处。在未来的先秦法史研究之中，有以下几点值得特别注意。

（一）加强甲骨、金文的整理与释读

先秦史研究，尤其是春秋之前的研究，无疑需要以甲骨文、金文等出土文献材料为核心，对于这些核心材料的整理与释读是整个先秦史研究的基础。先秦法史研究作为先秦史研究的组成部分，自然也不例外。就近年先秦法史研究的成果而言，甲骨文、金文的释读工作总体进展良好，在未来的研究中应该继续坚持这一趋势，以夯实先秦法史研究的根基。

近年来，地不爱宝，新见材料层出不穷，在其中甄别出法史相关的材料并进行整理与释读，对于未来的先秦法史研究是极为重要的。例如，近年新见的霸姬盘②、韩伯丰鼎③等金文材料，便为我们讨论西周时期法制相关问题提供了极为重要的信息。然而，霸姬盘尚有法史学者撰文关注，④韩伯丰鼎则未能在法史学界引起足够的重视。⑤又如清华大学藏战国竹简近年来不断公布，其中与法史相关之信息不在少数，然而近年来法史学者所瞩目者，几乎只有《子产》一篇。除新见材料，对于既有的甲骨文、金文材料，也

---

① 朱腾：《从君主命令到令、律之别——先秦法律形式变迁史纲》，《清华法学》2020 年第 2 期。

② 霸姬盘信息参见山西省考古研究所等《山西翼城大河口西周墓地 2002 号墓发掘》，《考古学报》2018 年第 2 期。

③ 参见李学勤《一篇记述土地转让的西周金文论》，《故宫博物院院刊》2015 年第 5 期。

④ 王沛：《霸姬盘小考》，载姚远主编《出土文献与法律史研究》（第七辑），法律出版社 2018 年版。

⑤ 铭文内容参见刘源《从韩伯丰鼎铭文看西周贵族政体运作机制》，《史学集刊》2018 年第 3 期。

需要继续加强整理与考释,例如西周重器散氏盘①,自清代面世以后代有考释,然而若细读诸家成果,会发现值得推敲之处仍有不少。

(二) 加强发掘传世文献的价值

在以出土文献为核心材料进行先秦史研究之时,仍然应该牢记王国维所言之二重证据法,不宜过度忽视传世典籍的作用。

在近年的先秦史研究当中,存在逐渐忽视传世典籍材料的趋势。在相关研究当中,虽然学者仍不断提及二重证据法,但对于传世文献之使用仍嫌不足。一些研究成果中对于相关传世文献的使用,与其说是在论证问题,还不如说只是一种点缀。这主要是由于先秦传世典籍历经数千年传抄,难免多有舛误,加之近代疑古学派兴起,大多数传世典籍的性质备受质疑,从而造成了当代学者对于传世典籍使用时审慎的态度。不过,我们应该认识到,出土文献虽然是先秦时代的第一手史料,但其材料性质仍然存在局限性,例如商周金文具有"称美而不称恶"(《礼记·祭统》)的性质,其记载自然具有偏向性。这些材料的局限性使得我们通过其获取的信息可能有所偏差,故而在研究当中仍需注意使用可靠的传世文献与其对读。另外,出土文献材料所承载的信息具有碎片化的特点,若要从事系统性的研究,利用传世典籍材料也是必不可少的。

(三) 关注考古新发现

先秦时期的研究材料,除出土文献与传世文献,尚有考古资料需要关注。先秦时期距今久远,相关典籍又不似秦汉之后系统、整齐,故而对于考古资料需要格外重视。自 1949 年以来,得益于我国考古事业的全面发展,先秦时期的重大考古发现为数众多,对于我们系统地研究当时的社会、政治、经济、法律制度提供了大量材料。

在这些考古材料之中甄别与整理出与先秦法史相关的信息,对于先秦法史研究而言意义重大。例如,近年来对于曾国考古的一系列发现,对于我们研究西周的宗法制度、封国制度等相关问题提供了大量前所未见的材

---

① 参见中国社会科学院考古研究所编《殷周金文集成》(修订增补本)编号 10176,中华书局 2007 年版,第 5486 页。

料。① 又如北京琉璃河西周遗址近年所取得的一系列考古成果，为研究西周时期的礼法制度、邦国内部结构等相关问题提供了重要的信息。②

---

① 参见湖北省文物考古研究所编《曾国考古发现与研究》，科学出版社2018年版。
② 参见北京市西周燕都遗址博物馆编《琉璃河遗址与燕文化研究论文集》，科学出版社2015年版。

第三章

秦汉法律史研究

一　研究状况概述

秦代是中国历史上第一个中央集权体制的大一统国家，汉承秦制，延续了这一国家体制，并逐渐使其发展成熟。秦汉时期，随着中央集权体制的确立，社会各个方面均发生了重大改变，法律自然也不例外。秦汉时期的法律体系以律令为根本，通过律令详细规定了国家治理中各个方面的细则，从而使得整个社会依托于律令平稳运行。这一律令体系对于后世中国以及东亚诸国影响深远，故而秦汉可谓中华法系形成过程中最关键的时期。正因如此，秦汉时期的法律史研究向来备受关注，尤其是20世纪70年代睡虎地秦简出土以后，相关成果更是层出不穷。[①] 近年来，随着考古工作的不断进展，又有大量秦汉时期的简牍材料相继出现，为秦汉法律史研究提供了许多新的材料，相关研究欣欣向荣，研究成果大量涌现。

本节拟以出土材料为线索，从旧有出土材料的进一步研究与新材料的大量涌现两方面出发，对于近年来的秦汉法律史研究状况概述如下。

[①] 关于秦汉法律史的既往研究，可参见徐世虹《秦汉法律研究百年（一）——以辑佚考证为特征的清末民国时期的汉律研究》，中国政法大学法律古籍整理研究所编：《中国古代法律文献研究》（第五辑），社会科学文献出版社2012年版，第1—22页；徐世虹：《秦汉法律研究百年（二）——1920—1970年代中期：律令体系研究的发展时期》，中国政法大学法律古籍整理研究所编：《中国古代法律文献研究》（第六辑），社会科学文献出版社2012年版，第75—94页；徐世虹、支强：《秦汉法律研究百年（三）——1970年代中期至今：研究的繁荣期》，中国政法大学法律古籍整理研究所编：《中国古代法律文献研究》（第六辑），社会科学文献出版社2012年版，第95—170页。

（一）旧有出土材料的进一步研究

20世纪70年代以来，大量的秦汉简牍接踵而出，如睡虎地秦简、张家山汉简、居延新简等材料，均极大地促进了秦汉法律史的发展。经过学者几十年的努力，这些旧有出土材料的研究已经较为成熟，然而结合近年新出材料，仍能在其中得到不少重要信息。针对这些旧有的出土材料，这几年主要有以下代表性研究成果。

《睡虎地秦简法律文书集释》

睡虎地秦简作为早期出土的标志性材料，在法律史学的研究之中具有特殊的地位。自其出土以后，秦汉法律史的研究状况得到了彻底的改变，相继有各个领域的众多学者就其中的法律问题进行了探究。近年来，中国政法大学中国法制史基础史料研读会就其中的法律文书部分进行了集中研究，并发表了一系列著述，对我们进一步认识睡虎地秦简具有重要意义。

中国政法大学中国法制史基础史料研读会肇始于2003年，主持人为中国政法大学法律古籍整理研究所的徐世虹教授。2012年2月，研读会开始进行睡虎地秦简法律文书集释工作，并于2012年年底出版的《中国古代法律文献研究》（第六辑）中刊载了首期成果，即《睡虎地秦简法律文书集释（一）：〈语书〉（上）》。[1] 此后，从2013年至今，研读会每年均会在《中国古代法律文献研究》上登载最新的集释成果。截至《中国古代法律文献研究》第十四辑，集释工作已进行至《法律答问》简135。研读班每年的集释成果分别如下：2013年的《睡虎地秦简法律文书集释（一）：〈语书〉（下）》及《睡虎地秦简法律文书集释（二）：〈秦律十八种〉（〈田律〉、〈厩苑律〉）》；[2] 2014年的《睡虎地秦简法律文书集释（三）：〈秦律十八

---

[1] 中国政法大学中国法制史基础史料研读会：《睡虎地秦简法律文书集释（一）：〈语书〉（上）》，中国政法大学法律古籍整理研究所编：《中国古代法律文献研究》（第六辑），社会科学文献出版社2012年版，第171—193页。

[2] 中国政法大学中国法制史基础史料研读会：《睡虎地秦简法律文书集释（一）：〈语书〉（下）》，中国政法大学法律古籍整理研究所编：《中国古代法律文献研究》（第七辑），社会科学文献出版社2013年版，第66—81页；中国政法大学中国法制史基础史料研读会：《睡虎地秦简法律文书集释（二）：〈秦律十八种〉（〈田律〉、〈厩苑律〉）》，中国政法大学法律古籍整理研究所编：《中国古代法律文献研究》（第七辑），社会科学文献出版社2013年版，第82—102页。

种〉（〈仓律〉）》；① 2015 年的《睡虎地秦简法律文书集释（四）：〈秦律十八种〉（〈金布律〉——〈置吏律〉）》；② 2016 年的《睡虎地秦简法律文书集释（五）：〈秦律十八种〉（〈效〉——〈属邦〉）、〈效〉》；③ 2017 年的《睡虎地秦简法律文书集释（六）：〈秦律杂抄〉》；④ 2018 年的《睡虎地秦简法律文书集释（七）：〈法律答问〉1—60 简》；⑤ 2019 年的《睡虎地秦简法律文书集释（八）：〈法律答问〉61—110 简》；⑥ 2020 年的《睡虎地秦简法律文书集释（九）：〈法律答问〉111—135 简》。⑦

《睡虎地秦简法律文书集释》在集合诸家主要观点的基础之上，以按语的形式注明研读会自己的意见，其中具有许多重要的发现，对于睡虎地秦简这一秦汉时期重要法律史料的研究产生了极大的推动作用。

《秦简牍合集》

自 1975 年云梦睡虎地秦简面世以后，秦代简牍间有出现，其中包含大量与法律相关的材料，学者对此多有探研，但在将各批材料串联，进行综合研究方面始终不尽如人意。《秦简牍合集》很好地填补了这一空白，该书将

---

① 中国政法大学中国法制史基础史料研读会：《睡虎地秦简法律文书集释（三）：〈秦律十八种〉（〈仓律〉）》，中国政法大学法律古籍整理研究所编：《中国古代法律文献研究》（第八辑），社会科学文献出版社 2014 年版，第 55—88 页。

② 中国政法大学中国法制史基础史料研读会：《睡虎地秦简法律文书集释（四）：〈秦律十八种〉（〈金布律〉——〈置吏律〉）》，中国政法大学法律古籍整理研究所编：《中国古代法律文献研究》（第九辑），社会科学文献出版社 2015 年版，第 22—109 页。

③ 中国政法大学中国法制史基础史料研读会：《睡虎地秦简法律文书集释（五）：〈秦律十八种〉（〈效〉——〈属邦〉）、〈效〉》，中国政法大学法律古籍整理研究所编：《中国古代法律文献研究》（第十辑），社会科学文献出版社 2016 年版，第 36—118 页。

④ 中国政法大学中国法制史基础史料研读会：《睡虎地秦简法律文书集释（六）：〈秦律杂抄〉》，中国政法大学法律古籍整理研究所编：《中国古代法律文献研究》（第十一辑），社会科学文献出版社 2017 年版，第 1—62 页。

⑤ 中国政法大学中国法制史基础史料研读会：《睡虎地秦简法律文书集释（七）：〈法律答问〉1—60 简》，中国政法大学法律古籍整理研究所编：《中国古代法律文献研究》（第十二辑），社会科学文献出版社 2018 年版，第 49—119 页。

⑥ 中国政法大学中国法制史基础史料研读会：《睡虎地秦简法律文书集释（八）：〈法律答问〉61—110 简》，中国政法大学法律古籍整理研究所编：《中国古代法律文献研究》（第十三辑），社会科学文献出版社 2019 年版，第 1—76 页。

⑦ 中国政法大学中国法制史基础史料研读会：《睡虎地秦简法律文书集释（九）：〈法律答问〉111—135 简》，中国政法大学法律古籍整理研究所编：《中国古代法律文献研究》（第十四辑），社会科学文献出版社 2020 年版，第 23—61 页。

之前出土的大部分秦简材料进行了统合整理，并结合既往成果对他们进行了考察，极大地推进了秦简的研究。

《秦简牍合集》由武汉大学简帛研究中心、湖北省博物馆、湖北省文物考古研究所编写，武汉大学陈伟教授主编，出版于2014年，共含四卷七批材料，分别为《睡虎地秦墓简牍》《龙岗秦墓简牍·郝家坪秦墓木牍》《周家台秦墓简牍·岳山秦墓木牍》与《放马滩秦墓简牍》，集合了较早出土的几批秦简牍材料。① 《秦简牍合集》对于较早出土的简牍，均尽力搜求更加清晰的图片，其所刊布的简牍图像质量大多高于之前的版本，对于解决很多既往因图像不清而造成的问题具有独特的意义。因为清晰的图像以及研究水平的进步，《秦简牍合集》对这几批简牍中的数百个文字做出了较有把握的释读或提出了新释的可能性，② 为我们更好地理解这些秦简牍提供了良好的基础。

该书于2014年出版之后，又于2016年出版了释文注释修订本。修订本与2014年的版本相比，主要有两大改变：第一，省略了2014年的图版，只取释文、注释部分；第二，考虑到地域因素，把在湖北出土的多批简牍集中在了前三册，其他省份的放在第四册。③ 调整之后，睡虎地11号墓竹简日书之外的部分为第一册，睡虎地11号墓日书与4号墓木牍为第二册，龙岗秦简、周家台简牍、岳山木牍为第三册，放马滩秦简、郝家坪木牍为第四册。④ 同时，在释文注释修订本中，编者对于2014年版的释文、注释进行了一些修订，共改动约二百处，⑤ 释读质量进一步提升。

《居延新简释校》

居延新简是相对于新中国成立之前在额济纳河流域出土的居延汉简而言的，其主要指20世纪70年代以来甘肃省各部门沿额济纳河流域进行考古调查时获得的大批简牍，出土地点包括甲渠候官遗址、肩水金关遗址等处。这

---

① 参见陈伟主编《秦简牍合集》（第一卷），武汉大学出版社2014年版，"序言"第9页。
② 参见陈伟主编《秦简牍合集》（第一卷），武汉大学出版社2014年版，"序言"10—16页。
③ 参见陈伟主编《秦简牍合集（释文注释修订本）》（壹），武汉大学出版社2016年版，"修订本序言"。
④ 参见陈伟主编《秦简牍合集（释文注释修订本）》（壹），武汉大学出版社2016年版，"修订本序言"。
⑤ 参见陈伟主编《秦简牍合集（释文注释修订本）》（壹），武汉大学出版社2016年版，"修订本序言"。

批简牍年代以两汉为主，兼及魏晋，其中包含不少与法律相关的内容。

自居延新简出土之后，相继出版了数种书籍对其进行释读，如文物出版社 1990 年出版的《居延新简》①，中华书局 1994 年出版的《居延新简：甲渠候官》② 等。这些释读具有开创之功，但仍有一些值得改进之处。2013 年，由马怡、张荣强主编的《居延新简释校》出版，该书的整理小组成员来自北京师范大学的京师出土文献研读班。书中对居延新简逐简进行整理与释读，订正了之前释文中的不足，为居延新简的进一步研究打下了良好的基础。

该书主要做了以下三个方面的工作：第一，整理旧释文，对几个旧的整理本进行合校，并在校记中注出异文；第二，完善新释文，改正旧整理本中的错字，补充缺漏字及符号，增加新释出的字；第三，采录原简的多种信息，包括保留原简样式、保留原简各种符号等。③

西北地区出土简牍向来具有零碎、多残断等特点，居延新简也不例外，故而其虽然含有不少与法律相关的材料，但除了其中一些较为完整的简牍之外，法律史研究者多对此关注不足。若要更好地使用有关材料，完整、精确的释读是必不可少的前置条件，而《居延新简释校》一书正好提供了高质量的释文，为法律史研究者更好地利用居延新简有关材料提供了极大的便利。

（二）新材料的不断涌现

近年来，大批秦汉简牍不断被发现，为秦汉法律史研究提供了大量崭新的材料，结合这些新材料，可以预见秦汉法律史的研究将在未来数年迎来飞跃。以下将就近年来新出现与公布的部分秦汉时期重要简牍进行简介。

岳麓书院藏秦简

2007 年前后，湖南大学岳麓书院从中国香港购藏了一批秦简，数量共有两千余枚，内容丰富，包括律令、数书、占梦书等内容。岳麓书院藏秦简之中具有大量与法律相关的内容，如大批的律令简、司法文书《为狱等状四种》及类似官箴书的《为吏治官及黔首》等，其中许多内容为首次发现，对秦代法律史的研究提供了绝佳的材料。

---

① 甘肃省文物考古研究所等编：《居延新简》，文物出版社 1990 年版。
② 甘肃省文物考古研究所等编：《居延新简：甲渠候官》，中华书局 1994 年版。
③ 马怡、张荣强主编：《居延新简释文》，天津古籍出版社 2013 年版。

岳麓书院藏秦简自 2010 年出版第一卷之后,① 开始陆续公布。2011 年、2013 年、2015 年、2017 年与 2020 年相继出版了第二卷至第六卷。② 每卷均收录有相关简牍的彩色图版、红外图版、释文及简注。其中第三卷收录了秦代司法文书《为狱等状四种》,第四卷至第六卷收录了大量秦律令,均在学界引起了广泛讨论,极大地促进了秦代法律史研究的发展。

里耶秦简

里耶秦简发现于 2002 年,是湖南省文物考古研究所等单位在对龙山县里耶镇古城遗址进行抢救性发掘时在城内的一号古井中发现的。井内共清理出土简牍三万七千余枚,大部分为秦代简牍。③

从简牍上的纪年来看,里耶秦简大多属于秦始皇及秦二世时期,其中包含大量的秦代迁陵县官方档案,故而内容涉及当时政府运作的各个方面,例如政令、官方往来文书、簿籍、司法文书等。因为秦代以律令体系治国,故而其中包含有大量与法律相关的内容,而且因为其是政府的官方档案,还能与其他秦简中的秦律令对读,所以里耶秦简对于秦代法律史研究而言弥足珍贵。

里耶秦简自 2012 年公开了第一部分之后,在近年又公开了第二部分。④ 在 2012 年出版的《里耶秦简(壹)》中,公布了一号井第五、第六、第八层共两千余枚简牍的图版与释文。之后,在 2017 年出版的《里耶秦简(贰)》中,公布了一号井第九层简牍的图版与释文。武汉大学简帛研究中心亦一直关注里耶秦简的整理工作,相继出版了《里耶秦简牍校释》两卷,对于已公开的里耶秦简释文进行了校释。⑤ 目前,里耶秦简的整理工作还在

---

① 2010 年,上海辞书出版社出版了《岳麓书院藏秦简(壹)》。参见朱汉民、陈松长主编《岳麓书院藏秦简(壹)》,上海辞书出版社 2010 年版。

② 朱汉民、陈松长主编:《岳麓书院藏秦简(贰)》,上海辞书出版社 2011 年版;朱汉民、陈松长主编:《岳麓书院藏秦简(叁)》,上海辞书出版社 2013 年版;陈松长主编:《岳麓书院藏秦简(肆)》,上海辞书出版社 2015 年版;陈松长主编:《岳麓书院藏秦简(伍)》,上海辞书出版社 2017 年版;陈松长主编:《岳麓书院藏秦简(陆)》,上海辞书出版社 2020 年版。

③ 详情参见湖南省文物考古研究所等《湖南龙山里耶战国—秦代古城一号井发掘简报》,《文物》2003 年第 1 期。

④ 湖南省文物考古研究所编:《里耶秦简(壹)》,文物出版社 2012 年版;湖南省文物考古研究所编:《里耶秦简(贰)》,文物出版社 2017 年版。

⑤ 陈伟主编:《里耶秦简牍校释》(第一卷),武汉大学出版社 2012 年版;陈伟主编:《里耶秦简牍校释》(第二卷),武汉大学出版社 2018 年版。

持续进行，我们非常期待即将公开的新材料能够为秦代法律史研究继续提供重要的信息。

北大秦简

2010年，北京大学从海外购藏了一批秦简牍，共有竹简762枚、木简21枚、木牍6枚、竹牍4枚、木觚1枚。该批简牍内容包括《从政之经》《道里书》《善女子之方》等篇章。①

北大秦简之中的《从政之经》，性质与睡虎地秦简中的《为吏之道》及岳麓秦简中的《为吏治官及黔首》类似，均是描述官吏应该如何修身、理政的文字。众所周知，秦代"以吏为师"（《史记·李斯列传》），吏是实现律令治国的关键，故而这种描述官吏应该如何修身、理政的文献对于我们了解秦代法律运作的实景提供了宝贵的材料。就这种"为吏之道"题材的数种秦代文献，朱凤瀚先生曾经进行对读，为我们更好地理解该类文献提供了良好的参考。②

益阳兔子山简牍

2013年，考古队对益阳兔子山遗址进行了抢救性考古发掘，在11口古井中出土了楚、秦、汉、三国时期的大量简牍，为战国、秦汉时期的研究提供了大量的新材料。这批简牍大多为政府的官方档案，其中包含大量的司法文书，对于秦汉法律史研究而言意义重大。③

兔子山简牍中的司法文书多为刑事案件审结记录，详细记录有文书产生的时间，承办官员的职位与姓名，涉案人员，案件经过，判决结果，记录者姓名等内容。④ 其中的"张勋主守盗案"木牍已引起了法律史学者的注意，徐世虹教授对其已有所研究。⑤

目前，益阳兔子山简牍的整理工作仍在进行之中，并已有相关简报与介绍发表，如《湖南益阳兔子山遗址九号井发掘简报》⑥《湖南益阳兔子山遗

---

① 详细介绍参见朱凤瀚等《北京大学藏秦简牍概述》，《文物》2012年第6期；常怀颖等：《北京大学藏秦简牍室内发掘清理简报》，《文物》2012年第6期。

② 参见朱凤瀚《三种"为吏之道"题材之秦简部分简文对读》，载中国文化遗产研究院《出土文献研究》（第十四辑），中西书局2015年版。

③ 参见李均明等《当代中国简帛学研究》，中国社会科学出版社2019年版，第209页。

④ 参见李均明等《当代中国简帛学研究》，中国社会科学出版社2019年版，第209页。

⑤ 参见徐世虹《西汉末期法制新识——以张勋主守盗案牍为对象》，《历史研究》2018年第5期。

⑥ 张春龙等：《湖南益阳兔子山遗址九号井发掘简报》，《文物》2016年第3期。

址九号井出土简牍概述》①等。在目前已公开的少量材料之中，我们已经可以发现许多与法律史相关的珍贵材料，相信在将来，益阳兔子山简牍的持续公布可以让秦汉法律史研究更上一层楼。

胡家草场西汉简牍

2018年至2019年，荆州博物馆在胡家草场墓地发掘了18座古墓葬，其中的西汉M12出土了大量简牍，内容包括岁至、日至、历书、法律文献及医方等。其中的法律文献包括律典与令典，共有三千余枚。②

胡家草场所见律令简内容丰富，体系完备，让人耳目一新。正如发掘整理者所言，"与已公布的同类出土文献相比，胡家草场M12出土的法律简数量最多、体系最完备，可称为西汉律典范本，有助于厘清传世文献所载'正律''旁章'的关系。令典为首次发现，有望开启汉令分类、编辑与令典形成研究的新篇章。律令中首次发现与蛮夷管理有关的蛮夷律、令。相关律令的发现为研究秦汉时期统一多民族国家的形成与巩固提供了法律依据。"③尽管其目前仍在整理之中，公布的材料数量有限，但已引起了学界的极大兴趣，产生了一些学术成果。例如，陈伟教授的《秦汉简牍所见的律典体系》④一文，便利用了胡家草场的资料，对秦汉时期法律体系的具体样态提出了重要观点。

睡虎地汉简

2006年，湖北省文物考古研究所、云梦县博物馆对云梦睡虎地77号西汉墓进行发掘，在墓内发现了两千余枚西汉简牍。⑤该批简牍的内容包括质日、官府文书、私人簿籍、律典、算术、书籍、日书等。随着整理工作的推进，目前我们对于睡虎地汉墓的整体面貌已经有所了解。

在官府文书之中，有所谓的《五年将漕运粟属临沮令初殿狱》，其是一组司法案卷。该案卷记述了汉文帝后元五年（前159年），安陆县吏举城、

---

① 张春龙、张兴国：《湖南益阳兔子山遗址九号井出土简牍概述》，《国学学刊》2015年第4期。

② 详情参见李志芳、蒋鲁敬《湖北荆州市胡家草场西汉墓M12出土简牍概述》，《考古》2020年第2期。

③ 李志芳、蒋鲁敬：《湖北荆州市胡家草场西汉墓M12出土简牍概述》，《考古》2020年第2期。

④ 陈伟：《秦汉简牍所见的律典体系》，《中国社会科学》2021年第1期。

⑤ 详情参见湖北省文物考古研究所、云梦县博物馆《湖北云梦睡虎地M77发掘简报》，《江汉考古》2008年第4期。

越人二人，为临沮县令初所部，参与漕运，因考课殿后而被劾、受讯，是了解当时司法制度和漕运施行的重要史料。①

此外，睡虎地汉简中的律典亦为秦汉法律史研究提供了许多材料。正如发掘整理者所言，"睡虎地汉简律典的较多律种，在张家山汉简《二年律令》中曾有出现，但后者保存不大好，释文、断读、缀合、编联以及律条的归属，往往存在不确定因素。睡虎地汉律有助于《二年律令》的进一步整理和研究。"② "睡虎地汉律中有多种此前未见的律篇，提供了许多新资料。"③

走马楼西汉简牍

2003年，长沙市走马楼的一口古井中发掘出土了一批西汉简牍，总数达万余枚，大多数为西汉时期长沙国的行政文书。这些文书之中包含有大量司法文书，涉及汉代各项法律制度，具有重要的价值。

经过数年的整理，走马楼西汉简牍的简报与概述于近日发表，为我们初步了解这批重要材料提供了信息。④ 走马楼西汉简牍的司法文书"多以'爰书'的形式，详细地记录了案件发生、告劾、讯问和论决的全部过程。简文的起首多以'爰书'作为专门语词来概指所辩告、讯问、论决的简文内容"⑤，其中有的司法案例"正好印证了西汉'文景之治'时期司法改革的事实，如在秦和西汉早期所实施的'黥面''斩'等残酷的附加刑在汉武帝时代的长沙国已改为耻辱刑'鞭笞'及附加刑具'钳钛'，其刑罚尺度相对比较宽松和人道。"⑥

五一广场东汉简牍

2010年，长沙市文物考古研究所在五一广场编号为1号的窨内出土了一批东汉简牍，总数6862枚，其中大部分为官文书。这批简牍纪年明确，

---

① 参见熊北生、陈伟、蔡丹《湖北云梦睡虎地77号西汉墓出土简牍概述》，《文物》2018年第3期。

② 熊北生、陈伟、蔡丹：《湖北云梦睡虎地77号西汉墓出土简牍概述》，《文物》2018年第3期。

③ 熊北生、陈伟、蔡丹：《湖北云梦睡虎地77号西汉墓出土简牍概述》，《文物》2018年第3期。

④ 宋少华：《长沙市走马楼西汉古井及简牍发掘简报》，《考古》2021年第3期；陈松长：《长沙走马楼西汉古井出土简牍概述》，《考古》2021年第3期。

⑤ 陈松长：《长沙走马楼西汉古井出土简牍概述》，《考古》2021年第3期。

⑥ 陈松长：《长沙走马楼西汉古井出土简牍概述》，《考古》2021年第3期。

形制规整，字迹清楚，数量众多，改变了以往东汉早中期简牍出土不足的状况。在走马楼东汉简牍中，含有大量与司法相关的内容，对于东汉法律史研究而言意义非凡。①

关于走马楼东汉简牍的公布，2013 年《文物》首先刊登了发掘简报，② 介绍了简牍的基本情况。2015 年，长沙市文物考古研究所联合其他机构，整理出版了《长沙五一广场东汉简牍选释》一书，公布了一百余枚简牍。③ 之后，整理者于 2018 年开始正式公布相关成果，相继出版了《长沙五一广场东汉简牍》前四卷，④ 公布了简牍的彩色及红外原大照片及释文注释，引起了学界的广泛兴趣。目前，相关整理工作仍在继续进行中。

尚德街东汉简牍

2011 年至 2012 年，长沙市文物考古研究所对长沙市尚德街进行了考古发掘，于九口古井中出土了 257 枚简牍，其内容涉及诏书、律令、官文书等等，时代为东汉至三国吴时期，以东汉时期为主。

2016 年，整理者出版了《长沙尚德街东汉简牍》一书，公布了相关简牍材料的彩色图版、黑白图版与释文。⑤ 尚德街东汉简牍虽然数量不大，但其中涉及法律史的内容却为数不少，一些材料对于东汉法律史的研究具有很高的价值。例如，其中的木牍 212 记录了当时"大不敬""不敬"的数种情形，具体为"对悍使者，无人臣礼，大不敬；惊动鬼神，大不敬；上书绝匿其名，大不敬；漏泄省中语，大不敬；上书言变事不如式，为不敬。天下有服禁，不得屠沽。吏犯，不敬……"⑥ 这一木牍是研究"大不敬""不敬"在中国古代演变与发展的绝佳材料。

东牌楼东汉简牍

2004 年，长沙市文物考古研究所对东牌楼建筑工地进行了考古发掘，在编号为 J7 的古井内发现了 426 枚东汉简牍。这批简牍的年代在东汉晚期

---

① 参见李均明等《当代中国简帛学研究》，中国社会科学出版社 2019 年版，第 249—250 页。
② 长沙市文物考古研究所：《湖南长沙五一广场东汉简牍发掘简报》，《文物》2013 年第 6 期。
③ 参见长沙市文物考古研究所等编《长沙五一广场东汉简牍选释》，中西书局 2015 年版。
④ 相关成果为：长沙市文物考古研究所等编：《长沙五一广场东汉简牍（壹）》，中西书局 2018 年版；长沙市文物考古研究所等编：《长沙五一广场东汉简牍（贰）》，中西书局 2018 年版；长沙市文物考古研究所等编：《长沙五一广场东汉简牍（叁）》，中西书局 2019 年版；长沙市文物考古研究所等编：《长沙五一广场东汉简牍（肆）》，中西书局 2019 年版。
⑤ 长沙市文物考古研究所编：《长沙尚德街东汉简牍》，岳麓书社 2016 年版。
⑥ 长沙市文物考古研究所编：《长沙尚德街东汉简牍》，岳麓书社 2016 年版，第 79—80 页。

灵帝时期，内容主要有公文书、户籍、私信等种类。

东牌楼东汉简牍部分内容与法律相关，例如灵帝光和六年的"监临湘李永、例督盗贼殷何上言李建与精张诤田自相和从书"便记录了当时的一件田产争讼案。① 这些内容为东汉晚期的法律史研究提供了材料，在近年引起了一些学者的关注。

二　重要专题研究

近年来，随着出土文献的不断出现，秦汉法律史研究发展迅猛，在各个方面均成果斐然。因研究成果数量过多，难以一一言及，故而本节拟从近年来几个备受关注的主题出发，以专题的形式对相关研究状况进行简介。

（一）秦汉法律体系研究

秦汉法律体系向来是秦汉法律史研究中的热点问题，这主要是因为在出土简牍大量出现以后，其所展现出的律令体系与传统典籍所载的《九章律》体系存在明显的差异。

学界对此问题一直以来争论不休，过往学者从数个角度对其进行了探讨。例如，孟彦弘《秦汉法典体系的演变》一文认为，从先秦经秦汉至曹魏，律由可不断增减的开放性体系演变成了大致固定和封闭的体系，而所谓的"汉律九章"，是在《法经》分类的基础上又增加了三类，同时也是泛指汉律篇章之多，而非实指汉律只有九个篇章。② 杨振红在《秦汉律篇二级分类说——论〈二年律令〉二十七种律均属九章》一文中认为，"秦汉律篇存在二级分类，张家山汉简《二年律令》以及传世文献中不属于九章的汉代律篇，应是九章之下的次级律篇。"③ "在汉代，有关礼仪、朝仪、宫禁方面的法规亦被纳入'律'的范畴，与律令同录于理官，但是

---

① 参见长沙市文物考古研究所、中国文物研究所编《长沙东牌楼东汉简牍》，文物出版社2006年版，第73页。

② 参见孟彦弘《秦汉法典体系的演变》，《历史研究》2005年第3期。

③ 杨振红：《秦汉律篇二级分类说——论〈二年律令〉二十七种律均属九章》，《历史研究》2005年第6期。

它们还没有取得与九章同等的地位，九章被视为正律，而它们则以旁章的形式存在。"① 王沛《刑名学与中国古代法典的形成——以清华简、〈黄帝书〉资料为线索》一文则从思想层面入手，认为"刑名学理念在战国、魏晋时代的两度兴起，直接推动了古代法律形式的转型，促成了基本律典的形成"②。然而，因为所见材料的限制，之前对于秦汉法律体系的讨论虽多，但均难成定论。

最近几年，睡虎地汉简、胡家草场西汉简牍及益阳兔子山简牍中新出现的材料，为我们进一步认识秦汉法律体系提供了可能。结合新见材料，对秦汉法律体系进行讨论的最新研究成果主要如下：

陈伟《秦汉简牍所见的律典体系》一文结合睡虎地汉简与胡家草场西汉简牍所见最新材料，认为，"西汉文帝时期的律典呈现结构性的分类、分层，'罪名之制'诸律连同兴、厩、关市等'事律'与其他'事律'被分别统辖在《□律》与《旁律》之中。这种律篇组织的特别格局，在吕后时期的《二年律令》和东汉后期的古人堤木牍律目中，也有存在的迹象，而在睡虎地秦律中则无从考见。《□律》可能由萧何主持制定，或是九章律的扩展。《旁律》则是其后形成的律篇。对律令的持续校雠、活跃的法庭辩论，以及规范的奏谳程序等措施，使得秦汉律典可以在不断修订中保持内容的相对确定和执行尺度上的全国统一，并把最终解释权掌握在中央立法机构手中。"③

张忠炜《汉律体系新论——以益阳兔子山遗址所出汉律律名木牍为中心》一文从益阳兔子山所见汉律律名木牍出发，通过分析认为"以是否具备刑罚性为标准，汉律区分为狱律与旁律，具备刑罚性的多被视为狱律，旁律则包含行政性、制度性（含军法类）、礼制性律篇。汉初，九章诸篇均已存在，或分属狱律，或分属旁律。九章诸篇之所以能从众多的汉律律篇中脱颖而出，既与汉律体系的开放性有关，也与对律篇价值的估定有关，极可能是律令学发展的产物。正律、旁章记载虽晚出，却有一定依据可循，不能一概斥之为伪造。汉律通行于郡及王国。汉初，王国虽有较大自治权，但无制

---

① 杨振红：《秦汉律篇二级分类说——论〈二年律令〉二十七种律均属九章》，《历史研究》2005年第6期。

② 王沛：《刑名学与中国古代法典的形成——以清华简、〈黄帝书〉资料为线索》，《历史研究》2013年第4期。

③ 陈伟：《秦汉简牍所见的律典体系》，《中国社会科学》2021年第1期。

定律令的权力,也没有独立的王国法存在。"①

齐继伟的《秦〈发征律〉蠡测——兼论秦汉"律篇二级分类说"》一文则另辟蹊径,以单个律篇的生成及演变为视角,对目前简牍中所见律令篇目作比对研究,并进而认为,"秦代《发征律》与《徭律》《戍律》的内容各有主旨,互为补充,三者为并列关系。汉初《兴律》的生成是围绕'兴'的内涵,在原有若干单行行政法和民法的基础上整合而成。秦汉时期'集类为篇,结事为章'的法律编纂手段,从技术层面构建了律令篇章的'二级分类'。'二级分类'是秦汉律令编纂者在立法过程中力求法律的完备与细密,由技术导致的结果,且在现今出土的律令文献中得到证实,有着充分的历史依据。"②

总体而言,对于秦汉法律体系的完整面貌,我们仍未完全了解,需要继续进行研究。但是,得益于近年所见的新材料,秦汉法律体系的真实样貌已经初露端倪。

(二) 律令具体篇章研究

秦汉时期的律令分为许多篇章,无论是传世典籍所载的《九章律》,还是出土简牍中的律令简,均是如此。对于这些篇章的单独研究,也是秦汉法律史研究的重点之一。在对单独篇章的研究中,学界尤其重视出土文献中新见律名篇章的研究,例如张忠炜与张春龙在《新见汉律律名疏证》一文中,便就首次出现或有待解说的律名进行了疏证,并尝试指出今后可能的研究方向。③

因为秦汉律令篇章众多,以下只以几个具体的篇章为例,介绍相关篇章近年的研究概况。

赐律

张家山汉简《二年律令》中有《赐律》。最近,根据新见材料,有学者就《赐律》数简的排序问题提出了不同的看法。

何有祖、刘盼、蒋鲁敬在《张家山汉简〈二年律令·赐律〉简序新

---

① 张忠炜:《汉律体系新论——以益阳兔子山遗址所出汉律名木牍为中心》,《历史研究》2020年第6期。
② 齐继伟:《秦〈发征律〉蠡测——兼论秦汉"律篇二级分类说"》,《中国史研究》2021年第1期。
③ 张忠炜、张春龙:《新见汉律律名疏证》,《西域研究》2020年第3期。

探——以胡家草场汉简为线索》一文中，从新出的胡家草场西汉简牍所见相关材料出发，通过分析，对《二年律令·赐律》的简序作了几点调整："第一，赐衣、棺及官衣裳诸简包含简282—285、289、288文意贯通，可编联。原归属于《金布律》的简418—420移入《赐律》，置于简290后，可编联，其内容为赐物折钱及稟衣物，置于简282—285、289、288等之后。第二，赐吏酒食部分包含简297—301，各简之间可能连读，主要按官秩赐吏酒、赐吏食，等差明显；赐不为吏及宦皇帝者酒食部分包括简291—293、294、295、296，主要根据爵位比附吏官秩的方式来记载对各有爵者酒食的赐予。简302、303是赐酒食的补充性规定。第三，简286、287属补救式赐予。"①

亡律

《亡律》在出土简牍之中屡次出现，是指与逃亡犯罪有关律令条文组成的篇章。因为逃亡牵涉秦汉时期的户籍制度等问题，故而学界对于《亡律》一直多有关注。近年有关《亡律》的主要研究成果如下：

邹水杰的《秦汉〈亡律〉中的逃亡犯罪研究》一文就目前所见亡律中的诸种问题进行了讨论。他认为，"秦及汉初'亡律'及其他有关逃亡的法律文献中，除了用'亡'作一般性表述外，多有'去亡''去某亡'的表述。'去亡'是当时特定的法律术语，可分为有罪去亡、逋欠官府钱财去亡和逃避某种身份与戍役去亡三大类型。归结到一点，'去亡'表示的是行为人为了逃避犯罪、戍役或特定身份的逃亡。'去亡'也可以与'阑亡''将阳亡''邦亡'结合，成为'去阑亡''去将阳亡''去邦亡'。"②

张传玺在《秦及汉初逃亡犯罪的刑罚适用和处理程序》一文中，以《亡律》为中心，系统梳理了目前所见秦汉简牍中与"亡"有关的律令，认为，"秦及汉初律令对逃亡犯罪的规定繁复而成体系。逃亡大体可分为一般逃亡和犯罪后逃亡二类。在刑罚适用上，一般逃亡的刑罚因逃亡者身份不同而各异，犯罪逃亡的刑罚是以本罪刑罚为基础，叠加亡罪刑罚后加以确定。在处理程序上，吏、民的一般逃亡不导致审判和追缉程序，刑徒或特别身份人逃亡的，区分亡罪刑罚轻重，分别适用审判并通缉的'论，命之'程序

---

① 何有祖、刘盼、蒋鲁敬：《张家山汉简〈二年律令·赐律〉简序新探——以胡家草场汉简为线索》，《文物》2020年第8期。

② 邹水杰：《秦汉〈亡律〉中的逃亡犯罪研究》，《湖南师范大学社会科学学报》2019年第1期。

和审判并命令其出现、领受刑罚的'论，令出、会之'程序。犯罪逃亡的，以本罪刑罚为基准，分别适用'论，命之'和'论，令出、会之'程序，后一程序中未按规定领受刑罚的，以刑罚已执行时逃亡来论断其刑。在不同类型逃亡犯罪及司法程序的不同阶段自出的，有处以笞刑、本罪之刑减一等或本罪之刑叠加亡罪之刑后总减一等等不同减刑效果。"①

石洋在《岳麓秦简肆〈亡律〉所见"䢽"字补说——兼论几则关联律文的理解》一文中，从《亡律》中的"䢽"字出发，对《亡律》进行了探讨。他认为，"秦律令中训为'亡'的'䢽'字，更准确的意义是失控、逃脱，暗含着逸出某个界限的意思。在许多用例中，该界限指涉事官署的控辖范围。比较起来，秦律中的'亡'单表示逃亡行为或状态，'亡人'仍然可能被捕归案，而'䢽'所显示的情况，基本都是成功逃掉。秦律'䢽'的这种意义，可能渊源于《左传·哀公二年》'庶人工商遂'等文献的'免'义。厘清'䢽'字的准确含义，或能化解一些秦汉律文的争议。如可以确认岳麓肆《亡律》94简应断读为'作其数，及命者，䢽盗贼，亡……'；张家山汉简《奏谳书》158简'篡遂纵囚'之'遂'，宜解作逃脱。此外，'䢽'字在秦汉间发生了两个变化：一是'䢽'的使用频率迅速下降，逐步改用'遂'字表示相应义项；另一是'遂'的'失控、逃脱'义逐渐消退。"②

秩律

张家山汉简《二年律令》中有《秩律》，因其中包含有大量的行政区划名，向来为各界学者，尤其是历史地理领域的学者所重视。最近几年，围绕《秩律》的代表性研究成果主要如下：

马孟龙《张家山二四七号汉墓〈二年律令·秩律〉抄写年代研究——以汉初侯国建置为中心》一文以汉初侯国的建置为线索，考察了《秩律》的抄写年代。文中认为，"张家山二四七号汉墓《秩律》是在惠帝七年《秩律》旧本的基础上增订高后元年行政建制而形成的混合文本。《秩律》并不载录侯国，以往被释为侯国的几个地名，其实是侯国废除后而增补入《秩律》的。张家山二四七号汉墓《秩律》抄写于高后元年五月前后，载录的行政建制是高后元年五月的面貌。张家山二四七号汉墓《秩律》是抄手根

---

① 张传玺：《秦及汉初逃亡犯罪的刑罚适用和处理程序》，《法学研究》2020年第3期。
② 石洋：《岳麓秦简肆〈亡律〉所见"䢽"字补说——兼论几则关联律文的理解》，载邬文玲、戴卫红主编《简帛研究》（2020春夏卷），广西师范大学出版社2020年版。

据自身需要而制作的律文抄本,与朝廷颁定的《秩律》文本可能存在较大差距"①。

在此文之后,马孟龙在《张家山三三六号汉墓〈秩律〉残简相关问题阐释》一文中又对张家山 336 号汉墓所见《秩律》做了分析,并将其与《二年律令》中的《秩律》进行了比较。他认为,"残简记录的'临洮''羌道',可以弥补张家山二四七号汉墓《秩律》的文字残缺。与二四七号汉墓《秩律》相比,三三六号汉墓《秩律》的县名排序更为规整,可能更接近朝廷正式颁定的《秩律》原貌。张家山三三六号汉墓出土的十五种汉律除《秩律》以外,还包括《盗律》《朝律》《具律》《贼律》《兴律》五种律文。"②

(三) 犯罪与刑罚相关研究

犯罪与刑罚相关研究也是秦汉法律史的探讨热点之一,主要包括犯罪类型、刑罚样态、刑罚系统等方面。因研究成果数量众多,以下仅举出部分成果作为代表,以介绍近年来的研究概况。

在犯罪中对"公罪"进行区分,是中古以后中华法系的一大特点,这一特色分类在秦汉时期是否存在,若存在的话实态为何?这一问题历来受到关注。近年来,因为简牍的大批出现,对于这一问题的进一步探讨已经成为可能。徐世虹在《秦汉律中的职务犯罪——以"公罪"为考察对象》一文中便对该问题进行了考察,她认为,"严格维护国家权力的有效性与畅通性,惩治国家权力行使者的各种违法、违制行为,无疑是中国古代法律的重要功能之一。公罪的产生,渊源于春秋战国以来集权观念的强化与官僚政治体系的严密。公罪的主要功用,即在于对官吏的职务犯罪加以性质区分,以适用不同的处罚。在秦汉律中,虽未见公罪之名,但公罪之实已具形态,其构成要件、罪过形态的区分、责任连带等都与后世律有一定的关联。犯罪公私的区分,使公罪作为类概念而适用于官吏非出于私利的失职、违制等犯罪行为,因此包容性甚广。其入于《名例》,正在于为官吏职务犯罪的繁杂性

---

① 马孟龙:《张家山二四七号汉墓〈二年律令·秩律〉抄写年代研究——以汉初侯国建置为中心》,《江汉考古》2013 年第 2 期。
② 马孟龙:《张家山三三六号汉墓〈秩律〉残简相关问题阐释》,《江汉考古》2014 年第 6 期。

提供一个定性标准。"①

在简牍大量出现之前，我们对于秦汉刑罚的了解均来自传世典籍的零散记载，难以明了其具体体系，这一现状在目前已经得到了极大改善。近年来，有关秦汉刑罚体系的研究继续稳步进行，例如张传玺在《睡虎地秦简〈法律答问〉"狱未断"诸条再释——兼论秦及汉初刑罚体系构造》一文中认为，"睡虎地秦简《法律答问》的部分简以'实罪狱未断又诬告'为问答情境。诸简设问背景是，秦律未规定'狱未断'阶段再犯罪应如何处置。诸简解答给定刑罚的理据具有逻辑先后顺序，即先追究未断之罪、判定其刑徒身份，再以此为基础落实诬告反坐的刑罚。49、117（后）、109—112诸简主旨是为说明诬告反坐时的刑罚修正方式。117（后）简可能独立成句，说明诬告'耐为候'罪反坐时如何修正；109—112简'刑隶臣''刑鬼薪''刑城旦'等刑罚可能是被诬告之罪的该当刑罚，而非专对葆子的刑罚。'狱未断'诸简体现出秦及汉初刑罚体系具备区分明确的三重构造，即规定刑系统、加减刑系统和替换刑系统，以规定刑系统和替换刑系统概念可以较好解释'狱未断'诸简原理。"②又如宋洁在《"具五刑"考——兼证汉文帝易刑之前存在两个"五刑"系统》一文中认为，"'具五刑'之'五'不得其解，皆由句读而起。重新断句，并结合相关史料可知，《汉书·刑法志》所记载的'具五刑'指的是'黥，劓，斩左止，斩右止，笞'五种刑罚，其中'笞'为替代刑。这与张家山汉简《二年律令·具律》'刑尽者，皆笞百'以及'有罪当黥，故黥者劓之，故劓者斩左止，斩左止者斩右止，斩右止者府之'密切相关。明确'具五刑'之所指，有助于解答《史》《汉》相关记载的疑难问题，并可进一步推定文帝肉刑改革之前存有两个'五刑'系统。"③"'五刑'在秦汉之际分为广义、狭义两个系统，广义'五刑'指《尚书·吕刑》及诸多先秦典籍中所提到的'墨，劓，剕，宫，大辟'，含有死刑，狭义的就是《二年律令·具律》中所提到的'黥，劓

---

① 徐世虹：《秦汉律中的职务犯罪——以"公罪"为考察对象》，《政法论丛》2014年第6期。

② 张传玺：《睡虎地秦简〈法律答问〉"狱未断"诸条再释——兼论秦及汉初刑罚体系构造》，载中国政法大学法律古籍整理研究所编《中国古代法律文献研究》（第十二辑），社会科学文献出版社2018年版。

③ 宋洁：《"具五刑"考——兼证汉文帝易刑之前存在两个"五刑"系统》，《中国史研究》2014年第2期。

之，斩左止，斩右止，府之'。文帝改革之后狭义'五刑'系统湮灭，渐被后人所遗忘，而广义'五刑'系统依托儒家经典，被人沿用至今。"①

对于秦汉时期刑罚制度进行溯源，探讨其自先秦至秦汉时期的形成经过，这一问题近年在学界之中也受到关注。例如黄海的《由"笞"至"笞刑"——东周秦汉时期"笞刑"的产生与流变》，便考察了笞刑自先秦至秦汉时期的发展经过。他认为，"'笞'在律令系统产生之前，主要有三种样态，分别是家内之'笞'、刑讯之'笞'与上层对下层之'笞'。其在东周时期的多元法秩序之中属于'薄刑'，并非基于国家强制力的刑罚。律令系统出现之后，法秩序由多元转向一元，'笞'因为其适合处罚轻微过错，故而被整合入律令系统之中，成为刑罚的一种，即'笞刑'。与此同时，作为非刑罚的家内之'笞'与刑讯之'笞'并未消失，仍然与'笞刑'并存。汉文帝刑制改革之后，'笞刑'代替了肉刑，适用范围扩大，被用以处罚'中罪'。但是，因为其实际执行之时弹性过大，使得其在处理'中罪'之时造成的实际后果不是过重就是过轻，从而造成了刑制的混乱，并进而引发了两汉魏晋时期关于恢复肉刑的讨论。在解决这种刑制混乱的过程之中，笞刑的适用范围逐渐缩小，并最终不再用以处罚'中罪'，而是恢复了'轻刑'的本来面目，最终在隋唐时期作为'轻刑'，成了中古五刑'笞、杖、徒、流、死'中的一员。"②

（四）司法程序研究

司法程序在任何时代的法律史研究中均是重点之一，秦汉时期自然也不例外。得益于出土简牍所见的大量司法档案，近年来对此的研究有了不小的进步。

刘庆在《秦汉告、劾制度辨析》一文中，就秦汉诉讼程序中的"告""劾"二者进行了详细的讨论。他认为，"告、劾是秦汉时期起诉的基本形式，二者在文献中有时连用，但存在多方面差异。从行为主体与适用对象来看，告的适用范围更为宽泛，民对民、民对官、官对民、官对官的起诉皆可称告，而劾的提出者往往是官吏，被劾对象多数是官，也可以是民，不能简

---

① 宋洁：《"具五刑"考——兼证汉文帝易刑之前存在两个"五刑"系统》，《中国史研究》2014年第2期。

② 黄海：《由"笞"至"笞刑"——东周秦汉时期"笞刑"的产生与流变》，《社会科学》2019年第4期。

单以'自诉''公诉'来区分二者。告出现较早,劾制应是战国时代随着官僚制、成文法的出现以及公私观念的发展而产生的,并成为官吏诉讼的专门用语。在形式与内容上,告既有书面形式,又可采用口头形式;既涉及刑狱案件,也可以是民事诉讼。劾所涉案件一般为罪的范畴,不用于民事,且多为书面形式,'章'与'奏'均可用于举劾,出土文献所见的劾文书也存在地域差异。在管辖与受理方面,告的接受可下至乡,由乡啬夫受理并上报县廷审理,告可越诉,吏民诣阙上书、上变告等都可直达皇帝。劾的受理最低在县级司法机构,通常是逐级管辖的,并不越诉。"[1]

杨振红、王安宇在《秦汉诉讼制度中的"覆"及相关问题》一文中,对于秦汉诉讼程序中常见的"覆"进行了研究。他们认为,"'覆'是秦汉诉讼制度中的重要概念。以往学者多采纳沈家本'重审察'的解释。通过对传世文献与出土材料的考察,可发现'覆'不仅用于二审、重审、再审案件,亦用于一审案件,因此不宜将'覆'定义为'重审察'。目前所见'覆'的案例一般为上级机关主理或由上级机关指定某机构(或使者)主理的案件,主理的程序包括立案、侦查、审判、复核、监督等各个环节。在此基础上亦可进一步考察秦汉文献中'复''复案''覆讯'的含义。秦汉时期诉讼制度中'覆'程序的存在,反映了当时司法体系和诉讼程序的复杂以及审级制度的发展。"[2]

王安宇在《秦汉时期的异地诉讼》一文中,对于秦汉时的异地诉讼进行了全面的探讨。他认为,"所谓异地诉讼是指改变案件的原管辖地,依法移送案件至异地受理的诉讼活动。秦汉时期司法程序的重要原则是'一法行之于一国',异地诉讼即是保障这一原则的重要程序。当时的异地诉讼程序包括'合'与'分'两大方面:将共案但分系异地之囚'合'于一处的司法管辖;在一定条件下将本地之囚'分'于异地审理。秦汉时代设立异地诉讼程序,是防止地方干预司法的重要策略,对维护司法公正与统一的司法权有重要意义"[3]。

李均明在《长沙五一广场东汉简牍"劾"与"鞫"状考》一文中,以五一广场东汉简牍所见司法档案为中心,对其中的"劾"与"鞫"进行了考察。他认为,"长沙五一广场东汉简牍所见具体案例中的'劾状'形式,

---

[1] 刘庆:《秦汉告、劾制度辨析》,《中国史研究》2016年第4期。
[2] 杨振红、王安宇:《秦汉诉讼制度中的"覆"及相关问题》,《史学月刊》2017年第12期。
[3] 王安宇:《秦汉时期的异地诉讼》,《中国史研究》2019年第3期。

充分展现了其在诉讼过程中的作用。通过与同时代的'劾状'做横向比较可以揭示其一般规律，与不同时代的西汉'劾状'做纵向比较可以演示其变化。通过疏解以往未曾见过的东汉'鞫状'，可知其为适用于审讯论决阶段的文书形式，主要内容是确认'劾状'的真实性、对案件做进一步调查的结果及提出初步的判决意见与理由。'辤状'性质则存在两种可能：一为综合性的诉讼报告，二为'鞫状'之别称。"①

（五）司法案例研究

已经公开的简牍材料之中包含有各个时期的大量司法档案，如张家山汉简中的《奏谳书》、岳麓秦简中的《为狱等状四种》以及益阳兔子山简牍、五一广场东汉简中包含的大量案例。从这些司法案例出发，对于相关法律问题进行解读，也是近年秦汉法律史研究中关注的方向之一。

早期司法案例简以张家山汉简中的《奏谳书》为代表，近年来仍有学者对其进行个案考察。如黄海的《"醴阳令恢盗县官米"案与汉代的官员监守自盗犯罪》一文，即以《奏谳书》所载"醴阳令恢盗县官米"案出发，对于汉代的官员监守自盗犯罪进行了探讨。他认为，"张家山汉简《奏谳书》所载'醴阳令恢盗县官米'案是发生在汉高祖七年的一起官员监守自盗案件。在该案的处理过程中，当事官员被依照一般盗罪定刑，且因案件性质取消其刑罚特权。从本案出发，结合《二年律令》所载有关官员监守自盗的律文可知，西汉初年对官员监守自盗的规定经历了由'限制特权'至'加罪'的发展过程。除此之外，汉文帝时期产生了对于官员监守自盗者'附条件处以死刑'的规定，并在之后出现了以赃值数额为处死条件的'十金法'。'加罪'与'附条件处以死刑'作为对监守自盗者加重处罚的两种方法，体现了汉代'重点治吏'的思想。二者不仅通行于汉世，且为后世继承与发展。魏晋南北朝时期，'附条件处以死刑'便得以沿用，且数经调整。至唐律之时，'加罪'与'附条件处以死刑'作为官员监守自盗犯罪的两种加重方法，已经融会贯通，并被简洁明了地写入同一条文，成为唐代'重在治官'的重要法律依据之一"②。

---

① 李均明：《长沙五一广场东汉简牍"劾"与"鞫"状考》，载邬文玲主编《简帛研究》（2017秋冬卷），广西师范大学出版社2018年版。

② 黄海：《"醴阳令恢盗县官米"案与汉代的官员监守自盗犯罪》，《法律适用》2020年第24期。

岳麓秦简中的《为狱等状四种》是近年公布的秦代奏谳文书，同样备受学界瞩目，相关成果众多。如邬勖的《〈岳麓简（三）〉"癸、琐相移谋购案"中的法律适用》一文，详细分析了《为狱等状四种》中的"癸、琐相移谋购案"。他认为，"《岳麓简（三）》'癸、琐相移谋购案'所记载的诉讼程序十分完整，对郡、县二级司法官吏的审理和判决过程进行了详细记述，其中有四个环节涉及司法官吏对法律适用问题的判断，即州陵县的判决、监御史的劾、州陵县尝试重新判决以及南郡的最终判决。它们反映出秦统一前夕的法制状况与统一后乃至汉初相比，具有整体上的延续性和稳定性，但在某些具体制度上也发生了明显变化，从中可以窥见那段政治剧变期呈现的法制变迁轨迹。"[1] 又如苏俊林的《岳麓秦简〈暨过误失坐官案〉的议罪与量刑》一文，考察了《为狱等状四种》中"暨过误失坐官案"的议罪与量刑问题。他认为，"岳麓秦简《暨过误失坐官案》中，县丞暨被弹劾了八项罪行。围绕其应'累论'还是'相遝'，吏员内部存有争议。议罪双方主张的'累论''相遝'都有一定的法律依据，但都只适用于暨的部分劾罪，而不适用于其全部罪行。依据律令规定，暨应受的处罚最低程度可能为二甲二盾，高于'吏议'的'赀一甲'。'却曰'所在简1205不应编在简1206之后，应编在整个案件的末尾。'却曰'为此案的最终裁决，吏议的'勿累'建议被驳回，暨将被重新论罪。吏员们支持暨的'相遝'请求，主要是出于境遇相似的考虑。除做出判决的官吏外，参与议罪的吏员一般不会被追责。繁杂的日常事务，变动中的律令，增加了基层官吏受到职务弹劾和处罚的风险。对职务犯罪的严厉处罚，深刻影响了秦国的基层吏治和政治走向。"[2]

新出的益阳兔子山简牍、五一广场东汉简牍等材料中，亦有相当数量的司法案例，学界对此已有注目。如徐世虹的《西汉末期法制新识——以张勋主守盗案牍为对象》一文，以益阳兔子山简牍中的"张勋主守盗案"为中心，分析了西汉末期的法制情况。她认为，"湖南益阳兔子山遗址J3出土的两方木牍，记录了汉平帝元始二年张勋主守盗一案的判决结果，反映了较为丰富的西汉末期的法制状况：'鞫'除'认定犯罪事实'的程序之义外，也具有指代诉讼全部程序的含义；计赃等级有250以上一级，与秦及汉初有

---

[1] 邬勖：《〈岳麓简（三）〉"癸、琐相移谋购案"中的法律适用》，《华东政法大学学报》2014年第2期。

[2] 苏俊林：《岳麓秦简〈暨过误失坐官案〉的议罪与量刑》，《史学月刊》2019年第8期。

所不同；'衣服如法'，表明因衣之服有法律规定，对主守盗有加倍追赃、令同居承担赔偿责任的要求；对处髡钳城旦的刑徒，执行收入司空、从事劳役的刑罚。牍文所见的'爵减'，在现有史料的范围内指向回避刑等；此案的审判权在益阳县，'论决言'的含义是将审判结果报府，但未必是履行程序上的复核。"① 又如马力的《长沙五一广场东汉简牍"孙诗供辞不实案"考证》一文，详细地梳理了五一广场东汉简牍中的"孙诗供辞不实案"，并就其中的法律程序、时代背景等问题进行了讨论。通过分析以后，他认为，"'孙诗供辞不实案'是官吏治事能力欠缺与严政任刑风气相裹挟的产物，后者是酿成案件的主要因素。这一案件说明东汉中期，朝廷的施政理念与地方的治政现实之间存在难以协调的张力，地方狱讼仍受到永平之政决事近于重的影响。"②

三 未来研究展望

得益于出土简牍的大批涌现，近年来的秦汉法律史研究呈现出欣欣向荣的面貌，可以预见，随着出土简牍的进一步公开，未来的秦汉法律史研究定将迎来飞跃。在未来的秦汉法律史研究中，有以下几点值得学界关注。

（一）新出材料展望

上文已反复提及，秦汉法律史研究的繁荣是因为出土文献的不断涌现，在可预见的将来，这一趋势不会发生大的改变。正因如此，在未来的研究中，我们仍应关注不断公开的新材料。

具体而言，可能在未来数年公布的材料之中，有以下几批值得特别关注：1. 张家山336号汉墓法律文献。张家山336号汉墓与张家山227号汉墓（出土有著名的《二年律令》与《奏谳书》）位于同一遗址，其中亦有出土为数不少的法律类文献，目前可见的内容主要有《朝律》

---

① 徐世虹：《西汉末期法制新识——以张勋主守盗案牍为对象》，《历史研究》2018年第5期。
② 马力：《长沙五一广场东汉简牍"孙诗供辞不实案"考证》，载王捷主编《出土文献与法律史研究》（第九辑），法律出版社2020年版，第373—400页。

《秩律》等。① 不同于 227 号汉墓，336 号汉墓出土的法律文献目前仍未完全公开，若其能在未来数年整理完毕并公开的话，必将对西汉前期的法律史研究产生极大的推动作用；2. 胡家草场西汉简。胡家草场西汉简的情况已在上文有所介绍，其中包含大量之前未见的汉代律文，如备受关注的蛮夷律等，其整理工作已经开始，相信随着其不断公布，我们对西汉时期法律的了解可以更上一层楼。

除此之外，未来数年值得关注的新材料还有仍在陆续公布的睡虎地 77 号汉墓所见简牍、走马楼西汉简、五一广场东汉简牍等内容。

（二）旧有出土材料需要继续研究

在关注新出材料的同时，也不应忽视旧有出土材料，而是应该结合新材料，进一步发掘旧材料的研究价值。

举例而言，岳麓秦简中的《为狱等状四种》为秦代的奏谳文书，将其与张家山汉简《奏谳书》结合起来，可以帮助我们更好地了解秦及汉初的奏谳制度，与此同时，也可以让我们看到由秦至汉初奏谳制度的演变。又如胡家草场西汉简与睡虎地 77 号墓所出汉简中存在大量的西汉律令，其中很多内容可以帮助我们对张家山汉简《二年律令》的简序编联与内容理解做出订正，从而使得我们更好地了解西汉初期的各项法律制度。

总而言之，在研究新出土材料的同时，我们应该同时继续关注旧有出土材料，在研究中将二者很好地结合起来。只有如此，出土文献的价值才能得到最大限度的彰显。

（三）传世文献价值不应被忽略

在以出土文献为核心研究秦汉法律史的同时，我们仍然应该坚持"二重证据法"，不应忽视传世文献的价值。

在近年的秦汉法律史研究之中，因为出土文献数量爆发性增长，故而产生了忽视传世文献的不良趋势，这无疑是值得警醒的。出土简牍是秦汉时期最为直接的文献，可以帮助我们具体了解秦汉时期各个方面的真实面貌，此点毋庸置疑。但也正是因为出土文献的这一性质，使得我们很容易忽略秦汉

---

① 参见马孟龙《张家山三三六号汉墓〈秩律〉残简相关问题阐释》，《江汉考古》2014 年第 6 期；曹旅宁：《张家山 336 号汉墓〈朝律〉的几个问题》，《华东政法大学学报》2008 年第 4 期。

时期的整体时代风貌。若要在宏观方面阐述秦汉法律的整体面貌，对于秦汉时期整体风貌的把握是研究当中必不可少的，而要做到这一点，则必须通过传世文献。

正因如此，《史记》《汉书》等传世文献的价值不应被忽略，只有通过传世文献的研读，对于秦汉时期的整体风貌有所了解，我们才能在秦汉法律史研究中更进一步。

第四章

魏晋南北朝法律史研究

一 研究状况概述

魏晋南北朝时期介于秦汉与隋唐之间，是中华文明的转型期，中华法制文明自然也不例外。魏晋南北朝时期的法制上接秦汉，下贯隋唐，正好处在两个大一统时代之间，对于中华法系的发展起着承前启后的作用。正因如此，研究魏晋南北朝时期的法律史，对于我们正确理解中华法系的发展脉络具有重要的意义。遗憾的是，由于材料所限，我们目前对这一时期的法律史研究仍然存在一些欠缺，不少问题仍有待进一步探索。①

尽管存在以上问题，但近年以来，魏晋法律史研究仍然取得了一些成果，这些成果对我们正确理解魏晋南北朝时期的法律面貌可以提供很大的帮助。本节拟以时代先后为序，依次将魏晋南北朝各时期的研究状况概述如下。

（一）三国两晋时期

三国两晋时期的法律史研究大体可以分为两类，即基于诸正史刑法志等传世典籍的研究与基于三国两晋出土文献的研究。

基于传世典籍的研究，首推厦门大学周东平教授对于《晋书·刑法志》的整理工作。周东平教授自 2012 年起，组织相关人员进行《晋书·刑法志》轮读会，对《晋书·刑法志》逐句研读，并于 2016 年发表了《〈晋书·刑法志〉校注举隅》一文。② 该文是轮读班集体轮读《晋书·刑法志》

---

① 关于魏晋南北朝法律史的既往研究，可参见韩树峰《魏晋南北朝法制史研究走向刍议》，韩树峰《汉魏发律与社会》，社会科学文献出版社 2011 年版，第 278—299 页。

② 周东平：《〈晋书·刑法志〉校注举隅》，载中国政法大学法律古籍整研究所编《中国古代法律文献研究》（第九辑），社会科学文献出版社 2015 年版，第 200—234 页。

的成果，在已有的相关研究、注释成果基础上，该文就《晋书·刑法志》句读中的不妥之处进行了辨析；对现存诸注释本中的释义问题，或就歧义之处表明倾向于某种意见并说明理由，或对既有意见加以补充，或提出自己的见解，以求注释的精确。此外，还讨论了一些疑难依旧的存疑问题。① 之后，轮读会的完整成果于2017年以《〈晋书·刑法志〉译注》之名出版。②

除了相关典籍的整理，尚有学者从传世典籍所载出发，对于具体问题进行研究。如周永坤的《〈晋书·刑法志〉中的司法形式主义之辩》一文，便对《晋书·刑法志》中的所谓司法形式主义进行了讨论。他认为，"'守文'的形式主义司法在秦汉时期已经基本站稳脚跟。但由于东汉末年的动乱，追求巩固统治的短视冲动诱使统治者逐渐背离了这一司法传统而转向实质主义司法，结果引发了严重的法律危机。魏晋之际，有识之士开始反思实质主义，证成形式主义司法，这便是发生在魏晋之际的司法哲理之辩。论辩双方就形式主义的'守文'裁判与实质主义的'至善'裁判在方方面面进行了论辩，最终确立了司法者'守文'、疑难案件大臣释法、皇帝法外权衡这一中国古代司法形式主义的基本模式，这对唐以后直至清末的立法、司法产生了极其重大的影响。但是由于缺乏主体间性的规范支撑、宪政制度支撑和人的尊严的价值支撑，这个司法形式主义是很脆弱的，实践中的卡迪司法始终如影随形。"③ 又如马腾的《中国传统法思想形态新探——以晋〈律注表〉为中心》一文，从《律注表》出发，对中国传统法思想做出了新的探索。他认为，"中国法律思想史的研究著述一般基于法典描述传统法思想形态，主要聚焦制度特征与基本价值，而忽略法思想言说所透露的本体论、知识论、实践论旨趣。晋律是法律儒家化三部曲归合的产物，《律注表》作为官方认可的经典文本，表达一种与儒家化法典配套的法思想形态：其一，《律注表》宣示'纳礼入律'的立法宗旨，构建'理—律'的形式结构与'礼—刑'的内容结构，以之解释'以礼率律'的规范体系；其二，《律注表》以'变通之体'诠释刑法体系，阐明法的变动本体及知识开放特征；其三，《律注表》在实践论意义上表达一种司法情境化理念，主张'随事取

---

① 参见周东平《〈晋书·刑法志〉校注举隅》，载中国政法大学法律古籍整理研究所编《中国古代法律文献研究》（第九辑），社会科学文献出版社2015年版，第200—234页。
② 周东平主编：《〈晋书·刑法志〉译注》，人民出版社2017年版。
③ 周永坤：《〈晋书·刑法志〉中的司法形式主义之辩》，《华东政法大学学报》2017年第6期。

法''临时观衅',构成情理司法传统的理论基础。以上均可为描述中国传统法思想形态提供启示。"① 再如邓长春的《释"张杜律"》一文,对于"张杜律"进行了全面的讨论。他认为,"张斐和杜预各自为《晋律》作注,二家律注被后人合称为'张杜律'。但起初,杜预律注被官方宣布具有法律效力,而张斐律注却并未有此待遇。'张杜律'只是后世追认的概念,并非实指二者在西晋初年即皆具有正式效力。在表现形态上,'张杜律'并未与律文融合,而是独立成书。张、杜律注在后世成为权威的法律解释,但二者之间在内容、风格等方面的显著分歧却带来司法上的难题,从而引发南齐永明年间的系统整合运动。"②

基于三国两晋出土文献的研究,主要集中于走马楼三国吴简与散见的两晋简牍。走马楼三国吴简出土于湖南省长沙市,大多是三国吴时期的官方档案,其中包含大量司法文书,是当前魏晋的研究热点之一,下文对此有详细介绍,此处不再赘述。关于散见的两晋简牍,近年与法史相关者当属临泽晋简中的"田产争讼爰书",该文书记录了西晋晚期临泽县廷审理孙氏兄弟争讼田坞之事,引起了各领域学者的广泛关注,从法律史角度对其进行研究的著作亦为数不少。例如杨国誉、汤惠生的《从新出西晋"田产争讼爰书"简册看汉晋法制史研究中的几个问题》一文便就此案中的法律问题进行了初步考察,他们认为,"该份文书记录了西晋建兴元年临泽县孙氏兄弟三人争讼田产及临泽县廷做出相应处理与裁判的前后过程,揭示了汉晋时代的诉讼体制在经办机构、经办人员、审理层级、审理步骤与程序等方面的若干特点,并反映出汉晋时代司法实践中具有的'最高原则'的统摄与影响、耻讼与息讼观念的流行、'罪刑法定'原则的未为信用等几种实际倾向。"③ 又如张朝阳的《汉晋民事司法变迁管测:基于甘肃临泽〈田产争讼爰书〉的探讨》一文,以"田产争讼爰书"为中心,讨论了汉晋间的民事司法变迁。他认为,"从法律史的视角看,这份文书的珍贵价值在于:它展现了汉晋之间的民事司法变迁,使人们看到,原本较纯

---

① 马腾:《中国传统法思想形态新探——以晋〈律注表〉为中心》,《法制与社会发展》2017年第1期。

② 中国政法大学法律古籍整理研究所编:《中国古代法律文献研究》(第十一辑),社会科学文献出版社2017年版,第160—175页。

③ 杨国誉、汤惠生:《从新出西晋"田产争讼爰书"简册看汉晋法制史研究中的几个问题》,《理论学刊》2018年第1期。

粹的早期民法，如何被逐渐地导向了刑事化的轨道上。一方面，汉代的先令券书、分家析产、县廷裁断等民法制度继续存在；另一方面，很多新变化产生了：代表宗族力量的'宗长'取代了原本负责'听讼'的乡啬夫，攫取了初审的权威；对于兄弟争田，已不再根据券书等证据判定曲直，而是以宗法伦理辅以惩罚手段打压诉讼双方，迫使双方息讼了事；原本不适用刑罚的民事诉讼，开始有了刑事化处理的倾向。推动这些变化的力量是当时在基层兴起的宗族组织。"①

（二）南北朝时期

南北朝时期出土材料的匮乏，使得这一时期的法律研究多以传世典籍为基础展开。以下分别就北朝与南朝的相关研究概况进行简介。

北朝法律自陈寅恪先生以来，被视为中华法系之正统，故而对其着眼者不少，不过因为材料所限，成果不多。近年来，北朝法律史的代表性成果大体如下：

楼劲的《北魏天兴"律令"的性质和形态》一文详细梳理了北魏建国初期的天兴律令，并对其渊源与流变进行了讨论。他认为，"北魏开国建制之际所定天兴'律令'，是北魏一代律令体制发展演变的起点。无论是从当时立法的中心任务、现实基础，还是从历史传统及其遗痕流绪等方面来看，天兴'律令'的性质和形态均深受汉代'律令'体制和'律令'观的影响，而相当不同于魏晋以来定型的《律》《令》。天兴《律》《令》很可能均为科条诏令集，并不具有制定法形态，其《律》当是取汉'旁章'之体以为'正律'，《令》则补充《律》文和规范各项制度。天兴以来'律''令'的发展演变，是一个逐渐向魏晋以来定型的《律》《令》体制靠拢的过程。"②

李书吉的《论〈太和律〉及北朝法系》一文，系统介绍了北魏孝文帝时期的《太和律》，并就其对后世诸律的深远影响进行了详尽的讨论。他认为，"《太和律》是北魏、隋、唐诸律的嚆矢。北朝法系是礼、法两部机器的全面啮合，直接源头是太和年间孝文帝进行的礼、律修订。其指导思想是'齐之以法，示之以礼'，原则是以礼入法。北朝法系奠定的历史大背景是

---

① 张朝阳：《汉晋民事司法变迁管测：基于甘肃临泽〈田产争讼爰书〉的探讨》，《华东政法大学学报》2017年第1期。

② 楼劲：《北魏天兴"律令"的性质和形态》，《文史哲》2013年第2期。

北魏孝文帝在太和年间进行的系列性社会改革"①。

吕志兴的《北周五刑制度研究》一文考察了北周的五刑制度，他认为，"北周《大律》规定的以杖刑、鞭刑、徒刑、流刑、死刑为主刑的五刑制度，废除了髡刑，并有多项创新，是当时最先进的刑罚制度。北周五刑制度具有结构合理、等差均匀、内容完备、轻重适中等特点，对典型的封建制五刑——唐朝五刑制度影响巨大，是封建制五刑的雏形，其影响还远至明清。该制度系在继承北魏刑罚制度的基础上，汲取萧梁刑罚的部分内容，又在以《周礼》为蓝本的政治法律改革中汲取周朝法制的部分内容后，进行细化、创新，并在'五刑'法理的指导下整合而成。"②

南朝法律研究在近年亦取得了一些成果，如吕志兴《南朝律学的发展及其特点——兼论"中原律学，衰于南而盛于北"说不能成立》一文，研究了南朝律学的发展过程，总结其特点，并对其历史地位进行了讨论。他认为，"南朝律学在魏晋律学的基础上继续发展，其主要成果有：修订《晋律》律注，去除了张斐、杜预对《晋律》'同注一章，而生杀永殊'的弊端；在对疑难案件法律适用的探讨中，形成一些新的法律解释；推动了律令法典体例的改进，形成一些新的法律制度。南朝律学具有研究领域宽泛、儒家伦理色彩浓厚、注重法律解释统一等特点，并不比魏晋及北朝律学衰微，学界关于南朝律学的评价与历史不符。"③

再如邓长春、朱海的《程树德〈九朝律考〉补遗一则——南齐"永明定律"考》一文，就南朝齐时期的"永明定律"进行了考证。他们认为，"'永明定律'是南齐时重要的修律活动，反映出当时特定时代背景下儒法并用的政治取向和承前启后的律学成就。由于参议人员复杂，加之当时政局纷扰，外事不宁，故此次定律活动的成果——'永明律'最终并没有公布施行。然而，虽未能修成新律，却又非无果而终，其律条文本与律学成果为后世所继承，成为后代修律和习律的重要参考文献，颇有助益于中古法史之演进。所缺憾者，此次修律多为史家忽视，乃至中古法史考据典范如程树德《九朝律考》者亦未提及。故有必

---

① 李书吉：《论〈太和律〉及北朝法系》，《山西大学学报》（哲学社会科学版）2017年第3期。

② 吕志兴：《北周五刑制度研究》，《西南政法大学学报》2020年第3期。

③ 吕志兴：《南朝律学的发展及其特点——兼论"中原律学，衰于南而盛于北"说不能成立》，《政法论坛》2012年第1期。

要详加考证，以补缺略"①。

又如李勤通的《南朝梁的赎刑及其转折意义》一文，对于南朝梁的赎刑进行了细致的梳理，并对其在汉唐之间的过渡意义有所论述。他认为，"赎刑分为法定刑和非法定刑，法定刑包括独立赎刑和附属赎刑，非法定刑则指始自汉代的钱赎。梁朝赎刑包括三个阶段：第一，梁初采用汉制设立非法定的赎刑；第二，梁律赎刑包括赎罪和收赎，赎罪是对秦汉初期独立赎刑的继承，收赎则是将汉代钱赎由非法定刑转变为法定刑的结果；第三，梁律收赎几经废立并在梁武帝后期最终确立。梁律赎刑有四个特征：赎罪与收赎的双系统、死罪不收赎、罚金刑归入赎刑、以绢为赎金。其中独立赎刑历经秦汉律—魏晋律—梁律—北周律而消失。收赎因梁律将汉代钱赎法定化而成为隋唐律赎刑的重要渊源，形成汉代非法定钱赎—梁律法定收赎—北齐赎刑、北周收赎—隋唐赎刑的发展脉络。南北朝成为赎刑制度发展的转折期。北齐律作为独立赎刑的消失之始，又兼容收赎制度，是赎刑转折期的集大成者，它成功地将财产刑从主刑中剥离，创造了隋唐律五刑的真正雏形。"②

二 重要专题研究

魏晋南北朝法律史的研究目前主要呈现两种研究趋势，即基于传世典籍进行宏观研究与基于出土文献进行片段研究。在此之上，亦有学者尝试将出土文献与传世文献相结合进行宏观研究，以贯穿汉唐。具体而言，魏晋南北朝法律史研究目前值得关注的专题主要有如下几个。

（一）汉唐法律转型

魏晋南北朝时期是中国法律的转型期，欲明确由汉至唐的法律发展脉络，将其与汉唐联系起来进行研究是不可避免的。学界一直以来对此多有关注，且有众多成果。近年来，这一方面的代表性研究成果大略如下：

贾丽英的《秦汉至三国吴的"訾税"变迁》一文以出土文献为主要材

---

① 邓长春、朱海：《程树德〈九朝律考〉补遗一则——南齐"永明定律"考》，《西南政法大学学报》2013年第4期。

② 李勤通：《南朝梁的赎刑及其转折意义》，《暨南史学》2018年第1期。

料，论证了秦汉至三国吴时期的"訾税"变迁，为我们研究"汉唐转型"的前半段，即秦汉至三国两晋的变迁提供了良好的范例。作者认为，"简牍文献中'訾'与'赀'是不通用的。'訾'表资财，'赀'表赀罚。訾税，即按照资财的价值或数量多寡征纳的一种税。岳麓书院藏秦简反映秦的赋税制度中已有针对普通吏民的訾税，后经两汉至三国吴始终未废。不过其征纳程序有一个逐步简化的过程。秦时通过自占家訾，以资财数额多少按比例为征。至汉以'算'为征收单位，王莽时期有短暂的'訾三十而取一'。西汉抽'算'的方式灵活，数额和次数不固定，东汉中后期才逐渐固定为万钱一算，每算 120 钱。东牌楼东汉简和走马楼三国吴简户籍简中的'訾'，是'訾算'的简称，为征收訾税而设。目前公布的材料显示分 10 个额度征收。汉武帝时的'以訾征赋'、吴简中的'户品出钱'均为据资产而征的税目，但不是訾税，它同秦汉史料中的'户刍''户赋'一样，性质上属户税。"①

韩树峰的《汉晋法律由"繁杂"到"清约"的变革之路》一文探讨了汉晋法律的发展变化，他认为，"'繁''杂'是汉律存在的两个主要问题，变'杂'为'清'是'化繁为约'的前提条件。汉人改律，重视后者，忽略前者，导致历年无成。曹魏时期，分类学在学术领域高度发展，受其影响，曹魏修律以'都总事类'为原则，基本解决了'杂而不清'的问题。西晋时期，追求简约成为学术界的普遍风尚，受玄学'得意废言''辞约旨达'的影响，西晋修律重在压缩律条字数，基本解决了'繁而不约'的问题。经过数百年的探索和实践，汉晋法律终于完成了从'繁杂'到'清约'的蜕变，中国古代法律的体例最终得以确立。"②

周东平、薛夷风：《北朝胡汉融合视域下中古"五刑"刑罚体系形成史新论——兼评富谷至〈汉唐法制史研究〉》一文对于中古五刑从魏晋开始的形成经过进行了讨论。作者认为，"所谓上古'五刑'刑罚体系的观点是受儒家经典和战国时邹衍的'五行'思想等影响而产生的，在迟至秦汉时期律令尚未法典化的背景下，难以确认先秦乃至秦、汉初存在着规范的'五刑'刑罚体系。曹魏《新律》'更依古义制为五刑'的实践探索具有划时代的意义。此后北朝少数民族王朝对中古法律史影响的一个亮点，是胡汉融合对中古'五刑'刑罚体系的形成具有重要作用，举凡'刑'的意涵演

---

① 贾丽英：《秦汉至三国吴的"訾税"变迁》，《历史研究》2019 年第 2 期。
② 韩树峰：《汉晋法律由"繁杂"到"清约"的变革之路》，《中国人民大学学报》2014 年第 5 期。

变、北魏绞刑入律在中国死刑立法中的划时代意义、流刑在北朝渐次进入正刑体系、鞭杖刑的转化、宫刑的一度死灰复燃等，无不与之相关。这对我们梳理中国古代刑罚史，尤其重新认识中古'五刑'刑罚体系的形成史和隋唐'新中国'等，多有启迪"①。

周东平的《论汉隋间法律文明的转型——以汉隋间的四部〈刑法志〉为主线》一文以正史中的四部《刑法志》为线索，考察了汉隋间法律文明的转型情况。他认为，"《汉书·刑法志》《晋书·刑法志》《魏书·刑罚志》《隋书·刑法志》既勾勒出秦汉直至隋代这一历史阶段法律发展的宏观景象，又记载了当时法律实践的诸多细节。秦尊法家、汉承秦制后，已经建立起形式法律观。西汉中期以降，儒家法律思想的主导地位逐渐确立，实质法律观逐渐形成。自汉末至晋隋时期，法律儒家化不断加深，由此建立起系统的儒家式君臣法律观和家族主义法律观，并对法律的本体、内容以及形式等产生深刻影响。但实质法律观的内在缺陷，使得法律规范内部冲突不断，司法自由裁量权被滥用，法律实践的正义性存在不足，因此产生法律观再一次转型的内在需求。儒、法法律观由此再呈融合趋势，并建立起法律文本儒家化、司法实践法家化的新形式法律观。这一法律观对隋唐之后的法律秩序、法权关系以及法律稳定性颇具历史影响。"②

楼劲的《从"以官存司"到"以司存官"——〈百官志〉体例与汉唐行政体制变迁研究》一文从汉唐《百官志》记载体例的差异入手，揭示了记载体例变迁的根本原因在于规范官制的法令及行政体制的演化这一事实。他认为，"汉、唐正史《百官志》官制记载体例有显著不同，《汉书·百官公卿表》《续汉书·百官志》记官而不及机构，以长官、佐贰、属官代表各自府署，可称作'以官存司'；两唐书《百官志》则皆'以司存官'，即在各机构名下记其长官、佐贰及所属官吏，将之一概视为机构成员。记载体例变迁的根本原因在于规范官制的法令及行政体制的演化，汉代官制记载依据以官员管理为中心而不及机构状态的官簿、秩律等文档、法令，唐代官制记载主要取本规范各机构官吏设置的职员令。汉唐官制记载体例及其来源的不同，体现了魏晋以来官制和对应法令形态的变迁，这一变化的转折点约在南

---

① 周东平、薛夷风：《北朝胡汉融合视域下中古"五刑"刑罚体系形成史新论——兼评冨谷至〈汉唐法制史研究〉》，《学术月刊》2021年第3期。

② 周东平：《论汉隋间法律文明的转型——以汉隋间的四部〈刑法志〉为主线》，《法律科学》（西北政法大学学报）2021年第2期。

北朝后期。由此达成的机构行政一体化，是汉唐间强化集权秩序和防止长官大权独揽的结果"①。

(二) 关于"法律儒家化"的讨论

自瞿同祖先生创建"法律儒家化"这一观点以来，学界对此多有讨论，提出异议者间而有之。例如杨振红在《从出土秦汉律看中国古代的"礼"、"法"观念及其法律体现——中国古代法律之儒家化说商兑》一文中认为，"学界普遍认为秦、汉的法律是法家制定的，其中并无儒家思想的成分在内，汉武帝独尊儒术后，始以儒家思想改变法律的面貌，以礼入法，中国法律经历了一个儒家化的过程。然而，将出土秦汉律与传世文献进行比较，可发现秦汉律的基本框架、原则和内容商鞅变法时已经确立。它是一部等级性法律，包含了两方面的内容，即社会等级秩序和家庭伦理秩序。因此，秦汉律所蕴含的家族主义和等级观念从其建立伊始就已经存在，而非法律儒家化的结果。礼与法从来不是对立的关系，对立的只是儒法两家的社会主张。战国秦以来法律所表现的等级性和家族主义就是李悝、商鞅等创制的不同于西周旧礼的新'礼'。"② 近年来，对于"法律儒家化"的讨论并未停歇，相关代表性成果大体如下：

楼劲的《"法律儒家化"与魏晋以来的"制定法运动"》一文探讨了"法律儒家化"与魏晋时期"制定法运动"之间的联系。他认为，"自汉魏之际到盛唐这四百余年的法制史上，出现了一个连绵不绝和逐浪高涨地强调制定法（法典）作用和地位，而后又迅速消退衰落的历史运动。本文以此为背景，围绕着'为什么制定法运动开启于魏晋时期'的问题，集中讨论了'法律儒家化'进程对于当时《律》《令》形态进化、法典在司法过程中作用和地位强化的影响。重新审视了'法律儒家化'命题的内涵和背景；分析了魏晋时期把儒经所示礼法关系准则及相关理念贯穿于《律》《令》，由此推动其体例较之秦汉发生了重大变化的史实；讨论了法律儒家化进程所据古文经学的形态，及其甚有利于制定法理念和实践不断展开的性质；明确了当时修撰礼典与制定《律》《令》相互关联，遂使制定法运动与法律儒家

---

① 楼劲：《从"以官存司"到"以司存官"——〈百官志〉体例与汉唐行政体制变迁研究》，《历史研究》2021 年第 1 期。

② 杨振红：《从出土秦汉律看中国古代的"礼"、"法"观念及其法律体现——中国古代法律之儒家化说商兑》，《中国史研究》2010 年第 4 期。

化进程得以相伴扩展的趋势。"①

何永军在《中国法律之儒家化商兑》一文中认为,"法律儒家化是瞿同祖先生提出的关于中国古代法的一个重要论断,其在国内外产生了持久而广泛的影响。近年来,国内学界对其出现了一些不同的认识。文献表明,先秦诸子均认同尊卑贵贱并提倡忠孝,故阶级观念和家族主义是先秦诸子的一般知识、思想与信仰,而并非儒家的私学。儒家真正独特的思想贡献在于提出了仁和仁政的学说。假若真的有法律儒家化,其无疑应该是体现了儒家仁爱学说和精神的法制理想和原则在中国古代法律中的落实和安顿。故有重新厘定法律儒家化内涵的必要。不过,尽管瞿同祖先生当年关于法律儒家化的相关论断需要做出适当的修正,但法律儒家化也并非子虚乌有,而却是真实的历史事实和过程。"②

李勤通在《法律儒家化及其解释力》一文中认为,"在近代法律史知识体系的背景下,瞿同祖用法律儒家化对中国刑律的发展趋势做了描述,所解释的是始自汉代但是兴于魏晋的引礼入法现象,具体就是用礼来修改刑律。法律儒家化的解释前提是春秋战国以来的礼、刑分离,当德、礼、政、刑从周礼中分化后,礼融入法才有基本前提。法律儒家化能够准确解释西汉中期以后刑律的发展趋势,但是由于其内含与君权的冲突,这是法律儒家化的解释限度。从刑律及其实践来看,刑律文本的儒家化程度最高,司法实践次之,司法制度在经历儒家化后又呈现回溯法家的趋势。即使儒家化程度最高的刑律文本也包容了很多法家理念,这种现象可以用儒法融合或礼法融合来描述。"③

之后,李勤通又在《法律儒家化、卡迪司法与礼法融合的嵌入式规范结构》一文中对"法律儒家化"从另外的角度进行了探讨。他认为,"法律儒家化是中国式卡迪司法模式形成的基础。法律儒家化的结果是礼法融合,并推动嵌入式规范结构的形成,其基本结构为'行为→礼/罪→教化/刑罚',在实践中又可转化为'行为→礼→教化''行为→礼→刑罚''行为→罪→教化''行为→罪→刑罚'四种次级形态。法律儒家化并不排斥以'行为→罪→刑罚'的法家形式所展开的依法裁判模式,但对另外三种次级

---

① 楼劲:《"法律儒家化"与魏晋以来的"制定法运动"》,《南京师大学报》(社会科学版)2014年第6期。

② 何永军:《中国法律之儒家化商兑》,《法制与社会发展》2014年第2期。

③ 李勤通:《法律儒家化及其解释力》,《学术月刊》2020年第8期。

结构呈开放性。法律儒家化前后，司法实践形态差异很大。中国传统司法呈现双重性，有强烈的卡迪司法特征，但又无法完全以之概括。伴随着法律儒家化，司法官吏的知识结构、法律规范的弹性结构等共同推动情、理、法裁判模式的出现，这种模式本质上属于嵌入式规范结构的具体形态"①。

（三）户籍制度

户籍制度在古代中国关涉人口管控，与服役、税收等各种事务直接挂钩，故而历朝历代均以法律的形式对其进行规定，并严加管理。魏晋时期的户籍制度因为出土文献中相关材料的出现，在近来成为研究热点。论者在探讨当时户籍制度的基础之上，多与汉唐相关制度进行比较，以明了其源起与流变。具体而言，该方面研究在近年有以下代表性成果：

凌文超在《走马楼吴简隐核州、军吏父兄子弟簿整理与研究——兼论孙吴吏、民分籍及在籍人口》一文中，探讨了孙吴户籍制度。他认为，"孙吴嘉禾四年隐核州、军吏父兄子弟簿是根据保质的需要而制作的名籍，仅记录了州、军吏家户男性成员的相关情况。以州、军吏家户男性成员为质任，并强制他们任给吏或随本主服役，既加强了对州、军吏的控制，又有助于保持役力来源的稳定。这类举措导致诸吏逐渐具有身份性，促进了'吏户''士家'的形成。这是三国在籍人口减少而征役日益繁剧的结果。从隐核州、军吏父兄子弟簿与户口籍簿的关系来看，州吏不仅来自编户民，也有来自遗脱者。虽然孙吴经常对诸吏的叛走、物故、疾病等情况进行调查和统计，并制作了专门的簿书，从而使孙吴吏、兵、民的分类统计成为可能，但是，这类名籍与户籍有很大的交集，当时并不存在分别完整登录吏户、士家、一般民众家户的户籍，即吏、兵与民并未分别列籍。孙吴吏、兵人数也并未全部包含在全国户口总数之内"②。

韩树峰在《汉晋时期的黄簿与黄籍》一文中详细梳理了汉晋时期的黄簿与黄籍，他认为，"西晋时期，一些重要的文书以黄纸为书写材料，面对此种压力，政府以简牍书写重要文书时，将非黄色简牍如白色木牍染成黄色，黄籍之'黄'因此也具有了具体颜色的含义。'黄'的二重含义表明，西晋黄籍指书写于黄色简牍之上的重要簿籍，户籍只是其组成部分之一。

---

① 李勤通：《法律儒家化、卡迪司法与礼法融合的嵌入式规范结构》，《社会》2021年第2期。
② 凌文超：《走马楼吴简隐核州、军吏父兄子弟簿整理与研究——兼论孙吴吏、民分籍及在籍人口》，《中国史研究》2017年第2期。

《晋令》中的黄籍甚至不包括户籍，而是指户籍以外的其他户口文书，学界将其与户籍等同，导致令文的解读存在诸多矛盾。面对户口存在的诸多问题，东晋初期对户籍制度进行了革命性的改革，此前一般户口文书的内容和功能为户籍文书所吸收，自此至南朝，黄籍与户籍形成了较为固定的对应关系"[1]。

张荣强在《甘肃临泽晋简中的家产继承与户籍制度——兼论两晋十六国户籍的著录内容》一文中，以上文提到的临泽晋简相关材料为中心，论证了当时的继承与户籍制度。他认为，"甘肃临泽木简是西晋晚期临泽县廷对孙氏兄弟争讼田坞案的审理记录。就本案反映出的分家实践看，无论祖母最初指定的家产分配还是孙丞后来主持的田宅分割，庶孽与正嫡获得的份额没有什么差别。唐代《户婚律》'应分田宅及财物者，兄弟均分'的规定，至少在魏晋时期已是民间惯例。孙发指出当年析分的田宅'注列黄籍'的说法，既与汉初《二年律令·户律》相关记载吻合，又可与《前秦建元二十年籍》相印证。有学者认为两晋十六国时期的户籍中不著录田宅的说法不能成立。"[2]

之后，张荣强在《从户下奴婢到在籍贱民身分转变的考察》一文中对于战国至魏晋时期奴婢在户籍中的地位进行了详尽的探讨。他认为，"中国古代法律对平民、奴婢的地位有严格规定，二者身分差异也明确体现在户籍中。战国至汉初奴婢主要且合法的来源是被罚没的罪犯，在'刑人非人'的理念下，'户下奴（婢）'被当作特定财产，附着于主人户籍之下，不计入家内人口和官府户口数。西汉中期以后，破产农民成为奴婢主要来源，统治者视奴婢为'人'的意识逐渐抬升。魏晋之际奴婢以'人'的身份著入户籍，与平民并列纳入官府的户口统计，标志着良贱身分制的形成。此后统治者通过禁止自卖、典身等方式，斩断了平民沦为奴婢的途径。与秦汉时期相比，魏晋隋唐时期的奴婢身份有其鲜明特征。"[3]

（四）走马楼吴简司法案例

长沙走马楼三国吴简于1996年出土于长沙市五一广场走马楼西南侧，

---

[1] 韩树峰：《汉晋时期的黄簿与黄籍》，《史学月刊》2016年第9期。
[2] 张荣强：《甘肃临泽晋简中的家产继承与户籍制度——兼论两晋十六国户籍的著录内容》，《中国史研究》2017年第3期。
[3] 张荣强：《从户下奴婢到在籍贱民身分转变的考察》，《历史研究》2020年第4期。

总计十万余枚，内容包括簿籍、官府往来文书、私人信件等。① 在走马楼吴简的官府文书之中，含有为数不少的司法案例，对这些司法案例的研究，也是近年来的热点之一。

在走马楼吴简司法案例之中，近年来无疑以"许迪割米案"最为引人关注。"许迪割米案"是官吏许迪盗割官米的案件，现将相关论著举例如下：

王彬的《吴简许迪割米案相关文书所见孙吴临湘侯国的司法运作》一文以"许迪割米案"为中心，考察了孙吴临湘侯国的司法运作。他认为，"湖南长沙走马楼出土的三国吴简中包含了数十枚与许迪割米案有关的木牍和竹简，本文利用这些简牍研究了三国时期孙吴临湘侯国审理这一案件时的流程，并复原了围绕审判流程所形成的文书运作及上下传递关系。同时，对J22—2540号木牍的研究还表明，临湘侯国曾组织了一个临时抽调吏员而形成的'专案组'，来负责对许迪的考实。这些资料揭示了孙吴长沙地区郡县之间的司法运作关系，并展现了具体时空下基层官场的生动实态。"②

徐畅的《新刊长沙走马楼吴简与许迪割米案司法程序的复原》一文对于"许迪割米案"的整个司法程序进行了细致的复原。她认为，"这桩刑事案件，性质为官吏渎职、盗窃官物，从案发到审结，跨越了嘉禾四、五、六3年，经历了初审、录囚、改辞、覆审等诸多环节，牵涉长沙郡太守于望、郡丞、御史台派驻长沙郡的督军都尉蔡规，长沙中部督邮书掾晃，临湘侯相郭君、侯丞等中层官员以及诸多县廷掾史，是透视三国孙吴长沙地区政治、经济、军事、社会诸情状的绝好个案。此外，近年来，秦汉简牍法律文书、案例判集频出，我们对彼时之司法诉讼程序已有相当明朗的认知，而三国时代的法治状况，已往学者多据传世文献进行粗线条勾勒，对许迪案的解读，必将推进汉末三国法制史乃至中国古代法制史的研究。"③

除了"许迪割米案"之外，走马楼吴简亦有其他案例受到关注。例如，陈荣杰在《走马楼吴简"朱表割米自首案"整理与研究》一文中，便以走马楼吴简中的"朱表割米自首案"为中心对相关简牍内容进行了整理研究。"《长沙走马楼三国吴简·竹简［柒］》包含近六十枚与朱表盗割官米自首

---

① 参见李均明等《当代中国简帛学研究》，中国社会科学出版社2019年版，第255—256页。
② 王彬：《吴简许迪割米案相关文书所见孙吴临湘侯国的司法运作》，《文史》2014年第2期。
③ 徐畅：《新刊长沙走马楼吴简与许迪割米案司法程序的复原》，《文物》2015年第12期。

案件相关的竹简，本文从揭剥位置示意图、简文内容、简的形制等方面对该案进行了初步复原整理与研究，并将之与'许迪割米案'进行对比，认为该案比'许迪割米案'案情更复杂、牵涉面更广、影响更恶劣。从特定的时空环境出发，探讨吴简自首简在自首制度研究上的价值与意义，重新审视孙吴中书典校事吕壹在历史上所起的作用。"[1]

三 未来研究展望

如上所见，近年来的魏晋法律史研究取得了一定成果，对魏晋法律史研究在将来更进一步打下了很好的基础。在未来，我们应继续保持这一良好势头。具体而言，在将来的魏晋法律史研究之中，以下几点值得注意。

（一）加强对散见出土文献的关注

魏晋南北朝时期相较于秦汉，出土文献数量有限，且呈现出分散、零碎的特点，这使得学者非常容易忽视相关材料。在研究之中，我们应尽量避免这一点，以在材料有限的魏晋时期研究中充分利用一切可见的资料。

举例而言，出土于灵台县与长武县的北魏太延二年（436年）荀头赤鲁地券与太和元年（477年）郭孟给地券，是今日所见较早的实用土地买卖契约。[2] 他们对于探讨魏晋南北朝时期的契约形式、田土交易规范具有重要的史料价值，但就目前所见，学界对其关注极为有限，这无疑让人感到非常遗憾。

（二）加强传世典籍整理

上已言及，魏晋南北朝时期的出土文献数量不多，故而在这一时期的研究当中，对于传世典籍的依赖程度自然更高。若要更好地利用传世典籍材料，对其加强整理、加深理解自然是非常重要的。

目前已有学者开展这方面的工作，如上所述，周东平教授以轮读班的形

---

[1] 陈荣杰：《走马楼吴简"朱表割米自首案"整理与研究》，《中华文史论丛》2017年第1期。

[2] 参见鲁西奇《甘肃灵台、陕西长武所出北魏地券考释》，《中国经济史研究》2010年第4期。

式对《晋书·刑法志》进行了细致的整理，并有相关成果公布。与此同时，周东平教授亦对《魏书·刑罚志》有所整理，他于2020年下半年相继发表《〈魏书·刑罚志〉点校问题评议》与《〈魏书·刑罚志〉译注札记》两文，① 初步公开了《魏书·刑罚志》的整理成果。相信在不久的将来，更多相关成果亦将面世。

（三）加强与汉唐研究的联系

魏晋南北朝作为汉唐两个大一统时代的过渡时期，在中国古代具有特殊的地位。我们在研究之中也应该时刻牢记这一点，以试图贯穿汉唐，复原中国古代法律在这一转型时期的演进经过。这一研究趋势早已为学界所接受，并有学者不断在此方向之下产出优秀的研究成果。

不过在未来，随着材料的增加，魏晋南北朝的研究是否会向一些断代的研究一样逐渐流于零碎化，这一点是值得学者忧虑的。在未来的研究中，即使出现了数量众多的新见材料，我们也应该坚持这一宏观视角，继续加强魏晋时期研究与汉唐之间的联系，只有如此，魏晋南北朝时期的法律研究才能不断进步。

---

① 周东平：《〈魏书·刑罚志〉点校问题评议》，《古籍整理研究学刊》2020年第6期；周东平：《〈魏书·刑罚志〉译注札记》，载中国政法大学法律古籍整理研究所编《中国古代法律文献研究》（第十四辑），社会科学文献出版社2020年版，第62—77页。

第五章

唐代法律史研究[①]

2011—2020年10年间,《唐律疏议》等重要唐代法律古籍重新或者首次整理出版,史学界的戴建国、楼劲、黄正建等学者,法学界的刘晓林、赵晶、陈玺、胡兴东等学者,先后发表唐代法律史的论文和著作50多篇(种)。[②] 限于篇幅和体例,本书主要介绍部分专题研究成果,更多内容请参阅有关杂志和著作。[③]

一 关于《唐律疏议》的研究

近年关于《唐律疏议》的研究中,首先应提到的是南开大学法学院岳纯之重新整理出版的《唐律疏议》,为学界提供了一个可供使用的新版本。[④] 岳纯之还撰文提出,现存《唐律疏议》并不是永徽四年(653年)的《永徽律

[①] 中央民族大学法学院耿静怡、蒋怿旻、杨静怡、曲赤里、杨思远、中国人民大学法学院唐国昌博士、中国政法大学刘晓、闫强乐博士或搜集整理资料或起草初稿或提出修改意见,谨致谢忱。

[②] 例如楼劲《魏晋南北朝隋唐立法与法律体系:敕例、法典与唐法系源流》(中国社会科学出版社2014年版)、黄正建《唐代法典、司法与〈天圣令〉诸问题研究》(中国社会科学出版社2018年版)、戴建国《秩序之间:唐宋法典与制度研究》(上海人民出版社2020年版)、胡兴东《"开元六典"的继受传播及对中华法系的影响》(《中国法学》2020年第3期)等。

[③] 2011—2013年唐代法律史研究情况还可参见高汉成主编《中国法律史学新发展》(唐代部分执笔:严淑琴、袁物蕴),中国社会科学出版社2013年11月版,第64页。更长时段的研究情况可参见赵晶《二十年来敦煌吐鲁番汉文法律文献研究述要》(《国学学刊》2019年第2期)、王立民《中国唐律研究三十年》(《法学研究》2014年第3期)、王立民《中国唐律研究70年的三个重要问题》(《浙江学刊》2020年第1期)、周东平《二十世纪唐律令研究回顾》(《中西法律传统》第二卷)、周会蕾《20世纪上半叶唐律研究概观》(《华北水利水电学院学报》2011年第6期)、张维新《近三十年来唐研究成果的法制史学史考察——以中国内地的部分专著为考评对象》(《前沿》2011年第11期)等。

[④] 岳纯之点校《唐律疏议》,上海古籍出版社2013年版。

疏》，有学者提出的《唐律疏议》为《永徽律疏》的证据不足以让人信服；所谓宋刊本《故唐律疏议》值得怀疑，因为宋刊本中并没有遵循宋代各时期应遵守的文字避讳；《宋刑统》没有直接沿用《唐律疏议》的目录，《唐律疏议》的细目更为细致；这说明正文中篇目疏议在唐代就存在，而非日本学者所认定的宋代才有。①

其次是吉林大学法学院刘晓林的法律语言学研究。② 中国古代立法语言是传统法制与法律文化最直接的载体与标识，也是法律文化传播与延续、发展的媒介。刘晓林通过对《唐律疏议》中的"情""理""余条准此""不用此律""罪名""枉法"等典型概念进行梳理、归纳，从实证的角度出发、通过数据展示其出现于法典中的频次与分布，并结合相关的出土文献与其他传世文献，从教义学与规范分析的立场对唐律中典型法律术语的功能、地位及其在法典中的影响进行系统梳理，进而对唐律立法技术、法典体例与结构进行深入探讨，以此完善唐律与唐代法制的研究，最终深入揭示我国传统法律文化的丰富内涵。③

---

① 参见岳纯之《仁井田陞等〈故唐律疏议〉制作年代考及其在中国的学术影响》，《史林》2010年第5期；岳纯之《所谓现存〈唐律疏议〉为〈永徽律疏〉之新证——与郑显文先生商榷》，《敦煌研究》2011年第4期；岳纯之《论〈唐律疏议〉的形成、结构和影响》，《政法论丛》2013年第2期。

② 刘晓林主要科研成果有《唐律立法语言、立法技术及法典体例研究》，商务印书馆2020年版；《秦汉律与唐律杀人罪立法比较研究》，商务印书馆2021年；《唐律误杀考》，《法学研究》2012年第5期；《唐律中的"余条准此"考辨》，《法学研究》2017年第3期；《唐律中的"罪名"：立法的语言、核心与宗旨》，《法学家》2017年第5期；《唐律立法体例的实证分析——以"不用此律"的表述为中心》，《政法论坛》2016年第5期；《唐律中的"杀"与"死"》，《政法论坛》2020年第3期；《〈唐律疏议〉中的"理"考辨》，《法律科学》2015年第4期；《唐律中的"罪止"：通过立法技术表现的慎刑与官吏控制》，《法律科学》2020年第4期；《立法语言抑或学理解释：注释律学中的"六杀"与"七杀"》，《清华法学》2018年第6期；《唐律"劫杀"考》，《华东政法大学学报》2011年第4期；《唐律"斗杀"考》，《当代法学》2012年第2期；《传统刑律中的死刑限制及其技术策略：以〈唐律疏议〉中的"至死"为中心的考察》，《四川大学学报》（哲学社会科学版）2019年第6期；《〈唐律疏议〉中的"情"考辨》，《上海师范大学学报》（哲学社会科学版）2017年第1期；《秦汉律与唐律"谋杀"比较研究》，《甘肃社会科学》2013年第2期；《唐代监察官员的职务犯罪行为及其处罚》，《甘肃社会科学》2018年第5期；《从"贼杀"到"故杀"》，《苏州大学学报》（法学版）2015年第1期；《秦汉律中相关的"谒杀""擅杀"初考》，《甘肃政法学院学报》2013年第5期。

③ 此前的相关研究主要有（日）冈野诚：《〈唐律疏议〉中"例"字之用法》（上）、（下），李力译，《法律史论集》第3卷、第4卷，法律出版社2001年、2002年版。

此外，中国政法大学法律史学研究院陈煜探讨了《唐律疏议》中的法律概念及其条款，认为《唐律疏议》通过"属种差"的逻辑方法和特定语词界定法，定义了相关的法律概念，并通过专设法律概念条款和在普通条款及其"疏议"中凸显法律概念的方式，将法律概念纂入法典。唐律的法律概念在法典目录上没有清律明晰，但是在界定方式和力度方面较清律为优，呈现出科学和完备的特色。①

二 关于《天圣令》和唐代法制的研究

虽然《天圣令》是宋代法令，但因其与唐令的密切关系，一直是唐宋史学界的共同热点。近年，在戴建国、黄正建、楼劲等资深专家之外，中国政法大学青年学者赵晶的相关研究尤为引人注目。② 赵晶立足《天圣令》残卷，从令篇构造、条文源流、法律术语、唐令复原及规范意涵等方面，深入研究唐宋令及唐宋法制。一是围绕《唐六典》所载令篇是否为唐代通例、《庆元令》篇目如何排序等问题，检讨百年来的研究成果；二是以庆元《时令》为例，考索现存条文在唐令中的归属，探究唐宋令篇目之演变及原因；三是通过对唐宋《仓库令》条文的比勘和庆元《河渠令》《驿令》条文的溯源，检证既往的研究观点，探讨唐代其他法源与宋令之间的源流关系；四是择取"财没不追""僧道法"语词，在法律体系的整体框架内探究其内涵所指，并衍生至律令、令格的关系、影响等问题；五是围绕《赋役令》与《仓库令》的部分条文，探索唐令复原的可能性方案，致力于令文诠释、制度勾勒。赵晶还撰写了较多法律文献、法律史方面的学术评论、学术史文章，限于主题，不赘。③

---

① 陈煜：《〈唐律疏议〉中的法律概念及其条款——兼与〈大清律例〉相比较》，《中国政法大学学报》2016 年第 5 期。

② 赵晶相关著作主要有《〈天圣令〉与唐宋法制考论》（上海古籍出版社 2014 年初版，2020 年修订再版）、《三尺春秋——法史述绎集》（中国政法大学出版社 2019 年版）。其中《〈天圣令〉与唐宋法制考论》获第四届中国政法大学青年教师优秀科研成果奖一等奖、第十届邓广铭学术奖励基金二等奖、第五届中国法律文化研究成果奖一等奖。

③ 赵晶大部分论文的 pdf 版均可在中国政法大学法律古籍研究所官方网站上找到。

三 关于唐代民事经济法律制度的研究

近年来，刘玉堂关于唐代婚姻家庭法、① 陈玺关于唐代钱法的研究，都取得丰硕成果。② 在民法典立法的大背景下，中国政法大学法律史学研究院顾元从现代法学的视野，首次比较深入地探讨了唐代无主物法律制度的文化特色和法制意义。唐代以阑遗物、宿藏物、漂失物为中心的无主物制度在法制史教材中大多有所介绍，但缺乏深入研究。③ 顾元认为，以唐律为代表的中国传统律典，建构了关于无主物的法律规范体系。其中唐律"山野物已加功力辄取"与"占山野陂湖利"条是唐代建构无主物先占制度的基本条款。无主物原则上归先占者所有，但以"加功力"为根本要件，体现的基本原则也极明确：施加人力的劳动，是财产所有权形成的最重要条件。阑遗物、宿藏物、漂失物等，因其处于无人有效管领的事实状态，故被视为无主物加以法律拟制。唐代无主物立法务实灵活，以民本主义和物尽其用为基本价值依归，鼓励自然资源的利用开发，山川薮泽之利，"公私共之"。唐代以独特方式建构其无主物法律规范体系与秩序，体现了"中国经验"的特别旨趣，并为现代民事立法提供可能的史鉴价值。④

此外，还有一些具体民事法律制度引起广泛关注和讨论。2000—2010年，"义绝"一度成为热点。⑤ 2011年以来，"别籍异财""存留养亲"等相

---

① 例如刘玉堂《略论唐代瑕疵担保制度》，《武汉大学学报》2002年第1期；《论唐代的离婚立法——以"七出"之制为中心》，《江汉论坛》2004年第2期；《论唐代的婚龄立法》，《湖北大学学报》2005年第6期；《法律视野下的唐代婚姻制度——以婚约立法为个案》，《理论月刊》2005年第6期；《唐代主婚人制度和媒妁制度的法律观照》，《武汉大学学报》2005年第6期；《论唐代的义绝制度及其法律后果》，《中南民族大学学报》（人文社会科学版）2005年第6期；《唐代关于结婚禁止条件的法律规范》，《江汉论坛》2010年第4期；《唐代对官吏婚姻特权的法律规范》，《中国文化》2013年春季卷；《关于唐代婚姻立法若干问题的思考》，《华中师范大学学报》2017年第6期。刘玉堂曾撰文回忆自己在武汉大学朱雷教授指导下撰写上述这些唐代法律史论文的经历。参见刘玉堂《师恩深深深几许》，载刘进宝编《朱雷学记》，浙江古籍出版社2002年版，第204页。

② 参见陈玺《唐代钱法考》（社会科学文献出版社2018年版）。

③ 例如朱勇主编《中国法制史》（执笔：朱勇、高浣月），中国政法大学出版社2009年版，第162、185页。

④ 顾元：《论唐代无主物法律制度》，《中国法学》2020年第3期。

⑤ 关于义绝的成果主要有金眉：《论唐代婚姻终止的法律制度》，《南京社会科学》（转下页）

继成为热点。其中,"存留养亲"的大部分论文研究对象是清代,①本章不多赘述。

关于"别籍异财",近年先后有博士学位论文1篇、硕士学位论文4篇。②较早考察别籍异财法的是李小标发表于2003年的论文。③随后,尹成波的博士学位论文从法律与社会互动的视角,全面研究别籍异财法的法律变迁、实际推行状况、制约该法推行的因素、法律与现实矛盾的消解等问题。文章认为,终唐宋之世,禁止别籍异财的法律始终与社会现实存在着不同程度的紧张,但随着以范仲淹家族为代表的新型家族组织的出现,这一困境获得解脱。在这种家族组织中,各个小家庭各有户籍,各蓄私财,整个家族设有共产,以供联宗收族之用。既兼顾了养老、救济、科举、教化等族内公共事务,又照顾到子弟拥有、扩大个人私产的愿望,可谓公平与效率兼得。至元明清时候,禁止别籍异财法令逐渐沦为具文,仅具伦理层面意义。④张本顺观点与尹成波接近,但似更为激进,几乎视别籍异财禁令为无物。⑤

(接上页) 2001年第11期;曾代伟:《蒙元义绝考略》,《西南民族大学学报》(人文社会科学版) 2004年第11期;曾代伟:《金元法制丛考》十五《蒙元"义绝"之制钩沉》,载杨一凡主编《中国法制史考证续编》第九册,社会科学文献出版社2009年版,第397—408页;刘玉堂《论唐代的义绝制度及其法律后果》,《中南民族大学学报》(人文社会科学版)2005年第6期;崔兰琴《中国古代的义绝制度》,《法学研究》2008年第3期;任亚爱、张晓飞《论"义绝"之"义"》,《新疆社会科学》2008年第2期;张群《中国古代法上的义绝》,《安徽大学法律评论》2011年第1辑。

① 主要有谢全发《留养承祀制度初探》(《重庆教育学院学报》1999年第4期)、吴建璠《清代的犯罪存留养亲》(《法学研究》2001年第5期)、孙家红《视野放宽:对清代秋审和朝审结果的新考察》(《清史研究》2007年第3期)、周祖文《清代存留养亲与农村家庭养老》(《近代史研究》2012年第1期)、包思勤、苏钦《清朝蒙古律"存留养亲"制度形成试探》(《民族研究》2016年第1期)、吴大华、喻琴瑶《是封建复辟还是价值传承——基于"夏俊峰"案的"存留养亲"制度分析》(《昆明理工大学学报》2014年第2期)、张群《也谈清代犯罪存留养亲的现代价值——一个学术史的回顾与思考,(台北"中研院"史语所、中国法制史学会主编《法制史研究》第36期,2019年)等。

② 主要有傅钰钦《唐代禁止"别籍异财"之法考论》(西南政法大学2019年硕士学位论文)、朱旭亮《唐宋时期"别籍异财"之禁研究》(辽宁大学2017年硕士学位论文)、李畅《唐代别籍异财罪研究》(安徽大学2012年硕士学位论文)、徐爽《别籍异财罪研究》(中国政法大学2010年硕士学位论文)、尹成波《从异子之科到禁止别籍异财》(浙江大学2009年博士学位论文)等。

③ 例如李小标《"别籍异财"之禁的文化解读》,《政法论丛》2003年第3期。

④ 尹成波:《理想与现实的冲突及整合——唐代"别籍异财法"研究》,《法学家》2014年第2期。

⑤ 张本顺《变革与转型:宋代"别籍异财"法的时代特色、成因及意义论析》,《法制与社会发展》2012年第2期。

有学者在《法学研究》发文，对唐律中别籍异财之禁的具体含义做了专门分析，认为唐律中别籍、异财二者有着明显的区别，批评学术界"长期"将别籍异财视作一个整体，"忽视别籍和异财的相对独立性及其相互关系"。①但《唐律疏议》中对此规定其实相当明确，几乎没有误会空间。著名唐律专家戴炎辉先生、刘俊文先生早在有关著作中明白指出这一点。②该文批评的所谓"长期以来"的错误认识，似乎是指瞿同祖、滋贺秀三、张晋藩、朱勇等学者的著作或者主编的教材。③从该文所批评的有关内容看，这四位学者作品的行文中似并无必要区分二者（本就是笼统言之），至于说这些学者误认该制维持家长的财产支配权云云更是无从说起，瞿同祖明确提出该制目的在孝，因为别籍异财"有亏侍养之道""大伤慈亲之心"。史料单薄更是该文明显缺点。

有学者专门回顾了别籍异财的学术史，认为应当高度重视顾炎武的观点。④清代魏源编辑《皇朝经世文编》中专门收录顾炎武的有关观点。⑤清末著名法学家薛允升（1820—1901）也称赞《日知录》对别籍异财"言之最详"。⑥与宋明时期的大部分古人相反，顾炎武反对分居，是这个问题上最为坚定的少数派。但顾炎武不是简单的反对，而是广泛收集资料，从历史记载、政策法令、社会观念等多个角度，全面探讨其历史、起源、弊端及对策，在方法上很值得肯定。顾炎武之后的清代史学家王鸣盛（1722—1797）、赵翼（1727—1814）也关注过该问题，但赵翼主要胪列有关史事，兼及个人见闻，⑦王鸣盛主要辨析曾巩是否与弟分居，王安石是否为其辩护

---

① 艾永明、郭寅枫：《唐律别籍异财之禁探析》，《法学研究》2010年第5期。
② 戴炎辉：《唐律各论》，成文出版社1988年版，第185—186页；刘俊文：《唐律疏议笺解》，中华书局1996年版，第938页。
③ 艾永明、郭寅枫：《唐律别籍异财之禁探析》提及的参考文献有瞿同祖《中国法律与中国社会》（中华书局1981年版）；张晋藩主编：《中国法制史》（群众出版社1992年版）；朱勇主编：《中国法制史》（法律出版社2002年版）；滋贺秀三：《中国家族法原理》，张建国、李力译，（法律出版社2003年版）。
④ 张群：《分居还是共居？——顾炎武对传统家庭居住制度的反思》，《法史学刊》第15卷，社会科学文献出版社2020年版。
⑤ 魏源编：《皇朝经世文编》，岳麓书社2004年版，卷五九《礼政六》，第306页。
⑥ 薛允升：《唐明律合编》卷一二《户婚上·别籍异财》，中国书店2010年版，第121页。
⑦ 赵翼：《陔余丛考》卷三九《累世同居》，河北人民出版社2007年版，第800页。"余同年大学士王惺园，先代亦四世同居。问其家法，大率一家中推出一人有才者为主，而尊卑皆听令焉。"

等细节问题，①都没有探讨同居的政策引导和社会效果问题，稍嫌就事论事。沈家本（1840—1913）只是在评论商鞅变法时将其与西方（父子异居）进行比较，认为二者用意相同。②民国时期，吕思勉从社会史角度，较为细致地探讨了共居风俗的由来、形成和弊端，也广泛参考了顾炎武、赵翼等著作，但似评价消极，认为论者对累世同居予以"美谈"是"不察名实之过"，对顾炎武强烈提倡共居的立场则未予评论。③陈顾远认为共居是传统家族制度的显著表现，还列举历代正史孝义传所载"义门"之事，"可知其盛"，但没有什么理论探讨。④杨鸿烈将"别籍异财"列为中国古代法律思想史上的一个"特殊法律问题"，做了比较全面的考察。杨鸿烈几乎全盘继承了顾炎武在资料上的创获，并有所拓展（如大量使用律例资料），但对顾炎武最重要的特色和贡献——重视国家政策（主要是赋役政策）和社会（分居）之间的互动关系，以及政策法令对共居风俗的引导、塑造功能——却似没有关注。⑤日本学者滋贺秀三在20世纪60年代出版的著作中对中国古代同居和分家的具体情形和法理分析深入细致，但未论及别籍异财法的伦

---

① 王鸣盛：《蛾术编》卷八十《说集六》"曾巩与弟布不同居"条，上海书店2012年版，第1179页。

② 《历代刑法考·律令二》"卫鞅变法"条，第847页。

③ 吕思勉：《中国制度史》，上海教育出版社1985年版，第八章"宗族"，第392—399页；《吕思勉全集·隋唐五代史》，上海古籍出版社2020年版，第502页。

④ 《南史》十三人，《北史》十二人，《唐书》三十八人，《五代》二人，《宋史》五十人，《元史》五人，《明史》二十六人（陈顾远：《中国法制史概要》，商务印书馆2011年版，第235页）。但陈顾远这一数字并非自行统计，而应转自赵翼。参见赵翼《陔余丛考》卷三九《累世同居》，第800页。

⑤ 杨鸿烈虽然以研究中国法制史著称，但在感情上似并不认同传统，甚至还有一些鄙薄。受制于时代和个人修养，也似没有多少独立见解，特别是对传统法制的精神和宗旨（为何有这样的规定）缺乏应有思考和认知，基本上随着社会思潮起舞，在见识上比较平凡。比如，他在谈到"亲属兼容隐问题"时说（《中国法律思想史》第四章《儒家独霸时代》，商务印书馆2017年版，第253页）："儒家过重家族亲亲主义，不顾整个社会的福利，确是一大缺憾。"这话失之于武断，亦非严谨之学术语言。其实，清末民国学者（包括留洋回国诸人）陈独秀、胡适、钱穆等对传统的态度总体上还是比较客观、全面的，甚至早一点的革命家章太炎在反清高潮中也讲过这样的话［章太炎《在东京留学生欢迎会上之演讲（一九〇六年七月十五日）》，载章念驰编订《章太炎全集演炎：讲集（上）》，上海人民出版社2014年版，第10页］："我们中国政治，总是君权专制，本没有什么可贵，但是官制为什么要这样建制？州郡为什么要这样分割？军队为什么要这样编制？赋税为什么要这样征调？都有一定的理由，不好将专制政府所行的事，一概抹杀。"相比之下，杨鸿烈的视野和见识都要狭隘、黯淡得多，这无疑会影响后来的法史学者。

理和价值问题。① 瞿同祖（法律社会史）、张国刚（家庭史）视角和观点与滋贺秀三近似。② 直到近年，这种状况才有所改变，出现了尹成波等一些全面考察、客观评述别籍异财法的作品。但无论上述哪位作者，对顾炎武强调的共居和别籍异财法的那些正面价值，几乎都没有关注。该学者认为，虽然累世共居的家居形式早已退出历史舞台，也有其弊病，不可能在现代社会持续，但其中蕴含和体现的孝亲重情、谦让容忍的一面应予肯定，政府企图通过赋税等经济手段影响、塑造社会风俗的一面也值得赞赏。顾炎武最重要的贡献和启发也在这一方面。

四　关于唐代刑事法律制度的研究

2011年以来，唐代"七杀""漏泄禁中语（漏泄大事）""夜无故入人家"等刑事法律制度相继成为热点。其中，"夜无故入人家"有专文评论，③ 本书不赘。

关于"七杀"。刘晓林2012年面世的博士学位论文将唐律"七杀"（谋杀、故杀、劫杀、斗杀、戏杀、误杀、过失杀）作为一个整体，以律文为基础，结合传世文献，系统解析"七杀"立法的构成特征、罪刑与法律实践状况；还与西方古代罗马法、唐律与中国现行刑法关于杀人罪的规定做了对比研究。④ 仪浩、闵冬芳、黄开军也撰文探讨唐律中的谋杀、故杀，其中黄开军的观点颇具新意。⑤ 以前学者多认为谋杀的主观恶性大于故杀。黄开军则认

---

① 滋贺秀三：《中国家族法原理》，张建国、李力译，法律出版社2003年版，第40页。
② 瞿同祖：《中国法律与中国社会》，中华书局1981年版，第16页；张国刚主编：《中国家庭史》五卷，人民出版社2013年版。
③ 主要有闵冬芳：《唐律"夜无故入人家"条源流考》，《法学研究》2010年第6期；张群：《也谈"夜无故入人家"》，载《北大法律评论》2011年第2辑，北大出版社2011年9月版；赵崧：《知无不言，言有不尽——〈夜无故入人家——不应忽略的那一面〉读后》，《法律史评论》第8卷，法律出版社2015年版；中村正人：《清律"夜无故入人家条"小考》，赵崧译，载《法律史评论》2021年第2卷（总第17卷），社会科学文献出版社2021年版，第110—125页。
④ 刘晓林：《唐律"七杀"研究》，商务印书馆2012年版。
⑤ 仪浩：《中国古代谋杀罪考》，硕士学位论文，中国政法大学，2007年；闵冬芳：《中国古代"谋杀"概念的形成与演变》，《法学》2009年第2期；《中国古代的故杀》，《河北法学》2009年第4期；黄开军：《故杀重判略析——以〈唐律疏议〉为中心》，《西南政法大学学报》2011年第3期。

为，当代研究者按照现代人的思维模式和价值观，认为"故杀"类似于西方的激情杀人，属于"临时起意"，故其主观恶性弱于谋杀的"处心积虑"。但实际上，《唐律》中的"故杀"源于汉晋律的"贼杀"，是指行为人明知后果而执意杀人。如果说谋杀体现出杀人者在一定程度的道德良知和对天理国法的敬畏（有忌），然后才是其对于杀人结果的追求，故杀则是肆无忌惮，公然藐视伦理、道德、纲常以及王法权威（无忌）。因此，唐律对故杀予以比谋杀重得多的惩治，实行故杀犯不赦、故杀犯不首、故杀犯必斩三大原则。

关于"漏泄禁中语"和"漏泄大事"罪。汉代以来，"漏泄禁中语"就是一个重要罪名。[①] 清末著名法学家沈家本曾批评"漏泄禁中语"罪说，"所漏泄者如关于军事国政自当重论，否则寻常燕私之语，乌可遂以杀人哉？"[②] 陈玺细致考证唐代"漏泄禁中语"罪源流、法律规定和案例，认为司法实践中颇多滥权。[③] 闫晓君通过考察"漏泄"及"间谍"的法律沿革及变化，认为中国古代保密法主要保护国家秘密、律目主要以"漏泄"与"间谍"罪为主等特征。但"漏泄"与"间谍"立法也有异同，间谍是敌人或为敌方服务之人，漏泄是我方官员，间谍是有目的专职搜集我方情报的敌方人员，毫无疑问是故意犯罪；犯漏泄罪者都是无心疏漏、不够谨严的我方官员或涉密知密者。漏泄如果不是无心之失，而是有意漏泄，那便是奸细，漏泄是源头犯罪，没有我方漏泄，敌方间谍便不能得手。[④] 张群认为，从汉唐记载看，"漏泄禁中语"案例大多语焉不详，沈家本的批评是有道理的，但也有一些记载明确的案例，显示该罪的处置亦非完全随意。有些"漏泄禁中语"案处理偏重，主要因为牵涉其他更加严重的犯罪，甚至和政治斗争交织在一起，处罚针对的主要是政治问题，泄密只是一个由头，本不宜以平常刑事案目之。此外，在法理上，"漏泄禁中语"是一个相对形象化的流于事物表面的表述，难以视为严格的法律术语。《唐律疏议》"漏泄大事"条首次提出"事应密"的概念，抽象出国家机密的本质特征，暗含实质和形式两方面要求，与现代法学理论对国家秘密的认识比较契合，是唐律的一大进步。[⑤]

---

① 朱熹说，旧谓之"漏泄省中语"，避汉元后父讳，遂改为"省"。参见《朱子语类》卷一一二《朱子九》，中华书局1984年版，第2727页。
② 沈家本：《历代刑法考·汉律摭遗》卷十六《越宫律》，中华书局1985年版，第1673页。
③ 陈玺：《唐律"漏泄禁中语"源流考》，《华东政法大学学报》2012年第1期。
④ 闫晓君：《古代保密法：漏泄罪与间谍罪》，《法学》2017年第2期。
⑤ 张群：《中国保密法制史研究》，上海人民出版社2017年版。

五 关于唐代诉讼制度的研究

近年，西北政法大学陈玺通过对诉讼主体、告诉、审判、执行等领域的专题研究，基本查明了唐代刑事诉讼惯例生成、运行与发展的基本情况，勾勒出中国传统诉讼法律文明中制度、惯例、观念三位一体、协调互动的运作格局，展示了我国传统诉讼法制文化演进、发达之概观与规律。陈玺认为，唐代诉讼惯例的形成与适用以律令规则为基准，又在实践中发挥矫正、修补、创新等重要作用。诉讼制度与诉讼惯例相辅相成、相互影响，最终成就了固有诉讼文明薪火相承与革故鼎新并存之基本风格。①

此外，传统观点认为"农忙止讼"制度出现于唐朝，但具体时间则没有一致意见。郑显文认为，分析现存中、日古代文献及出土敦煌吐鲁番文书，可以确定该项制度最早出现于唐开元二十五年的《杂令》之中。日本《养老令》中关于农忙止讼的规定借鉴了唐开元二十五年《杂令》的规定。依此推断，唐开元二十五年律疏、令应是日本《养老律》和《养老令》重要蓝本。② 岳纯之则认为，从唐高祖武德六年（623年）六月的《劝农诏》和日本《养老令》的成书时间来看，我国古代农忙止讼制度的形成时间应该早于开元六年（718年），甚至可能早于唐朝。今天学界复原的开元二十五年（737年）令中有农忙止讼的规定，但不能因此就认为农忙止讼制度首创于开元二十五年（737年）令。这就好像我们今天能够看到的中国古代第一部完整的法典是《唐律疏议》，但不能因此就将其中关于"十恶"的规定视作唐律的首创。③

六 关于唐代判词的研究

早在南宋，著名学者洪迈《容斋随笔》就对唐代判词做了评判。评价

---

① 陈玺相关成果主要有《唐代诉讼制度研究》（商务印书馆2012年）、《唐代刑事诉讼惯例研究》（科学出版社2017年）等。
② 郑显文：《中国古代"农忙止讼"制度形成时间考述》，《法学研究》2005年第3期。
③ 岳纯之：《中国古代农忙止讼制度的形成时间试探》，《南开学报》2011年第1期。

最高的是白居易《甲乙判》，称"读之愈多，使人不厌"，还摘引多则，誉之"不背人情，合于法意，援经引史，比喻甚明，非青钱学士所能及也"。其次是元稹的判词，评价最低的是张鷟《龙筋凤髓判》，斥之为"纯是当时文格，全类非体，惟知堆垛故事，而于蔽罪议法处不能深切，殆是无一篇可读，一联可味"。①

明人祝允明等则极为肯定，②清人看法趋于持平。《四库全书总目》认为，"（白）居易判主流利，此（张鷟《龙筋凤髓判》）则缛丽，各一时之文体。……至（张）鷟作是编，取备程试之用，则本为录事而作，不为定律而作，自以征引赅洽为主。言各有当，固不得指为鷟病也。"③清末张之洞《书目答问》卷三《子部·法家第四》认为，《龙筋凤髓判》"名似法家，实则词章"，但"其目藉可考唐时律令公式"。

20世纪90年代中期以来，《龙筋凤髓判》引起更多重视，评价渐趋于肯定。1996年中国政法大学出版社出版了田涛、郭成伟合作完成的校注本，郭成伟对该书称赞备至，评价极高，认为是传统中国迄今为止完整传世的一部官定判例。④1997年和1998年，霍存福连续发文，认为洪迈对张鷟的评价稍嫌苛刻，《龙筋凤髓判》堪称用法公允而准确，白居易的类似判决也无过于此。霍存福还提出，《龙筋凤髓判》大多根据奏章、案例改编，更为真实，白居易甲乙判则有不少经义的内容，文笔更佳，各有所长。⑤

黄源盛先生2004年撰文认为，洪迈《容斋随笔》受个人好恶影响，对《龙筋凤髓判》的评价过于偏颇；清代《钦定四库全书总目》对《龙筋凤髓判》的评价"比较中肯"。从内容看，张鷟"显然通晓当时律文，判词也还

---

① 洪迈：《容斋随笔·容斋续笔》卷十二"龙筋凤髓判"条，中华书局2015年版，第282—283页。

② 参见黄源盛《〈唐律〉与〈龙筋凤髓判〉》，《汉唐法制与儒家传统》，广西师范大学出版社2020年版，第482页。

③ 《四库全书总目》卷一三五《子部·杂书类一·龙筋凤髓判四卷》。

④ 田涛、郭成伟校注：《龙筋凤髓判》，中国政法大学出版社1996年版。黄源盛评价"该书偶有误植或标点起疑多处，读时不可不查。"参见黄源盛《〈唐律〉与〈龙筋凤髓判〉》，《汉唐法制与儒家传统》，广西师范大学出版社2020年版，第451页。此文最初版本为黄源盛：《法理与文采之间——读〈龙筋凤髓判〉》，《政大法学评论》第79期，2004年6月。

⑤ 霍存福：《张鷟〈龙筋凤髓判〉与白居易〈甲乙判〉异同论》，《法制与社会发展》1997年第2期；霍存福：《〈龙筋凤髓判〉判目破译——张鷟判词问目源自真实案例、奏章、史事考》，《吉林大学学报》1998年第2期。

能切合律意",但《龙筋凤髓判》"很难说有太高的法学价值",不过"仍可认定它是一部重要的法学典籍"。① 至于"霍氏之论（指真实部分——引者注），或有创意，不过，迄今为止，对于这种讲法，仍多存疑，我还是比较赞同《龙筋凤髓判》是唐代考官制度下的产物，是唐人精心写作的'拟判'这种说法。"② 黄源盛文章搜罗以往研究成果甚为完备，比如岑仲勉《唐人行第录》中批评洪迈《容斋随笔》持论过苛等观点，③ 颇资参考。

近年学者们围绕白居易"百道判"、《文苑英华》判文等续有讨论，观点更为持平。④ 首先，就判词形式来说，无论是张鷟，还是白居易、元稹，以及宋代的余靖，大致都是引经据典说一通大道理，再剖析一下当事人的得失，最后给出一个结论。风格和技巧上或许有差别有差距，但实质上均是一个系统，并无根本差别。其次，在内容上，虽然《龙筋凤髓判》几乎每条都可以找到法律根据，白居易判词中涉及法律问题的占到一半以上，但这些判词的价值更多表现在可以借此考察作者的文学才能、思想观念和当时的社会风气，而不是法律。如果想通过阅读这些判词来学习法律学习审判，估计比较困难，作为考察当时法制的史料，亦宜谨慎。但这似乎很难作为缺点或者局限来批评。因为张鷟以及白居易撰写这些判词的初衷或者说目的，主要是为科举考试提供范文，现在以实际司法标准要求和评判，本就有失公允，也不合适。在这个问题上，似乎还是前引四库馆臣的观点更为可取。

---

① 黄源盛：《〈唐律〉与〈龙筋凤髓判〉》，《汉唐法制与儒家传统》，广西师范大学出版社2020年版，第489页。

② 黄源盛：《〈唐律〉与〈龙筋凤髓判〉》，《汉唐法制与儒家传统》，广西师范大学出版社2020年版，第459—460页。

③ 参见黄源盛《〈唐律〉与〈龙筋凤髓判〉》，《汉唐法制与儒家传统》，广西师范大学出版社2020年版，第485—486页。

④ 例如陈登武：《白居易"百道判"试析——兼论经义折狱的影响》，载柳立言主编《传统中国法律的理念与实践》，"中研院"，2000年，第393页；陈小远：《〈文苑英华〉判文研究》，硕士学位论文，北京大学，2011年；朱洁琳：《唐代判词的法律特征与文学特征——以白居易"百道判"为例》，《政法论坛》2013年第2期；陈锐：《唐代判词中的法意、逻辑与修辞——以〈文苑英华·刑狱门〉为中心的考察》，《现代法学》2013年第4期；顾凌云：《唐代实判的判案依据研究》，《敦煌学辑刊》2014年第1期；杨晓宜：《唐判研读举隅（一）——以〈文苑英华·判〉"师学门""刑狱门""为政门"为例》，《中国古代法律文献研究》第十二辑，社会科学文献出版社2017年版；杨晓宜：《唐判研读举隅（二）——以〈文苑英华·判〉"师学门""刑狱门""为政门"为例》，《中国古代法律文献研究》第十三辑，社会科学文献出版社2018年版）。

著名文史学家傅璇琮先生在 20 世纪 90 年代中期出版的著作中，不赞成四库馆臣"言各有当"的评价，认为唐代判词大多出自虚拟（即所谓拟判），固然反映一些世风世情，但不可估计过高。有些判词本就是戏谑之作，讨论的问题很无聊，格调也不高。① 但大部分学者认为，唐代判词虽然多是拟判，不可直接作为史料看待，但多少有一定的事实根据，有所谓通性的真实，其案由和判词中蕴含着丰富的其他方面信息，有助于考史论事。有些判词，仅其案由就值得关注。例如白居易《甲乙判》中有多个发生在夫妻之间、婆媳之间的案例，可见唐代妇女在夫妻关系中有一定的地位和发言权，在婆媳关系中虽然总体处于弱势，但若有礼法支撑，则媳妇未必肯轻易做小伏低，婆婆也未必能说一不二。还有一则判词说的是，一名妻子的丈夫被盗贼杀死，她声称只要有人杀死盗贼为其报仇，她愿意以身相许："得辛氏夫遇盗而死，遂求杀盗者而为之妻。或责其失贞行之节，不伏。"这样大胆的举动大概只有在唐代才会出现。宋代余靖判词中没有一例相似或者类似的案由，似乎家庭婚姻关系已经完全被礼法笼盖和规范，没有争议空间了。所收的唯一一则涉及男女关系的案例（"丙独居一室，夜暴风雨，邻妇室坏，趋而托焉。丙闭户不纳，或讥其不仁"），亦恪守《诗经·巷伯》毛传和《孔子家语·好生》中的传统立场，对谨守礼法的男性持肯定意见，毫不顾忌弱势女子面临生命危险、亟须救助的特殊情形。但这似不应仅仅看作余靖个人意见，而是当时的社会共识，《宋文鉴》中收录有称述"鲁人有独处室者"故事的文章。②

此外，关于唐代判词的由来，从洪迈以来，一般均援引杜佑《通典》卷十五《选举三》的记载，作为吏部选人制度的一项内容来考察和对待。这一说法从科举史的角度看是有道理的，但从整个制度史的角度看则不是如此，"甲乙问"的形式早已有之。现存最早记载或许始于西汉。董仲舒春秋决狱即以"甲乙问"形式流传下来。③ 其次是西晋。《晋书》卷二十《礼志中》记载，中书令张华当政时，曾就礼制难题发起

---

① 傅璇琮：《唐代科举与文学》，山西人民出版社 1995 年版，第 512 页。
② "鲁有颜叔子者，尝独居一室中，夜暴风雨，邻家女投叔子宿，叔子使执烛以达晓，以免其嫌，后人称其廉。"[吕祖谦编《宋文鉴》卷一四九《传·赵延嗣传（石介）》，中华书局 2018 年版，第 2087 页。]
③ 杜佑《通典》卷六十九《礼二十九》（东晋成帝咸和五年散骑侍郎贺乔妻于氏上表），并参见沈家本《历代刑法考·汉律摭遗卷二十二·春秋断狱》。

"甲乙问"。这与后来的拟判很近似。① 到唐代,"甲乙问"成为一种科举考试形式,拟判成绩优异者可优先提拔,唐代宰相李绛"以词赋升甲科,授秘书省校书郎,岁满从调,有司设甲乙问以观决断,复居高品。补渭南尉,擢拜监察御史"②。但唐代科举拟判的问题多出自书本,远不如最初的话题那么富有思辨性、争议性和专业性。若进一步放宽视野就会发现,先秦著作《论语》《孟子》以及《庄子》《韩非子》中问答辩论,与后来的甲乙问在形式和内容上庶几近之。至汉代,甲乙问已经成为一种比较成熟的写作方式,"敷演为甲乙问答之词,使条理更加缜密",如《淮南子·道应篇》泰清与无穷、无为三家对话,"回环往复,以见旨归"。③ 唐宋元明清文集中也有类似写作方式,清代魏禧撰有《甲乙问》为题的文章,"甲乙辞十反靡所止伏"。④ 《白鹭洲主客说诗》中毛诗诸条,"皆设为甲乙问答、故以主客为名"。⑤ 因此,甲乙问或者说拟判的源头似乎可以追溯到诸子著作(唐代拟判中一些题目即取材于诸子),只是后来主要用于科举考试。

  在唐代判词中,敦煌判词不能不提。2005年出版的《全唐文补编》收录了差不多100道判词,其中大部分是新发现的敦煌判词。⑥ 学术界对敦煌判词一向评价很高。1996年齐陈骏撰文认为敦煌唐判虽然并非实有其事,而是供人参考的范文,但从这些判文可以看出当时社会提倡礼法、依律令判处、重视实地调查等特点。⑦ 近年有学者撰文认为,相比《龙筋凤髓判》、白居易《甲乙判》以及《文苑英华》(卷503—552)几种唐判,敦煌判词逻辑更加严谨,说理更加透彻,文笔也更为生动活泼。⑧ 前者不过是白居易等青年才俊展示才华、邀取声名的创作,取材多来自书本,缺乏一些地气,

---

① 钱锺书《管锥编》全上古三代秦汉三国六朝文第一一六则《全晋文卷五八》也谈到张华甲乙问,但主要关注的是"二嫡"、两头大等社会问题。
② 《刘禹锡集》卷第十九《集纪·唐故相国李公集纪》。
③ 王利器:《文子疏义·序》。
④ 魏禧:《魏叔子文集》外篇卷之二十二《杂着·甲乙问》。
⑤ 《四库全书总目》卷十八《白鹭洲主客说诗一卷》。
⑥ 陈尚君辑校:《全唐文补编》,中华书局2005年版。
⑦ 齐陈骏:《读伯3813号〈唐判集〉札记》,《敦煌学辑刊》1996年第1期。
⑧ 何勤华:《中国法学史纲》,商务印书馆2012年版,第167页;沈如泉:《敦煌伯3813唐判与宋代花判》,《敦煌研究》2016年第1期;谭淑娟:《法制与文学的完美融合——敦煌〈文明判集残卷〉分析》,《前沿》2010年第10期。

不如后者更多源于实际生活，鲜活而有生命力。比如《文苑英华》卷五二〇《溺死判》情节较为简单："甲与乙同舟，既而甲惧水而投，因溺死。其家讼乙故杀。县断以疑。"敦煌《李膺溺死判》则更具体生动，突出紧急避险与见义勇为的冲突。① 又如《文苑英华》卷五三四《窃钱市衣与父判》虽然有"窃人之财，谁谓其孝"这样的点睛之笔，但比敦煌判词《秦鸾母病行盗判》则逊色许多。后者明确写出盗窃与孝行的冲突。② 又如敦煌《宋里仁兄弟申免入军判》，不仅涉及"养亲"孝道和从军义务的冲突问题，还涉及法律解释问题。③

---

① 李膺和郭泰同舟共济，"但遭风浪，随被覆舟。共得一楫，且浮且竞。膺为力弱，泰乃力强，推膺取楫，遂蒙至岸。膺失楫势，因而致殂。"李膺之妻阿宋控告"其夫之亡，乃由郭泰"。郭泰也承认"推膺取楫是实"。判决认为，在客观上，李膺之死，郭泰没有过错。李膺"死由落水，落水本为覆舟。覆舟自是天灾，溺死岂伊人咎？"其次，在主观上，郭泰没有杀人的故意。"各有竞楫之意，俱无相让之心。推膺苟在取楫，被溺不因推死。"结论是，"俱缘身命，咸是不轻。辄欲科辜，恐伤孟浪。宋无反坐，泰亦无辜。"判决还提到"阿宋夫妻义重，伉俪情深"，提出告诉合情合理，故不追究责任（无反坐）。参见陈尚君辑校《全唐文补编》卷一三〇《阙名·李膺溺死判》，中华书局2005年版。

② 秦鸾之母"患在床，家贫无以追福，人子情重，爲计无从，遂乃行盗取资，以为斋像"。这里的问题是，秦鸾的行为是"孝"还是"盗"？判决认为，从起因上看，秦鸾"偷财造佛，盗物设斋"，实质"斋爲盗本，佛是罪根"。从后果来看，"假贼成功，因赃致福，便恐人人规未来之果，家家求至孝之名"。因此，其行为性质并非孝行，而是犯罪（"据礼全非孝道，准法自有刑名"）。结论是按照"盗"罪处理，根据盗赃数量定罪。参见陈尚君辑校《全唐文补编》卷一三〇《阙名·秦鸾母病行盗判》，中华书局2005年版，第1596页。并参见孙家红、龚汝富《略论唐律的"不孝"罪》，《中国文化研究》2007年冬季卷，第48页。

③ 宋里仁兄弟三人因为社会动乱，被迫流落到不同地区，里仁在张掖，二弟在西州，三弟在幽州，母亲在老家扬州。按规定，兄弟三人都是"边贯之人，俱悉入军"，而且政府禁止迁徙户口，这就无人留下照顾年老的母亲，特此申请户部裁决。判决认为，可以把三人户口迁回母亲所在，主要理由是养亲重于从军。首先，禁止迁移户口本意是"防奸"，不是妨孝（"名需军贯，不许迁移，法意本欲防奸，非为绝其孝道。"）其次，法律规定，若父母年满八十，即使儿子被发配流放，亦可暂不服刑（"即知母年八十，子被配流。据法犹许养亲，亲殁方之配所。此则意存养亲，具显条章。"）据此推理，一般的从军义务自然更可以照此原则办理（"举重明轻，昭然可悉。且律通异义，又有多途。不可执军贯之偏文，乖养亲之正理。"）这个裁决符合法律解释原理明（"举重轻"），亦颇体人情。参见陈尚君辑校《全唐文补编》卷一三〇《阙名·宋里仁兄弟申免入军判》，中华书局2005年版。并参见刘俊文《唐律疏议笺解》卷一二《户婚·相冒合户》，中华书局1996年版，第958页。

七　关于唐代刑法奏表的研究

在唐代判词之外，唐代奏表也有法律史研究价值，但似尚无文专门探讨。下面以《文苑英华》卷六一七、卷六一八、卷六一九收录的谈论刑法问题的 32 篇唐代奏表为例，简要介绍。

其一，这些奏表讨论的都是一些具体案件，主要依据都是唐律，可见唐律有着较高权威。比如，贾至《论王去荣打杀本部县令表》的法律根据是《唐律疏议》二《名例》"八议"条中的议"功"，朱子奢《谏将杀栎阳尉魏礼臣表》的法律根据是《唐律疏议》十《职制》"上书奏事误"条，薛元超《请停春杀高敦礼表》的法律根据是《唐律疏议》三十《断狱》"立春后不决死刑"条。最典型的是裴景仙案，通过比对案情、理由和律文，可以看出表文的意见均有较为充分的法律根据。一是关于乞赃。依据唐律，官员"乞取"所监临财物，五十疋罪止流二千五百里，疋数再多，罪亦不加。因此李朝隐坚决主张裴景仙"罪不至死"，"止当流坐"；而玄宗亦终于收回"集众杀之"的成命，依法科以配流。① 二是关于八议。裴景仙的曾祖裴寂，"往属缔搆，首参元勋"，乃八议中议功之类也。据名例律官爵五品以上条，八议人荫及曾孙，故裴景仙犯罪，李朝隐奏曰"准犯犹入议条"。裴寂死于武德中，裴景仙犯在开元时，是与荫人早已亡故，而李朝隐犹引裴寂爲说，要求"舍罪念功"；玄宗亦竟从其请，改死刑为配流，其故即在"用荫者，存亡同"也。②

其二，这些臣下上表，虽然讨论的是刑事案件，但发表意见、阐述理由，差不多都既谈法律，又谈政治，而且重点是谈政治。换言之，上表必须从政治上说服皇帝此事这样处理有何不良影响，那样处理又有何良好后果，是否有利于扩大统治基础、是否有利于赢得民众支持、是否有利于树立皇帝良好形象、是否有利于巩固皇帝权威等。以王去荣案为例，这个案子其实已经超越一般法律范围，而有政治考量在里面。长期以来，鉴于战争的特殊性

---

① 刘俊文：《唐律疏议笺解》卷第十一《职制·受所监临财物》，中华书局 1996 年版，第 874 页。

② 刘俊文：《唐律疏议笺解》卷第二《名例·以理去官》，中华书局 1996 年版，第 173 页。亦参见钱大昕《十驾斋养新录》卷六《古律有荫减荫赎》。

和残酷性，武臣犯法一般都从宽发落，特别是在战事紧急之时。唐太宗时侯君集贪污案，即宽大处理，文臣且主动为侯君集开脱罪责，主要考虑就是"将帅之臣，廉慎者少，贪求众多"。①但对武臣擅杀朝廷命官、藐视君王权威的，一般均严肃惩处，绝不轻饶。"安史之乱"以后，藩镇割据、武将肆虐，唐朝中央权威日渐下降，肃宗不得不屈服于权臣武将的淫威之下。王去荣仗着自己有点功劳和才能，敢以私怨杀县令，本身就是有恃无恐的表现。因此，贾至以及其他人的奏表不仅从政治上阐述惩罚王去荣的正当性，从法理阐述其合法性，还从力量对比角度分析其可行性，认为朝廷在各个方面都是有优势的，应该可以做到既严肃处理王去荣而又不会出乱子，但肃宗还是没被说服，令人遗憾。

其三，关于奏表的制度生成。上述表文的撰奏，有些是作者职责所在。按照唐律规定，唐代官员有"应奏"的法律义务和"事应奏不奏"的法律责任，②涉及死刑的有五覆奏和三覆奏制度，③涉及官员和贵族刑罚的有"八议"制度，④官爵五品以上犯死罪者有上请制度，⑤平民"犯死罪非十恶，而祖父母、父母老疾应侍，家无期亲成丁者，上请"。⑥前列表文中，裴景仙案涉及"八议"和死刑，魏礼臣案和高敦礼案涉及死刑，均属应奏事项。贾至是中书舍人，按照制度规定，若认为皇帝诏敕不合适有

---

① 《文苑英华》卷六九七《岑文本·谏君侯集等下狱表》《全唐文》卷一百五十《岑文本·理侯君集等疏》，并参见《旧唐书》卷六十九《列传第十九侯君集》。宋人也有类似意见，参见吕祖谦编《宋文鉴》卷四四《奏疏·辨滕宗谅张亢（范仲淹）》，中华书局2018年版，第665—666页。

② 《唐律疏议》卷十《职制》"事应奏不奏"："诸事应奏而不奏，不应奏而奏者，杖八十。应言而不言上，虽言上不待报而行，亦同。不言上而言上，及不由所管而越言上，应行下而不行下，及不应行下而行下者，各杖六十。"《大清律例》卷七《吏律》"事应奏不奏"条：应议之人有犯，应请旨而不请旨，及应论功上议而不上议，该官吏照杂犯律处以绞刑。文武职官有犯，应奏请而不奏请者，杖一百。若是有关军务、钱粮、选法、制度、刑名、死罪、灾异及事应奏而不奏者，杖八十；应申上而不申上者，笞四十。如果已经上奏和申报，但不待回报而辄施行者，并同不奏、不申之罪。死罪减一等。

③ 《唐六典》卷六《尚书刑部》："凡决大辟罪，在京者，行决之司五覆奏，在外者，刑部三覆奏。"

④ 《唐律疏议》卷二《名例律》之"八议"：凡在"八议"之列的官员和贵族"犯死罪，皆条所坐及应议之状，先奏请议，议定奏裁"。

⑤ 《唐律疏议》卷二《名例律》之"官爵五品以上（议章）"。

⑥ 《唐律疏议》卷三《名例律》之"犯死罪应侍家无期亲成丁"。

权执奏;① 李朝隐是大理卿，对案件处理负有主要责任，自可上奏反对。② 但也有一些上奏是基于义愤。特别是一些政治案件，涉及问题复杂、敏感，政治高压之下，人人自危，避之唯恐不及，但还是有一些大臣勇敢上书，发表不同意见。史书对此也不吝褒扬，《旧唐书》赞誉李朝隐"少以明法举""素有公直之誉",③ 徐坚"性宽厚长者"。④ 即使私德不修、"好色无度"的许敬宗，对其为废太子承乾的东宫旧部说公道话一事,⑤ 史书亦特别标出。⑥

不仅是对冤狱，对皇帝做出的不当决策，甚至皇帝本身的荒淫行径，唐代官员也敢于上表揭露批驳。李纲《论时事表》批评唐高祖晚年意志消退，追逐享乐，不理政事："武德五年之后，四海初定，陛下自负太平，日就骄侈，伤于酒德，稍怠万机，专与幸臣日夕游宴，所重唯声乐，所爱唯鹰犬，夷夏进送，道路不绝。又折辱功臣，多所轻侮。或发其微时细过，或加捶挞于殿庭。德泽渐亏，下将疑惧。而戚藩公主皆逾宪式，嫔媛之家多违法度，不加禁止，颇有侵渔。行路之间，非无谊籍。"更严重的是诸王争权，影响政局稳定："皇太子及秦、齐二教，共诏敕并行，唯计日之先后。州郡之职，无所的从。授官分赏，在意所欲，不复论功伐简才行矣。"国家处在岌岌可危境地，"亿兆失望，阴怀叹息"，但皇帝却"不悟"，"在内不许论事，当朝略无谏者"。⑦ 看了这篇上表，也就大概能明白玄武门之变所以发生了。又如李景伯《上东宫启》批评时为太子的唐玄宗接受"谄曲之徒私进女色"，"伤教败礼，岂复是过？"而且这些女子在外"矜夸恩幸"，这对一般官员名声都会有所损害，"况一国之储副，万方所瞻奉焉？"⑧ 贾曾《上东宫启》批评时为太子的唐玄宗遣使采女乐，认为这是"败国乱人"。⑨ 倪若水

---

① 《大唐六典》卷九《中书舍人》：中书舍人发现制、敕"有误"，"则奏而改正之。"中书舍人历史变迁参见赵翼《陔余丛考》卷二十六《中书舍人》。

② 《资治通鉴》卷一九三，唐太宗并敕百司说："自今诏敕行下有未便者，皆应执奏，毋得阿从，不尽己意。"并见顾炎武《日知录》卷九《封驳》。

③ 《旧唐书》卷一百《李朝隐传》。

④ 《旧唐书》卷一百二《徐坚传》。

⑤ 《文苑英华》卷六一七《许敬宗·论废宫官属表》。

⑥ 《旧唐书》卷八十二《许敬宗传》。

⑦ 《文苑英华》卷六二二《李纲·论时事表》。

⑧ 《文苑英华》卷六五一《贾曾·上东宫启》。

⑨ 《文苑英华》卷六五一《李景伯·上东宫启》。

《谏江南采捕诸鸟表》（开元四年）批评即位不久的唐玄宗"玉帛子女，充于后庭，职贡珍奇，盈于内府，过此之外，复何求哉？"① 从后来还有所谓开元盛世看，这几次直谏应该发挥了"防微杜渐"的关键作用。独孤及《直谏表》批评唐代宗"有容谏之名，竟无听谏之实"，② 亦可谓斗胆。这些表文也从侧面说明当时统治者还有一些雅量，听得进尖锐意见，政治生态也算得上风清气正，官员们不担心以言获罪，相反还获得鼓励。③ 大唐盛世，岂偶然哉？千载之下再看这些文章，虽然讨论的问题多已过时，当年众口传诵的警句也只有少数专业人士才会阅读，史料价值高下不一，但文章中表现出来的唐人反抗强暴，敢于斗争，追求公平正义的高尚人格，永不会磨灭。

当然，这些奏表只是冰山一角，要了解事件全貌，还必须参阅史书。比如李峤《为百寮请加王慈征等罪罚表》，要求武则天从重处理逆贼王慈征，但王慈征是何人、怎样叛逆则没有谈及。④ 查阅史书，⑤ 才知道王慈征的身份是右玉钤卫将军，"阴有异图"，想拥戴武则天的男宠僧人怀义谋反，被后者告发，坐斩。又如裴耀卿《论夷州刺史杨濬决杖表》，如此"高调"以身份尊贵为由，主张笞杖不宜施加于刺史、县令，稍嫌费解。查阅史书可知，这是当时一个普遍认识，并非裴耀卿个人意见。张廷珪任黄门侍郎期间，监察御史蒋挺以监决杖刑稍轻，敕朝廷决之，张廷珪明确反对，理由就是"士可杀不可辱"："御史宪司，清望耳目之官，有犯当杀即杀，当流即流，不可决杖。士可杀不可辱。"⑥ 褚遂良在讨论官员妻女犯罪是否可以没为官婢问题时，亦以羞辱为辞，认为这将令涉案官员及其家属、同宗合门之在朝者感到没有颜面（"无面以当

---

① 《文苑英华》卷六二〇《倪若水·谏江南采捕诸鸟表》（玄宗开元四年）。

② 《文苑英华》卷六二二《独孤及·直谏表》。

③ 《文苑英华》卷六二二《元稹·献事表》（宪宗，元和元年）："昔太宗文皇帝初即位时，天下之人莫有谏者，唯孙叔伽尝以小事持谏于上，文皇帝大悦，厚赐田宅以勉之。"并参见赵翼《廿二史劄记》卷十九《贞观中直谏者不止魏徵》《武后纳谏知人》。

④ 《文苑英华》卷六一八《李峤·爲百寮请加王慈征等罪罚表》。

⑤ 《资治通鉴》卷第二百四《唐纪二十·则天皇后上之下四年》考异曰：实录云："怀义监造明堂，以功擢授左武卫大将军，固辞不拜。时有右玉钤卫将军王慈征、长上果毅元肃然，请与怀义为儿，既而阴有异图，欲奉之为主，怀义密奏其状；由是慈征等坐斩，进拜怀义辅国大将军，封卢国公，赐物三千段；又表辞不受。"今从旧传。

⑥ 《旧唐书》卷一百一《张廷珪传》。

官"），建议废止。①

  同时，比较史书记载和表文内容的异同详略，也可以初步判断不同史书的史料价值。比如朱子奢《谏将杀栎阳尉魏礼臣表》，《旧唐书》卷一八九朱子奢本传未载此事，《新唐书》卷一九八朱子奢本传有记载，②但三个理由中略去了第二个理由，保留了第一、第三两个理由。这样的书写有其道理，③但从历史学角度，似乎还是记载完整更佳，至于《旧唐书》缺载则更下之。又如夷州刺史杨濬决杖案，《旧唐书》卷九八裴耀卿本传记载最为详细，收录有关表文；《新唐书》卷一二七裴耀卿本传、《资治通鉴》卷二一四《唐纪三十·玄宗·二十五年》记载比较简单。《资治通鉴》对此案未多加记载，可能认为此事不是太重要，司马光应该是看到这篇文章的。又如裴景仙案，唐宋主要史籍几乎均有记载，但《通典》卷一六九《刑法七·守正》《唐会要》卷四〇《臣下守法》的记载没有提供多少超出表文的有助于理解的新内容，《新唐书》卷一二九李朝隐本传最为简略，不到 200 字，《旧唐书》卷一百李朝隐本传记载较为详细，收录有关表文诏敕，但个别细节语焉不详，记载最完整最可靠的是《资治通鉴》卷第二一二《唐纪二十八·玄宗·开元十年》，《资治通鉴考异》并引用唐实录记载："初，上令集众杀之，李朝隐执奏；又下制云'集众决杀'，朝隐又奏，乃流岭南。"得出结论"盖本欲斩之也"。也还有一些表文，史书欠缺必要的背景记载，比如薛子云案，④新旧唐书均未载具体缘由，这就给历史留下空白。

---

  ① 《文苑英华》卷六二三《许敬宗·褚遂良·谏五品以上妻犯奸没官表二首》，并参见《全唐文》卷一百四十九《褚遂良·谏五品以上妻犯奸没官表》。

  ② 《新唐书》卷一百九十八朱子奢本传：池阳令崔文康坐事，栎阳尉魏礼臣劾治，狱成，御史言其枉。礼臣诉御史阿党，乞下有司杂讯，不如所言请死。鞫报礼臣不实，诏如请。子奢曰："在律，上书不实有定罪，今抵以死，死者不可复生，虽欲自新弗可得。且天下惟知上书获罪，欲自言者，皆惧而不敢申矣。"诏可。

  ③ 第一个理由以事实为根据，以法律为准绳，理由颇为充分，无可辩驳，皇帝也不能粗暴否决；第二个理由是从伦理角度，要看皇帝是否大发慈悲，就案件本身而言也不是最重要的；第三个是从政治角度，皇帝一般都会在意。

  ④ 《文苑英华》卷六一七《颜师古·论薛子云等表》《全唐文》卷一百四十七《颜师古·论薛子云等表》。

第六章

宋代法律史研究[①]

2011—2020年10年间，宋代法律史研究取得一系列丰硕成果，《文献通考》《宋会要辑稿》《洗冤录》等宋代法律古籍整理出版，[②] 史学界的戴建国、柳立言、贾文龙、王晓龙等学者，法学界的赵晓耕、霍存福、陈景良、胡兴东、赵晶等学者，发表宋代法律史论文和著作50多篇（种）。[③] 限于篇幅和体例，本章主要介绍公开发表的部分专题论文，宋代法律史研究的全面情况请读者参阅相关论文和著作。[④]

[①] 中央民族大学法学院蒋怿旻、林正雄、王一涵、韦欢、孟繁一、旦真陈里、普毛德吉等同学搜集整理部分资料或起草部分初稿，谨此致谢。

[②] 主要有周勋初等校订《册府元龟》（凤凰出版社2006年版）、上海师范大学古籍研究所、华东师范大学古籍研究所点校《文献通考》（中华书局2011年版）、马泓波点校《宋会要辑稿·刑法》（河南大学出版社2011年版）、刘琳等整理《宋会要辑稿》（上海古籍出版社2014年版）、张松等整理《洗冤录汇校》（社会科学文献出版社2014年版）、岳纯之《宋刑统校证》（北京大学出版社2015年版）、戴建国主编《全宋笔记》10编（大象出版社2018年版）等。

[③] 主要有王晓龙《宋代提点刑狱司制度研究》（人民出版社2008年版）、戴建国、郭东旭《南宋法制史》（人民出版社2011年版）、柳立言《南宋的民事裁判：同案同判还是异判》（《中国社会科学》2012年第8期）、郭东旭等《宋代民间法律生活研究》（人民出版社2012年版）、贾文龙《卑职与高峰：宋朝州级属官司法职能研究》（人民出版社2014年版）、王晓龙等《宋代法律文明研究》（人民出版社2016年版）、胡兴东《宋代立法通考》（中国社会科学出版社2018年版）、胡兴东《宋元断例辑考》（社会科学文献出版社2019年版）、赵晶《三尺春秋——法史述绎集》（中国政法大学出版社2019年版）、戴建国《宋代法制研究丛稿》（中西书局2019年版）、戴建国《秩序之间：唐宋法典与制度研究》（上海人民出版社2020年版）、赵晶《〈天圣令〉与唐宋法制考论》（上海古籍出版社2014年初版，2020年修订再版）等。

[④] 2011—2013年宋代法律史研究情况还可以参见高汉成主编《中国法律史学新发展》（宋代部分执笔：贾文龙、田志光），中国社会科学出版社2013年11月版，第82页；陈景良《浅谈宋代司法传统中的若干问题》，《师大法学》2017年第2期。此前的宋代法律史研究情况参见戴建国《20世纪宋代法律制度史研究的回顾与反思》（《史学月刊》2002年第8期）、戴建国《关于中国法律史研究规范问题的思考》（《中西法律传统》第三卷，中国政法大学出版社2003年版）（转下页）

一 关于宋代法律文化的研究

宋代司法实践、法律文化是非常有特色的，在传统法史中有着承上启下的重要地位。近年来仍然有一些有价值的思考和推进。①其中，陈景良在重新梳理宋代史料的基础上，从"法理"（包括法哲学原理、法学方法论和民事部门法理等）角度挖掘宋代法史中的知识资源，尤其值得关注。②限于篇幅，下面主要介绍陈景良关于宋代财产权和司法传统的部分观点。

关于宋代财产权，柳立言率先指出，宋仁宗景祐四年（1037年）正月乙未的诏书，是宋代"同居共财"制的首要变化，这个诏令以法律的形式

（接上页）等。宋史研究总体情况参见包伟民《近四十年辽宋夏金史研究学术回顾》，载《开拓与创新—宋史学术前沿论坛文集》（中西书局2019年版，第1页）。

① 例如，陈锐：《宋代的法律方法论——以名公书判清明集为中心的考察》，《现代法学》2011年第2期；柳立言：《南宋的民事裁判：同案同判还是异判》，《中国社会科学》2012年第8期；[英]马若斐：《南宋时期的司法推理》，陈煜译，载徐世虹主编《中国古代法律文献研究》第7辑，社会科学文献出版社2013年版，第299—358页；柳立言：《"天理"在南宋审判中的作用》，载《"中研院"历史语言研究所集刊》第八十四本，第二分（2013年）；赵晶：《中国传统司法文化定性的宋代维度——反思日本的〈名公书判清明集〉研究》，《学术月刊》2018年第9期；陈景良、王小康：《宋代司法中的事实认知与法律推理》，《学术月刊》2020年第2期。

② 陈景良相关作品主要有：（1）《宋代"法官"、"司法"和"法理"考略——兼论宋代司法传统及其历史转型》，《法商研究》2006年第1期；（2）《宋代司法传统的叙事及其意义——立足于南宋民事审判的考察》，《南京大学学报》2008年第4期；（3）《宋代司法中的法理问题》，《公民与法》（法学版）2009年第3期；（4）《释"干照"——从"唐宋变革"视野下的宋代田宅诉讼说起》，《河南财经政法大学学报》2012年第6期；（5）《法律史视野下的唐宋社会变革——从"皇权统治国家，士绅构建社会"说起》，《公民与法》（法学版）2012年第2期；（6）《唐宋州县治理的本土经验：从宋代司法职业化的趋向说起》，《法制与社会发展》2014年第1期；（7）《何种之私：宋代法律及司法对私有财产权的保护》，《华东政法大学学报》2017年第3期；（8）《典卖与倚当：宋代法律的逻辑与生活原理——以会要体文献为中心》，《法律科学》2018年第3期（第二作者为天天一）；（9）《宋代司法中的事实认知与法律推理》，《学术月刊》2020年第2期（第二作者为王小康）；（10）"On Fact Cognition and Legal Reasoning in Song Dynasty Justice from the Perspective of Intellectual Rationality"一文，收录于"第二届事实与证据国际研讨会——法学与历史学的对话"论文集 A Dialogue Between Law And History，Springer（斯普林格）2021年1月出版（第二作者为王小康）。

承认了成人男女"白手起家"所赚得的财产属于个人所有；鲜明地提出了宋代法律呈现出了"中产之家"的特色，局部打破了"同居共财"的儒家传统。① 戴建国从宋代的田宅"典权"入手，指出影响明清两代数百年的"一田两主"制，皆发端于两宋而独具时代特色。② 程民生指出宋代法律对公私财产实行同等法律保护。③

陈景良进一步提出，在土地私有制占支配地位的宋代，利益的多元化孕育并发展出了形形色色的私有权益，私有财产权成为社会生活中的不争事实。宋代私有财产权中的"个人"不同于西方，是家庭之私与"伦理个人之私"，还有"外商个人之私"。私有制上升为权利须经法律认可与司法保障。在没有民法典及私法观念的历史条件下，宋代法律通过经义、敕令、律典、令典诸方式规制人们的民事生活，又通过司法保障各种类型的私人财产权利。这种保护既适用于普通民众，也特别注意对弱势群体的司法救济。④

陈景良还就此引申，对中西法律文化比较提出三点意见：其一，在现实生活中，我们面临的挑战既来自实践，也来自西方。在这样一个东西交汇、文明交流日益紧密的时代，无论任何领域的研究，都必须以现实的眼光对古今现象进行审视。在没有现代法学理论为参照物的条件下，研究者很难真正认识到中国法律传统的独特性质及其价值。其二，对宋代社会而言，以田宅私有制为中心的财产权，既受儒家伦理观制约，也受反映时代诉求的法律及司法保护。其保护的个体之私表现为"家产之私"与"伦理个体之私"，具有鲜明的时代风貌。这与现代西方法学理论的"绝对私有制"有明显差异。这个"私"非西方文化个体权利之"私"，而是中国文化中伦理个体之"私"。"私"与"私"逻辑起点不同，理论预设不同，故法律规范体系不同，价值亦不同，法秩序的形态也有差异。这个逻辑起点的差异全在于对人

---

① 柳立言：《宋代的家庭和法律》，上海人民出版社2008年版，第325—442页；柳立言：《宋代的社会流动与法律文化：中产之家的法律》，载《唐研究》（第11辑），北京大学出版社2005年版。

② 戴建国：《从佃户到田面主：宋代土地产权形态的演变》，《中国社会科学》2017年第3期；戴建国《宋代的民田典卖与"一田两主制"》，《历史研究》2011年第6期。

③ 程民生：《论宋代私有财产权》，《中国史研究》2015年第3期。

④ 陈景良：《何种之私：宋代法律及司法对私有财产权的保护》，《华东政法大学学报》2017年第3期。

之本质属性的不同理解。其三，西方法学理论只能为我们提供认识宋代司法传统的视野与方法，而不应该成为我们研究的教条。温情与审慎是我们研究中国法律史应有的立场。①

关于宋代司法传统，目前大部分研究主要集中在宋代司法是否依法审判（法源结构或司法准据结构）、是否同案同判、是否具有稳定性和可预期性等问题上。② 但是，关于宋代司法判决内部究竟是如何展开说理的，其事实认知与法律推理具体是如何进行的，则还没有深入的研究。陈锐以《名公书判清明集》为例，认为宋代名公们在断案中充分运用了演绎论证、类比论证以及价值衡量等法律方法，这种断案模式大致属于"法律论证模式"，并非"不合逻辑的"。③ 但是，陈锐并未就宋代司法判决中事实认知与法律推理的具体情况和内在理路展开进一步分析。

陈景良就此进行了细致而深入的揭示，认为宋代司法判决重视"明辨是非"，兼具事实求真与价值向善的两种诉求，宋代司法名公在事实问题与法律问题之划分上表现出了高度的自觉，显示了中国本土法学方法的划时代进步。在事实与法律的衔接上，司法名公综合运用了内部证成与外部证成。当裁判规范相对确定的时候，他们在事实与规范的循环互动中实现法律规范对生活事实的涵摄，得出案件事实认定结果，在叠加使用演绎推理方法的基

---

① 陈景良：《何种之私：宋代法律及司法对私有财产权的保护》，《华东政法大学学报》2017年第3期。

② 例如王志强：《〈名公书判清明集〉法律思想初探》，《法学研究》1997年第5期；王志强：《南宋司法裁判中的价值取向——南宋书判初探》，《中国社会科学》1998年第6期；佐立治人：《〈清明集〉的"法意"与"人情"——由诉讼当事人进行法律解释的痕迹》，杨一凡译，寺田浩明主编：《日本学者中国法制史论著选·宋辽金元卷》，中华书局2016年版，第353—383页；刘馨珺：《论宋代狱讼中"情理法"的运用》，《法制史研究》2002年第3期；陈景良：《宋代司法传统的叙事及其意义——立足于南宋民事审判的考察》，《南京大学学报》2008年第4期；陈锐：《宋代的法律方法论——以〈名公书判清明集〉为中心的考察》，《现代法学》2011年第2期；柳立言：《南宋的民事裁判：同案同判还是异判》，《中国社会科学》2012年第8期；柳立言：《"天理"在南宋审判中的作用》，"中央研究院"历史语言研究所集刊第八十四本第二分（2013年），第277—328页；马若斐：《南宋时期的司法推理》，载徐世虹主编《中国古代法律文献研究》第7辑，陈煜译，社会科学文献出版社2013年版，第299—358页；赵晶：《中国传统司法文化定性的宋代维度——反思日本的〈名公书判清明集〉研究》，《学术月刊》2018年第9期。

③ 陈锐《宋代的法律方法论——以〈名公书判清明集〉为中心的考察》，《现代法学》2011年第2期。

础上做出案件判决。在裁判规范出现查找和证立困境的时候,他们在"法"与"理"的二元互动中谋求妥善的法律解释及法律续造,以平衡法律与社会道德伦理、国家秩序原理的关系,由此显示出了"法理"之自觉。从思维方法与价值体系的角度来看,宋代司法对于事实求真与价值向善的兼顾、在"法"与"理"的二元互动中论证说理,与朱熹理学思想在司法名公中的传播和运用存在着密切关系。[1]

陈景良还提出,宋代统治者历来重视法律、以法治国,南宋时期进一步提出了"执政者务以民事为急"的司法理念,创造给断由制度以保障婚田诉讼中司法公正的实现。断由是当时从县到州府、路各级官府裁断婚田诉讼的结案文书,包括案件事实、适用法条、断案理由三方面内容。断由在供上级法官复审案件方面具有强大的司法证信作用,断由制度在客观上保护了诉讼当事人的实体性财产利益以及程序性诉讼权利,推动了当时司法的释法说理,促进了南宋司法职业化的进程。[2]

二 关于宋代法律制度变迁的探讨

近年,学者们以《天圣令》为核心,持续深化宋代法律制度研究。[3] 其中值得注意的是,在研究方法上,不少学者倡导放宽视野,从更长时段考察。一方面,更多从元明的角度来考察宋代法制问题。早在2001年,戴建国通过考察元明清契约史上广泛使用的契尾、契本之类的税契凭证文书,对宋代出现的"投税凭由"及"官印田宅契书"的功能作了深入剖析,判定它们正是后世契尾、契本的滥觞,"官印田宅契书"并不是学者们通常所说的田宅买卖成交时使用的契约标准本"官板契纸"。[4] 近年来,这种长时段

---

[1] 陈景良:《宋代司法中的事实认知与法律推理》,《学术月刊》2020年第2期。

[2] 陈景良:《给断由:南宋司法公正的制度实践》,《人民论坛》2020年第21期。

[3] 例如戴建国《宋〈天圣令〉"因其旧文,参以新制定之"再探》(《史学集刊》2017年第5期)、戴建国《宋代特别法的形成及其与唐代典谱系的关系》(《上海师范大学学报》2020年第2期)、赵晶《试论宋代法律体系的多元结构——以宋令为例》(《史林》2017年第4期)、赵晶《论宋太宗的法律事功与法制困境——从〈宋史·刑法志〉说起》(《史语所集刊》第90本第2分)、孙婧婍《民逋与官欠——宋代田赋逋欠问题及其法律处置》(《青海社会科学》2020年第2期)等。

[4] 戴建国:《宋代的田宅交易投税凭由和官印田宅契书》,《中国史研究》2001年第3期。

考察的特点更为明显。比如朱瑞熙通过通盘的历史考察，解读、剖析宋代相关史料，得出"明朝的粮长制还是脱胎于南宋的税长和苗长制"的结论，揭示了粮长、社长、主首与宋代的历史渊源。①

又如一般均认为永佃权起源于宋代，但限于资料，未有明确的例证答案。戴建国将研究视角从宋代拓宽延伸至明清，通过比较不同时期的契约、石刻资料和诉讼判词，发现在官田方面，北宋时官田佃户的永佃权事实上已经形成，南宋时在官田中已经清晰出现独立的田面权，在经济发达地区的学田租佃关系中也已经产生永佃权；在民田方面，宋代佃农已经拥有稳固的租佃权，但永佃权尚处于发育成长阶段，只在局部地区出现。宋代土地产权多元化的发育成长，对于进一步激发产权权能所属各方的经营和生产积极性，提升经济发展的内在动力，以及对明清时期的土地产权关系和中国传统社会后期乡村经济的发展等，都产生了深远影响。②

又如宋代的契约在叙述买卖成交关系时常曰"三面评议价钱"，而唐代契约文书在叙述成交关系时却云"两共平章"。"两共"是指买卖双方，而宋代契约中的"三面评议"之三面，则包含了中介牙人。"三面评议"自宋作为契约的签订规则以后，一直沿用到清朝。但宋代传世的买卖契约中并无牙人署名画押。戴建国在考察比较元代的契约文书后发现，由于宋代田宅买卖要先问四邻，牙人议价的内容及其签署画押是落实在买卖契约之外的问帐四邻文书中的，因而宋传世的买卖契约中看不到中介牙人的签押。③

另一方面，学者们也更注重考察唐五代法制对宋代的影响，大部分著作均将唐宋作为一个整体进行讨论。④ 这一方法符合历史实际，宋代许多立法本就是承袭借鉴唐五代而来，比如宋代特别法，直接参考唐五代；⑤ 宋代颁

---

① 朱瑞熙：《宋朝乡村催税人的演变——兼论明代粮长的起源》，《河北大学学报》（哲学社会科学版）2016年第1期。

② 戴建国：《从佃户到田面主：宋代土地产权形态的演变》，《中国社会科学》2017年第3期。

③ 戴建国：《唐宋变革时期的法律与社会》，上海古籍出版社2010年版，第419—426页。

④ 例如戴建国：《唐宋变革时期的法律与社会》，上海古籍出版社2010年版；戴建国《秩序之间：唐宋法典与制度研究》（上海人民出版社2020年版）、赵晶《〈天圣令〉与唐宋法制考论》（上海古籍出版社2014年初版，2020年修订再版）。

⑤ 戴建国：《宋代特别法的形成及其与唐法典谱系的关系》，《上海师范大学学报》2020年第2期。

布减免房租的政令，也是从五代开始。① 甚至还有宋人批评一些政策不如五代，例如洪迈认为，淳熙十六年、绍熙五年七月实施的税赋减免政策，不如五代时期（晋高祖天福六年八月赦）高明，"比之区区五代，翻有所不若也"。②

三　关于宋代鞫谳分司的商榷

宋代鞫谳分司制度（鞫司审讯，谳司检断）被誉为宋代乃至整个中国古代司法史上的光辉创造，经由徐道邻、戴建国、陈景良等学者的发挥，已为学界普遍接受。但由于问题本身的复杂性和重要性，近年仍有不少探讨。著名法制史专家霍存福考察了宋代"鞫谳分司"从听、断合一到分立的体制机制演变。③ 河北大学宋史研究中心青年学者贾文龙从官制史的角度，考察了地方鞫谳分司制度的起源与形成，以及宋朝地方司法中鞫、谳、推、移各个司法环节的实际运行情况，认为鞫谳分司是中国传统法律文明的制度顶峰，但在等级授职制的古代中国，却不能促使后代皇帝加大地方司法的人员

---

① 参见加藤繁《宋代的房钱》，《中国经济史考证》第 2 卷，商务印书馆 1973 年版，第 105 页；胡建华：《宋代房地产管理简论》，《中国史研究》1989 年第 4 期；胡建华：《宋代城市住房政策研究》，《史学月刊》1993 年第 5 期；田中初：《南宋临安房屋租赁述略》，《史林》1994 年第 3 期。

② 洪迈：《容斋随笔·容斋三笔》卷九《赦放债负》，中华书局 2015 年版，第 409 页。宋代蠲免旧税事参见《宋史》卷二八三《王钦若传》。

③ 主要有霍存福《宋代"鞫谳分司"："听""断"合一与分立的体制机制考察》（《社会科学辑刊》2016 年第 4 期）、《给宋代"鞫谳分司"制度以定位——"听""断"从合一到分立的体制演化》（《北方文物》2017 年第 5 期）。需要指出的，《宋代"鞫谳分司"："听""断"合一与分立的体制机制考察》一文利用转引史料亦一一注明，展示出严谨的学风，例如文中部分注释："《宋会要辑稿·刑法》内容参见陈景良《宋代司法传统的现代解读》，《中国法学》2006 年第 3 期"；"《宋史·罗必元传》转引自张湘涛主编《名人张沙风景》，湖南人民出版社 2012 年版，第 29 页"；"以上两个案例转引自魏文超《宋代证据制度研究》，中国政法大学出版社 2013 年版，第 118 页"；"《折狱龟鉴》相关内容转引自陈霞村《文白对照断案智谋全书》，山西古籍出版社 1995 年版，第 406—408 页"；"转引自王忠灿《"狱""狱空"和中国古代司法传统》，中国政法大学出版社 2013 年版，第 100 页"；"转引自邓之诚《中华二千年史·卷 3·隋唐五代》，中国社会科学出版社 2013 年版，第 8 页"；"《宋会要辑稿·职官》五之五十九转引自王云海主编《宋代司法制度》，河南大学出版社 1992 年版，第 276 页"。

配置，使得鞫谳分司制度成为宋朝一代之绝唱。① 这里主要介绍张正印与戴建国的商榷文章。

张正印在梳理学术史之后提出，② 徐道邻、戴建国所谓的"鞫谳分司"并非在一个意义上。徐道邻所理解的"鞫谳分司"基本上是组织意义上的，但这与实际的组织机构有矛盾。因为专门的推鞫和检法机构主要存在于州级司法层次。在州级司法机构中，司理院与检法机构之间是典型的"鞫谳分司"，这两个机构的负责人几乎没有相互兼职。但其他鞫谳机构在职责上没有这样固定明确的划分，其负责人之间相互兼职的现象比较常见，如州录事、司户参军等。因此，戴建国提出"功能"分司说，即"鞫谳分司"是"功能性"的，无论兼职如何复杂，对同一个案件来说，审问案情和检法断刑总是交由不同的官员来处理。因此，有必要区分两种意义上的"鞫谳分司"，即组织性"鞫谳分司"和功能性"鞫谳分司"，前者是州级司理院与检法机构间的职责划分，后者是在具体案件处理流程上体现出来的司法原则。

在此基础上，张正印提出，徐道邻、戴建国的说法都有道理，反映了"鞫谳分司"的不同层面，但二者都有一个共同问题，即把"分司"定位在官员层次，而忽视了宋代司法过程中胥吏这一群体所处的独特地位及其所发挥的重要功能。张正印认为，正确的看法应该是，宋代的"鞫谳分司"主要体现在胥吏层次，官员之间的分职并不严格。在宋代州级官员层次中，司法流程的分工还很不彻底，官员负责监督检法，并有权力和责任对案件判决提出实质性意见；在胥吏层次上则要彻底得多。吏人的行为在法律上受到严厉的限制，仅限于检出相关法条，不能对案件如何判决发表意见。对胥吏的分工规制不只限于推鞫、检法和录问等重要环节，而是几乎延展到全部司法领域。概言之，胥吏，而不是官员，才是宋代司法分工体制的真正约束对象。③

张正印还据此对戴建国文章中一些关键史料的解读提出异议。比如《建炎以来系年要录》卷一百五十六记载，南宋绍兴十七年十二月己亥：

---

① 贾文龙：《卑职与高峰：宋朝州级属官司法职能研究》，人民出版社 2014 年版。贾文龙，1974 年生，河北围场人，河北大学宋史研究中心研究员，历史学博士，主要从事宋代法制史研究。

② 张正印：《宋代"鞫谳分司"辨析》，《当代法学》2013 年第 1 期。

③ 张正印曾专门研究宋代胥吏问题，出版《宋代狱讼胥吏研究》（中国政法大学出版社 2012 年版）。

"大理少卿许大英面对，乞令诸州法司吏人只许检出事状，不得辄言予夺。诏申严行下。"戴建国的解释是："司法参军的权力和责任仅限于审案检法，至于检法后案子的判决，则不得参与意见。"但同时又认为司法参军于检法之际，对案件有驳正之权："录事参军与司法参军同署检法状，狱案有误，当驳正而不驳正，录事、司法参军均得受罚。"张正印对此提出异议，认为戴建国的解释前后矛盾，正确理解应该是许大英只是要求限制"诸州法司吏人"这些吏人的权力，作为检法机构的负责人，司法参军并没有被禁止"辄言予夺"。理由是司法参军实际上是议刑官，掌"议法断刑"或者说"检法议刑"，对于有明显疑问的案件有权驳正，即使案件报到主官那里，司法参军感觉判决有问题，还是可以提出不同意见。贾文龙也认为，司法参军的驳正是对判决的驳正。①

戴建国随后针对张正印观点做了回应，认为张正印的文章颇具新意，提出了值得进一步探讨的问题，但结论并不正确。② 一是关于司法参军即"检法"官的职权。张正印认为主要是一种"议刑官"。戴建国认为，宋代州府的整个审判实际分成鞫、谳、议三个程序（详见下文），司法参军的执掌仅限于其中的"谳"，即将适用于犯人罪名的法律条款检出来予以核定量刑。司法参军掌"检定法律"，其核心职责是一个"定"字，即核定法吏检出的量刑法条。至于议刑，并非法司的职权。张正印以《名公书判清明集》卷11《人品门·公吏·籍配》为证，认为司法参军除检法外，还参与案件判决的书拟活动。戴建国指出，此判词作者蔡杭时任江东提刑，所判的案子是"据州县申"报后，由提刑司再次推勘的。其中所云"检法官"是隶于提刑司的官属，并不是州一级的司法参军。提刑司检法官"职专详谳"，自然是可以书拟的。戴建国还进一步指出，《名公书判清明集》中的类似几件司法文书都是路一级监司属官所作，并非州一级的司法参军的书拟作品。

二是关于司法参军的驳正权。张正印和贾文龙都认为，司法参军的驳正是对判决的驳正。戴建国认为，果真如此，那宋代反复强调的法司"不得辄言予夺"不就成了一条无效的具文了吗？实际上，在鞫、谳、议分司的体制下，司法参军的驳正权，是针对鞫狱官审讯已结案的驳议；法律禁止检法之司"辄言予夺"是就后面的详议程序而言的，即对检法后案子的覆核

---

① 贾文龙：《卑职务与高峰：宋朝州级属官司法职能研究》，人民出版社2014年版，第183—184页。

② 戴建国：《宋代州府的法司与法司的驳正权》，《人文杂志》2018年第4期。

判决不得发表意见。戴建国还进一步指出，依法驳正与"辄言予夺"是两个不同性质的司法行为，容易混淆。前者是法律赋予法司的权力，后者属超越权力范围的违法行为。法司官吏在检法过程中发现案子审讯的结果有问题，据法予以驳正，自是题中之义。因此不仅司法参军有驳正的权力和义务，法司胥吏也有此权力和义务。如南宋《赏格》："入人死罪而吏人能驳正者，每人转一资；吏人推正县解杖、笞及无罪人为死罪者，累及五人，转一资。"

三是关于司法参军和法司吏人的区别。张正印文章一再强调，"鞫谳分司"主要体现在胥吏层次，官员之间的分职并不严格。戴建国认为，宋代州府法司和执掌审讯的推司有大量的吏人，数量相当可观。这些吏人都是司法活动的参与者。宋代的法典法规数量极为庞杂，检法事宜绝非司法参军一人所能完成。实际上是先由法司吏人根据案情和罪名检出适用的相关法律条款，再由司法参军对检出的众多法律条款予以核定。因此，法司吏人是参与检法的，从而容易成为违法者行贿的对象，《庆元条法事类》有专门针对法司吏人失出入罪的规定。但是，司法参军是检法程序的第一责任人。这和鞫狱类似。鞫狱过程不是录事参军一人所为，涉及所有参与审讯的院虞候等吏人，但法律规定录事参军须对整个鞫狱的结果负责，是鞫狱程序的第一责任人。因此，基本不存在张正印所说的这个区别。

针对张正印重点质疑的南宋绍兴十七年"诸州法司吏人只许检出事状，不得辄言予夺"的解读问题，戴建国指出，在此之前制定的北宋《天圣令》狱官令规定："诸判官断事，悉依律令格式正文。若牒至检事，唯得检出事状，不得辄言予夺。"在此之后出台的南宋《庆元条法事类》也规定，"诸事应检法者，其检法之司唯得检出事状，不得辄言予夺。"据此推断，南宋绍兴十七年的规定不仅针对法司胥吏，还应包括司法参军。这样的文献比证是可信的，但对这里为何将主体限制为"法司吏人"，而不是"法司"，戴建国未予揭示。

戴建国还举了几个具体案例，证明司法参军的驳正权限于前一环节的"鞫"，而不包括后一环节的"议"。一是建隆三年，"河南府判官卢文翼除名，法曹参军桑植夺两任官。有尼法迁者，私用本师财物，准法不死，文翼以盗论，寘于极典，故责之。"戴建国认为，这里的法曹参军即司法参军，桑植是检法量刑者，检法量刑有误，而判官卢文翼是案子的实际审判者，负有主要责任，是以受到的处罚重于司法参军桑植。

二是景祐三年，"知蕲州、虞部员外郎王蒙正责洪州别驾，坐故入林宗言死罪，合追三官，勒停，特有是命。判官尹奉天、司理参军刘涣，并坐随顺，奉天追两任官，涣曾有议状，免追官；通判张士宗随顺蒙正，虚妄申奏，追见任官；黄州通判潘衢不依指挥再勘林宗言翻诉事，罚铜三十斤，特勒停；……蕲春知县苏諲，录问不当，罚铜十斤，并特冲替；……录事参军尹化南、司法参军胡揆，不驳公案，各罚铜五斤。"戴建国认为，该案中，司法参军的罪名不是"坐随顺"，而是"不驳公案"。所谓"不驳公案"罪，是针对鞫狱有误、录问不当行为而言的。检法官未能予以驳正，当然要承担责任。从此案例可以得知，司法参军并不参与检法后的集体覆核审议活动，是受到了"不得辄言予夺"法律规定约束的。

三是朱熹《晦庵先生朱文公文集》卷19《奏状·按唐仲友第四状》："据城下天庆观道士祝元善供，与陈百一娘有奸事，发送州院禁勘结录，下法司检断，决脊杖十三，还俗。托曹县丞打嘱，仲友至今不曾科断。"戴建国认为，朱熹说法司检断，决脊杖十三，还俗，这一量刑应是司法参军在法司吏人检法的基础上做出的。但朱熹接着又说"仲友至今不曾科断"，显然案子并没有最终判决。唐仲友是知州，执掌最终判决权，谓之"科断"。可见法司"检断"和知州"科断"之间是有区别的。

四是真宗景德年间，西门允为莱州司法参军。莱州知州"苛深，尝有强盗，欲寘之死，使（西门允）高贼估，公阅案，请估依犯时，持议甚坚。会使者在郡，守语先入，交以责公，公益不屈，二囚遂不死"。戴建国认为，该案中司法参军西门允在检定法条时，并没有屈从知州旨意，根据案情，依照法律规定实事求是地给予刑罚认定。

五是杨汲任赵州司法参军期间，州民曹浔者，兄遇之不善，兄子亦加侮焉。浔持刀逐兄子，兄挟之以走。浔曰："兄勿避，自为侄尔。"既就吏，兄子云："叔欲给吾父，止而杀之。"吏当浔谋杀兄。汲曰："浔呼兄，使勿避，何谓谋？若以意为狱，民无所措手足矣。"州用其言，谳上，浔得不死。戴建国认为，这里的"吏当浔谋杀兄"，应是鞫司给案子定的罪名。案情如为谋杀兄长，即是十恶重罪，检法之司检出来的惩处条款必定是死罪。司法参军杨汲在检法时，就鞫司给案情的定性提出了不同的意见，认为不存在当事人谋杀其兄长的用意，从而纠正了案件的错误定罪。这件案例突出体现了司法参军的检断驳正权。

此外，关于鞫谳分司的具体环节，贾文龙认为，宋朝州级审判分为审讯、检法、拟判、定判四个环节，司理参军负责审讯，司法参军负责检法，判官或推官负责拟判，最后知州定判。其中，司理参军的设立最为重要，促使司法参军专职于检法工作，在体制上形成"鞫谳分司"制度。①

戴建国则认为，宋代审判分司制度实际上不止于"鞫、谳"，还有一个"议"司"详议"的程序。在地方上，州府推司鞫狱、司法参军检法后，由州府长官、幕职官集体审核进行"详议"。在中央，地方奏案（已鞫）报大理寺、刑部断，再经审刑院详议。大理寺和审刑院断、议如有争执而无法定案时，宋还设有尚书省集议程序，以解决疑难问题。例如《天圣令》卷二十七《狱官令》："诸州有疑狱不决者，奏谳刑法之司。仍疑者，亦奏下尚书省议。"又如《续资治通鉴长编》（卷五二）咸平五年五月壬寅条记载一件在大理寺、审刑院断、议相互有争议而不能定的局面下，开启尚书省集议程序后才解决问题的实例："国子博士、知荣州褚德臻坐与判官郑蒙共盗官银，德臻杖死，蒙决杖、配流。先是，本州勾押官赵文海、勾有忠知德臻等事，因讽王（主）典曰：官帑之物，辄以入己，一旦败露，必累吾辈。德臻等闻之，即与之银一铤以灭口。至是，事发议罪。判大理寺朱搏言文海等恐喝赃满合处死。审刑院以为蒙盗官银，尚从流配，文海等只因扬言，安可极法！乃下其状尚书都省集议。既而翰林学士承旨宋白等议请如审刑院所定，从之。"详议是建立在鞫、谳分司基础上的一个更深层次的制度设计。这一制度充分体现宋代祖宗家法"事为之防，曲为之制"的宗旨。②

关于中央层面"鞫谳分司"问题，此前由于相关历史文献并无清晰交代，学界尚无明确结论。学界有人把负责天下奏案断覆的大理寺和刑部视作鞫司，把审刑院视为谳司。戴建国认为这一看法忽略了北宋前期大理寺不治狱和元丰改制后设立左断刑的史实。宋神宗元丰改制，大理寺设右治狱，掌京城百官犯罪案、皇帝委派案、官物应追究归公案的审讯；同时设立左断刑，负责详断各地文武官员犯罪被劾案和各地报呈的疑罪上奏案。右治狱推鞫的案子须送左断刑详断，贯彻了"鞫谳分司"的精神。③ 此前学界主要从政治角度讨论审刑院是否侵夺宰相的司法权问题，但对司法权的具体权限则

---

① 贾文龙：《司命千里——宋朝司理参军制度》，《平顶山学院学报》2015年第3期。
② 戴建国：《宋代鞫、谳、议审判机制研究——以大理寺、审刑院职权为中心》，《江西社会科学》2018年第3期。
③ 戴建国：《宋代鞫、谳、议审判机制研究——以大理寺、审刑院职权为中心》，《江西社会科学》2018年第3期。

第六章　宋代法律史研究

没有深究，① 戴建国的研究在这方面有所推进。

在资料方面，戴建国在常见的《宋会要辑稿》（职官一五之二〇至二一）汪应辰上奏之外，② 还引用了几条对于了解和认识大理寺右治狱与左断刑之间关系十分重要但未引起注意的史料。一是《续资治通鉴长编》（卷四〇一）哲宗元祐二年五月戊寅条记载，证明大理寺右治狱推鞫的案子送左断刑量刑定罪："刑部言，大理寺右治狱，应命官犯罪并将校犯徒以上或赃罚，余人罪至死，请依旧具案以闻，并下左断刑详断；非品官者，仍断定刑名，应流以下罪人、刑名疑虑或情法不相当，亦拟定，先上刑部裁度。如所拟平允，即具钞或检拟取旨。应刑名疑虑，仍听赴左断刑评议，并比附取裁。从之。"

二是《宋会要辑稿》（职官二四之二一）绍兴七年五月五日案例，言及大理寺审判的吏部种永和狱因违慢超出时限，官员遭处罚："诏大理寺丞勘吏部人吏种永和等公事行遣迂枉，故作注滞，其当行官吏理合惩戒，少卿张汇、正赵公权各特罚铜十斤，丞林恴、都辖张昭亮各降一官，职级、推司并令临安府从杖一百科断。"

三是《宋会要辑稿》（职官二四之二二）绍兴十二年有臣僚上言明确谈到大理寺丞为治狱之推丞，大理寺正为断刑之官，两者分掌不同的职事，实行与州府同样的鞫谳分司制度："近睹关报，大理寺丞叶庭珪除大理正，庭珪前日为丞，乃治狱之丞，今日为正，实断刑之正。断刑职事与治狱异，祖宗旧制必以试中人为之。庭珪资历颇深，初无他过，徒以不闲三尺，于格有

---

①　例如傅礼白《北宋审刑院与宰相的司法权》（《山东大学学报》2000 年第 2 期）、祁琛云《北宋前期审刑院与宰相的司法复审权》（《史学月刊》2007 年第 9 期）。

②　汪应辰："盖在京之狱，曰开封，曰御史，又置纠察司，以几其失；断其刑者，曰大理，曰刑部，又置审刑院，以决其平。鞫之与谳，各司其局，不相关，是非可否，有以相济，无偏听、独任之失。……追元丰中更定官制，始以大理兼治狱事，而刑部如故。然而大理少卿二人，一以治狱，一以断刑；刑部郎官四人，分为左右，左以详覆，右以叙雪，虽同僚而异事，犹不失祖宗所以分职之意。本朝比之前世，狱刑号为平者，盖其并建官师，所以防闲考核，有此具也。中兴以来，百司庶府，务从简省。大理少卿往往止于一员，则治狱、断刑皆出于一，然则狱之有不得其情者，谁复为之平反乎？刑部郎官或二员，或三员，而关掌职事，初无分异，然则罚之有不当于理者，又将使谁为之追改乎？"霍存福《宋代"鞫谳分司"："听""断"合一与分立的体制机制考察》（《社会科学辑刊》2016 年第 4 期）依据的是明代黄淮、杨士奇编《历代名臣奏议》（卷二一七）所收录的文本《右司郎中汪应辰论刑部理寺谳决当分职札子》，以及《建炎以来系年要录》卷一七五的节录。

碍。"诏别与差遣。

四是文渊阁四库全书版汪应辰《文定集》卷十六《答张侍郎》："祖宗时治狱,则有开封府、御史台,又置纠察刑狱司,断狱则有大理寺、刑部,又置审刑院。自元丰改官制,大理寺兼治狱事,然犹置少卿两员,一以治狱,一以断刑。今则止置少卿一员,治狱、断刑皆出于一。然则狱之有当平反者,当责之谁乎?又如祖宗时,虽有刑部、大理与审刑院,然每至赦宥,必别置详定罪犯一司,以侍从、馆阁领之,刑部、大理、审刑皆无预焉。盖所谓罪犯者议法之初,皆更其手,今若又使之详定,谁肯自以为非乎?"

四 关于乌台诗案的新发现

案例研究一向是宋代法律史研究的重点,除著名的阿云案、岳飞案等诏狱外,[①] 普通案例也成为学者的研究对象。戴建国通过考察两件普通案例的审理过程,认为北宋前期法律制度比较健全有效,司法程序也较为严密。[②] 这里主要介绍朱刚和戴建国、赵晶关于苏轼乌台诗案的商榷文章。

北宋元丰二年（1079年）七月二十八日,苏轼在湖州知州任上被捕,八月十八日押解至京,拘于御史台,就其诗文谤讪朝政之事加以审讯,十二月二十八日结案,贬官黄州。史称"乌台诗案"。历代学者参与讨论甚多,成果也非常可观。但明刊《重编东坡先生外集》卷八十六所录有关"乌台诗案"的一卷文本（简称"重编本"）,似尚未引起研究者的足够关注。[③]

朱刚撰文提出,重编本是北宋审刑院复核此案后上奏的文本。由于传世的其他记录"诗案"之文本（主要是署名"朋九万"的《东坡乌台诗案》一卷,简称"朋本"）,主要源于御史台的案卷。相比之下,这个审刑院的文本略于审讯供状,而相对地详于结案之判词。根据宋代"鞫谳分司"制度来解读这份材料,可以发现,御史台虽加以严厉审讯,但大理寺却做出了

[①] 例如李裕民《宋神宗制造的一桩大冤案——赵世居案剖析》,载《宋史新探》,陕西师范大学出版社1999年版,第30—46页;戴建国:《熙丰诏狱与北宋政治》,《上海师范大学学报》2013年第1期;刘猛:《宋代司法的运行及其法理:以阿云案为考察对象》,《史林》2019年第5期。

[②] 戴建国:《从两桩案件的审理看北宋前期的法制》,《历史教学》2017年第8期。

[③] 佚名编《重编东坡先生外集》卷八六,四库全书存目丛书编纂委员会编《四库全书存目丛书》集部第11册,据明万历三十六年刻本影印,齐鲁书社1997年版,第565—575页。

"当徒二年，会赦当原"，也就是免罪的判决。御史台反对这个判决，但审刑院却支持大理寺。在司法程序上，"乌台诗案"最后的结果是免罪，苏轼之贬黄州，乃是皇帝下旨"特责"。①

朱刚文章特别强调两点，一是鞫谳分司制度的积极作用。大理寺的初判令御史台非常不满，乃至有些恼羞成怒，御史中丞李定和御史舒亶公开上书反对，要求对苏轼"特行废绝"，强调苏轼犯罪动机的险恶，谓其"所怀如此，顾可置而不诛乎"。但是审刑院仍向朝廷提交了支持大理寺的判词，体现了北宋司法官员值得赞赏的专业精神。作者感叹，"遭遇诗案当然是苏轼的不幸，但他也不妨庆幸他的时代已具备可称完善的鞫谳分司制度，以及这种制度所培养起来的司法官员的专业精神，即便拥有此种精神的人是他的政敌。"

二是皇帝特权的最终影响。与御史台的态度相比，神宗的处置显得宽容；但御史台并非"诗案"的判决机构，既然大理寺、审刑院已依法判其免罪，则神宗的宽容在这里可谓毫无必要。恰恰相反，"审刑院本"使用的"特责"一词，准确地刻画出这一处置的性质，不是特别的宽容，而是特别的惩罚。

朱刚的论文受到学界的高度重视。戴建国撰文认为，② 朱刚论文"弥补了刘德重和美国学者蔡涵墨等学者先前对此案探讨的不足，纠正了一些讹误"，但纵观学界成果，仍有一些问题需要解决。一是朱刚认为重编本《乌台诗案》是北宋审刑院复核此案后上奏的文本，并将其称作"审刑院本"。戴建国认为，这个认定不确，重编本《乌台诗案》应来源于中书门下颁布的政务公文——敕牒。苏轼一案由御史台审讯，经大理寺、刑部和审刑院量刑覆议，皇帝裁决后，由中书门下用敕牒颁布执行。所谓"敕牒"，是奉皇帝之敕颁布的案件执行文书，将苏轼一案的立案、审判作摘要式的叙述，其目的在于惩戒官员，向朝野作交代。重编本收载的《乌台诗案》据中书门下敕牒抄录而成，但抄录者并没有照原样抄录，而是有所改动。

二是所谓审判公正、皇帝特责说。戴建国现据传世的乌台诗案相关史料，结合宋代司法制度，重新梳理该案的立案和审判过程，认为神宗的特责权是基于皇帝权力而产生的，除苏轼一案外，也常适用于其他诏狱。受苏轼

---

① 朱刚：《"乌台诗案"的审与判——从审刑院本〈乌台诗案〉说起》，《北京大学学报》（哲学社会科学版）2018年第6期。

② 戴建国：《"东坡乌台诗案"诸问题再考析》，《福建师范大学学报》2019年第3期。

牵连的王诜、苏辙、王巩等人也遭到了神宗的特责。

三是刑讯问题。此前，关于苏轼在御史台狱受审是否遭刑讯拷打，不少研究者对此问题或避而不谈，或云根据刑不上大夫的礼制原则，朝廷命官原则上不适用刑讯，苏轼没有遭遇拷打，或说由于神宗的亲自介入，"苏轼得以免遭皮肉之苦"。然而揆诸史籍，这种说法存在疑点。朱熹曾明确说过："东坡下御史狱，拷掠之甚。"苏轼本人在《御史狱中遗子由》序亦云："予以事系御史台狱，府吏稍见侵，自谓不能堪，死狱中，不得一别子由。"所言十分婉转，但其背后隐含的或许就是朱熹所说的状况。

四是乌台诗案的性质。戴建国认为，苏轼一案，缘起于御史台官员的职守、例行公事的弹劾，是神宗实施新政背景下发生的一起诏狱，是宋神宗维护新政、肃正朝廷纲纪的产物。其间虽有李定等人极力弹劾苏轼，罗织罪名，但其他台谏、司法官员，有的是本于职分，并不一定都隶属于党派之争。苏轼诗案确实有党争的背景，但不能把涉及案子的所有人都往党争关系上挂靠。比如弹劾苏轼的监察御史里行舒亶，论者将其归为依附王安石的新党。戴建国引用其他学者的研究认为，① 从舒亶的弹劾对象看，既有驸马都尉王诜这样的皇亲国戚，又有所谓同一党派的新党中的重要人物章惇、曾布，还有曾举荐自己的恩公张商英，可见舒亶的弹劾不囿于党派，奉职言事，忠贞刚直。

五是乌台诗案的法律史意义。有论者以苏轼案为例，认为"宋代法律实践的发展越来越依赖皇帝的诏敕，而这是以损害《宋刑统》中的规定的律条为代价的"。② 戴建国认为，"中国传统社会一切法律的重心实际上都是当代法，宋代虽有《宋刑统》，但那是一部修订于宋初，以唐律为主要内容的法典，随着宋代社会的发展，已远远跟不上社会的需要。宋代历朝皇帝根据当代社会治理的实际状况，因时制宜发布诏敕，据诏敕制定成新的法律，亦为题中之义。苏轼一案的量刑判决，彰显了传统帝制时代法治所能达到的一个高度。"

在另外一篇文章中，戴建国对包括乌台诗案在内的熙丰诏狱做了专门探

---

① 孙福轩：《北宋新党舒亶考论》，《浙江学刊》2012 年第 2 期。
② 蔡涵墨撰、卞东波译《乌台诗案的审讯：宋代法律施行之个案》所引宫崎市定、马伯良、彼得·塞得尔的观点，载《中国古典文学研究的新视镜——晚近北美汉学论文选译》，安徽教育出版社 2016 年版，第 210 页。

讨，认为这些诏狱彰显了宋代的法制，"治有确证而非深文周内"，①但也重创了当时的士风，侵害了优礼大臣的祖制。神宗为推行新政，防范臣僚结党营私，屡屡兴起诏狱，不惜将涉案大臣送入诏狱严加审讯。审讯中，枝蔓株连、过度求治，几乎到了不计司法成本的地步。下狱受审的大臣人数之多，在此前的北宋历史上还没有发生过。身为名流的馆阁、两制之臣纷纷下狱，身处囹圄，与吏对质，对臣僚的人格是极大侮辱。下狱的士大夫受不了狱中的酷刑摧残和人格侮辱，往往以自诬伏罪方式以求解脱。

此外，神宗与王安石为推行新政，提拔选用了一些政治上的新人，这些新人官任要职后，急于邀功，为达目的，不择手段，对后来的士风影响很坏。但马端临《文献通考》"诏狱盛于熙丰之间，盖柄国之权臣，藉此以威缙绅"的说法是不恰当的，因为"无视神宗的存在及其在国家政治生活中的主导作用"。近臣下诏狱受审和"宰相罚金门谢"，这与真宗以来渐次形成的待大臣有礼的祖宗家法是违背的，反映高级臣僚人格在神宗时期受到严重挫伤，体现的是君主威权的提升，凸显了唐以来政治体制的变化，及君主独裁体制的逐渐成形。北宋政治氛围的重大变化就是在这时开始的。②

赵晶也认为，《重编东坡先生外集》卷八六所载乌台诗案的内容可能抄自承载神宗最终裁断的敕牒，而《东坡乌台诗案》则可能摘抄自御史台存档的从弹劾奏状开始至皇帝裁断为止的各个阶段的文书。虽然编者打乱了文书原有的次序，删掉了相关格式，进行杂糅汇编，但依然能够显现宋代诏狱案件审理过程中频繁的文书运作状况。由于苏轼等罪涉犯赃，讥讽诗作的印行又被认为是情重法轻，所以能否适用恩赦、能否比附相关敕条而做出徒二年的定罪量刑建议等，皆非大理寺所能擅专，对苏轼的最终处断还是体现了神宗的恩典。③

---

① 沈松勤：《北宋文人与党争》，人民出版社1998年版，第130页。
② 戴建国：《熙丰诏狱与北宋政治》，《上海师范大学学报》2013年第1期。李裕民《从王安石变法的实施途径看变法的消极影响》（《陕西师范大学学报》2006年第6期）认为，王安石变法中设立变法的专门机构、鼓励神宗独断、改变监察机构的性质、用人以是否拥护新法为标准，带来了极大的消极影响，使皇帝时代最为进步的体制——皇帝与士大夫共治天下的政治体制遭到了破坏；监察机构成了政府的附庸，为权臣的产生开辟了道路；实用主义的用人路线，使社会风气大坏。
③ 赵晶：《文书运作视角下的"东坡乌台诗案"再探》，《福建师范大学学报》（哲学社会科学版）2019年第3期。

五　关于苏轼法律活动的重新评价

两宋士大夫的法治理念和法律活动一向是学者研究的重点。[①] 近年来，苏轼及其家族的法治理念和法律活动成为热点，本书主要介绍其中有关苏轼法律活动的评价。[②]

苏轼曾有两句诗："读书万卷不读律，致君尧舜知无术"，[③] 流传甚广，常作为苏轼自己乃至中国古代士大夫鄙薄法律的证据。清末修订法律大臣沈家本（1840—1913）认为，此诗乃"苏氏于安石之新法，概以为非，故并此讥之，而究非通论也"。[④] 近代著名法制史学家杨鸿烈（1903—1977）也以这句话为据，断言苏轼"对于此道（指法律）全是外行"。[⑤] 但也有学者高度肯定苏轼的"以法活人"主张（即依据法律、法令减轻民间疾苦）。[⑥] 甚至还有学者称为"法学家"。[⑦]

近年有学者撰文提出，"读书万卷不读律"云云很大程度上只是苏轼在诗歌中的文学表达，反映他对朝廷片面强调法律的选人用人政策的不满，但并不表明他认为法律不重要。事实上，苏轼重视法律在施政中的作用，本人也勤于学习并熟悉法律。例如在讨论高丽使者买书问题上，有人援引《国朝会要》为据，说淳化四年、大中祥符九年、天禧五年均曾赐高丽《史记》等书，"先朝尝赐之矣，此非中国所秘，不与，何以示广大？"还有人提出，

[①] 例如胡兴东《宋朝对士大夫官僚法律知识改善措施、失败及其影响研究》（《思想战线》2016 年第 2 期）、白贤《两宋士大夫法律素养之考量——兼与"两宋士大夫'文学法理，咸精其能'说"商榷》（《河北大学学报》2017 年第 5 期）等。

[②] 赵晓耕《北宋士大夫的法律观——苏洵、苏轼、苏辙法治理念与传统法律文化》（北京大学出版社 2020 年版）、张群《苏轼的行政才干与法政思想——从惠州营房问题说起》（《师大法学》第 4 辑，法律出版社 2019 年版）、张群《也谈"读书万卷不读律"》（《法史学刊》第 14 卷，社会科学文献出版社 2019 年版）等。

[③] （清）王文诰辑注：《苏轼诗集》卷七《古今体诗四十五首·戏子由》，中华书局 1982 年版，第 325 页。苕溪丛话本"知"作"终"。

[④] 《历代刑法考·寄簃文存》卷一《设律博士议》，中华书局 1985 年版，第 2060 页。

[⑤] 杨鸿烈：《中国法律思想史》第四章《儒家独霸时代》，商务印书馆 2017 年版，第 185 页。

[⑥] 陈景良：《试论宋代士大夫的法律观念》，《法学研究》1998 年第 4 期。

[⑦] 徐道邻：《徐道邻法政文集·法学家苏东坡》，清华大学出版社 2017 年版，第 389 页。

"高丽买书,自有体例,《编敕》乃禁民间"(《元祐编敕》禁止售书国外)。① 苏轼从法理角度指出,"《会要》之为书,朝廷以备检阅,非如《编敕》一一皆当施行也"。② 在讨论商旅出境问题上,苏轼熟练征引《庆历编敕》《嘉祐编敕》《熙宁编敕》《元祐编敕》等有关规定,主张加强商旅出境贸易管制。③ 在讨论五谷力胜税钱问题上,苏轼熟练征引《天圣附令》《元丰令》《元祐敕》等法规文件。④ 但另一方面,宋代士大夫普遍工于吏事、通晓法律,似乎也不宜因此即予苏轼过高评价,甚至奉上"法学家"的高帽。

在司法上,苏轼主张"慎重刑罚";热情赞扬坚持原则、依法办案的官员,赞之为"刚者之必仁";⑤ 批评转运司在役法中"法外创立式样"、⑥ 在商税中"法外擅立随船点检",增加人民负担;⑦ 反对科举中"法外推恩",录取关系考生;⑧ 反对"法外赈济",不切实际地提高救灾标准,增加财政支出。⑨ 但同时,他又认为,必要时可以突破法律规定,"事诚无害,虽无例亦可;若有其害,虽例不可用也"。⑩ 比如,在遇到风灾时,一些地方官吏借口没有法律根据,拒绝救济,理由是"法有诉水旱而无诉风灾",苏轼

---

① 孔凡礼撰:《苏轼年谱》卷三十二,中华书局1998年版,第1079页。

② 苏轼:《论高丽买书利害劄子三首》,载孔凡礼点校《苏轼文集》卷三十五《奏议》,中华书局1986年版,第1000页。

③ 苏轼:《乞禁商旅过外国状》,载孔凡礼点校《苏轼文集》卷三十一《奏议》,中华书局1986年版,第889—890页。

④ 苏轼:《乞免五谷力胜税钱札子》,载孔凡礼点校《苏轼文集》卷三十五《奏议》,中华书局1986年版,第991—992页。

⑤ 《苏轼文集》卷十《说刚说》,中华书局1986年版,第339页。并见《宋史》卷三三〇《谢麟传》。

⑥ 孔凡礼点校:《苏轼文集》卷三十《奏议·论役法差雇利害起请画一状》,中华书局1986年版,第853页。

⑦ 孔凡礼点校:《苏轼文集》卷三十五《奏议·乞岁运额斛以到京定殿最状》,中华书局1986年版,第984页。

⑧ 孔凡礼点校:《苏轼文集》卷二十八《奏议·贡院劄子四首·论特奏名》,中华书局1986年版,第810页。

⑨ 孔凡礼点校:《苏轼文集》卷三十六《奏议·乞减价粜常平仓米赈济状》,中华书局1986年版,第1035页。

⑩ 苏轼:《论高丽买书利害札子三首》,载孔凡礼点校《苏轼文集》卷三十五《奏议》,中华书局1986年版,第1000页。

严厉批评这种做法，认为法当活人，怎可拘泥条例如此？① 在关系统治安全的盗贼问题上，苏轼更是坚决主张从权变通，法外用刑。他在元丰元年（1078年）《徐州上皇帝书》中，引用汉代丞相王嘉"二千石益轻贱，吏民慢易之"的话，② 认为宋代亦"郡守之威权"太轻，表现之一就是"欲督捕盗贼，法外求一钱以使人且不可得"，"盗贼凶人，情重而法轻者，守臣辄配流之，则使所在法司覆按其状，劾以失入"，认为"懦懦如此，何以得吏士死力而破奸人之党乎？"他建议"京东多盗之郡"，"皆慎择守臣，听法外处置强盗"，并且"颇赐缗钱，使得以布设耳目，蓄养爪牙"。③

对此，苏轼并非说说而已，而是切实付诸行动。在杭州知州任上，曾经一年之内三次"法外用刑"。一是元祐四年（1089年）七月，杭州市民颜章、颜益二人带领二百余人到知州衙门闹事。苏轼调查发现，此二人之父颜巽乃第一等豪户，父子一向把持、操纵纳绢事务，此次闹事，就是针对苏轼的纳绢新政。本来州右司理院已"依法决讫"，但苏轼认为，二人"以匹夫之微，令行于众，举手一呼，数百人从之，欲以众多之势，胁制官吏，必欲今后常纳恶绢，不容臣等少革前弊，情理巨蠹，实难含忍"，决定"法外刺配"。判云："颜章、颜益家傅凶狡，气盖乡间。故能奋臂一呼，从者数百。欲以摇动长吏，胁制监官。蠹害之深，难从常法"，刺配本州牢城，并上报朝廷，"谨录奏闻，伏候敕旨"。④ 二是元祐四年十一月，浙江灾荒，社会不太稳定。苏轼鉴于"浙中奸民结为群党，兴贩私盐，急则为盗"，担心"饥馑之民，散流江海之上，群党愈众，或为深患"，请朝廷准许对于"应盗贼情理重者，及私盐结聚群党"，皆许"法外行遣"，等到情况好转之后再恢复常态（"候丰熟日依旧"）。⑤ 三是元祐四年十一月，福建商人徐戬受高丽钱物，于杭州雕刻《华严经》并海舶载去交纳，事毕又载高丽僧人五名来杭。苏轼认为，"福建狡商，专擅交通高丽，引惹牟利，如徐戬者甚众"，

---

① 孔凡礼点校：《苏轼文集》卷四十八《书·上吕仆射论浙西灾伤书》，中华书局1986年版，第1402页。

② 《汉书》卷八六《王嘉传》，中华书局1962年版，第3490页。

③ 孔凡礼点校：《苏轼文集》卷二十六《奏议·徐州上皇帝书》，中华书局1986年版，第761页。

④ 《苏轼文集》卷二十九《奏议·奏为法外刺配罪人待罪状》，中华书局1986年版，第841—842页。

⑤ 孔凡礼点校：《苏轼文集》卷三十《奏议·乞赈济浙西七州状》，中华书局1986年版，第851页。

"此风岂可滋长,若驯致其弊,敌国奸细,何所不至?"将徐戬枷送左司理院查办,并上书皇帝,"乞法外重行,以戒一路奸民猾商"。① 后奉圣旨,徐戬"特送千里外州、军编管"。② 后来,元祐八年,苏轼还"法外支赏,令人告捕强恶贼人",遭台官弹劾"妄用颍州官钱"。③

按照现代法理,在发生外敌入侵、社会动乱、重大自然灾害等紧急状态下,可以允许一定程度的突破法律。因此,苏轼的上述观点不可简单否定,而要具体分析。详言之,苏轼关于救灾可以法外施仁的观点应予肯定,关于私盐犯的法外用刑、关于破格悬赏举报也可以接受,但法外惩处到海外经商的福建商人徐戬似嫌苛刻,其危害和影响似远无苏轼指称的那样严重,这只能从苏轼本人的外交观上去找原因了;至于法外刺配闹事的颜章、颜益更无必要,因当时局势和肇事者均已控制。事实上,"法外刺配"颜章、颜益一案很快就被苏轼的政敌贾易等人抓住,作为攻击他的一大罪状。苏轼被迫继续外任。④ 这是苏轼仕途上的一次重要挫折,以往学界多站在苏轼一边。事实上,中国古代一直存在"法外用刑"的情况,君主恣意杀人更是史不绝书,宋代也不乏"法外用刑"的记载,⑤ 但这种做法一向为舆论所鄙,故对苏轼"法外用刑"也不应网开一面。

当然,总的来看,还是应对苏轼的法律活动以正面评价。苏轼主张可以"法外用刑",自己也这样做过,但对在具体个案中是否这样做还是慎重的,在确保效果的前提下,他似乎更愿意依法办事。这从他赞赏滕宗达"无一

---

① 孔凡礼点校:《苏轼文集》卷三十《奏议·论高丽进奉状》,中华书局1986年版,第848页。

② 孔凡礼点校:《苏轼文集》卷三十《奏议·乞禁商旅过外国状》,中华书局1986年版,第888页。

③ 孔凡礼点校:《苏轼文集》卷三十六《奏议·辨黄庆基弹劾劄子》,中华书局1986年版,第1015页。

④ 苏轼:《再乞郡札子》(元祐六年七月六日)、《乞外补回避贾易札子》(元祐六年七月二十八日)、《辨贾易弹奏待罪札子》(元祐六年八月初四日),载孔凡礼点校《苏轼文集》卷三十三《奏议》,中华书局1986年版,第930、934、935页。

⑤ 清代赵翼《廿二史札记》卷二五《定罪归刑部》举了宋史上7个专杀的例子,认为其中6个涉及军法,不妨便宜处之,"用重典以儆凶顽",但"舒亶以小吏而擅杀逆子,虽不悖于律,而事非军政,官非宪府,生杀专之,亦可见宋政之太弛也。"舒亶事见《宋史》卷三二九《舒亶传》:"调临海尉,民使酒詈逐后母,至亶前,命执之,不服,即自起斩之,投劾去。"孙福轩《北宋新党舒亶考论》(《浙江学刊》2012年第2期)对舒亶持肯定评价。

人死法外者"可见一斑。[1] 而他本人一生作为也不给人严酷的印象，更多还是儒家风范。近代以来，多认为儒家思想阻碍法治进步。但儒家宣扬仁政、爱民、公正等思想在根本上是不违背法制甚至还是有利于法制的。事实上，传统士大夫受儒家思想影响，在施政和执法过程中，会多一些仁慈之心、少一些严刑酷法，多一些威武不能屈的刚毅木讷、少一些趋炎附势的巧言令色，其客观作用是积极正面的。苏轼本人就是一个明证。

此外，针对朱熹认为苏轼不擅治道，[2] 有学者从一个具体问题——惠州驻军的营房修缮——着手，考察苏轼是如何发现和解决施政中的法律问题的，认为苏轼从政期间，不以个人得失荣辱为意，始终关心地方政事，在为官期间均有不错的政绩；苏轼历经宦海沉浮，熟悉官场"潜规则"，说话办事注意把握分寸，讲究技巧，并非不通世故的书生腐儒。苏轼在文化教育以及人才问题上尤多真知灼见。比如他主张改革选人用人制度，因地取才，反对单纯以"文词"（无论是诗赋还是经术）取人。[3] 同时代的欧阳修《论更改贡举事件札子》也对科举不满，但批评的不过"先诗赋而后策论"这一技术问题，仍然还是在诗赋、策论框架内徘徊纠结。后来的明末清初王夫之《明夷待访录·取士》主张放宽选人途径，但选拔标准和手段仍然以文词为主。比之他们，苏轼的主张似更符合实际，也更有见地。这和他长期在地方为官、接触社会较多是分不开的。

针对有人提出的苏轼"外交家"之说，[4] 有文章认为似有拔高之嫌。苏轼多年在地方和中央任职，经历丰富，历练完整，按理说，他对外交等重大政治问题应该有自己的独立、系统的观点和见解，但事实似乎并非如此。比如在高丽使者来华乞书问题上，作为礼部尚书的苏轼，片面强调国家安全，主张严格限制乃至禁止，而没有考虑到文化交流互惠共赢的一面。[5] 在杭州

---

[1] 《苏轼文集》卷十五《墓志铭·故龙图阁学士滕公墓志铭》，中华书局1986年版，第464页。

[2] 《朱子语类》卷一百三十《本朝四·自熙宁至靖康用人》。

[3] 苏轼：《徐州上皇帝书》，载孔凡礼点校《苏轼文集》卷二十六《奏议》，中华书局1986年版，第761页。

[4] 冒志祥：《浅谈苏轼的外交思想——基于苏轼关于高丽的状文》，《河南师范大学》学报2008年第4期；冒志祥：《苏轼对宋代"海上丝路"贸易法规建设的贡献——以苏轼有关高丽的状文为例》，《南京师范大学文学院学报》2017年第1期。

[5] 葛兆光：《以"国家"的名义》（原载2003年6月15日《明报》），载葛兆光《看澜集》，复旦大学出版社2010年版，第189、190页。

任职期间，苏轼严辞拒绝高丽惠赠给寺院的金塔，[①] 严惩擅自出海贸易的商旅，还建议朝廷恢复国初严禁商旅出境的政策，[②] 均稍嫌偏颇。

六 关于宋代法律人的研究

除提点刑狱司、司法参军以及苏轼这样的司法官员外，其他法律人也受到较多关注，比如参与南宋基层司法活动的胥吏、为诉讼当事人提供咨询和其他帮助的讼师以及从事维持地方法律秩序的书铺户、茶食人、停保人等。这里主要介绍戴建国近年的相关研究。[③]

关于胥吏在司法活动中的地位。戴建国以私名贴书（款司）为例指出，款司负责整理犯人供词及整个案款，在整个诉讼程序中极为重要。犯罪嫌疑人有罪还是无罪、罪轻还是罪重，是生还是死，往往系于款司之手。此外，虽然案件由州县长官做最后的裁决，但州县长官很少亲理刑狱，案件的审理活动主要由包括款司在内的胥吏具体操作。州县长官的判案书，也是基于款司的鞫狱活动而制作的。

关于胥吏的积极作用。戴建国认为，胥吏是维系南宋基层司法活动正常进行的重要条件。首先，在司法队伍上，宋廷限于财力和人力，抓大放小，对中央衙门和州一级吏人的监管较为重视，对县级胥吏的管理和人员的配备显得力不从心，无法充分关注。县衙正式在编人员数量有限，不领重禄的私名之类的贴书就成了各县招纳的对象。他们承担了基层司法的大量事务性工作。其次，在司法知识上，胥吏长期浸淫于州县狱讼事务，有的还是世代相传，对法律规定、制度规则、狱讼审理的法律程序极为娴熟。北宋亡国后，大量法律文书遭洗劫，南宋的法典体系最先是靠胥吏的记忆才得以逐步健全完善起来的，可见胥吏对国家典章制度的熟悉。

关于胥吏的弊病。戴建国以私名贴书（款司）为例指出，相当一部分

[①] 苏轼：《论高丽进奉状》《论高丽进奉第二状》，载孔凡礼点校《苏轼文集》卷三十五《奏议》，中华书局1986年版，第847、857页。

[②] 苏轼：《乞禁商旅过外国状》，载孔凡礼点校《苏轼文集》卷三十一《奏议》，中华书局1986年版，第888—891页。

[③] 戴建国：《南宋基层社会的法律人——以私名贴书、讼师为中心的考察》，《史学月刊》2014年第2期。

胥吏利用制度的缺漏、吏治的腐败，把持州县狱讼，营私舞弊，干扰了正常的司法秩序。款司即私名贴书属私名人，乃编外人吏，与所谓的正名吏人不同，在待遇、素质方面都较低。实践中，县级狱吏无国家的俸禄，不少人的经济来源主要靠敲诈犯人获取钱财。宋廷曾经命各县置推吏、给重禄，但很难推行。原因在于，负责狱讼的县吏，俸禄只有州级狱吏的三分之一，远远少于受贿所得。另外，在法律上，私名贴书、受雇家人犯法，可减等处刑。他们的受贿行为一旦被察觉，依照重禄法将受到重惩，但不领重禄时惩处要轻得多。

关于胥吏的管理政策。戴建国指出，宋代注意到了胥吏监管不严带来的弊病，采取了一些治理措施。其一，设有司法纠偏机制以防失误。规定回避制度，法官与被审讯的犯人之间以及审理同一案件的法官与法官之间，如有亲仇、业师、同年关系的须回避。实施鞫、谳分司，"鞫之与谳，各司其局，初不相关，是非可否，有以相济"。实行"翻异别勘"制，一旦犯人翻供不伏，案子必须移至另一审讯机构重新审理。这些制度对于纠正县级审判之误发挥了积极作用。其二，规范胥吏管理机制，建立民告吏制度，平民百姓即使所告不实，也不会获罪。"天下未闻有因诉吏而坐罪者，明知其带虚不坐，明知其健讼亦不坐，盖诉吏犹诉贼失物，终无反坐也。"这对减少胥吏的审案不公多少起到一些积极作用。

关于胥吏的评价。戴建国认为，宋代的吏害，尤其是以州县私名贴书为代表的狱吏之害始终是未能革除的一大弊病。这是我们在评价宋代法制时不能不关注的一个问题。但还应注意由于政治运作的关系，官员们会对出现的不正常的问题大加渲染和抨击，对于那些循规守法的胥吏通常不会刻意揭示，这样就导致史书中很少有关于下层胥吏工作业绩的记载，于是就给我们造成一种假象，似乎宋代基层社会胥吏世界一片黑暗。如果真是这样的话，宋代基层社会法律秩序还能维持下来吗？事实上，南宋基层社会整体还是稳定的，毕竟延续了一百五十多年。除奸猾胥吏外，也有很本分的循规蹈矩的吏人。

关于讼师与书铺户、茶食人和安停人的关系。有学者将宋代书铺户、茶食人归入讼师之列。① 戴建国认为，凡是收徒讲授讼学、教唆诉讼、协助诉

---

① 党江舟：《中国讼师文化——古代律师现象解读》，北京大学出版社2005年版，第51、143页。

讼以及起司法调解作用的第三方人士，都可归为讼师，但不赞成将书铺户、茶食人和安停人认定为讼师。主要理由是，虽然他们把持公事、教唆诉讼，也常参与助讼活动，但从狭义来讲，无论是书铺户，还是茶食人、停保人，从他们本身的职业规定性来讲，是法律人，而不是讼师。书铺、茶食人和停保人身份是官府认可而固定的，他们的本职是担任公证和保ització业务，是协助官府维持地方司法秩序的，这是他们的主体身份。至于他们中的一部分人受利益驱动，私下转换角色，利用业务之便参与民间助讼活动，实质是身份的异化，是不合法的。

  有学者以书铺户为例，认为官府及士大夫与讼师并非全面对立，而是有所交融，宋代讼师活动"有限度合法化"。① 戴建国认为，这种看法值得推敲。首先，官府承认书铺的合法性，但给书铺的职业定位仅是个公证机构："凡举子预试，并仕宦到部参堂，应干节次文书，并有书铺承干。" 代写诉状仅是其职责之一。即使为人代写诉状，也只是从规范诉状格式、为没有文化的百姓提供方便出发，他们不得"添借语言，多入闲辞及论述不干己事"，禁止"不写本情，或非理邀阻"，不能作为诉讼代理人参与诉讼。如果说书铺户是讼师，那就等于说宋政府承认讼师的合法性了。正如日本学者夫马进所言，"如果承认了讼师，就不得不从根本上改变对诉讼本身的看法"，"也就不得不容忍'好讼之风'和'健讼之风'"。这无异于将统治阶级长期以来的司法惩讼理念颠覆了。事实上，只有当书铺户违反规则私下里转变角色，为民助讼时，才扮演了讼师的角色。然而这种角色转变是官府绝不允许的。因此，书铺户并不属于严格意义上的讼师之列。其次，从文献记载来看，官府对讼师尚无肯定的评价，有的尽是抨击和打压。基于传统的息讼、惩讼观，官府不可能与讼师交融。陈亮曰："民病则求之官。" 即在官员看来，小民受到豪民恶霸的欺压，只能求助于官府，官府有责任为民做主，纾解民瘼，绝不会允许讼师染指其间。

  关于茶食人、停保人与司法的关系。有学者认为，茶食人是书铺里专门负责开雕诉状的人，与书铺营业有关，是书铺里的人。② 戴建国认为，茶食

---

① 陈景良：《讼学、讼师与士大夫——宋代司法传统的转型及其意义》，《河南省政法管理干部学院学报》2002 年第 1 期。

② 陈景良：《讼学、讼师与士大夫——宋代司法传统的转型及其意义》，《河南省政法管理干部学院学报》2002 年第 1 期；刘馨珺：《宋代衙门的放告与保人》，载邓小南等主编《宋史研究论文集》，湖北人民出版社 2011 年版，第 21 页。

人是独立于书铺之外的,是由政府籍定的专门为诉讼人承担保识业务的人。书铺与茶食人的职能区别在于:前者只承担为不识字的老百姓书写诉状,后者的职责是对陈状人承担"保""识"。"保""识"体现在两个方面:其一,承担初步审核诉状是否真实的责任,督查书铺是否如实书写诉状,如果投状人"理涉虚妄",未能核查出而投进官府,扰乱司法诉讼秩序,官府将其连同书铺"一例科罪",此谓"保"。其二,知晓投诉状的人所在,居住何乡何里,以备官府传唤,此谓"识"。黄震《词诉约束》规定,"不经书铺不受,状无保识不受",表明官府受理诉状,除了须经书铺书写,还要另有人保识,这是两个并列的要件。书铺书写诉状,并不具备自动保识的效力。换言之,这是由两个不同身份的人办理的司法程序,而茶食人正是负责保识业务的。

有学者(例如日本高桥芳郎)认为,茶食人与停保人是同一种职业的人。戴建国认为,停保人也承担保任之责,但茶食人与"词人召保听候"之保人是有区别的,这是两个不同程序的担保人,前者是案件审理程序前的担保责任人,后者是案件进入审理程序后的担保责任人。茶食人之职与安停人的职责虽在担保上有相通之处,但茶食人主要是审核诉状有无虚妄,并知其所在;安停人职责主要是安置被保人,关注被保人,负有常知诉讼人所在的责任,以备官府随时传唤。依据宋代保人法规定,保人有关注被保人不得让其走窜逃亡的义务。宋《天圣杂令》中规定:"诸以财物出举者,任依私契,官不为理……如负债者逃,保人代偿。"依照此理,如诉讼人因故走失逃亡,承担安保职责的安停人也将受罚。

关于南宋讼师的评价。在中国传统的息讼观的指导下,官府对民间的教讼、助讼行为是严厉打压的。今天所见史料,绝大多数都是对讼师的负面记载,几乎找不出宋代基层社会具有正面形象的讼师材料来。学界在论述南宋地方司法制度时,通常也是从官僚士大夫视角看待平民百姓的诉讼行为,关注的是南宋如何息讼,对于民间的法律人角色并未充分注意。戴建国认为,南宋的讼师既有通笔墨、知晓法律、熟悉衙门事务的,也有仅粗识文字即为讼师、教人诉讼者。这些讼师有的专以教讼、助人诉讼为业,有的一身兼有多种身份。他们行为的影响有负面的,也有正面的,或"把持公事",或逐利营生,但也不乏伸张正义者,整个群体良莠不齐。但是,讼师群体在宋代的存在是不争的事实。讼师虽有消极的一面,但在宋代日益繁杂的社会发展态势下,这些法律人对于无法律知识的平民百姓来说,有其存在的客观必要性。在自耕自织的小农社会，官民常发生矛盾对抗，官吏鱼肉欺压百姓，百姓通常没有良好的司法诉讼渠道，讼师往往能满足他们的利益诉求，维护他们的合法权益。在法官断案层面，平民百姓需要能为他们申冤的清官；在诉讼层面，他们同样需要能为他们出点子、帮助他们打官司的法律人。讼师是民间需求的产物，对于宋代地方社会秩序的构建和维持，从某种程度上说确实起到了重要的作用，应给予充分肯定。

关于胥吏（私名贴书）和讼师的关系。戴建国提出，一是私名贴书和讼师在司法审理程序上扮演着对立的角色，以私名贴书为代表的地方胥吏，行使官府职能，为国家利益行事；而讼师则对诉讼人发挥着持续的影响力，他们并不代表国家利益行事，与官府不沾边，往往与官府发生冲突。两者似乎是一对矛盾的对立体。然而在传统的抑讼、息讼理念的指导下，宋代始终没有能从正面采取扶持讼师的政策来纠正胥吏的违法现象。在传统中国，司法问题从属于行政管理问题，司法责任最终要归结为行政管理责任。基层司法官同时又是行政官，这种双重身份决定了对讼师的排斥。

二是私名贴书和讼师之间具有同一性，很容易互换角色。一些停罢之吏，在职时就教唆词讼，一旦失去胥吏身份，有些就转为讼师，活跃在乡间。胡石壁曾经鉴于当地罢吏"人数颇多"，下令将他们押出府城外几十里居住，以免在城里生事。事实上，确实有一些讼师与猾吏相互勾结。表明两者之间并无严格的界限，胥吏与讼师的法律人身份是相通的，很容易转换角色。

三是私名贴书和讼师的积极作用。作为宋代基层社会法律人的主体，他们游走于官民之间，具有广泛的民间性，既有坑害民众的一面，又有促进社会秩序发展的一面。他们中有为数众多的科举下第的士人，这些人进不了官僚队伍，于是乎利用平日所学，不为狱吏，便为讼师，这应是许多读书人的出路。无论是从谋生的角度，还是从传统儒学政治理念的实践角度来看，他们的活动对地方社会弊病的矫治、法律秩序的维护，客观上都发挥了重要作用。对此，我们应给予足够的重视和应有的评价。南宋地方法律秩序正是在官员、胥吏、讼师的相互作用下维持了一百五十多年。这些法律人在宋代基层社会的法律秩序构建中扮演了不可或缺的角色，对后世法律生活也有重要的影响。南宋的私名贴书和讼师应是明清时期刑名幕友和讼师的历史源头。

第七章

元代法律史研究[①]

元史界一向重视法律史研究，翁独健、方龄贵、黄时鉴、陈高华等前辈均曾发表元代立法、司法等方面的重要论文。[②] 2011—2020年10年间，《元典章》等重要法律古籍整理出版，[③] 史学界的李治安、刘晓、戴建国、郑鹏、周思成、韩清友等学者，法学界的吴海航、胡兴东、宋国华等学者，先后发表相关论文和著作20多篇（种）。[④] 其中，宋国华关于元代《至正条

[①] 中央民族大学法学院蒋怿旻、杨薇、蓝光源、欧雅晗、普毛德吉，中国人民大学法学院唐国昌博士、中国政法大学法学院闫强乐博士或搜集整理部分资料或提出修改意见，谨致谢意。

[②] 例如翁独健《蒙元时代的法典编纂》（《燕京社会科学》1948年第1期）、姚大力《论元朝刑法体系的形成》（《元史论丛》第3辑，中华书局1986年版）、黄时鉴《〈大元通制〉考辨》（《中国社会科学》1987年第2期）、方龄贵《〈通制条格〉新探》（《历史研究》1993年第3期）、陈高华《元朝的审判机构和审判程序》（日本《东方学报》京都第66册，1994年）、刘晓《元代监狱制度研究》（《元史论丛》第7辑，江西教育出版社1999年版）、姚大力、郭晓航《金泰和律徒刑附加决杖考——附论元初的刑政》（《复旦学报》1999年第4期）、赵文坦《元代刑法轻重考辨》（《中国史研究》1999年第2期）等。

[③] 陈高华、张帆、刘晓、党宝海整理：《元典章》，中华书局、天津古籍出版社2011年版。

[④] 主要有李治安：《元代行省制度》（上、下），中华书局2011年版，刘晓：《〈大元通制〉到〈至正条格〉：论元代的法典编纂体系》（《文史哲》2012年第1期），戴建国：《元〈至正杂令〉发覆》（《河北学刊》2012年第3期），胡兴东《元代地方立法问题研究》（《西华师范大学学报》2013年第2期），王敬松《元代宪司分行录囚述论》[《北京联合大学学报》（人文社会科学版）2013年第1期]，吴海航《论元代判例的生成及其运用》（《法治研究》2014年第5期），张重艳、杨淑红《中国藏黑水城所出元代律令与词讼文书整理与研究》（知识产权出版社2015年版），胡兴东《元朝令考》（《内蒙古师范大学学报》2016年第4期），吕丽、王志民《〈元史〉中官吏贪腐案考察》（《社会科学战线》2017年第3期），韩清友《元朝路总管府推官初探》（《元史及民族与边疆研究集刊》第35辑，上海古籍出版社2018年版，第132—150页），韩清友《元代司法检验论析》（《政法学刊》2019年第1期），陈佳臻《元代法律中的"十恶"问题——兼论〈事林广记〉中〈大元通制〉节文的真伪》（《元史及民族与边疆研究集刊》2019年第1期），胡兴东（转下页）

格》的著作、① 郑鹏关于元代司法的系列论文、② 周思成关于元代法制的系列研究，③ 最为引人关注。周思成创获尤多。

近年来，有多位学者撰文介绍和评述元代法律史研究，所论均足资参考。例如胡兴东关于元代法律史重点问题的研究综述，④ 陈佳臻关于国内和国外（主要是日本）元代法制史研究情况的综述，⑤ 刘晓关于改革开放40年来的元史（含法律史）研究情况的总结、⑥ 关于新中国成立70年来的元代法律史研究情况的评述，⑦ 郑鹏关于20世纪元代司法研究情况的整理，⑧ 闫强乐等关于辽、金和西夏的法律史研究情况的梳理等。⑨ 此外，著

（接上页）《宋元断例辑考》（社会科学文献出版社2019年版），图雅《〈桦树皮律令〉文书研究》（内蒙古人民出版社2019年版）等。

① 宋国华，男，1972年生，山东曲阜人，中国政法大学法学博士、河南大学历史学博士后，现就职于海南大学法学院，主要研究方向为中国法律史、诉讼法史。主要作品有《元代法制变迁研究：以〈通制条格〉和〈至正条格〉为比较的考察》，知识产权出版社2017年版。

② 郑鹏，男，1986年生，山东滨州人，武汉大学历史学博士，曾任南开大学历史学院博士后研究人员，现就职于华中农业大学马克思主义学院。主要作品有《元代大赦与政治关系论析》（《史学月刊》2014年第12期）、《官、民与法：元代判决离婚的制度与实践》（《古代文明》2015年第4期）、《元代民众诉讼实践中的"诉冤"与"告奸"》（《西北师大学报》2017年第2期）、《文本、话语与现实：元代江南"好讼"考论》（《中国史研究》2018年第1期）、《元代江南地区司法秩序与地域社会——以湖田争讼案件为中心》（《北京社会科学》2018年第2期）、《元代推官考论》（《古代文明》2019年第4期）、《元代地方监察机关司法监督职能考论》（《元史及民族与边疆研究集刊》第三十五辑）等。

③ 周思成，男，1984年生于湖南长沙，北京大学历史学系博士，先后就职于中央编译局、中央党史和文献研究院，2021年6月起任清华大学历史学系准聘副教授，主要研究领域为蒙元时期的民族史、法制史、军事史和思想史。主要作品有《规训、惩罚与征服：蒙元帝国的军事礼仪与军事法》，陕西人民出版社2020年版。

④ 高汉成主编：《中国法律史学新发展》（元代部分执笔：胡兴东），中国社会科学出版社2013年版，第105页。

⑤ 陈佳臻：《元代法制史研究综述》，载中国社会科学院历史所魏晋南北朝隋唐史研究主编《隋唐辽宋金元史论丛》（第9辑），上海古籍出版社2018年版。

⑥ 刘晓：《改革开放40年来的元史研究》，《中国史研究动态》2018年第1期。刘晓曾出版专门介绍元史研究情况的著作《元史研究》（福建人民出版社2006年版）。

⑦ 刘晓：《70年来元代法律史研究成果丰硕》，《中国社会科学报》2019年9月23日第5版。

⑧ 郑鹏：《20世纪以来元代司法研究回顾与展望》，《中国史研究动态》2018年第4期。

⑨ 姜宇：《金代司法机构研究综述》，《白城师范学院学报》2015年第7期；闫强乐：《西夏法律文献与法律史研究述论》，《西夏研究》2019年第2期；田富：《辽朝法律制度研究综述》，《赤峰学院学报》2020年第3期。

名元史学者陈得芝撰《蒙元史研究导论》不仅扼要介绍国内外研究状况，还介绍了各种文字的原始资料。[①] 限于篇幅和体例，本书主要介绍公开发表的部分专题论文，元代法律史研究的全面情况请读者参阅相关论文和著作。[②]

一 关于元代法制南北差异的历史影响

元代胡祗遹曾提出，应当正视和顺应南北异同，施行"南自南，北自北"政策，"南方事繁"则法繁，"北方事简"则法简；南北相关者，则"各从其重者定"。又说，"治汉人必以汉法，治北人必以北法，择其可使而两用之，参用之亦可也。"[③] 著名历史学家郑天挺先生很早就注意到"元刑法南北之不同"问题，但未予深究。[④] 近年南开大学李治安比较深入地分析了元代法制南北差异的原因、表现、融合及影响。[⑤]

关于元代法制的南北差异。李治安认为，元代虽实现了政治统一，但蒙古草原、华北汉地和江南三大区域内官府构成、赋役形态等并非整齐划一，并没有实行完全一致的制度或政策，而是各从本俗，因俗而治。从来源来

[①] 陈得芝：《蒙元史研究导论》，南京大学出版社2012年版。

[②] 参考张晋藩主编《中国法制史研究综述1949—1989》（中国人民公安大学出版社1990年版）、中国社会科学院法学研究所法制史研究室编《中国法律史学的新发展》（中国社会科学出版社2008年版）、高汉成主编《中国法律史学的新发展》（中国社会科学出版社2013年版）等以往类似著作的写法，本章着重突出学术史的梳理和分析，力求对下一步研究有所帮助。这方面，谭其骧先生曾有光辉示范，他在《在历史地理研究中如何正确对待历史文献资料》（《长水集（续编）》，人民出版社2011年版，第250页）一文中对史念海《历史时期黄河中游的森林》、侯仁之《从考古发现论证陕北榆林的起源和地区开发》、赵永复《历史上毛乌素沙地的变迁问题》、张修桂《洞庭湖演变的历史过程》等文进行评论，不仅扼要介绍文章讨论的主要问题，更明确指出文章创见何在，在哪些方面推进了以往的研究。

[③] 《全元文》卷一六二《胡祗遹·论治法》，凤凰出版社1998年版，第525页。

[④] 《郑天挺元史讲义》，中华书局2009年版，第111页。

[⑤] 主要有李治安《元和明前期南北差异的博弈与整合发展》（《历史研究》2011年第5期）、《元至明前期的江南政策与社会发展》（《历史研究》2016年第1期）、《元代"内蒙外汉"二元政策简论》（《史学集刊》2016年第3期）、《元江南地区的籍没及其社会影响新探》（《社会科学》2016年第9期）、《在兼容和划一之间——元蒙汉杂糅与明"配户当差"治天下》（《古代文明》2020年第4期）等。

说，元朝法制可以分为蒙汉或者说南北两个部分，一是蒙古草原旧制（包括契丹、女真旧俗遗留）和原金朝统治区的中原汉法等组成的北制，二是唐宋以来逐渐形成的适应于江南社会经济的南宋旧制，这可以称为南制。其中，北制是主体，在政治领域有贵族会议、军官世袭、滥行赏赐、民族等级、行省等制度，在社会经济领域有职业户计制与全民服役、贵族分封与驱奴私属制、官营手工业与匠户世袭制、"计丁征派"税制等。南制主要存在江南地区的社会经济领域，包括土地、租佃、赋税、繁荣的手工业、商贸及海运、理学、科举等制度。在性质和形态上，北制更多体现百姓对官府或贵族的主从依附，实乃唐旧制与蒙古及契丹、女真旧俗的混合体，大抵退回到北方唐宋变革以前的状况。比如诸色户计制度，即夹带着草原游牧民至上和其他职业户仆从的色彩，诸色户计要依照各自职业世世代代无偿向国家提供劳役，其征服奴役属性显而易见。南制经过唐宋演变，与比较发达的江南社会相适应，奴役野蛮因素要少一些。比如家庭方面，金元中原汉地来自战争掳掠、允许买卖和世袭不变的驱口驱奴制，相当盛行，原南宋所辖江南地区的奴婢基本进化为比较先进的契约典雇形态。[①] 比如土地方面，佃户主要通过租佃契约与地主发生租佃经济关系。又如籍没制度，秦汉时颇流行，到唐代限于谋反（"反逆相坐"），宋太宗后多改"配隶边远州郡"，南宋弃而不用。

关于元代法制的南北交流。李治安认为，元朝统一全国之后，户计、官手工业、劳役、籍没、分封驱奴、君臣关系、行省等都北制因素不同程度向南移植延伸。但在整体上，北制的南移有所克制。元江南统治大抵是以行省等对南宋路州县略加改造，赋役则承袭南宋而略作变通。政治军事上蒙元制度较突出，赋税经济则沿用两宋式的"不抑兼并"及贫富悬隔。从临民理政的核心部分赋税劳役及土地制度看，南方原有元素占上风。比如诸色户计制和四等人制向江南的移植，尽管带有军事征服后的强制性，但充其量不过对原南宋大土地占用及租佃制的局部"嫁接"，没有根本动摇江南原有的主、客户租佃制为主干的社会经济秩序。从而较完整地保留了江南最富庶、最发达的经济实体，避免了对江南原有经济结构"伤筋动骨"般的冲击与破坏。又如元代海外贸易的海港、贸易伙伴、中外海船的来往、基本贸易制度等，都承袭南宋。这是南制因素在商贸领域内最为活跃且影响全局的突出

---

① 戴建国：《主仆名分与宋代奴婢的法律地位》，《历史研究》2004 年第 4 期。

表现。可以说，元代海运和海外贸易的高度繁荣及其向东海、南海的开拓发展过程中，南制因素厥功甚伟。儒学与科举是保留南制因素最多，并在南、北制因素博弈中最能体现南制优长的方面。因北宋末中原士大夫精英南渡，江南在文化上处于绝对优势。南方儒士借北游京师、充任家庭教师等方式，亲近蒙古贵族，在谋求利禄的同时又对蒙古贵族施加先进文化的影响。而仁宗恢复科举，应是南制因素滋长并冲破蒙古旧俗束缚，得以上升为全国文官选举通行制度的突出成绩。

关于元代法制南北差异对元朝的影响。李治安认为，元朝兼容杂糅，各存本俗，造成蒙古草原、华北汉地和江南差异性理政的鼎足而立，基本适应了上述三区域生产方式、社会经济结构及军事征服先后等实际情况，所谓"南不能从北，北不能从南"，因此在当时是行之有效的，且有利于社会稳定和上述三区域对统一国家的政治文化认同。但另一方面，兼容杂糅过度，缺乏划一和指导，又容易失之于粗疏软弱和乖舛无章，所谓"南自南而北自北"。时间一长，就无法应对接踵而来的复杂社会矛盾，维持整个国家的统一。元朝不足百年而亡，此项政策难辞其咎。李治安认为，多民族统一国家临民理政的理想模式应该是兼容与划一相辅相成，主干划一与兼容多样相结合。而且要与时俱进，适当选定既较先进又有相当根基者作为主干，普遍推行。普遍推行时又非绝对划一，需要顾及落后部分，更需要重视主干的先进带动与引领。

关于元代法制南北差异对明清的影响。李治安认为，元代法制南北差异对明清政治、经济和文化领域都留下深刻影响。在政治领域，两宋的皇权虽有所加强，但它属于唐宋变革中的"君权相权互动之下的君主专制化"（张广达语），即宋代所谓"与士大夫共治天下"。但元朝伴当仆从隶属、籍没制及贱民遗留、内朝官及宦官沿用怯薛家臣制以及官僚臣仆化等北制旧俗，直接助长了元明清皇帝独裁专制过程。朱元璋滥杀功臣，对不为其所用的士大夫大开杀戒，好像是学汉高祖刘邦，但从体制上却是承袭元朝。明代的科举学校得到长足发展，但士大夫一直受到皇权的强力压制，一直处于被朱明皇帝任意惩处的奴仆地位。元明士大夫主体意识和自为精神显著退化，只在方孝孺、解缙和李贽等个别非主流和悲剧性人物身上，还能看到宋儒精神的回归弘扬及其对独裁专制淫威的努力抗争。在社会经济领域，元代的籍没制度在江南的移植和复活，特别是籍没妻子，部分增加官府驱奴，属于对原有契约典雇形态的逆转或反动，不仅直接导致部分犯罪臣民亲属株连强制奴化，更在深层上破坏了原江南比较进步的奴婢占有秩序，包括南人在内的元臣民不自觉地受到蒙古父权制军事封建主义的"洗礼"，明清籍没格外盛行与此不无关系。朱元璋将元朝仅施行于华北区域的"诸色户计当差"政策，扩大为面向全国的"配户当差"政策，国家直接役使百姓"纳粮当差"，严重破坏了江南地区原来比较进步的赋役制度。

关于元代法制南北差异对蒙古族的影响。李治安认为，"内蒙外汉"政策对蒙古民族在元帝国灭亡后的延续发展发挥了至为重要的历史作用。忽必烈为首的蒙古贵族和部众，没有像拓跋人、女真人和满人那样举族南迁，没有像拓跋人、女真人和满人在学习吸收汉地先进文化的同时"完全"汉化，而是始终保持着蒙古原有制度和习俗的核心地位。所以，当元帝国在汉地的统治崩溃，大都和上都相继失守之际，仍然有六万蒙古人成功逃回漠北，与当地蒙古人会合，继续繁衍生息，成为明清以来蒙古人的前身或主体。

关于元代法制南北差异对中华民族的影响。李治安认为，"内蒙外汉"政策对中华民族多元一体的发展壮大，也起到了积极作用。过去，我们对清朝实行"内汉外满"，实行积极的汉化政策，对鲜卑、女真、满洲先后借汉化融入汉人的模式，肯定居多，认为它符合民族融汇潮流，对多民族融合发展的作用比较积极。这是毋庸置疑的。然而，对元"内蒙外汉"造成的另辟蒙古族南来北去蹊径的合理性和积极意义，同样应予允当和科学的评价。蒙古人成功北归和继续栖息于大漠草原，虽给长城以南的明帝国长期造成军事骚扰或威胁，但客观上讲，蒙古人北归和持续栖息本身又遏制着该地其他部族的崛起和强盛。蒙古人始终视汉地为停云落月的第二故乡，一直和汉地保持着向心和内聚联系，一直把北京当作原先的都城，也认同中国曾经是属于自己的，认同曾经是那里的主人。这比起新崛起的、没有统治过中原的新北方部族，和中原的内聚力肯定要大得多。因此，蒙古人南来北去相对独立的延续发展，与鲜卑、女真、满洲先后借汉化融入汉人的模式，可谓殊途同归，都应肯定。

二 关于元代"弃律用例"的原因分析

元代法制相较于其他朝代法制最主要的特点，在于始终未颁行《唐律》

式的"律典"（弃律），而是不断发布和编纂带有临时性质的条画、断例（用例）。20世纪以来，仁井田陞、宫崎市定、岩村忍、兰德彰和姚大力等多位中外学者针对这一独特现象，做出了多元环境说、儒吏矛盾说、蒙古本位说、法律文化差异说、判例法演化说等一系列学理解释。

周思成从学术史角度进行了较为全面的梳理和分析，认为殷啸虎、吴海航等对"弃律用例"现象的解释，在广度和深度上并未突破宫崎市定、岩村忍或兰德彰等人的成说，而胡兴东从中国传统法制发展的"内在理路"而非外来影响入手，将此前研究的聚焦点从解释元朝为何"弃律"，转移到为何及如何"用例"上来，对元朝判例法的运行机制作了深入探讨，可以说是在宫崎市定的部分观点基础上的重大推进。胡兴东的主要观点是，自唐中后期开始，为克服"律"的固化缺陷，适应社会发展的需要，"格""敕"开始大量出现。适应性和可变性较强的判例，在法律渊源中的地位逐渐上升。这一演变趋势历宋至元，最终达到顶峰，形成了元法以判例法为主，不再制定唐律式的律典，而是制定敕、例结合的"汇编式法典"的局面，这可以说是"唐朝中后期至宋朝的整个中国古代法律发展趋势的必然结果"。而"律"在明代的复兴产生于明太祖反叛蒙古统治，追求回归唐朝"正统"的需要。同时，胡兴东还认为上述局面的形成也有某种"社会客观因素"或"时代因素"的推动，包括元代官僚机构的中下层官员，特别是吏员"反对法典法"和实用主义的态度，以及宋元之际社会变化剧烈等方面的因素。

但同时，周思成也认为，判例法的比较优势及其地位的上升趋势，固然能较好回答"弃律用例"的后半截问题，却仍然不能直接回答岩村忍对元朝法制提出的两个层面的问题：为何元朝既无通行法典亦无专门治理汉人的法典。或者说，元朝为何不能像其前后的宋、明、清那样，保留"律"名义上的大纲大法（即兰德彰的"宪法"）地位，同时在实际操作中依靠"敕"或"例"？要圆满地解释这一问题，完全抛开蒙古统治造成的外部影响恐怕是不可能的。胡兴东从法制的"内在发展理路"出发回答了这一问题，论述中恰恰有淡化甚至排除上述因素的倾向。因此，对于"弃律用例"的前半截问题，岩村忍的观点，特别是兰德彰"儒家化"的礼法同蒙古本位主义的冲突说，仍具有相当的说服力。①

---

① 周思成：《20世纪初以来元代法制"弃律用例"现象研究评析》，《北方民族大学学报》2019年第2期。

三 关于元代"十恶"有无之争

此前,大部分学者认为,元代法律中不存在"十恶"。有学者明确提出,"十恶、八议,有元一代一直没有这方面的法律规定。"[①] 近年王敬松通过对元代法典和元代统治者的敕诏的梳理,通过分析《元史·刑法志》的史源和结合一些蒙古人的习俗等,证明元代的法律之中不存在"十恶"刑名体系。[②]

陈佳臻则认为,元代法律虽无"十恶"之名,却有"十恶"之实。王敬松所指的"十恶"体系,是狭义范围上的"十恶"体系,即以《唐律》为代表的传统中华法系中明确规定的"十恶"刑名体系。从这个意义上讲,元代确实不存在"十恶"刑名体系。若干元代史料中记载的"十恶"多为元人依其时的断例和条格总结比附而来。其中,《事林广记》所载《大元通制》节文应确实录自《通制》本身,其所谓"十恶令"很可能存于当时《通制》所辑《别类》中,而非《名例》中。但即使元代法律中不存在狭义的"十恶"刑名体系,"十恶"的法律精神却在元代发挥着巨大的影响。它可能在元初对金《泰和律》的比附中融入元代司法,并随着元代在汉地统治程度的加深,逐渐在诏敕、科举、荫补和封赠等领域发挥作用,其适用范围亦涵盖元代统治全境的所有人。[③]

四 关于元代"临阵先退者死"律的历史演变

《元史·刑法志》明确记载,"诸临阵先退者,处死。"但具体情形如何,则没有直接说明。2002年发现的《至正条格》残卷赫然以这一条为《擅兴》开篇。周思成以此为中心,结合其他资料,详细考察该律在元代的

---

① 刘晓:《〈大元通制〉到〈至正条格〉:论元代的法典编纂体系》,《文史哲》2012年第1期。
② 王敬松:《论元代法律中没有"十恶"体系》,《民族研究》2013年第5期。
③ 陈佳臻:《元代法律中的"十恶"问题——兼论〈事林广记〉中〈大元通制〉节文的真伪》,《元史及民族与边疆研究集刊》2019年第1期。

演变，认为大蒙古国时期就有类似的军法，即所谓"同命队法"，一人逃跑，全队处死。随着蒙古军队组织的日益严密和征战范围的不断扩大，这种"一刀切"的做法逐渐被更为合理的"临阵先退者死"所取代。后来，这一军律又进一步演变，仅限于战争时期。因此，不能说"临阵先退者死"是蒙古草原的固有习俗，而极可能是仿效金朝军队的产物，最后与中原王朝军法彻底合流。这是文化交流和进步的表现。①

周思成文章引用了比较丰富的诏书、案例等多种资料，展示该律在形成之后，又有一些复杂的演变。比如，《元史》卷三十《成宗本纪三》记载了"先事而逃""败而后逃"两种情形。大德六年春正月癸卯，"诏千户、百户等自军逃归，先事而逃者罪死，败而后逃者，杖而罢之，没入其男女"。《元史》卷三四《文宗本纪三》记载"临战阵而逃""非接战而逃"两种情形。至顺元年闰七月，行枢密院言："征戍云南军士二人逃归，捕获，法当死。"诏曰："如临战阵而逃，死宜也。非接战而逃，辄当以死，何视人命之易耶！其杖而流之。"这都有助于加深对元代法制变迁的认识。

五　关于蒙古族"登高四射"的习惯法意义

蒙古军队攻陷金中都后，成吉思汗曾采用一种颇为特殊的"登高四射"方式，封赏在对金战役中立下大功勋的功臣，即俾其登高，四面发矢，箭之所至，土地产业悉予之。《元史·镇海传》记载，"太祖命（镇海）于城中环射四箭，凡箭所至园池邸舍之处，悉以赐之。"《元史·札八儿火者传》亦载，太祖谓札八儿曰："汝引弓射之，随箭所落，悉畀汝为己地。"此处所记载的"四射封赐"，是成吉思汗的一时兴起，还是有某种先例或依据的习惯法？

20世纪90年代，陈学霖先生撰文《蒙古"箭程划地界"习俗考索》与《"一箭之遥"证史》指出，作为"蒙古旧俗"的"箭程划地界"有两方面含义：一是以箭的射程作为长度单位，一是以箭的落地处划定采邑或建筑物地址。《元史》中的镇海与札八儿火者两传，即为后者之证，并认为成

---

① 周思成：《元代军律中的"临阵先退者处死"刍议——以〈至正条格·断例·擅兴〉为中心》，《军事历史》2015年第2期。

吉思汗的做法，"反映游牧民族社会封赐的民主制度"，"这个习俗显示蒙古人对箭特别重视，作为经济文化的一个重要标识，因此将中箭之物及箭落之处视为私产"。陈学霖还提到，17、18世纪《卫拉特法典》和《喀尔喀三旗法典》中以箭程决定狩猎禽兽所属的规例，"成为草原社会关于私产权的一项重要法律"。①

周思成认为，陈学霖先生认为蒙古以箭程为度制单位，所引史料甚伙，所论亦极精当，然附论镇海和札八儿火者传文所载之"四射封赐"，系"反映游牧民族社会封赐的民主制度"或"从箭程衍生"的一些关于"私产权法和制度"，或失之含糊，稍欠透辟。周思成提出，以射箭而定封赐，实质上是蒙古贵族统治阶级瓜分战利品的一种特殊仪式（程序），属于军事法范畴。例如，出使漠北的南宋使节彭大雅所著《黑鞑事略》载蒙古军"用兵战胜"的赏罚之度："陷城则纵其掳掠子女玉帛。掳掠之前后，视其功之等差；前者插箭于门，则后者不敢入。"随着历史演变，又逐渐成为先占权的重要标志。除了射箭，还有木桩、木栅等多种形式。例如年代较早的蒙古喀尔喀部《桦树皮律令·猴年大律令》（1596年）第48条规定，在择定牧地时，"明知插木头择定之地仍无视而立帐者，罚三九牲畜，不知情而立帐者，罚马一匹。"较晚近的《喀尔喀法规》第九条规定，"凡驻帐［于某地］时，若有他人不答允，此乌图格［驻地］即为已被占用者。若两人同时前去查看乌图格，发生争吵，此乌图格应归先到者占有。若两人同时到达，应归先放箭及或用鞭击及驻地者占有。"另据19世纪俄罗斯学者调查，在农业生活较发达的布里亚特蒙古人中，私人可经由圈占、耕作和灌溉而保有某块土地的先占权："如有人辟某地以种植庄稼或收割草料，其后又任其不治，圈地之木栅亦倒坏，且有他人有意利用此圈占之地者，若第一占有人对后者提起诉讼，前者可获三年之期限以垦植该地；若第一占有人未能在此期限内垦植该地，则该地归公开宣告有意利用它的人所有，他有权圈占此地，但如条件允许，须对第一占有人作出补偿，酬其拓荒之劳。"

综合上述，周思成认为，在草原法中普遍存在一种使用箭矢以宣示动产或不动产先占权的惯习。这种惯习起源于何时何地无从稽考，但推测应该源于狩猎。后来，这种做法延伸到军事法的战利品分配程序，最后又适用到日

---

① 〔美〕陈学霖：《蒙古"箭程划地界"习俗考索》《"一箭之遥"证史》，载陈学霖《史林漫识》，中国友谊出版公司2000年版，第3—52页。

常生活中的动产和不动产的所有权归属。因此，这种做法实是一种古代法中比比可见的"仪式"残存，将这些记载解释为北族残存"民主制度"的反映，似欠妥当。①

如果说"登高四射"中蕴含的物权先占原则，更多反映的是蒙古习惯法的影响，元人的一般财产观则更多受到中原传统的熏陶。比如，元代大儒许衡有段话广为引用："为学者治生最为先务，苟生理不足，则于为学之道有所妨。彼旁求妄进，及作官嗜利者，殆亦窘于生理之所致也。诸葛孔明身都将相，死之日，廪无余粟，库无余财，其廉所以能如此者，以成都桑土，子弟衣食自有余饶尔。"② 这段话中反映出来的元人对财产的重视，将财产与修身、齐家治国相联系的观点，在前后历史时期都可以找到呼应。在元代之前，北宋司马光为相，"每询士大夫私计足否"，以为"倘衣食不足，安肯为朝廷而轻去就耶！"③ 又说，"凡人无生事，虽多显宦，亦不能不俯仰，由是进退多轻。"苏辙认为，居住舒适有助佛教僧人求道问学："求道者非有饮食、衣服、居处之求，然使其饮食得充，衣服得完，居处得安，于以求道而无外扰，则其为道也轻。此古之达者所以必因山林筑室庐，蓄蔬米，以待四方之游者，而迁之所以置力而不懈也。"④ 南宋朱熹说："粗有衣食之资，便免俯仰于人。"⑤ 宋人另有言："人生不可无田，有则仕宦出处自如，可以行志。不仕则仰事俯育，粗了伏腊，不致丧失气节。有田方为福，盖福字从田、从衣。"⑥ 在元代之后，清代钱大昕引用许衡的议论后说："与其不治生产而乞不义之财，毋宁求田问舍而却非礼之馈。"⑦ 近人刘声木（1878—1959）也认为："人生当务之急，以治生为最要。"⑧

---

① 周思成：《〈元史·镇海传〉中的"四射封赐"新论——蒙元法制史研究札记》，《北方文物》2014年第4期。

② 苏天爵辑撰：《元朝名臣事略》卷八《左丞许文正公》，中华书局1996年版，第175页。

③ 《自警编》卷五、《吹剑三录》《读书镜》卷四，转引自周勋初主编《宋人轶事汇编》卷二十《司马光》，上海古籍出版社2015年版，第1462页。

④ 苏辙：《庐山栖贤寺新修僧堂记》，载陈宏天、高秀芳点校《苏辙集·栾城集》卷二十三《记九首》，中华书局2017年版，第402页。

⑤ 转引自刘声木《苌楚斋续笔》卷四《名儒论治生》，中华书局1998年版，第309页。

⑥ 周煇：《清波杂志》第十一《常产》，中华书局1994年版，第469页。

⑦ 钱大昕：《十驾斋养新录》卷十八《治生》，上海书店2011年版，第365页。

⑧ 刘声木：《苌楚斋续笔》卷四《名儒论治生》，中华书局1998年版，第309页。

六 关于元朝烧埋银起源的新发现

烧埋银是元代最有特色的法律制度之一，一般认为起源于蒙古族的赔命价习惯，但没有确证。① 陈玺、江国珍 2019 年撰文指出，最可能的源头是宋代时在少数民族地区出现的"骨价"。② 关于"骨价"的含义，在一些宋代私人著述中有明确记载，例如宋人秦观《淮海集》："故事，汉人杀夷人，既论死，仍偿其资，谓之骨价。"宋末朱辅《溪蛮丛笑》："或为佣而亡，或以债而死，约牛牲若干偿还，名骨债。"关于"骨价"的案例，在官方记载中较为丰富，几乎贯穿两宋，例如《宋会要辑稿·职官二五》：大中祥符二年（1009 年），回纥李顺与西南蕃人贡从人斗死，礼宾院"押赴开封府，依蕃部例和断，收偿命价"。《宋会要辑稿·蕃夷五》：神宗元丰元年（1078 年），泸州江安县纳溪寨居民苏三十七与罗苟夷人目特意争鱼笱，误殴杀之，夷诉于寨，寨闻于县，县行检验之法。夷情愤怨，谓："汉杀我人，官中不肯偿我骨价，又暴露我夷人尸首。"咒咀累日，因聚众入寇。南宋孝宗淳熙十二年（1185 年），左须蕃人杨出耶因"沙平以叛土丁"杀其徒二人，侵犯木头寨，焚烧掠夺至始阳镇。"郡以所杀骨价偿之，蕃人乃去。"孝宗淳熙十四年（1187 年），四川安抚制置使赵汝愚为解决当地夷汉冲突，使马湖路董蛮"倍偿所杀人骨价"。《建炎以来朝野杂记》：光宗绍熙五年（1194 年），宋兵杀死弥羌人闷笆，赔"骨价"三千三百缗。

陈玺、江国珍根据上述资料认为，在中国古代死亡损害赔偿制度历史发展过程中，宋代"骨价"发挥了承上启下的枢纽作用。"骨价"之前的"血价""赔命价"等，多是少数民族内部的死亡赔偿方式，随着"骨价"的出现，以及宋代夷汉之间交互适用"骨价"解决人命赔偿司法惯例的形成，"赔命价""血价"等突破了适用地域与主体层面之藩篱，完成了从民族司法惯例到国家统一司法规则之嬗变。宋代"骨价"规则的法律实践为元代"烧埋银"制度的产生与统一实施于全国各个民族奠定了理论与实践基础，

---

① 例如岩村忍《元代法制中的人命赔偿——试论烧埋银与私和钱》（1987），《蒙古学资料与情报》1989 年第 1 期；张群《元朝烧埋银初探》，《内蒙古大学学报》2002 年第 5 期。

② 陈玺、江国珍：《说"骨价"——宋代死亡赔偿规则臆测》，《人民法院报》2019 年 7 月 12 日第 7 版。

为后世以"烧埋银"为代表的刑事附带民事诉讼赔偿规则的确立开辟了道路。

需要说明的是，戴建国1994年发表的论文中曾经提到宋代少数民族罚金解决人命案的两条史料，为陈玺文所未引。① 一是《续资治通鉴长编》（卷二六三）熙宁八年（1075年）闰四月乙巳条记载，知黔州张克明奏言：黔州一带少数民族"语言不通，习俗各异，若一概以敕、律治之，恐必致惊扰"。他建议朝廷立法，规定州内少数民族"与汉人相犯，论如常法；同类相犯，杀人者，罚钱自五十千，伤人折二肢已下，罚自二十千至六十千。窃盗视所盗数罚两倍；强盗视所盗数罚两倍。其罚钱听以畜产、器甲等物计价准当。"朝廷采纳了张克明的建议。二是《续资治通鉴长编》（卷四五三）哲宗元祐五年（1091年）十二月乙卯条记载，张克明又奏请泸州少数民族有相犯者，比附黔州少数民族赎刑法执行，"以五刑立定钱数，量减数目，断罚入官"。答罪罚三贯，杖罪罚五贯，徒罪十贯，流罪二十贯，死罪三十贯。无现钱，可以财物估价折纳。

还有两条相关史料，一是《宋会要辑稿》（刑法六之一四）记载，景祐元年（1034年），壕州有个九岁儿童，伤人致死，当处死刑。仁宗裁决，改为罚铜一百二十斤，作为赔偿费，给予被害人之家。二是《天圣令·狱官令》：凡因诬告、伤害人，法当治罪而可赎罪者，所赎铜给被诬告人或被伤害人之家。

此外，周思成用比较方法探讨了蒙元时期法制中关于牲口偷盗罪刑事处罚的形成过程，分析了元代对"偷头口"的赔偿与追赃规定所具有的人身债性质。②

七 关于元代"敲"刑的有无之辨

早在20世纪60年代，德国汉学家罗志豪（Erhard Rosner）就注意到元代法制文献中的"敲"字，认为"敲"字实指判处死罪，且对应蒙古语词

---

① 戴建国：《宋代赎刑制度述略》，《法学研究》1994年第1期；戴建国：《宋代刑法史研究》，上海人民出版社2008年版，第316页。

② 周思成：《蒙元法制中的牲口窃盗罪及其赔偿制度新探》，载魏崇武编《元代文献与文化研究》第三辑，中华书局2015年版。

"杀"（alaqu），但缺乏史料支持。① 西南政法大学曾代伟根据《元典章》中22处有"敲"字的案例，认为"敲"类似前代之杖杀或棒杀，是元代"死"或"处死"的执行方法，代替斩首以减轻死刑的残酷性。② 但胡兴东认为，"敲"不过是"北方地区各民族对'绞刑'的通用语"。③ 周思成以为，曾代伟、胡兴东的意见均存在一定的合理成分，亦存在相当程度的误解。更可取的是罗志豪的意见，元代无"敲刑"，"敲"是大辟死刑之代称。④

周思成认为，《元典章》中22件案例是由蒙古文机械地翻译过来的公文，即所谓硬译公牍文体，所谓敲字，不能确定即为汉语的"杖杀"，在其他非硬译官文书中也未找到类似的对应表述。比如2002年发现的《至正条格》残卷记载延祐三年六月初七日诏书："罪过好生重，合凌迟处死的，为他罪过比敲的重上，审复无冤了，对众明白读了犯由，那般行来。合敲的人也审复无冤了，读了犯由呵，敲了来，他罪犯不已了也？又将他的肉剐割将去呵，这般体例那里有？遍行文书禁了有。犯着的人，要重罪过者。"《元史·仁宗本纪》延祐三年六月诏书："大辟罪，临刑敢有横加刲割者，以重罪论。凡鞫囚，非强盗毋加酷刑。"周思成据此认为"敲"并非一种独立的死刑方式"杖杀"，而是"大辟罪"在元代硬译公牍文体中的一种表达方式。在传统刑法体系中，"大辟"理论上涵盖凌迟、斩、绞几种死刑，而从《至正条格》中这条记载看，"合凌迟处死的"与"合敲的"尚有所分别，前者比后者"重"。因此，在元代，"大辟"（或"敲"）或许不包括凌迟而主要指"斩""绞"等刑。

周思成还根据上述考察，进一步论证了元代"有斩无绞"说。本书认为，元代"有斩无绞"说或许尚有讨论空间，但元代慎刑观念比较普遍却是可以肯定的，甚至一些少数民族官员，也高度认同儒家的慎刑主张。《元史》卷一三四《秃忽鲁传》记载，秃忽鲁任职大宗正府期间，阅诸狱文案，

---

① Erhard Rosner, Die "Zehn schimpflichen Delikte" im chinesischen Recht der Yuan-Zeit. Rauris Oestereich, 1964, p. 131.
② 曾代伟:《蒙元法定死刑考辨》,《法学家》2004年第5期。
③ 胡兴东:《元代法律史研究几个重要问题评析（2000—2011）》,《内蒙古师范大学学报》2013年第4期。
④ 周思成:《元代刑法中的所谓"敲"刑与"有斩无绞"说辩正》,《北京师范大学学报》2015年第2期。

某日暮归愀然，说："今日所议死案也，于我心有疑，欲求所以活之，未得其方耳。"他日归，喜曰："我得之矣，于法当流徙边地。"这与此前北宋时期的观点可谓遥相呼应："求其生而不得，则死者与我皆无恨也，矧求而有得邪？以其有得，则知不求而死者有恨也。夫常求其生犹失之死，而世常求其死也。"① 与此后的明清时期也一脉相承。例如《明史》卷一四九记载，永乐年间刑部尚书夏原吉尝夜阅爰书，抚案而叹，笔欲下辄止。妻问之。曰："此岁终大辟奏也。"《清史稿》卷二七三记载，康熙年间刑部尚书姚文然，"决狱有所平反，归辄色喜。尝疑狱有枉，争之不得，退，长跪自责。"

八　关于"阿蓝答儿钩考"的制度渊源

"阿蓝答儿钩考"是大蒙古国蒙哥汗（元宪宗）统治时期发生的一起轰动一时、影响深远的政治事件。1257 年春，蒙哥汗突然解除当时还是藩王的忽必烈的兵权，又派遣心腹阿蓝答儿和刘太平等前往忽必烈封地陕西、河南，设立"钩考局"，发布 142 项条例，"钩校钱谷"，一时"虐焰熏天，多迫人于死"。陷入窘境的忽必烈不得不亲自觐见蒙哥，委曲求全。二人矛盾虽由此得到缓和，但忽必烈在陕西、河南等地设置的安抚司、宣抚司、经略司一类行政机构仍被裁撤。直到蒙哥南下征宋的东路军（塔察儿部）作战失利，忽必烈才重回蒙古帝国权力中心。

以往多数研究都从政治斗争角度解读这一事件，认为"钩考"是蒙哥和忽必烈政治矛盾激化的表现，也是大蒙古国内部奉行蒙古本位主义的"保守派"同倾向汉化的忽必烈派系之间的斗争。忽必烈在漠南汉地的势力发展，特别是他倾向汉法的统治立场，"不免侵犯了习惯于随意勒索的蒙古、色目贵族的利益，引起了他们的嫉恨"，钩考事件"表面上是检查京兆与河南的财赋，实际上是要否定忽必烈用汉人治汉地的成绩，并彻底瓦解他的势力"。② 少数学者如李治安从制度史角度切入，认为"阿蓝答儿钩考"在法律性质上属于财税审计，"阿蓝答儿钩考"代表的"蒙古旧例"是元世

---

① 《欧阳修全集》卷二十《居士集卷二十》，中华书局 2001 年版，第 393 页。
② 例如邱树森：《浑都海、阿蓝答儿之乱的前因后果》，《宁夏社会科学》1990 年第 5 期；王颋：《钩考返权——阿蓝答儿钩考事件的前因后果》，载王颋《龙庭崇汗：元代政治史研究》，南方出版社 2002 年版。

祖朝钩考钱谷两大制度来源之一,另一为唐宋"勾覆"和"磨勘"遗制。"二者分属蒙古法与汉法,但在检复考核财赋方面,又具有很多相通之处"。[①] 但李治安所说的"蒙古旧例"究系一种什么制度？则语焉不详。

近年周思成撰文对此做了进一步研讨。首先,周思成根据"阿蓝答儿钩考"的主事者身份、职权和办案程序,办案中表现出来的有罪推定、酷刑拷问或无论嫌犯是否有罪均广泛采用杖刑等特点,认为阿蓝答儿钩考与唐宋"勾覆"和"磨勘"遗制无共同之处,不应认定为财税审计,而更接近中央机构在处理经济贪腐大案时特派的专门法庭或"专案组"。其次,周思成根据西方学者的相关研究,认为钩考的蒙古源头应是波斯语史料记载的断事官法庭（yārghū）。比如拉施特《史集》中共出现40余处 yārghū,主要指一种特殊的蒙古司法实践——是历代伊利汗为调查失势的大臣和其他威胁统治的敌人（如被告发谋逆者）而启动的一种司法手段,通常伴随着刑讯逼供；志费尼《世界征服者史》中也有几处 yārghū,主要指针对政治阴谋和受指控的官员的调查程序。"阿蓝答儿钩考"中忽必烈藩府受到的主要指控"得中土心"（或涉及政治阴谋）和"王府诸臣多擅权为奸利事"（贪渎问题）,恰恰是断事官的 yārghū 法庭的主要职权范围。此外,《元朝名臣事略》等汉文史料对钩考局滥用杖刑等描述,与波斯文史料对 yārghū 的描述高度相似。

因此,"阿蓝答儿钩考"不是普通的财税审计,而是依据大蒙古国断事官 yārghū "旧例",对忽必烈藩府在河南、陕西等地任命的诸司官员发动的贪污税赋和渎职的司法调查；汉文史料中所谓"钩考局",实是 yārghū 法庭的别称。在中原汉人看来,阿蓝答儿钩考是"虐焰熏天",但在蒙古传统中自有其正当性与合法性,即蒙古断事官彻查大案要案的特殊制度。当然,这并不否认"钩考"事件背后的政治因素,或这一过程中采用了某些财税审计和清查措施。[②]

---

① 李治安：《元世祖朝钩考钱谷述论》,《历史教学》2001年第2期。
② 周思成：《究竟是 yārghū 还是"钩考"？——阿蓝答儿钩考的制度渊源探微》,《北京师范大学学报》2021年第1期。

九　关于元代推官"独专刑名"的含义

宋、金时期的推官虽为司法官员，但司法并非其唯一职能，还兼管其他事务，到元代则专管刑名。《元史·刑法志》："诸各路推官，专掌推鞫刑狱。"元人刘敏中《送王伯仪之官平江序》："推之为职，独专刑名。"《至顺镇江志》："元稽古建官，军民之职不相统属，而列郡参佐之权益重……推官专掌刑狱之务，别设厅事于府堂之西，狱成则告之府，与守贰同坐而加审谳焉，又非若前代司理参军之比也。"陈高华在元代审判制度的论文、李治安在元代路总管府的研究中，均有谈及。① 近年韩清友、郑鹏先后撰文探讨了推官制度沿革、职责、选任、奖惩、社会影响等问题。② 两文结构、内容和观点均有一些差异，但在推官"独专刑名"部分颇多相通之处，本书综合介绍如下。

韩清友、郑鹏都梳理了推官在刑名方面的具体职责。一是办理刑案。包括民众直诉案件、下属州县申报的案件以及经廉访司审录过的"已具"刑狱。无论哪一种案件，推官都要审理明白，上报总管府圆议；二是司法检验。根据检尸条例，路要设立文簿，由推官收掌，专门记录下属官府申报的人命公事，监督检尸的进行；三是监督狱政。元代诸路、府皆置牢狱，由直属监察系统的司狱司和路、府佐贰官共同管理。推官对狱卒有监督之责。

关于推官的刑名职责。学者一般认为是专审或"预审"，韩清友、郑鹏都同意这个观点。郑鹏还进一步提出，推官的专职是"专责"，而不是"专权"。一是推官审理案件"狱成"后，须"其余府官再行审责，完签案牍文字。或有淹禁，责在推官"，即正式判决依然要经过圆审后联署，但案件淹滞的责任却要由推官承担。二是推官发现州县审理案件失当的，有权推问，但必须"咨申本路，依理改正"。概言之，推官只是路一级政府的属官，仍要接受行政长官的领导。

---

① 例如陈高华：《元朝的审判机构和审判程序》（1994），载《陈高华文集》，上海辞书出版社2005年版，第127—128页；李治安：《元代政治制度研究》，人民出版社2003年版，第141—147页。

② 韩清友《元朝路总管府推官初探》（《元史及民族与边疆研究集刊》第35辑，上海古籍出版社2018年版，第132—150页）、郑鹏《元代推官考论》（《古代文明》2019年第4期）。

关于推官的优待。郑鹏提出，推官基于专掌刑名的职责需要，有三项法定"特权"。一是不参与其他政务。推官"专一问罪囚"；"推官专管刑狱，其余一切府事并不签押，亦无余事差占"；"路府推官仍旧专管刑狱，通署刑名追会文字，其余事务并不签押，诸官府亦不差占"。二是有独立办公场所。"府治之旁，推官别有厅事，以为详谳之所，谨其职严其体也"；三是有独立人事权。在现有吏员中自主选择刑名司吏，"同僚官不得阻当移换"。

关于上述三项特权，郑鹏认为，推官号称不理他务，但实际被上级差占的情形屡见不鲜。韩清友也认为，元中后期，推官还参与地方庙碑记撰额、书写和立石等社会教化和建设活动，甚至直接参与军事斗争，但韩清友似并不认为这是坏事。韩清友还提出，在上述三项特权之外，元代推官待遇较好，有官俸和职田等收入；政治上也颇有前途，品秩从六品或正七品，大多数在任满以后的仕宦过程中，品秩达到五品以上，进入宣授序列。

关于推官的选任。郑鹏认为，元政府在选任推官时将其法律知识与刑狱经验作为首要标准，但始终未能建立起类似于宋代的专门选任机制，在经历一段时间的监察官员举荐后，推官的选任最终"混于常流"。选拔机制的缺陷仍使得整个推官群体的法律素养存在巨大隐忧，"法吏无优选"成为终元一代始终没有解决的问题。韩清友则提出，大部分推官出身官宦和士人家庭，由通晓元朝文化的汉人担任，随着元朝政权汉化深入和社会形势的变化，推官中出现了南人身影。

关于元代官员的法律素养问题，似尚无专文探讨，这里做一些补充。元代鉴于宋代尚文"迂而固"之弊，改行"左儒而右吏"的用人政策，[①] 强调"以法律治天下"，[②] 不重视儒学，甚至一度废除科举，由吏出身者，可至宰执、台谏，"所与共治出刀笔吏十九"。[③] 元朝政府还提出，考生主张"吾儒事诗书，安用法律"的，不予录取。[④]

在这一政策影响上，元人大多认为，应当既读诗书又读律，二者都很重要。例如揭傒斯："夫文以制治，武以定乱，法律以辅治，财用以立国，皆

---

① 《全元文》卷一四六六《蒋易·送郑希孔之建宁学录序》，凤凰出版社1998年版，第70页。

② 《全元文》卷九三一《揭傒斯·奉议大夫平江路嘉定州知州甘公士廉墓志铭》，凤凰出版社1998年版，第534页。

③ 《全元文》卷九二五《揭傒斯·善余堂记》，凤凰出版社1998年版，第433页。

④ 《全元文》卷一三六三《李谷·策问》，凤凰出版社1998年版，第533页。

君子之事所当学者。"① "读书习律，和平易恕，贤令也。"② 朱德润："读书所以知天下之有道，读律所以识朝廷之有法。士之出处穷达，夫古今事势，非道无以统体，非法无以辅治，于斯咸依焉。"③ 在元人诗歌中也多类似表达。例如，"俗吏固不可，腐儒良足嗤。明经先植本，读律贵知时。"④ "近曾读律知名例，早事通经识孝慈。"⑤ "读经还读律，为吏本为儒。"⑥ "读书复读律，才比百炼钢。"⑦ "君家有子为时出，且喜读书兼读律。"⑧ "早年读律如五经，案头夜照练囊萤。"⑨ "高人读律仍读书，白头在堂辞我归。"⑩ "读书读律已称贤，孝友尤闻远迩传。"⑪ 实践中，元代士大夫自发读律读书的记载很多，例如，《刑统赋释义》的作者梁彦举，"自童年即以吏事起身，至老而求诸经史，以文其律家之学"，故是书"不惟精于法家之律，而又明于儒者之经史也"。⑫ 杨维桢评价说，元代"以儒道理天下，士往往由科第入官，凡谳一狱、断一刑，稽经援史，与时制相参，未有吏不通经、儒不识律者也。"⑬ 这话有点夸张，但多少也是实情。

在具体法律问题上，元代士大夫也提出了一些颇具理论价值的异于其他朝代的观点。比如关于法律的概念，元世祖时期曾任山东按察使等官的儒学名臣胡祗遹（1227—1295）提出，"余所谓法者，非止刑法而已也，百度百法皆是也。"⑭ 这是很值得注意的颇具独创性的一个观点，可见元代人并未如后人想象的那样狭隘。胡还曾建议朝廷任命县令，要严格考试，"身言书

---

① 《全元文》卷九二二《揭傒斯·送也速答儿赤序》，凤凰出版社1998年版，第384页。
② 《全元文》卷九二一《揭傒斯·送族子时益赴南康主簿序》。
③ 《全元文》卷一二七四《朱德润·送李明之充吴江州儒吏序》。
④ 《全元诗》第十九册《蒲道源·送刘彦让山北宪史》，中华书局2013年版，第259页。
⑤ 《全元诗》第二十册《何中·送詹伯昌曹州迎亲》，中华书局2013年版，第289页。
⑥ 《全元诗》第二十五册《程端礼·睦士何声伯管库于铅山友朋多言其才美余于岁暮方以得见为喜又惜其去作诗以送之》，中华书局2013年版，第336页。
⑦ 《全元诗》第三十六册《郑元祐·送俞漕掾》，中华书局2013年版，第275页。
⑧ 《全元诗》第三十八册《谢应芳·答谢楚芳》，中华书局2013年版，第74页。
⑨ 《全元诗》第三十八册《谢应芳·唐君举挽词》，中华书局2013年版，第253页。
⑩ 《全元诗》第五十册《释子贤·与白云山人夜坐山人将归天台即席赋此送之》。
⑪ 《全元诗》第六十二册《凌云翰·挽翁顺卿宪史》。
⑫ 《全元文》卷一二九四《杨维桢·刑统赋释义序》，凤凰出版社1998年版，第158页。
⑬ 《全元文》卷一二九四《杨维桢·刑统赋释义序》，凤凰出版社1998年版，第158页。
⑭ 《全元文》卷一六二《胡祗遹·政事》，凤凰出版社1998年版，第537页。

判不兼全者不注"，① "吏民则试以刑名算数"，② 可见他重视法律知识学习和掌握。在案件审理上，胡也提出多条注意事项，颇多心得之言。③

又如关于法律的继承性。元世祖时期下令废止《泰和律令》，曾任监察御史、陕西、江西按察使、南台中丞等官的魏初（1232—1292）批评这一决策稍嫌草率，因为"泰和之律非独金律也，旁采五经及三代、汉、唐历代之遗制耳。若删去金俗所尚，及其敕条等律，益以开国以来圣旨条画及奏准体例以成一书，即《至元新律》也。"④ 这也是切中之论。

又如关于立法技术（罪刑相适应）。元世祖时期程钜夫认为，强盗犯罪猖獗，原因之一是现行刑罚偏轻，轻重失衡，"百姓藏军器者死，而劫盗止杖百单七，故盗日滋。""夫诸藏兵器者处死，况以兵器行劫，而罪乃止于杖，此何理也？故盗无所畏，党日以多。"建议"与藏军器同罪"⑤。元代中期名臣马祖常认为，与大辟死罪相比，元代流刑制度过于严苛，有失平允，"夫大辟死罪，或被赦原，释然归保妻子，而减死流罪，竟无宽宥，不得生还里闾，此岂法之平允哉！"建议"今后如有例合长流罪恶，别请定拟长流条例；其不应长流者，亦请验情轻重，度地善恶，每遇恩泽，辄行量移。如蒙检举典故施行，则天下生灵幸甚。"⑥ 实践中，也有类似案例。⑦ 元代后期司法实践中（特别是江淮以南），保辜案件往往比依"元贞元年孟福被死事例"，"加等科断"。苏天爵认为这样做不仅社会效果不佳，也不符合法理，因为保辜本有明确规定，孟福事例"通制既已不载，有司似难奉行"，建议仍依辜限之制。⑧ 苏天爵还对"斗殴杀人罪"有关规定提出修正

---

① 《全元文》卷一六五《胡祗遹·精选县令》，凤凰出版社1998年版，第587页。

② 《全元文》卷一六三《胡祗遹·论沙汰》，凤凰出版社1998年版，第550页。

③ 《全元文》卷一六六《胡祗遹·折狱杂条》，凤凰出版社1998年版，第604—605页。

④ 《全元文》卷二六三《魏初·奏章三一》（至元八年十二月二十五日），凤凰出版社1998年版，第434页。

⑤ 《全元文》卷五二六《程钜夫·民间利病·百姓藏军器者死而劫盗止杖百单七故盗日滋宜与藏军器同罪》，凤凰出版社1998年版，第90—91页。

⑥ 《全元文》卷一○三四《马祖常·请量移流罪》，凤凰出版社1998年版，第391—392页。

⑦ 《全元文》卷一一八二《许有壬·言监察御史李谦亨等量移》，凤凰出版社1998年版，第26页。

⑧ 苏天爵：《滋溪文稿》卷二七《奏疏·建言刑狱五事》，中华书局1997年版，第452页。

意见，详细援引刑部郎中指示和中书省有关规定，显见律学知识之丰富。[1]

又如关于法律适用。元代录囚活动频繁，作用显著。王道一录囚广东，"凡决遣二十九人，释六人。议以上闻者，五十有九。趣具成狱者，八十有八。惟处死一淫妇之与杀其夫者，咸曰杀之宜，又曰是足以清瘴海而去淫风矣。"[2] 录囚除了查明案情、洗白冤屈之外，一项重要内容就是正确适用法律，纠正用法不当。王道一到岭南录囚时，南海有坐窃盗拒捕杀伤主人而以强盗论，王认为："窃盗拒捕伤人，窃不可以为强。"新会有巡检杀死拒捕人而以故杀论，王认为："民拒官而官杀之，官不可以爲故。"清远有以子盗牛杀人而连坐者，王认为："是可以子殛父乎？"新会有从父争田杀人，父死而子系者，王认为："是可以父孥子乎？"有昼掠民财，因杀庶弟以拒人者，议当迁，不当论。有妇人主谋劫杀而身不行者，王认为："妇异男子，不当以为首论。"[3] "奉新甲告乙盗葬山地，官吏监改。职役人党甲，不待乙至，掘其父棺。乙与甲哄至丙之门，而甲之仆丁斗殴死。"录囚官员认为，"官谓乙盗葬，谓盗葬纵或侵越，谓盗葬则非也。官吏职役擅发乙父之棺，以致交哄，而遂殴死，亦偶中伤，而非故杀。前二事失出，后二事失入，累年掩昧，至侯始得明允，非真见定力不能也。"[4] 这些案例在当时都获好评。

十　关于元代江南"好讼"之风的新认识

在元代文献中，江南地区普遍呈现出"好讼"现象，但郑鹏研究发现，相关描述在很大程度上是经过主观建构的话语，而非对诉讼状况完全"客观"的记录。[5] 郑鹏搜集了12条史料，发现元代有关江南"好讼"的描述

---

[1] 苏天爵：《滋溪文稿》卷二七《奏疏·乞详定斗殴杀人罪》，中华书局1997年版，第459页。

[2] 《全元文》卷六六六《刘岳申·王员外东粤虑囚记》，凤凰出版社1998年版，第499—500页。

[3] 《全元文》卷六六六《刘岳申·王员外东粤虑囚记》，凤凰出版社1998年版，第499—500页。

[4] 《全元文》卷五一〇《吴澄·江西等处行中书省照磨李侯平反疑狱之碑》，凤凰出版社1998年版，第368页。

[5] 郑鹏：《文本、话语与现实：元代江南"好讼"考论》，《中国史研究》2018年第1期。

大致出自四种文类：一是官员的神道碑铭、墓志铭、行状等传记文类；二是颂扬官员政绩的遗爱碑、去思碑、政绩记、言行录；三是官府衙署的题名记；四是士人之间的赠序。不同文类适用于不同的场景，遵循一定的书写模式，从而形成不同的"典型语境"。

传记文类的主要内容是记录官员的生平事迹，但其书写方式绝不仅仅是对客观事实的简单叙述，很大程度上是在对官员的形象进行塑造。有学者曾对"飞蝗出境"与"猛虎渡河"这两种中古史籍中常见的良吏书写模式进行研究，发现这种书写模式渗入史籍，使得史事记载趋于类型化、程序化，很大程度上削弱了史书的真实性。狱讼事迹亦是一种十分重要的良吏书写模式。所谓"为政之难，莫难于治狱"，弭讼、平冤等事迹在元代地方官员的传记中十分常见。在这种情况下强调民风"好讼"，正是为了凸显官员在狱讼方面的政绩。如黄溍言诸暨州"俗尚气而喜争，牒诉纠纷"，而于景任知州后"嚣哗之风为之寝衰"，任职前后诉讼情形的鲜明对比塑造出其生动的良吏形象。

元代各类颂扬文字十分盛行，尤其是去思碑等碑刻的数量远超前代。从民众的角度来说，这类碑记重在赞颂官员的善政，其内容不仅是对事迹的如实陈述，更重在褒扬或感戴之情的表达。从国家或者官员自身来说，这类碑记源于汉代以降的循吏传统，其核心价值亦在于赋予官员循吏的声望。相比传记而言，这类碑记更加需要对官员的循吏、良吏形象进行塑造，而民风"好讼"与官员的"息讼"正是彰显官员良吏形象的一种书写模式。如杨维桢《长兴知州韩侯去思碑》言长兴州"土俗浮嚣，好盘游，大家喜气势，多讦争，素号难理"，韩侯任知州后"尽刮去旧时积蠹"，凸显出其治绩。

题名记又称厅壁记，其内容是历任职官的姓名及事状，多载于衙署厅壁或木石之上。其作者通常为本地在任官员，与其他文类中作者的"旁观者"身份有所不同。就杨蔚《常州路无锡县题名记》来说，其本身为无锡县丞，自叙作此题名记的目的为"庶使来者鉴前政之贤否，有所激励，承承继继，传芳名于永久"。在这种语境下，无锡的"好讼"之风无非为证明"治之者不易"，很大程度上依然有塑造历任官员形象的意味。作者自身为在任官员，其切身经历似乎比旁观者的认知更有说服力，但从另一个角度来说，其主观色彩亦更加浓厚。

赠序在元代亦是一种十分重要的文类，多写于官员上任或者离任之际。赠序在元代是一种"社会化的书写"，是构建士人之间社会网络的媒介。

《送刘光远赴江西省掾序》是许有壬为刘光远赴任江西省掾而作。刘光远早年任教授于汉阳时便结识许有壬，后在湖广行省掾任上考满，"贫不能赴调"，得许有壬帮助，任职湖广行省理问所知事。此次再任江西省掾，许有壬言"江西号多士，可资以益学，而其流俗以健讼闻，仕其地者，益不可忽"，既是勉励其不要因任职吏员而荒废学问，亦提醒其注意江西狱讼之重、为政之难。

综合各种语境，元代文本中有关江南地区"好讼"的书写，表面虽是描述民风好讼喜争，真正要强调的实是由此带来的狱讼压力。这些文本多出自旁观者之手，其用意主要是论证为政之难，以及对民众"好讼"之风的批判，很多时候是一种"模式化的书写"。这一话语之所以在元代盛行，既根植于元人的"贱讼"观念以及对江南风俗的负面印象，亦是元代国家和江南地方官员应对"滞讼"困境的一种策略。至于民风是否真的好讼，以及造成好讼的原因皆被排除在话语之外，或许亦非文本作者真正关心的问题。此外，郑鹏还探讨了江南地区好讼的主要原因。

十一　关于元代贪污恶性发展的主要原因

元代官吏贪赃呈现前所未有的恶性发展，被认为元帝国百年而亡的重要原因之一。有多位学者对造成元代官吏贪赃恶性发展的原因做了分析。[①] 这里主要介绍李治安和吕丽的观点。2004年李治安撰文认为有"俸禄微薄""选官不精与官吏素质低下""最高统治者殉私曲赦""蒙古草原旧俗的渗入"四个方面的原因，[②] 2017年吕丽等撰文认为有立法不健全、执法不严、官吏素质低、俸禄低薄、监督不力五个方面原因。[③] 两文观点貌似有异，但究其实质，除蒙古旧俗一条外，其他方面几乎都是相通的。下面对两文观点作一综合介绍，史料方面的异同不多罗列。

关于立法因素——法制不健全。吕丽认为，良法能够减小官吏贪赃概

[①] 主要有邱树森《元代反贪文化》[《暨南学报》（哲学社会科学版）2001年第1期]、邱树森《元代肃政与腐败的历史启示》（《江苏社会科学》2001年第4期）、沈仁国《论元代官场贪赃盛行的原因》[《江苏教育学院学报》（社会科学版）2005年第6期]等。

[②] 李治安：《论元代的官吏贪赃》，《南开学报》2004年第4期。

[③] 吕丽、王志民：《〈元史〉中官吏贪腐案考察》，《社会科学战线》2017年第3期。

率，否则相反。元代始终未有成系统的律典，而且忽视立法技术。赃律的规定，往往前后矛盾，进一步加剧了官场贪赃的泛滥。李治安似并不认为元代在反贪立法上有不健全的问题。他在文中详细考察了元代赃罪条例的沿革和内容，认为"完备详密"，但在执行上存在两个大的偏差，一是犯赃改注边远，二是惩治贪赃措施相对宽大，故"成效欠佳"。

关于执法因素——赃官赦宥和赃官再叙。吕丽认为，元律赃罪的处罚，过于强调仁政。一是赃官常被赦宥，二是贪赃再叙非常普遍，既没有严格的程序可循，甚至是在御史官员的强烈反对之下再叙。重罪轻罚必然导致犯罪成本大大降低，严重损害了赃律的威慑力，助长了官吏的贪赃之风。李治安所谓"最高统治者徇私曲赦"实际讲的也是曲赦犯赃官吏和犯赃官员罢而复用问题，认为频繁曲赦和罢而复用，表面上只涉及一小部分赃官，但对惩贪政策的贯彻执行带来了全局性的危害，破坏了赃罪条例的严肃性和公正性。李治安还指出，在曲赦犯赃官吏时，权相的斡旋作用颇大，吐蕃喇嘛帝师也是曲赦犯赃官吏的积极怂恿和鼓吹者。

关于监督因素——监察失灵。吕丽认为，元朝为纠正吏治弊病，仿前朝旧制，在中央建立御史台，以纠京中百官，在地方上设立行御史台，并将全国分为22个道，在每道建立奉使宣抚所，以求对全国官吏的监督。但是，元代御史台监察百官，弹劾内外的功能常常受阻。首先，御史台虽有监察的权力，但受中书省节制，而有元一代，中书系统的官员，贪赃尤甚。其次，御史台对百官的弹劾，监督职能的发挥，因皇帝的兴趣而转移。当皇帝信任、支持时，则御史台的监督职能能够充分发挥，而一旦皇帝不予重视或支持时，就无法对百官贪黩进行监督，甚至于监察官员因弹劾而轻则受辱，重则丢官。李治安也认为，台察官的监察活动，在遏制和减轻官吏贪赃方面发挥了不可替代的重要作用，但是，经常受到较大干扰，"监察奉使，屡治不止"。一是台察官不断遭受阿合马、卢世荣、铁木迭儿、脱脱等权臣的压制、打击，处于相当被动的地位，难以正常和有效地纠劾官吏贪赃；[①] 二是台察官作为皇帝的耳目之司，其全部监察活动必须在得到皇帝大力支持的条件下才能进行。由于怯薛等蒙古旧制的影响，台察官并非蒙古皇帝最信任、最亲近的臣属。许多情况下，皇帝不仅没有履行"朕当尔主"的许诺，反

[①] 根据文章注释，李治安这一观点援引自郝时远《元代监察制度概述》（《元史论丛》，中华书局1986年版）。

而对监察官的举劾横加指责;三是由于官场贪墨风气的濡染,不少监察官吏也利欲熏心,知法犯法,率先贪赃。奉使宣抚在惩治官吏贪赃方面临同样的困境。

关于人事因素——官吏素质低下。吕丽认为,元代官吏队伍进入机制不健全,以吏为主,退出机制不明确,官吏整体素质较低。仅有的几次科举取士,不能从根本上改变整个官吏队伍的素质。李治安也认为,选官不精与官吏素质低下,是来自官吏队伍自身的直接原因,但儒士社会地位较低和官吏习儒者偏少,乃至官场风气的败坏,也有重要关系。宋代吏治相对清明和官吏贪赃不十分严重的原因,不仅在于"严贪墨之罪",还在于尊崇儒士和重视儒学道德规范的约束。儒士入官,多半讲究名节廉耻,即使为生活所迫,稍有额外不法收入,也懂得有所节制,适可而止。这可以算作一种来自道德伦常的自我制约。元代的情况则与两宋形成较大反差。儒士社会地位较低,有"九儒十丐"等自嘲之说。儒士支配官场和儒学"仁义道德"规范约束官场风气的状态,不复存在。官吏素质低下和官场道德沦丧,难以遏止。

关于经济因素——俸禄单薄。吕丽认为,元代官吏俸禄低,官吏贪赃在所难免。要从物质上保证官吏有一个相对稳定且富足的物质生活,才能强调廉政建设。有元一代,连年战争、毫无节制的赏赐、频繁的疾病灾荒,加之持续的通货膨胀,致使国库空虚,导致官吏俸禄不足,官吏不能自养。李治安也认为,元代俸禄单薄,致使一般官吏无法维持基本生活所需,是元代官吏贪赃恶性发展和屡禁不止的经济方面的根源。造成元朝统治者的低俸政策包括多种因素,例如蒙古国草原官制比较简约,万户、千户和断事官只有部民、牧地的封赐及下属的贡献,根本没有汉地式的俸禄。这种草原旧俗对蒙古统治者长期不重视官吏俸禄,不能不带来深刻的影响;又如元代冗官极为严重,支付诸多员额的官吏俸禄,已是不小的财政负担。增加官俸,也有一定困难。在某种意义上,冗官制约着低俸,低俸维持着冗官,二者之间形成了一个不大不小的循环机制。另外,官吏低俸与钞值贬降挂钩,也加重了官吏低俸的危害。

关于蒙古因素——草原旧俗的影响。这是李治安的独有观点。李治安认为,怯薛"别里哥"选与科举长期停废,视儒学为宗教而不当作治国修身之术等,是蒙古旧俗因与汉法的抵忤而给元代官僚体制带来的不良影响。其中,蒙古"撒花"旧俗更是对官吏贪赃推波助澜。在汉法看来明显属于贿赂的"撒花",在窝阔台等蒙古统治者心目中不过是"好处或礼品"的蒙古旧俗。耶律楚材曾竭力斥责"撒花"为"蠹害"，但窝阔台仍决定保留。上述放纵"撒花"贪赃的政策，像幽灵一样，长期困扰着元朝的多数皇帝，使他们在惩办官吏贪赃时往往干出频繁曲赦等荒唐事来。

李治安还指出，在元代官吏贪赃猖獗且超越其他王朝的诸多原因中，蒙古旧俗的渗入，是支配性和最主要的。它对俸薄、选举不精、官吏素质低下、徇私曲赦等，均发生了这样或那样的背景性影响。比如在元朝诸位皇帝中，像元世祖、英宗等采用汉法较多的皇帝，惩治官吏贪赃相应地也比较严厉。而成宗、武宗、泰定帝即汗位前久居漠北，受蒙古旧俗熏染较深，在徇私曲赦方面就似乎走得更远些。英宗朝惩办官吏贪赃最为坚决，但英宗终因"南坡之变"遭暗杀也表明：依蒙古旧俗对官吏贪赃持宽容放纵政策，在蒙古贵族官僚中颇有市场；而采用汉法和严惩贪赃，则在蒙古贵族官僚中受到孤立打击。

第八章

明代法律史研究

明代法制上承唐宋，下启清代，不仅实现了律典体例、内容和法律体系的变革，而且在监察、行政、司法等制度上多有创新，中后期社会经济的发展，更使民间诉讼实践和法律文化呈现新的面貌，这些因素共同决定了明代在中国法律史上的重要地位。在法律史研究上，人们习惯于将明清并举，但实际上，由于史料存留和历史影响等原因，两代的法律史学研究不论是在成果的规模，还是在关注的问题上都有较大差异。从近年来的明代法律史研究成果来看，法律思想和民商事法制研究较为薄弱；法律体系和法律形式的研究形成论题并趋于深入；监察和司法制度研究成果较多，依旧是学者关注的热点；法律文化和法律社会史研究亦逐渐兴盛。以下对这一时期代表性的研究成果作简要梳理。

一 法律文献的整理与出版

从20世纪90年代开始，中国社会科学院法学研究所杨一凡先生及其团队陆续出版了多种上百册法律文献整理及法史考证类作品，为传统珍稀法律文献资料，尤其是明清法律文献的挖掘、搜集和整理工作做出了突出贡献。近十年来，杨一凡先生在这一领域继续深耕，先后主编出版了多种不同类型的法律文献汇编作品，其中包含了多部明代法律文献。典章制度方面，四册本《皇明制书》汇集了多种明代重要官方法律文献，包括《大明令》《大明律》《大诰》《诸司职掌》《洪武礼制》《教民榜文》等，为学者了解和研究明代前中期法律制度提供了便利。[①] 判牍案例方面，《古代判牍案例新编》

---

① 杨一凡点校：《皇明制书》，社会科学文献出版社2013年版。

收录了《仁狱类编》《谳狱稿》《湖湘谳语》等明代判牍文献。[1]《历代珍稀司法文献》收录了多种明代办案要略、司法指南、司法检验和讼师秘本类文献,如《牧民政要》《大明律例注释招拟折狱指南》《新镌官板律例临民宝镜》《无冤录》《珥笔肯綮》《新镌法家透胆寒》等,进一步充实了明代法律史研究的资料库。[2] 此外,由高柯力、林荣主编,国家图书馆出版社影印出版的《明清法制史料辑刊》第三编,收录了数种明代律例类法制史料文献,包括《大明律释义》《大明律例法司增补刑书据会》《大明律集解附例》等,为研究明代律例和律学提供了便利。[3]

二 法律思想研究

屠凯利用西方法哲学的理论框架,对12位明代理学家的法哲学思想予以了个案的解读分析。具体而言,书中将规范定义为关于观念与行为是非的认知,而视广义的"法"为规范的集合,在此基础上,对不同时期理学家对规范之来源、样态、应用等"与法相关的根本问题"的回答进行了提炼、剖析和评价。如关于规范的来源问题,作者认为,明初曹端哲学中,具有规定性的"理"是规范的本源,至湛若水时,规范的来源"已经蜕变为十分抽象的直觉倾向",而到了王守仁那里,个人的"良知"最终成为规范的来源。诚如作者所言,本书虽浸染了思想史的色彩,但究其性质仍属于法哲学作品。但对于兼具法学与史学性质的法律史学而言,不妨将其作为传统法律思想史研究的他山之石,从中获取某些借鉴和启发。[4]

韩伟讨论了明代"法家"的思想及其当代价值。他提出从主张"以法为治""一刑一法"和"变法"等维度界定明代的"法家",并认为,在重视法令、倡导革新、富国强兵等方面,朱元璋、张居正等明代"法家"延续了先秦法家的一贯思路,但在与儒家、道家等思想的融合中,又有不少创新,如李贽提出君臣平等、天下之法等主张,王守仁将法律治理向基层社会延伸。这些思想在以法制推动改革、严法整饬吏治等方面显示出了积极的时

---

[1] 杨一凡编:《古代判牍案例新编》,社会科学文献出版社2012年版。
[2] 杨一凡主编:《历代珍稀司法文献》,社会科学文献出版社2012年版。
[3] 高柯力、林荣辑:《明清法制史料辑刊(第三编)》,国家图书馆出版社2015年版。
[4] 屠凯:《日就月将:十五至十六世纪的中国法哲学》,法律出版社2017年版。

代价值。① 赵崧从设商税、革盐法、融情法、治乡村四个具体方面考察了王阳明的法律实践以及其"因时致治"法律思想。在作者看来，王阳明的法律实践并不完全以创新见长，但具有因时因地制宜的特点，体现了实事求是、"知行合一"的精神，有些经验在今日仍有借鉴意义。② 金欣对黄宗羲《明夷待访录》中的法思想予以了再探讨。作者认为，黄宗羲在该书中揭示了中国传统礼与法在明代的危机。对于礼，黄氏认为其危机主要体现在君臣之礼的扭曲，并提出用学校议政和设置宰相等举措来恢复礼秩序；对于法，他则通过"天下之法"与"一人之法"、"无法之法"与"非法之法"以及"治法"与"治人"的概念辨析，指出法的危机及其变革方向。黄宗羲对传统法危机的批判极为深刻，但提出的变革之道仍有局限。近代以来，人们多注意到该书中的反专制因素，黄氏对传统法的反思并未受到足够重视。③

三 法律体系与律学研究

《大明律》一改以《唐律》为代表的十二篇体例，采取了六部分篇的新律典体例，其影响及于明清两代，构成了传统中国律典的最终形态。明代律典体例的变化原因与影响，此前学界已有论述，近年来，部分学者就此作了进一步讨论。周东平、李勤通的《〈大明律〉采六部体系编纂模式原因考辨》一文，对明律为何采用六部体系进行了新的探讨。文章反思了政治斗争说、立法思想斗争说、仿《周礼》说等关于六部体系成因的传统观点，在此基础上，通过对明律立法精神、元明行政管理经验和《大明律》两级结构功能的考察分析，提出《大明律》采纳六部体系编纂模式的直接动因是明初刑律的普及需求。④ 这一结论可称为《大明律》体例变化的"普法说"。钟子龙《〈大明律〉体例变化原因辩证》一文，从立法技术角度，以"杂犯"的演变为切入点，对明律选择七篇体例的原因予以了分析。作者认

---

① 韩伟：《明代法家思想及其当代价值》，《理论探索》2017年第1期。
② 赵崧：《王阳明"因时致治"法律思想探讨》，《法律史评论》2016年卷。
③ 金欣：《传统法的危机——黄宗羲〈明夷待访录〉中的法思想再探讨》，《时代法学》2018年第1期。
④ 周东平、李勤通：《〈大明律〉采六部体系编纂模式原因考辨》，《法律科学》2017年第1期。

为，《大明律》的体例革新并非迎合政治变革的需求，也不仅仅是法律普及的推动，而是有着更为直接的立法技术动因与实用考量。这一变化是律典结构合理化与分类精细化的必然结果，也是古代律典修撰技术在明初的一次系统检验与创新。① 朱勇在讨论中国古代的"六事法体系"时，把明代作为六部官制定型和"六事法体系"成熟的关键时期。他认为，明朝为进一步强化皇权和中央集权，在官制与法制建设方面，遵循魏晋南北朝开启的"官法同构"原则，在吸收隋唐宋元经验教训的基础上，全面构建了"六部官制"与"六事法体系"。《大明会典》《大明令》《大明律》等法律文本，都贯彻和体现了以六部为纲的门类划分方式，标志了"六事法体系"的全面建立和古代法制体系进入了成熟形态。② 杨大春则借用近年来法学界新提出的"领域法学"概念，对《大明律》的体例转型予以了评析。他认为，明律的七篇体例，实质是将法律条文按照调整对象所属社会事项的领域进行分类，这一变化开辟了中华法系体例结构的新时代，具有独到的历史价值。③

除《大明律》外，明代还存在许多其他形式的法律文本，从洪武年间制定的《大明令》《大诰》、榜文，到明代中后期的《大明会典》《问刑条例》等，法律形式的不断更新，在充实明代法律体系的同时，也向研究者提出了如何准确描述和概括这一体系的问题。对此，杨一凡和刘笃才分别进行了研究，并提出了两种代表性观点。刘笃才的《律令法体系向律例法体系的转换》一文，在原有"律令法体系"概念的基础上，首次正式提出"律例法体系"的概念，用以指称明清时期的法律体系。文章对二者的转换过程、原因及意义进行了讨论，作者认为，社会经济变迁是两种法体系转换的根本原因，在法制层面，这一转换跨越了宋元明三代，并在明代最终完成。其间经历了例由被法律体系排斥和边缘化到被包容吸纳；令典盛极而衰并走向畸变；以"著为令"方式产生的令为"事例"所收编等复杂的历史过程。律和例的结合适应了社会现实的需要，同时比较妥善地解决了法制史上的一些问题，包括法律形态繁简之矛盾，司法审判中情法关系的协调，以及立法过程中理性与经验之结合等。由律令法体系转变为律例法体系，虽然没有彻底改变古代法制的本质，但也是在法律体系结构形式上顺应了社会经

---

① 钟子龙：《〈大明律〉体例变化原因辩证》，《南大法学》2020年第3期。
② 朱勇：《论中国古代的"六事法体系"》，《中国法学》2019年第1期。
③ 杨大春：《从部门法学到领域法学——〈大明律〉转型的历史启示》，《辽宁大学学报》（哲学社会科学版）2019年第1期。

济变化，从而为古代法制开辟了新的局面。①《明代事例的演变与律例法体系的确立》一文，则更深入地探讨了事例在明代律例法体系确立过程中的功能与作用。文章认为，明代法律体系的演变，呈现出了由律令法体系的回光返照，到榜文禁例兴盛，再到事例逐渐增加，并最终确立律例法体系的过程。事例是在解决"令"之局限与问题，并与之竞争的背景下出现和发展的。明代中期《问刑条例》的修订解决了刑事事例的矛盾冲突，打造了律例法体系的核心部分。《明会典》的编纂则标志着律例法体系的确立。整体而言，明代事例是一种准法律形式，在功能上亦兼有利弊，但这都不影响其在律例法体系建构中的重要地位。②

杨一凡对明代"律例法律体系"说和"无令"说提出了质疑。他认为，明代建立的新法律体系按照"以典为纲、以例为目"的框架构建，应称为"典例法律体系"。"律例法律体系"的说法只能表述刑事法律体系，忽略了明初颁布的诸多基本法律并非刑事法律的史实，不够全面准确。明初在变革传统律令法律体系时，把单行"令"的称谓变换为"事例"，二者名异而实同；《大明令》不仅在明开国后百余年间被奉为成法，正德、万历两朝将《大明令》融入《明会典》后，其有效条款仍在行用；明人以诏令颁布国家重大事项、把"制例"称为"著为令"的传统，直至明末未变。这些事实都说明，所谓"明代无令"说不能成立。③ 与此相应，对于事例在构建明代法律体系中的功能，杨一凡也提出了不同的看法。在《论事例在完善明代典例法律体系中的功能》一文中，他阐释了明代"典为纲、例为目"的立法思路，认为作为"权宜之法"、与"常经"并用的事例在明代自始即具有重要地位，并从洪武年间的法律实施、洪武以后的立法活动以及《明会典》的编纂等多个方面论述了广义上的事例所发挥的重要作用。④ 杨一凡的主张得到了部分学者的支持，如陈灵海在分析清代法律体系时，即将《会典》视为清代的根本法，并以"典例"概括清代法律体系的特征。⑤ 但也有学者

---

① 刘笃才：《律令法体系向律例法体系的转换》，《法学研究》2012 年第 6 期。
② 刘笃才：《明代事例的演变与律例法体系的确立》，《盛京法律评论》第 1 辑第 1 卷。
③ 杨一凡：《明代典例法律体系的确立与令的变迁——"律例法律体系"说、"无令"说修正》，《华东政法大学学报》2017 年第 1 期。
④ 杨一凡：《论事例在完善明代典例法律体系中的功能》，《暨南学报》（哲学社会科学版）2019 年第 4 期。
⑤ 陈灵海：《〈大清会典〉与清代"典例"法律体系》，《中外法学》2017 年第 2 期。

对上述观点提出了修正。如李贵连和程晶以由令到例的变化为视角，对明代律例法律体系的生成过程进行了再分析。作者认为，明代并无刑令（例）和行政令（例）的区分，令和例最初也并不杂糅。明初令为国家之常法，调整国家政治和社会的基本制度；例则是"权宜之法"，二者地位无法相提并论。明太祖之后，律和令成为不可更改的祖宗成法，例则被作为君主治国的重要立法手段，并随政局稳定而获得一定稳定性，在内容和性质上逐渐向令靠近。弘治朝《问刑条例》和《大明会典》的编纂，解决了因例的灵活性而带来的条例浩繁的问题，澄清了例和令的关系，标志着律例法体系的正式生成。明代由令到例的转变是一个缓慢发展的过程，应结合明代政治统治和社会发展的需要予以观察和解读。①

刘正刚和高扬以"佥妻"例为中心，讨论了明代法律演变的动态性问题。文章梳理指出，明初基于卫所建设之需，在历代军妻随军经验基础上，于洪武二十四年首次颁布军人携妻同往卫所的事例，属"权宜之法"。正统元年，因卫所逃军不断增加，国家出台"佥妻"例并列入《军政条例》，实现了从"权宜之法"到"常法"的转变。正德年间，该例又被《大明会典》吸纳，进入国家"大法"系统。"佥妻"例在司法实践中出现了假妻、强买妻等诸多弊症，国家为此不断细化其操作程序。在此过程中，文官与管军部门因立场不同而时有争论，但基于军妻稳固卫所的作用，即使弊端丛生，"佥妻"例终明之世仍在延续。考察"佥妻"例从制定到不断修正的过程，有助于今人管窥明代"例"的演变之一斑。②

特定法律形式的研究方面。柏桦和卢红妍梳理了洪武年间《大明律》的编纂和适用情况。作者认为，明初《大明律》的编纂，除了《明史·刑法志》所载吴元年、洪武六年、洪武二十二年和洪武三十年律的演变过程，实际上还有洪武九年和洪武十八年、洪武十九年行用律的存在。洪武年间，大诰、榜文、条例等在司法中占据了重要地位，但不能忽视律的主导作用，由此形成的律与其他法律形式彼此相连的法律体系格局，对后世产生了深远影响。③ 周东平和李勤通对"轻其轻罪、重其重罪"这一描述唐明律差异的经典命题予以了再辨析。作者指出，这一命题最早由孙星衍于嘉庆十三年撰

---

① 李贵连、程晶：《从令到例：论明代律例法律体系的生成》，《学术界》2020年第10期。
② 刘正刚、高扬：《明代法律演变的动态性——以"佥妻"例为中心》，《历史研究》2020年第4期。
③ 柏桦、卢红妍：《洪武年间〈大明律〉编纂与适用》，《现代法学》2012年第2期。

写《重刻故唐律疏议序》时提出，后为律学家薛允升所采用。该命题在整体上具有正确性，即无论是在事项差异，还是在犯罪客体、犯罪主体上，明律较之于唐律均存在"轻其轻罪、重其重罪"的倾向；但该命题也存在局限性，在诸多问题上都可举出与之相悖的反例。明律出现这一特点，与朱元璋的人生经历、明初的政治经济状况、中唐以来政治经济制度的变迁和少数民族文化对汉文化的冲击有关，与当今"轻轻重重""宽严相济"等刑事政策有异曲同工之处。①

刘笃才考察了明代榜例的内容特点和演变过程。作者指出，明初榜文禁例的兴盛，与朱元璋疏离官僚体制、直接诉诸百姓的思想有关。在内容上，洪武、永乐年间的榜文禁例具有任性随意、直言其事、刑罚严厉等特点，是超越法律的君权体现，但也在一定程度上起到了维持社会秩序的作用。宣德以后，随着皇帝个人能力和心态的变化，榜文禁例演化为"榜例"，进入官僚体制主导的时期，逐渐走向制度化、规范化。与其他法律形式相比，榜例的优点在于其公开性，但并非不可替代，加之榜例容易破坏统一法制，以及违背官僚体制运作规则，甚至损害朝廷权威的缺点，故其逐渐被官府告示取代而走向式微。②柏桦从"榜谕"与"榜示"这两种榜文的用语形式切入，探讨了明代榜文的内容和法律效力问题。作者指出，明初各部颁布榜文，有"榜谕"和"榜示"之别。比较二者内容可知，榜示的强制力比榜谕强，其在宣布治罪方针时，具有雷厉风行的效用，有先兵后礼的寓意，法律效力较强；榜谕则主要在于劝诫，有先礼后兵的意味，其法律效力也高于一般律例的规定。整体而言，明代榜文具有时效性、灵活性和内容广泛等特点，能够弥补固有法律制度的不足，应对各种新情况和突发事件，因此为历代皇帝普遍采用，并被赋予了较高的法律效力。今人不应简单以榜文刑罚苛刻和赏赐非制即将之否定，而应在肯定其存在价值的基础上分析其利弊得失。③

律学研究方面。张伯元的《律注文献丛考》一书，集中收录了作者多年来关于中国古代法律文献的考证和研究成果。其中涉及明代法律文献的论文共有9篇，研究对象包括何广《律解辩疑》、张楷《律条疏议》、陆柬《读律管见》和万历年间的《大明律集解附例》等，基本涵盖了从明初到明代中后期较为重要的律注文献。在研究内容上，既有注文的考析，也有佚注

---

① 周东平、李勤通：《唐明律"轻其轻罪、重其重罪"再辨析》，《法制史研究》第 27 期。
② 刘笃才：《论明代的榜例》，《盛京法律评论》第 1 辑第 8 卷。
③ 柏桦：《榜谕与榜示——明代榜文的法律效力》，《学术评论》2012 年第 2 期。

第八章 明代法律史研究

的辑考和版本的考异。本书考证扎实，时有新见，对于明代律例和律学的研究具有较高的参考价值。① 马韶青的《明代注释律学研究》一书，对明代注释律学的发展进程、文献版本、理论成就以及历史地位进行了探讨。作者认为，明代注释律学的繁荣，主要源于司法实践的需要、律例关系理论的形成以及统治者对讲读律令和普法教育的重视三个方面的原因。律注文献的丰富，反映了明代注律活动的空前活跃。从注释内容来看，不论是传统的五刑、六赃、七杀，还是新增的奸党、迁徙、充军等刑名，明代律注家都予以了充分的论述和阐释，所采用的编纂体例和注释方法也较前代有了新的进步。这些发展成果，对后来的清代律学产生了全方位的影响。②

吴艳红的《国家政策与明代的律注实践》一文，围绕明代官方律注缺失的现象，对国家政策与明代律学发展及律注实践的关系进行了探讨。文章指出，明代对官吏通晓律意的要求催生了现实中对律文注释的需求，但明廷始终没有出台统一的官方律注，对私家注律的管理和规范政策也十分模糊。从嘉靖十一年的孙存案来看，在实践层面，国家对律文的注释和刊刻可能存在"成典"，即由都察院和按察司等司法机构的官员承担对私家律注的筛选和出版工作。明廷对《大明律》注释的态度和实践，造成了官刊律注在形式和内容上的特点，并对明代律学知识的发展产生了积极影响。③ 刘笃才对《皇明条法事类纂》这一明代重要法制文献的内容、成书、真伪和价值问题予以了细致考察和分析。他通过比较对勘指出，《皇明条法事类纂》正编中大部分"有目无文"的条目，其文字就在附编中，这一结构，反映出本书编者在《条例全文》基础对后者的重新采择和编排。史料表明，本书的编者确为监察御史戴金，但存世抄本的题跋、皇帝序文等处经过了清人的作伪包装。从内容来看，本书辑录了大量明代立法相关的独家档案史料，分类编排合理，对于明代法律史和法律思想史研究具有宝贵的学术价值。④ 李守良从地域分布、出身、仕宦、律学知识来源等方面对明代私家注律家群体予以了考察。作者发现，私家注律家多成长于健讼之地，耳濡目染，使他们对律例产生了浓厚的兴趣，此后又通过潜心自学、他人教授及司法部门的熏陶等途径，提高了律学素养。众私家注律家多科举出身，在及第任官后，其专业

---

① 张伯元：《律注文献丛考》，社会科学文献出版社 2016 年版。
② 马韶青：《明代注释律学研究》，中国社会科学出版社 2019 年版。
③ 吴艳红：《国家政策与明代的律注实践》，《史学月刊》2013 年第 1 期。
④ 刘笃才：《破解〈皇明条法事类纂〉之谜》，《北方法学》2017 年第 5 期。

特长大多得到发挥。他们出于让官员、胥吏和百姓知法、守法的目的注解《大明律》。科举出身的私家注律家，律著多为系统性的考据、辑注类著作，明代中后期，非科举出身的注律家人数增加，司法实用类律著明显增多。①

邱澎生的《律例本乎圣经：明清士人与官员的法律知识论述》一文，通过分梳明清士人官员对于法律知识的相关言论，探讨了传统政法思想在明清两代的发展趋势。文章指出，明清不少士人官员都曾强调研读法律知识的重要性，并形成了尝试将法律知识更密切地与儒家经典相结合的学术风气。由十五世纪末邱浚《大学衍义补》中的"慎刑宪"，到十八世纪末汪洪的《祥刑经解》，其间出现的各种法律著作中，都能看到主张研读儒家经典与法律知识并行不悖或相辅相成，以及将国家法律溯源到儒家"圣经"的观点，这些现象反映了密切衔接儒家经书与法律知识的长期趋势，说明过去有关明清法学衰落的命题有必要重新反思。②

谷井阳子的《明清律学与士人社会》一文，对明清时期律学的发展及其与法律在士人社会中的地位的关系予以了通贯式的考察。文中指出，明代中期以后，律学内出现了超越单纯实用的律条解释，而把律作为统治精神的体现，并试图揭示出其中所含道德理想的趋势。这一思想趋势提升了法律的价值，导致了律学研究的发展。但另一方面，在当时的地方衙门中，州县官员的律例知识非常贫乏，律学发展的成果未发挥充分影响。进入清朝以后，国家对准确运用律条的要求比以往更加严厉，故更多士人选择以法律知识作为生计手段，这进一步促进了律学著作的发展和律学知识的推广。然而，清代中后期，由于法律体系变得愈加琐碎复杂，律学著作逐渐被更具实用性的修律按语和案例汇编取代，注重阐发"律意"的律学则逐渐丧失活力，甚至薛允升这样精通律学的刑部官员也表露出对律例的质疑和批评。总之，明清律学虽然赋予了法律以积极意义，却没能将此观念铭刻在一般士人和官僚的认识中，因而最终没能成为一门受人重视的学问。③

---

① 李守良：《明代私家注律家管见》，载《中国古代法律文献研究》第10辑，社会科学文献出版社2016年版。
② 邱澎生：《律例本乎圣经：明清士人与官员的法律知识论述》，《明代研究》2013年第2期，总第21期。
③ 谷井阳子：《明清律学与士人社会》，《法制史研究》2016年第2期，总第30期。

四 刑事法律制度研究

犯罪研究方面。刘陈皓从当代刑法学视角对《大明律》中的"不坐"条款予以了解读。作者认为，明律中规定"不坐"，亦即出罪的情形，包括缺乏意思联络不成立共犯、犯意不足、无法益侵害性等。与当代刑法相比，其在立法技术上的特点，是在具体罪名后限定本罪罪状下不为罪的情形，即主要在分则中进行规定。这一立法模式对司法实践有更充分的指导，可为今天的法治建设提供借鉴。① 周永坤分析并对比了汉、唐、宋、明四代关于"出入人罪"的法律规定及其司法导向意义。其中，作者认为，《大明律》的出入人罪规定，背离了《唐律疏议》所确立的"重入轻出"的审判责任原则，是对历史的倒退。此外，司法实践中，由于帝王的专制严刑，"重出罪，轻入罪"的倾向更为严重，这也构成了明代冤狱蔓延、社会萎靡不振的重要原因。②

吴艳红以成化年间的陈纲案为中心，讨论了明代前期惩治赃官的法律依据和实践问题。作者指出，朱元璋确立的洪武司法祖制，导致《大明律》中的惩治赃官规定难以落实，如何在祖制格局下解决这一问题，有效惩治赃官，是洪武以后君臣的重要课题，也是陈纲案的基本背景。在本案中，陈纲本人、司法官员和成化皇帝围绕陈纲议罪纳赎后的处置问题，根据不同法律依据，提出了"还职""为民"和"冠带闲住"等不同意见，体现了明前期在惩治赃官时对祖制的坚持与反思、对《大明律》与条例关系的理解与利用以及对司法公正与"为贪墨者之戒"之间不同目标的调和。③ 黄学涛对明代成化年间禁止僭奢条例的发展变化进行了研究。他指出，明初为稳定社会秩序，以律令专条对僭奢行为予以限制。随着社会经济的发展，律令已难以遏制僭奢现象，遂出现了以例补律以惩罚僭奢的方式。

---

① 刘陈皓:《〈大明律〉中"不坐"条款研究——以当代刑法学为视角》，《人民论坛·学术前沿》2019年11月上。

② 周永坤:《"出入人罪"的司法导向意义——基于汉、唐、宋、明四代的比较研究》，《法律科学》（西北政法大学学报）2015年第3期。

③ 吴艳红:《陈纲案与明前期对赃官的惩治》，《四川大学学报》（哲学社会科学版）2019年第6期。

成化以来，官民僭奢升级，例成为官府处置僭奢的主要手段，禁僭奢条例出台也最多。北京和江南是僭奢的中心地，二者侧重点各异，京城的重点是防僭越，江南则重点禁奢靡。由于禁僭和禁奢执行的不同步，相关条例实际上难以遏制僭奢之风。从禁僭奢条例的发展中，可以观察到法律随社会风气而变化的轨迹。①

雷炳炎的专著《明代宗藩犯罪问题研究》以明代宗藩犯罪问题为中心，叙述了明代宗室分封的由来、亲郡王府的规制、宗室分封的规模，介绍了明代宗室事务管理的相关机构，并涉及宗藩地位变化及其与各种宗藩问题的关系、宗藩政策调整与改革等；对明代宗藩犯罪的种种表现作了翔实的分析、论述；考察了明王朝对罪宗的科刑与处置情况；探讨了明代宗藩犯罪的历史根源；对明代宗藩犯罪的人员构成和地理分布等亦作了适当的分析，讨论了宗藩犯罪对明代政治、经济和社会发展的深远影响。②

刑罚研究方面。王新举对明代赎刑制度的内容、特点和成因进行了较为系统的梳理。他认为，相比前代赎刑，明代赎刑制度表现出了立法原则趋于实效和功利、结构体系较为完善、"例赎"和"律赎"相辅相成、适用范围较为广泛、赎刑方式灵活、标准合理等诸多特点。这些特点的形成，根源于明代特定的经济、政治背景和刑罚体系，又对明代刑罚体系和财政经济施加了反作用，并深刻影响了清代的赎刑制度。受各种因素限制，明代赎刑制度存在标准不统一、损害刑罚制度、导致贫富异刑等问题，但整体而言，仍具有历史的合理性，在维护明代社会稳定、推动法制发展等方面发挥了积极作用。③ 田莉姝分析了明代充军刑的实施对贵州地区的影响。她指出，贵州是明朝充军犯人的主要配地之一，大批各行各业的充军罪犯来到贵州，除了起到惩罚犯罪的作用，客观上也对当地产生了诸多积极影响。包括补充卫所兵源，加强贵州防卫、带动贵州经济发展、促进贵州文化和教育的进步等。④

---

① 黄学涛：《明成化禁僭奢条例变化研究》，《暨南学报》（哲学社会科学版）2019年第4期。
② 雷炳炎：《明代宗藩犯罪问题研究》，中华书局2014年版。
③ 王新举：《明代赎刑制度研究》，中国财政经济出版社2015年版。
④ 田莉姝：《浅析明朝充军刑的实施对贵州的影响》，《贵州民族大学学报》（哲学社会科学版）2013年第5期。

五 民商事法律制度研究

阿风的《明清徽州诉讼文书研究》一书，利用明清徽州诉讼文书，对明清时期，尤其是明代徽州的诉讼制度、观念和实践进行了深入研究。书中首先介绍了徽州的历史以及徽州文书的发现、整理与研究情况。随后依次对徽州诉讼文书的分类、徽州诉讼文书所见明清时期的诉讼程序和民众诉讼书证观念、明清徽州的诉讼费用与诉讼合同文约等问题予以了讨论。最后结合三个具体案例，对明代中后期徽州不同类型的诉讼实态进行了考察和分析。作者指出，明清时代，诉讼过程的每个环节都要形成文书，诉讼文书是了解当时诉讼社会的关键史料。徽州人重视保存文书、族谱、碑铭等公私文凭，与这些文凭可以成为诉讼书证有着密切的联系。从诉讼文书来看，明清时代的民众与诉讼的距离并不遥远，人们往往以族、户、股为单位，订立合同，共同出办诉讼费用，以集体的方式来减轻诉讼的经济风险。明代徽州民众的诉讼观念和实践，既受到徽州宗族组织的深刻影响，也与国家土地、赋役政策的调整和社会经济的变迁有着密切的联系。[①]

徐嘉露的《明代民间契约习惯与民间社会秩序》一文，分析了明代民间契约习惯对民间社会秩序的影响。她指出，明代"契约"是中国传统社会语境下的"契"和"约"的合称，具体包括乡规民约、合同约和单契。明代民间契约习惯不仅规范了民间社会组织内部管理秩序，而且调整了民间社会的人身权利义务关系和财产权利义务关系。社会经济发展的需求和政府的积极推动，是明代民间契约习惯发挥作用的内外动因，此外，地方官的司法援引，也使民间契约习惯的权威和效力得到了提升。[②] 在此基础上，作者的《从契约文书看明代民间分家行为的秩序及价值取向》一文，更具体地从契约文书入手，探讨了明代民间分家行为所体现的秩序规则和价值取向。文章指出，分家文书显示，明代民间的分家方式主要有"标分""阄分"和"议分"。文书中承载的民间实体规则包括女子有限分产、特别保留份额、代位继承等，程序规则包括中间人参与和信赖"拈阄"等。明代分家文书

---

① 阿风：《明清徽州诉讼文书研究》，上海古籍出版社2016年版。
② 徐嘉露：《明代民间契约习惯与民间社会秩序》，《中州学刊》2016年第5期。

的内容，反映了当事人立约的自治意识、履约的诚实守信、财产份额分割的公平正义以及国家法与民间习惯并重的价值取向。①

陈昱良利用名人墓志材料，探讨了有明一代官民违律纳妾的问题。作者指出，《大明律》对民人纳妾资格有着严格限定，但在实际中并未得到严格执行。一方面，官员墓志中娶妾事例甚多，却几无官府干预，说明官员家庭违律纳妾是一种政府默许的社会现象。究其原因，妾的身份具有灵活性和广泛的适应性，其职责包括生子广嗣、照料丈夫起居、掌管家庭琐务等，对官绅家庭具有重要作用；另一方面，民人违律纳妾在嘉靖、万历以后亦趋于普遍。这除了与繁衍子嗣的社会伦理观念和妾之家庭地位的确立有关，还受到社会风气变迁的影响。违律娶妾问题体现出统治阶级的教化愿望与民间实际情况的差异，是考察明代法律与风俗之关系的适合案例。②

卞利讨论了明清时期民间规约与社会秩序的关系。作者归纳认为，明清时期的民间规约具有内容丰富、类型复杂的特点，大体包括村规民约、宗族规约、行业类规约、会社类规约、宗教类规约等类型。整体上看，民间规约的特征包括地域性、时效性、灵活性和权威性等，具有规范功能、救济功能和奖惩功能。在社会生活中，民间规约发挥了维护伦理道德秩序、尊卑等级秩序以及经济生产秩序等方面的作用。民间规约与国家法律既相互配合又彼此互动，共同维系明清时期的社会秩序。③

六 行政法律制度研究

监察制度方面。高春平的《明代监察制度与案例研究》是研究明代监察制度的专著。书中将制度梳理与案例分析相结合，较为系统地展现了明代监察制度从建立、完善到侵蚀腐化的历史过程，并在此基础上剖析了明代监察制度及其执行情况的利弊得失。作者认为，明代监察制度包含中央监察、地方监察和厂卫特务监察三大系统，三者共同形成了纵横交错、以小制大、内外互监的严密监督网络。明代的监察制度既空前严格，又叠床架屋，但整

---

① 徐嘉露：《从契约文书看明代民间分家行为的秩序及价值取向》，《中州学刊》2020 年第 2 期。
② 陈昱良：《从明人墓志看官民违律纳妾问题》，《历史档案》2012 年第 2 期。
③ 卞利：《论明清时期的民间规约与社会秩序》，《史学集刊》2019 年第 1 期。

体而言，其在制度上的创新和贡献超过以往。有明一代，监察制度对国家统治的稳定和社会经济的发展起到了重要的监督制衡作用。但明中后期以后，随着吏治的结构性腐败，监察官员变质为皇权附庸和党争工具，制度的执行力和监督功能迅速弱化。从明代监察制度的经验教训中，可以得出对今日反腐倡廉工作有益的历史启示。① 修晓波对明代巡视监察制度中的若干问题进行了再探讨。他认为，明代巡视监察的实质是异体制衡，即通过监察体系的设计，割断监督者与被监督者的利害关系，以实现监督的有效性。明代巡视监察就其职责性质，可分作巡按地方和专差巡视。监察御史出巡时被称为巡按御史，巡按结束返回各道及从事某一专项任务时，又被称为监察御史，二者角色相互转换，日常监察与巡视监察也彼此相通。从本质上讲，监察御史与巡按御史的御用性束缚了他们作用的发挥，使其易走向腐败及成为党争的工具，最终无法收到应有的效果。② 陈国平对张居正改革中考成法的背景、内容、执行情况和经验教训予以了专门考察。作者指出，明代中后期官场的"姑息之政"，构成了张居正出台和推行考成法的背景。在法律渊源上，考成法由关于考成的诏令、加以补充和完善的事例以及六部的相关规定组成，构成了一个严密的系统。总体上看，考成法得到了切实的贯彻执行，比较成功地克服了"姑息之弊"，并推动其他改革措施落实，为实现富国强兵的目标提供了支持。但考成法只能是救时之策，而非根本之计，张居正死后不久即被终止。考成法的局限和命运说明，要解决"姑息之弊"，必须全面深化官员管理制度改革，并获得绝大多数官吏发自内心的认同。张居正推行考成法的经验教训对于我们当前整治官僚主义具有重要的参考价值。③

薛理禹的《明代保甲制研究》一书系统梳理了明代保甲制的形成、发展过程与实施情况。书中指出，明代中期官府对户口的控制弱化、卫所系统趋于瓦解以及全国治安形势的恶化，构成了保甲制形成的背景。嘉靖年间，在地方官员的推动下，保甲制大范围兴起并逐步完善，隆庆、万历年间，保甲制进一步在全国各地，尤其是沿海沿边地区推行，相关条款也趋于细致。保甲制对于防御盗匪、维护基层治安发挥了一定的功效，但其在立法与执行环节也存在诸多弊端，在基层实施中往往因官吏敷衍、胥吏营私和民众抵制而有名无实，甚至沦为扰民恶法。终明一代，保甲制基本上是地方应对治安

---

① 高春平：《明代监察制度与案例研究》，商务印书馆2020年版。
② 修晓波：《明代巡视监察制度若干问题探讨》，《历史研究》2018年第4期。
③ 陈国平：《张居正改革中的考成法考论》，《中国法学》2020年第4期。

形势的权宜之计，兴废无常，清代以后，官方着手统一推行保甲制，其方成为国家人口管理的根本制度。①

李源和韦东超探讨了明代提学官制度的施行背景和效果。作者提出，明代提学官制的设立并不是明代官学教育进一步发展的产物，而是明王朝为了应对官学腐败的危机而采取的应急措施。从实施效果来看，提学官制设立并运行后，官学教育并未取得明朝君臣所期望的振兴。究其原因，提学官权力、资源与责任的失衡，使得其未能有效发挥监管职能。在本质上，明代封闭僵化和"学而优则仕"功利指向性的人才培养制度，是导致官学败坏和人才培养质量不断下降的根源，故补救性的提学官制无法阻止明代官学教育的进一步衰败。②

展龙对明代官员久任法的历史发展进行了梳理。他指出，洪武至正德是久任法的滥觞期，此期官多久任，相关配套制度不断完善，成为久任法得以推行的保障。弘治、正德时，官员速迁之势渐盛，久任难以维系。至嘉靖，久任法受大礼议及严嵩专权的冲击，呈现有法可依而执法不严的现象。万历以后，明廷虽有重振旧法之意，无奈皇祚将倾，久任法近于废弛。明代官员久任法与考核、铨选、监察等制度相联系，一定程度上有利于官员谙练政务，务实行事，责以实效；但也易造成仕途淹滞，苟且因循，形成利益集团，导致吏治腐败。整体而言，久任法是迁转制的有益补充，但不应夸大其社会功能和制度作用。③

黄阿明考察了明初磨勘司的品秩、职责和置废原因。他通过考证指出，明初磨勘司经历两置两废，洪武三年初设时为正四品衙门，是国家最高覆核机关，综核天下章奏簿书，覆核范围包括赋税钱粮、司法刑名等方面的内容。洪武十四年复置时，其规模、品级可能有所下降，但职能并未发生根本性改变。明太祖在对国家制度进行调整和重构的过程中，从中央和地方两个层面，建立了一套具有分权性质的二级覆核新体制，从而取代了原先单一的覆核体制。至此磨勘司已无存在必要，被彻底罢废。明初磨勘司的命运，一定程度上揭示出明代国家制度从明承宋制、明承元制的格局状况逐步走向具

---

① 薛理禹：《明代保甲制研究》，中国社会科学出版社2019年版。
② 李源、韦东超：《明代提学官制施行背景及其效果探析》，《中央民族大学学报》（哲学社会科学版）2014年第4期。
③ 展龙：《明代官员久任法研究》，《清华大学学报》（哲学社会科学版）2013年第4期。

有明代自我特色的演变轨迹。①

鞠明库考察了明代勘灾制度的演变与得失。他指出，明代勘灾的内容和要求相对稳定，勘灾机制的发展则是逐渐变化。在勘灾主体上，经历了地方官踏勘、遣使勘灾与户部覆勘结合、监察官广泛参与、巡按主导勘灾等阶段；在勘灾程序上，亦经历了从地方官层层申报至户部覆勘，到抚按勘疏、户部覆勘，再到巡按核实勘灾、户部覆议的过程，形成了一套较为严密的勘灾机制。但是，勘灾机制本身存在的程序与效率的冲突、勘灾监察的泛化与实质弱化，以及勘灾过程中的渎职、腐败等问题，严重影响了明代勘灾的效果。这是明代未能有效解决，同时值得今人深思的问题。②

何欣峰考察了明代的疫灾应对机制。作者指出，明代是中国历史上疫灾最为严重的时期之一，为了应对疫灾，明代在荒政中完备了疫灾的上报机制、祈禳机制、疫病救治机制、灾民赈恤机制、恢复生产机制和疫灾应对的监察机制，起到了一定的效果。但由于医疗资源不足、防范意识淡薄、疫病知识缺乏、救灾制度僵化和政治腐败等原因，这些疫灾应对机制也存在着明显的局限性。③

夏强从设置、类型、职任、利弊等方面对明代盐法道制度予以了探讨。他指出，盐法道一职在地方道制的基础上发展而来，其设立的根源在于盐运司等盐务管理部门管理失效、盐课逋欠。盐法道的职能起初主要是监察盐场官吏，成化之后，行政职能逐步加强，至嘉靖三十九年，各省遍设屯盐佥事，可视为盐法道制度成型的标志。盐法道在查验官引、销售官盐和稽查私盐方面拥有共同职权，同时根据各地盐务的差异，不同地区盐法道官员还拥有各自的特殊职权。明代盐法道具有权威性、专职性、灵活性等制度优势，但也存在定位尴尬、职事因循等缺陷，是一个成型但不甚完备的制度。④

连启成分析了明代官方告示的特点与格式。他指出，明代官员在撰写告示内容时，多采用较浅显易懂的语词，或是辅以歌谣俚语，甚至采取绘画图形，以加深百姓的了解，达到政令传达的目的。在格式方面，明代告示一般记载发布的所属机构、时间、地点和事项内容，开头和结尾的用语较为格式化。此外，为劝谕百姓执行官方政令，除了柔性劝导，告示有时会以严峻、

---

① 黄阿明：《明初磨勘司考论》，《社会科学辑刊》2013年第4期。
② 鞠明库：《明代勘灾制度述论》，《中国社会经济史研究》2014年第1期。
③ 何欣峰：《明代疫灾应对机制研究》，《中州学刊》2020年第12期。
④ 夏强：《成型但不成熟：明代的盐法道制度》，《盐业史研究》2019年第2期。

强硬的语气，甚至援引律法条文加以威吓，以说明官方依法施政的坚决态度。①

王博分析了明律中财税监督的制度结构和立法特点。作者指出，《明律》相比前代法典增加了财税保障立法的比重，财税监督制度主要针对征税人和国库管理人二者展开，以对二者不同行为的定罪量刑为主要措施。相关立法具有法网严密、刑罚严苛、重惩官吏等特点，但在现实中难以得到长期有效的执行。②

罗玮考察并比较了元明时期的树木保护法令。他指出，除历代相承的保护农桑树木的法令外，明代的树木保护法令主要集中于陵园树木保护和北方边境树木保护两大类，这主要与政治和军事因素有关。元明两代在树木保护法令上的差异，源于两个朝代统治民族和帝国性质的不同，从这一微观角度，可以观察二者在国家政权和社会发展层面的继承和变革。③

七 司法与诉讼制度研究

张宜讨论了明代文官犯罪的检举路径与实况。她指出，明代文官犯罪行为可由官员自举，也可通过法定机关监察御史、巡抚、按察司官员和给事中举劾。文官系统中其他官员只要发现他人有犯罪行为亦可以检举，此外，皇权控制之下的特务机关东厂、锦衣卫、西厂等也负责监督官员不法行为，最后，普通百姓也有成功告发官员不法行为的案例。从《明实录》所载案例看，有明一代，法定机关担负起了主要的监察工作，其他机关及个人只能起辅助作用。法定机关有效发挥监督官员的作用，是维护吏治清明、社会安定的关键所在。④

徐望利用《皇明条法事类纂》所载条例立法史料，考察了明代中期武职犯罪的审理程序。他指出，明初武职地位较高，在司法审判中享有特权，

---

① 连启成：《明代官方告示的结构与格式》，《明史研究》第14辑。
② 王博：《论〈明律〉财税监督的制度结构及立法特点》，《安阳师范学院学报》2015年第1期。
③ 罗玮：《元明时期树木保护法令初探》，《北京林业大学学报》（社会科学版）2015年第1期。
④ 张宜：《明代文官犯罪检举路径初探》，《法学杂志》2012年第6期。

成化、弘治年间，官方通过条例的制定，对《大明律》规定的武职犯罪审理程序进行了调整。在原被告的利益衡平上，既通过惩治军民滥诉来保护武职的合法权益，又严格限制武职特权防止其打击报复；在审理主体上，由三法司与巡按御史、按察司的文官介入审判；在官员权益的保护上，既通过案件"审录"实现对冤假错案的纠正，保护武职官员的合法利益，又在明确司法官员责任的基础上对其进行严格保护，从而适应了时代变化发展的需要。①

吴艳红和姜永琳利用整理出版的明代《四川地方司法档案》，考察了明代布政司在司法中的作用，并由此重新审视了明代地方的司法格局以及都、布、按三司之间的关系。通过对《档案》所载明代招册的分析，作者指出，明代布政司在制度上虽无明确的司法职掌，但实际上在立案、审问以及详谳等司法过程中均发挥了重要作用。从中可知布政司在明代的司法体系中占据重要位置，按察司并不垄断省级司法，有关明代地方三司分职的传统观点需要补充。布政司在司法中的作用，展现了明代地方司法实践中百姓告诉相对自由、多个衙门和官员审理同一案件、详谳复核机构交错等特征。②

吴艳红以嘉靖年间鲁王府案件的审理记录《鲁府招》为切入，探讨了明代宗藩司法中的分别议处问题。作者指出，明代宗藩与非宗藩人员的司法分离，可追溯至明太祖时期，表现为两个层面的内容：其一，宗藩与非宗藩的司法以不同方式分开进行，前者适用《皇明祖训》而后者适用《大明律》；其二，宗藩司法独立于国家一般的司法体系之外，体现了家法与国法的分野。此种分离在司法理念和实践方面都存在弊端，故弘治以后，明廷通过制定《问刑条例》和司法上的努力，逐渐重新将宗藩司法纳入国家体系，但此种纳入并不彻底，上述第一个层面的内容仍然保留。《鲁府招》中，宗藩与非宗藩成员在司法上仍然存在分别议处，但分别的程度及《祖训》的应用情况已与明初设定的格局不同，反映了宗藩司法承前启后过渡阶段的特征。③

---

① 徐望：《明中期武职犯罪的审理程序——以〈皇明条法事类纂〉为中心》，《上海大学学报》（社会科学版）2017年第6期。

② 吴艳红、姜永琳：《布政司与明代司法——以明代〈四川地方司法档案〉为中心的研究》，《南京大学学报（哲学·人文科学·社会科学）》2016年第4期。

③ 吴艳红：《明代宗藩司法管理中的分别议处——从〈鲁府招〉说起》，《中国史研究》2014年第2期。

张丽霞利用《盟水斋存牍》与《折狱新语》所载息讼判词，构建了明代息讼制度的基本图景。作者通过分析指出，息讼作为一种审判程序终结制度，在明代府县的户婚、田土、钱债等民事案件和笞杖以下的轻微刑事案件中均可适用。在程序上，息讼请求必须由双方当事人共同提出，不允许单方撤诉。息讼案件仍以普通审理程序审理并查明基本事实，息讼的最终裁断权属于法官。在法律效果上，息讼判决并不意味着诉讼的最后终结，还需要上报上级司法机关复核。从整体上看，明代息讼制度的设计，是当事人处分权与法官审判权相结合的产物。[①]

王泉伟从律例规范、司法机构和司法程序三个方面，探讨了明代宦官的司法体制问题。作者认为，《大明律》以及《问刑条例》中存在关于宦官的内容，但相对较少，大部分对于宦官的处理方式以惯例形式存在；掌管宦官司法的机构主要是司礼监，但部分宦官案件，尤其是权阉案件则交由三法司或锦衣卫处置，朝廷与宦官经常就司法权限进行争夺；宦官的司法程序与职官犯罪较为类似，但是在审判与执行环节具有特殊性。整体而言，明代宦官系统拥有一套约定俗成的司法体制，但与朝廷的司法体制相比，有着制度化程度较弱的特点。[②]

赵晓耕和时晨对明代厂卫的性质及其与法司的关系进行了讨论。作者认为，厂卫并非纯粹的特务机构或司法机关，而是一种特殊的监察机关，其权力并非毫无限制。厂卫在执行具体的侦缉活动和参与监察和司法的其他活动中，都或多或少地在程序上和实体方面受到其他机构制约和牵制，包括给事中以驾帖签批、官员职权重合以及皇帝和司法机关对于终审权的控制等。厂卫和法司的制衡加强了居中裁断的皇帝对双方的控制，强化了皇帝对于整个文官系统和社会的控驭。厂卫制度的经验教训，可为当今的监察制度提供镜鉴。[③] 高璐考察了明代诏狱的羁押环境与待囚情况。她通过梳理史料指出，明代诏狱的羁押环境恶劣，采光、通风与卫生条件均不能满足囚犯的生存需要。管理者对待囚犯的态度与方法亦突破了律条约束，虐囚、索贿的情况极为普遍，虽偶有法外施情，但难以代表整体情况。从明代诏狱的状况中，可

---

① 张丽霞：《明代息讼制度探究——以判牍为中心的考察》，《郑州大学学报》（哲学社会科学版）2017年第4期。

② 王泉伟：《明代宦官司法体制初探》，《故宫学刊》2019年，总第20辑。

③ 赵晓耕、时晨：《平衡与牵制：明代厂卫与法司的关系》，《甘肃社会科学》2018年第5期。

以窥见近代监狱环境的由来与历史变迁。①

八 司法实践与法律文化研究

赵中男对明宣宗的司法活动予以了述论。他指出，明宣宗的司法活动是在洪武、永乐向洪熙时期转折的政治背景下展开的，主要继承了仁宗的司法政策。在审理案件时，宣宗努力做到公正断案，防止和减少冤案。他对许多罪犯从轻发落，以树立自己的宽仁形象，注意运用法律手段安抚民心，有意调节法律与道德的矛盾以及法律与敕令的冲突。明宣宗不仅在司法活动中改善和加强了当时的一些司法制度，而且通过变相废除《大诰》等峻法，坚持以《大明律》为基础断案，开启了明代"律例"体系形成的历史过程。这些事实，显示出了宣宗司法活动在明代法制史上的特殊意义。②

吴艳红对明代官员的法律知识问题进行了系列研究。《选拔制度与明代官员的法律知识》一文，从明代官员的选拔制度入手，考察了国家制度对于明代官员法律知识的获取及其程度的影响。文章认为，学校培养和科举考试并没有给明代进入官场的士人提出明确的法律知识要求，故缺乏促进士子获得实际法律知识的激励因素。而新科进士的观政选官，最重要的因素是会试、殿试的名次，其在刑名方面的表现，并不成为影响选官的根本因素。总之，在制度层面上，国家并没有把一般官员与司法官员区别开来。但是，与其余司法官员不同，在都察院监察御史和按察司官的选拔中，法律知识成为明确的要求。使这一群体在法律知识和司法实践经验上有比较好的积累，并因此成为国家进行法律知识推广和控制的主要依靠。明代国家官员具备的法律知识程度具有差异性，这种差异性的形成是制度性的，特别是与国家的选拔制度有关。③《制度与明代推官的法律知识》一文探讨了制度因素对明代推官获取法律知识的影响。文中指出，从推官的除授来看，明代推官就任之初并无充分的法律知识储备，但是，推官在其任上能够得到比较充分的司法

---

① 高璐：《明代诏狱的羁押环境与待囚情况考究》，《大连近代史研究》第16卷。
② 赵中男：《明宣宗司法活动述论》，吴艳红主编：《明代制度研究》，浙江大学出版社2014年版，第242—261页。
③ 吴艳红：《选拔制度与明代官员的法律知识》，载吴艳红主编《明代制度研究》，浙江大学出版社2014年版，第150—181页。

事务的训练，刑名知识得到比较充分的积累。具体来说，这一时期的详谳制度和行取制度为推官提供了获取并积累刑名知识的重要机会和激励因素。明代中期以后，推官在地方司法中表现积极，并成为明代官员中具有专门法律知识的队伍——监察御史的重要后备力量。清代推官裁撤及相关制度的改变，是导致这一时期刑名幕友出现并发挥影响的重要因素。①《试论都察院与明代官方法律知识的控制》一文，探讨了都察院在官方法律知识的形成和流通中扮演的角色及其对律注实践产生的影响。文章指出，从明初开始，朝廷就通过"讲读律令"等规定，确立了都察院在法律知识控制方面的职责。但由于《大明律》缺乏标准官方注释，这一职责的落实存在困难。为应对这一问题，正德末年开始，通过对当时流行的《大明律》私家注释进行评估、选择、整合、重刊，都察院及其派出机构逐渐实现了对官方法律知识的规范化、稳定化，甚至统一化。其中，万历年间衷贞吉刻本《大明律集解附例》在司法领域可能已经具备了官方统一、标准律注的特征。经由这一方式，都察院成为明代官方法律知识的创造者、传播者和控制者，相应成果对清初制律亦有深远影响。②

张群以《明经世文编》等书中的明人奏议、文章等为主要材料，从法学造诣和法律精神两方面，考察了明代士大夫的法律修养。通过分析明代士人的法律论著，他指出，明代士大夫和官员多重视法律，在正确理解、适用法律以及法律制度的改进方面，发表了较为丰富而有见地的主张；同时，从这些论述中，可以看到当时士大夫抨击酷刑峻法、反对特权专制的法律精神。其中，王樵、王肯堂父子作为明代中后期著名律学家，其法律成就和主张尤为值得关注。③

赵克生对明代各级司法机构断狱违限的"淹禁"问题进行了探讨。作者指出，淹禁的产生不仅由于司法官员玩忽职守、贪污受贿等腐败行为，而且由于参与诉讼的军民以淹禁为策略而谋取私利；不仅由于人为因素，而且由于监追、监候与会审等法律制度，甚至由于交通、审判技术等因素。为解决淹禁问题，明朝政府主要从制度改革和恤刑两个方面着手，虽有一定效

---

① 吴艳红：《制度与明代推官的法律知识》，《浙江大学学报》（人文社会科学版）2015 年第 1 期。

② 吴艳红：《试论都察院与明代官方法律知识的控制》，《四川大学学报》（哲学社会科学版）2018 年第 2 期。

③ 张群：《明代士大夫的法律修养》，《法律史评论》2020 年第 1 卷。

果,但受制于社会环境、法律与技术因素,相关举措并不能根除带来多方面社会危害的淹禁问题,淹禁累累仍是明代司法实践的一种常态。①

谭家齐以晚明推官判牍《盟水斋存牍》为主要材料,考察了当时地方法官在审理案件时如何受司法开放性所带来的社会舆论的影响,以及法庭在司法原则、人证物证以及大众舆论间出现矛盾之时的坚持及取舍。作者指出,从相关判牍来看,晚明地方法庭中,大众可以合情合理地对案情表达意见。部分案件中,民众通过鸣冤、作保等方式,对判决产生了影响,但更多情况下,法官会选择排除舆论,独立审判。整体而言,百姓在司法程序中的介入与监督,能够使各级法官更加谨慎地审理案情和言之有据地交代判决,从而减少冤狱的发生。②

谷井阳子从制度背景的角度,分析了明代民事诉讼中"冤抑"申诉形式的形成原因。作者指出,明代的政策非常重视消除"冤抑",从明初开始,政府就积极地受理有关重大"冤抑"和作为其根源的官员腐败、地方权势专横的申诉;但另一方面,对于民事性诉讼,政府则视为与"冤抑"无关,持轻视或无视的态度。民众为维护自身利益,在知晓官府的态度后,便采取顺应官方思路的策略提起诉讼,即在告状中将民事纠纷与横暴的地方权势相牵连,以夸张手法编造因受其欺压之害而蒙受的"冤抑之情",由此使告状获得受理。因此,从根本上看,民事诉讼中"冤抑"申诉的盛行并非其应有形态,而是源于传统政府对自身职能的认识以及由此造成的民事诉讼正当性的缺失。③

童旭以明清时期里社制的衰败及"社会"的兴起为线索,讨论了国家与社会相互作用下乡村秩序的生成问题。作者指出,明初官方规定了里社制,以期建立"政教合一"的基层社区,但里社的制度设计与民间信仰的天然需求难以匹配,因此,随着里甲赋役制度的变革,里社制逐渐废弛,并被民间"社会"与民间信仰所取代。"社会"在长期的祭祀活动中因社会关联形成集体意识,并开始对超出村庄、宗族的公共事务发布禁约,从而产生地区公共秩序。"社会"对里社的转化和代替,反映了在国家法律下行之

---

① 赵克生:《明代"淹禁"述论》,《中国史研究》2013年第2期。

② 谭家齐:《邻保哭啼:从〈盟水斋存牍〉看晚明社会舆论对地方司法的影响》,载谢进杰主编《中山大学法律评论》第17卷第2辑,中国政法大学出版社2020年版。

③ [日]谷井阳子:《为何要诉"冤"——明代告状的类型》,载[日]夫马进编《中国诉讼社会史研究》,何东译,浙江大学出版社2019年版,第201—226页。

时，乡村秩序则自发地生成回应型规则。认识和协调二者之关系，对于乡村治理具有积极意义。①

陈熙远以明嘉靖年间湛若水等官员禁毁南京上元县的"淫祠"刘公庙为切入点，探讨了传统国家权力与民间信仰的交织与互动。作者认为，明代官方试图通过祀典与法典，将民间祠祀纳入国家权力的完全掌控之中，同时刻意压缩民间信仰发展的空间。但由于百姓的精神需求无法从国家祀典中得到充分满足，他们往往向祀典之外的神祇寻求寄托，因此，大多数民间信仰游移于国家权力的边缘。这也注定了国家权力或可在禁毁淫祠的运动中伸张于一时，但民间信仰却不会永远消寂。②

---

① 童旭：《国家与社会：明清的里社制与乡村秩序——以徽州"社会"为线索的考察》，《中国农业大学学报》（社会科学版）2019年第6期。

② 陈熙远：《在民间信仰与国家权力交叠的边缘——以明代南京一座祠祀的禁毁为例证》，邱澎生、陈熙远编：《明清法律运作中的权力与文化》，广西师范大学出版社2017年版。

第九章

清代法律史研究

由于史料方面的优越条件和与近代中国的密切联系，清代向来是中国法律史研究的热点和高产朝代，近年来，围绕清代的法律制度、实践与文化，学界仍然取得了较为丰硕的成果。整体上看，得益于此前学界在法律渊源、律例关系、司法制度等基础问题上的成熟研究，这一时期的清代法律史研究，在深度和广度上都得以进一步拓展。同时，随着文化分析、法社会学、计量史学等方法的进一步应用，相关研究的视角和方法也呈现更强的多样性。在研究内容方面，清代法律史各方面的研究较为均衡，与此同时，法律运作的实态及这背后的法律文化和观念，成为近年来学者关注的重点。以下试对这一时期代表性的研究成果予以简要梳理，当然，由于相关研究的丰富和笔者目力的有限，缺漏在所难免，不足之处，还请读者谅解。

一 法律文献的整理与出版

一般法律文献方面。中国社会科学院杨一凡研究员主持的"珍稀法律文献整理与法史考证"学术工程持续推进，2012年来，陆续整理出版了一系列不同类型的传统法律史料。包括《历代珍稀司法文献》（共15册）、《古代判牍案例新编》（共20册）、《清代成案选编》（共50册）、《清代秋审文献》（共30册）、《古代珍稀法律典籍新编》（共30册）、《中国律学文献》第5辑（共14册）等。[①] 其中，《清代成案选编》和《清代秋审文献》

[①] 杨一凡编：《古代判牍案例新编》，社会科学文献出版社2012年版；杨一凡主编：《历代珍稀司法文献》，社会科学文献出版社2012年版；杨一凡编：《清代成案选编（甲编）》，社会科学文献出版社2014年版；杨一凡编：《清代秋审文献》，中国民主法制出版社2015年版；杨一凡主编：《古代珍稀法律典籍新编》，中国民主法制出版社2018年版；杨一凡编：《中国律学文献》第5辑，社会科学文献出版社2018年版。

为专门的清代法律文献，其他涵盖历代的文献汇编中，清代法律史料亦占据主要部分，如《古代判牍案例新编》共收录古代判牍文献 29 种，其中清代 17 种，《历代珍稀司法文献》收录历代司法文献 72 种，其中清代 41 种。这些文献不仅内容丰富，而且不少为稀见版本甚至孤本，它们的整理出版，进一步拓展了清代法律史研究的资料范围。此外，郭成伟主编的四册本《大清律例根原》，是了解清代律例，尤其是条例之历次增修变化情况的重要史料。① 中华书局影印出版了乾隆五十五年武英殿刻本《大清律例》，为市面可见的《大清律例》增添了一个可靠的原始文本。② 张小也、苏亦工等点校的清代奏议汇编《皇清奏议》，对于考察清代典章制度的形成和不同时期的政治法律思想具有独特价值。③ 杨一凡、宋北平主编了康熙、乾隆、嘉庆三朝《大清会典》的点校本，使《会典》的阅读和引用更加便利。④ 栗铭徽点校的《大清现行刑律讲义》作为晚清律学家吉同钧的代表作，对于了解、研究清代律学及晚清刑律之新旧过渡情况，都具有重要价值。⑤

司法档案方面。四川省档案馆从乾、嘉、道三朝的巴县档案中挑选了数百宗司法档案，编成《清代巴县档案整理初编·司法卷》四册，从 2015 年起陆续出版。⑥ 同年，南充市档案局编辑出版了总数达 308 册的《清代四川南部县衙门档案》。2019 年，张晋藩主编、中国政法大学法律史学研究院与四川省冕宁县档案局共同整理的《清代冕宁司法档案全编》（第一辑）共 35 卷正式出版。⑦ 这些出版档案的规模内容不一，价格也悬殊，但相比此前只能到馆藏地查阅，学者获取和利用的便利性显然大大提高了。

---

① （清）吴坤修等编撰，郭成伟主编：《大清律例根原》，上海辞书出版社 2012 年版。
② （清）阿桂等纂：《大清律例》，中华书局 2015 年版。
③ 罗振玉辑，张小也、苏亦工等点校：《皇清奏议》，凤凰出版社 2018 年版。
④ （清）允裪等纂，杨一凡、宋北平主编：《大清会典》（乾隆朝），李春光校点，凤凰出版社 2018 年版；（清）伊桑阿等纂，杨一凡、宋北平主编：《大清会典》（康熙朝），关志国等校点，凤凰出版社 2016 年版；（清）托津等纂，杨一凡、宋北平主编：《大清会典》（嘉庆朝），王帅一等校点，凤凰出版社 2021 年版。
⑤ 栗铭徽：《大清现行刑律讲义》，清华大学出版社 2017 年版。
⑥ 四川省档案馆编：《清代巴县档案整理初编：司法卷·乾隆朝（一）》，西南交通大学出版社 2015 年版；四川省档案馆编：《清代巴县档案整理初编：司法卷·乾隆朝（二）》，西南交通大学出版社 2015 年版；四川省档案馆编：《清代巴县档案整理初编：司法卷·嘉庆朝》，西南交通大学出版社 2018 年版；四川省档案馆编：《清代巴县档案整理初编：司法卷·道光朝》，西南交通大学出版社 2018 年版。
⑦ 张晋藩主编：《清代冕宁司法档案全编》（第一辑），法律出版社 2019 年版。

民间文书方面。近年来，在学界的关注下，徽州文书和贵州清水江文书的整理工作进展迅速，迄今已有多部文书汇编集成作品面世。前者包括李琳琦主编的《安徽师范大学馆藏千年徽州契约文书集萃》，黄志繁等人编的《清至民国婺源县村落契约文书辑录》，俞江主编的《徽州合同文书汇编》以及王振忠主编的《徽州民间珍稀文献集成》等，总数约70册。① 后者包括由贵州省档案馆、黔东南州档案馆与各县档案馆合编的《贵州清水江文书》，目前已出版了三穗、黎平、剑河三县文书共20册；② 凯里学院和黎平县档案馆编的《贵州清水江文书·黎平文书》22册；③ 以及张新民主编的《天柱文书》第1辑共22册等。④ 这些民间文书数量庞大，内容丰富，具有广阔的研究空间，相信未来将得到法史学者的进一步挖掘和利用。

二　法律与清代政治文化研究

清代作为少数民族入主中原建立的政权，在政治上面临以满汉关系为中心的特殊问题，相应形成了处理这些问题的特定政策。清代政权的性质与特点，对法制的建设和实施产生了深远影响，反过来看，法制的情状和样态，也为观察清代政治文化的发展变迁提供了宝贵的视角。部分学者即沿此路径，捕捉相关现象，对法律与清代政治的关系展开了研究。

苏亦工对清代法制上的满汉斗争进行了系列研究。《因革与依违——清初法制上的满汉分歧一瞥》一文，深入分析了清初满汉分歧对法制建设的

---

① 李琳琦主编：《安徽师范大学馆藏千年徽州契约文书集萃》，安徽师范大学出版社2014年版；黄志繁等编：《清至民国婺源县村落契约文书辑录》，商务印书馆2014年版；俞江主编：《徽州合同文书汇编》，广西师范大学出版社2017年版；王振忠主编：《徽州民间珍稀文献集成》，复旦大学出版社2018年版。

② 贵州省档案馆、黔东南州档案馆、三穗县档案馆合编：《贵州清水江文书》（三穗卷·第一辑），贵州人民出版社2016年版；贵州省档案馆、黔东南州档案馆、三穗县档案馆合编：《贵州清水江文书》（三穗卷·第二辑），贵州人民出版社2018年版；贵州省档案馆、黔东南州档案馆、黎平县档案馆合编：《贵州清水江文书》（黎平卷·第二辑），贵州人民出版社2017年版；贵州省档案馆、黔东南州档案馆、剑河县档案馆合编：《贵州清水江文书》（剑河卷·第一辑），贵州人民出版社2018年版。

③ 凯里学院、黎平县档案馆编：《贵州清水江文书·黎平文书》，贵州民族出版社2017年版。

④ 张新民主编：《天柱文书》（第1辑），江苏人民出版社2014年版。

影响。文章指出，清军入关之初，满汉君臣曾经围绕接受中原陈规还是保留边外旧俗，以及是否尊重刚刚奠定起来的新王朝法制，产生过相当严重的分歧。在文章中，作者从立法和守法两个层面，详细揭示了清初法制确立过程的艰难和曲折。在此基础上，作者对清史学界关于清代汉化政策与满洲认同之关系的论争提出了看法，即二者始终处于互动之中，此消彼长，并非静止不变、彼此隔绝的孤立过程。①《官制、语言与司法：清代刑部满汉官权力之消长》一文，从语言和人事政策的角度，对"满汉复设"这一清代特色的官制背景下，刑部满汉官权力的配置及其运作实态进行了考察。文章认为，由于注重专业知识和技能的特殊性，晚清刑部出现了以汉官为主体"专家掌部"现象，但这与清初的情形并不相同。清朝前期，满官往往借助语言便利排斥汉官，把持刑部审判，而造成这一现象的政治根源，则是清廷崇满抑汉的语言及人事政策。尽管清廷一再重申"国语骑射"政策，但伴随着族群融合及制度文化发展的内在趋势，司法领域内追求审判公平及专业化的潮流，最终还是冲破了种族和语言的藩篱。②此外，在探讨传统"八议"源流及其文化意义的《"八议"源流与腹边文化互动》一文中，作者指出，清朝延续满洲文化传统而形成的君臣关系的主奴性，是导致源于中原文化下君臣之礼的"八议"发生变异、沦为具文的重要原因。③

郑小悠的《清代刑部满汉官关系研究》一文，在苏文的基础上，对清代刑部满汉关系在不同时期的发展变化作了进一步的考察。具体而言，文章认为，顺治、康熙年间，由于满汉矛盾较多，刑部采取满汉分治的管理方式，满官在刑部现审大案中占据强势地位；雍正及乾隆中前期，刑部满汉语言隔阂消除，但汉官办理庶政，满官决策大案的模式仍然延续；乾隆中后期及嘉、道年间，刑部满汉官权力修相对均衡，"汉人不办满事"的旧例被打破；晚清时期，刑部满汉堂官之间几无畛域，最终形成了"因其人而生权力"的权力配置格局。④郑小悠还对清代法制体系中"部权特重"现象的形成和影响进行了分析。她认为，清代三法司之间权力平衡被打破，刑部权力特重的现象，根源于清初对明代法制全盘接受以后因满汉政治文化分歧而产生的逆动。在由此形成的刑名体制的新模式中，刑部一跃成为上承天子、下

---

① 苏亦工：《因革与依违——清初法制上的满汉分歧一瞥》，《清华法学》2014 年第 1 期。
② 苏亦工：《官制、语言与司法：清代刑部满汉官权力之消长》，《法学家》2013 年第 2 期。
③ 苏亦工：《"八议"源流与腹边文化互动》，《法学研究》2019 年第 1 期。
④ 郑小悠：《清代刑部满汉官关系研究》，《民族研究》2015 年第 6 期。

总全国刑名事务的枢纽机关。雍正年间,为使刑部的办事能力与其地位相匹配,清廷对刑部进行了深入的改革;乾隆以后,随着律例馆和秋审处的完备,刑部得以承担"天下刑名总汇"的重任,成为清王朝维护社会秩序的重要保障。①

胡祥雨的《清代法律的常规化:族群与等级》一书,从清代旗人司法特权的演变、皇族犯奸案件的处理和刑部对民事案件的处理等角度切入,呈现和探讨了清代法律逐步减少基于族群和等级的不平等,即常规化的变迁趋势。书中指出,清代旗人司法特权的核心,即换刑规定,是清廷放弃满洲原有此法体制以适应汉人五刑制度的结果;对皇族犯奸案件的审判表明,清廷用儒家化的法律约束皇族的性行为,强调皇族为儒家式的贵族胜于满洲贵族;清廷针对旗人借贷的立法演变表明,清代对民事原则的维护最终胜过对旗人的特殊规定。清代法律的常规化趋势,反映出统治者能够根据社会环境做出相应调适,也从侧面反驳了"新清史"强调满汉差异和旗人特权的观点。② 此外,他的《顺治朝题本中所见"两议"案件研究》一文,通过梳理和分析顺治朝题本中的28个"两议"案件,对顺治亲政时期司法领域的满汉关系予以了进一步探讨。文章认为,顺治年间满汉两种司法制度的并存、顺治皇帝抑制满洲贵族的举措以及清初对明代制度的继承和变化,构成了这一时期"两议"案件集中出现的背景。从"两议"案件中的法律应用、官员拟律分歧和量刑差异等角度透视满汉关系,可知此时尽管满洲法律和司法传统并未完全退出,但清律已经成为刑部引律定罪的基本依据;满、汉官员都并非一个整体,其各自内部常常有不同意见,彼此关系呈现出更加复杂的局面。③《清代"家长奸家下人有夫之妇"例考论——满、汉法律融合的一个例证》一文,围绕"家长奸家下人有夫之妇"例的渊源和演化,讨论了清代满、汉法律的融合问题。他通过考证指出,"家长奸家下人有夫之妇"例源于满族法,至康熙年间立为条例,始适用于汉人。满人设立此例的本义在于限制主人对奴仆的人身权,其能够适用于汉人社会,是因为它同时也符合汉人的主仆名分观念。雍正以后,受礼教思想影响,清廷处理相关

---

① 郑小悠:《清代法制体系中"部权特重"现象的形成与强化》,《江汉学术》2015年第4期。
② 胡祥雨:《清代法律的常规化:族群与等级》,社会科学文献出版社2016年版。
③ 胡祥雨:《顺治朝题本中所见"两议"案件研究》,《北大法律评论》第18卷第1辑,北京大学出版社2018年版。

案件的重点进一步向仆妇贞操方面倾斜。本例的演化历程说明，清朝统治成功的关键在于满汉传统的融合。①

此外，李典蓉利用满文史料，考察满语"法""例"的生成发展过程及其在清初与汉文的对译情况，从而对清初汉文法制史料中律、例混用的现象予以了解释。② 刘小萌以命案的量刑为视角，对清代旗人与民人法律地位的异同进行了再考察。作者指出，清代旗人拥有一定法律特权，但特权范围有限。从量刑标准、"宽严相济"原则、"存留养亲"律的适用等方面展开对比，可以发现，旗人与民人在命案审理中基本享有平等法律地位。③

张群和杨子月分析了清初刑部尚书姚文然的律学思想和贡献。作者指出，姚文然是《皇朝经世文编》中法律文章最多的作者，其律学文稿具有较高的史料价值。从姚文然的律学论述来看，他是坚定的轻刑、慎刑论者，具有较为精深的律学素养和务实恳切的律学观念。姚文然的律学观念和作风，一定程度上反映了清初尊重法制、重视律学的司法风气。④

三　法律体系与律学研究

立法史方面。胡祥雨对《顺治律》的制定过程予以了再探讨。他通过分析新发现的顺治三年吴达海揭帖，提出清廷在顺治三年曾对《顺治律》的修律宗旨做出改变，即由"参酌满汉"变为"务合时宜"，这是导致最终颁布的《顺治律》几乎为明律翻版的原因所在。⑤ 此外，他还利用清初档案记载的逃人案件，对"逃人法"入顺治律的时间及其应用情况进行了研究。胡祥雨指出，早在顺治律正式颁布之前，接近"隐匿满洲逃亡新旧家人"律的逃人法已在实际中得到运用，并获得了律例的地位。顺治五年以后，

---

① 胡祥雨：《清代"家长奸家下人有夫之妇"例考论——满、汉法律融合的一个例证》，《法学家》2014年第3期。
② 李典蓉：《清入关前"法""例"问题初探——以满文史料为中心》，《中国优秀传统法文化与国家治理学术研讨会暨庆祝研究院（所/中心）成立三十周年论文集（下）》，第165—187页。
③ 刘小萌：《清代旗人民人法律地位的异同——以命案量刑为中心的考察》，《清史研究》2019年第4期。
④ 张群、杨子月：《〈皇朝经世文编〉中的法学名家——清初刑部尚书姚文然的律学贡献》，《社会科学论坛》2020年第6期。
⑤ 胡祥雨：《吴达海揭帖的发现与〈顺治律〉制定过程新考》，《历史档案》2017年第4期。

"隐匿满洲逃亡新旧家人"律在实践中逐渐被废弃,但律文并未立即修改,因此,该律只能作为判断《顺治律》版本的必要条件而非充要条件。① 苏亦工梳理和讨论了康熙朝《刑部现行则例》的修颁时间、传本和特色。他认为,《刑部现行则例》的修订具有其自身的特色,如立法技术概括性不强、行政指令色彩极浓、保留了比较鲜明的满洲特色或边域文化特征等,从中可以窥见清朝前期的法制情态。② 陈重方以乾隆五年《大清律例》为例,讨论了清代律例颁行的过程和时间问题。通过对档案史料的梳理,他指出,《大清律例》虽于乾隆五年即纂修完毕,但六年刻样方缮写告竣,至八年刊刻结束后始进行刷印,此后又经过一年左右的时间,才层层下发,达到"颁行天下"的效果。史料中关于律例在不同时间"成""告竣"的记载并非矛盾,可能只是对应成书各阶段的时间点。他还以此为参照,推算了雍正律的颁行进程:雍正三年纂修完毕,五年刻样缮写告竣,六年底刊刻结束,七年初刷印颁行。③ 苏亦工对后一说法进行了补充,认为雍正三年至五年间,律例还有相当幅度的修订。④ 彭凯翔、林展采取数据统计的方法,分析了清代修例活动的变化趋势,并讨论了这背后的现实原因。作者指出,清代例的增长并不持续,各类例之间亦存在差异;律例的增长主要集中在乾隆中期以前,在这之后即出现中落,部院则例的增速下降则相对较缓。例的增长变化受到"因言生例"减少的影响,同时也反映了国家治理模式随社会变迁而进行的适应性调整。⑤ 孙家红则借助《读例存疑》对清代律例条文演变轨迹的记载,通过统计分析,更为系统和细致地梳理了清代律例条文的继承和变迁情况。通过研究,作者不仅挑战了关于明清律例关系的成说,还首次对清代各朝律例变迁的趋势和特点做出了基于数据统计的翔实分析,为后续研究提供了参考和便利。⑥

---

① 胡祥雨:《"逃人法"入"顺治律"考——兼谈"逃人法"的应用》,《清史研究》2012年第3期。

② 苏亦工:《康熙朝〈刑部现行则例〉的修颁时间、传本及特色》,《社会科学辑刊》2017年第3期。

③ 陈重方:《乾隆八年〈大清律例〉的颁行》,载苏亦工、谢晶等编《旧律新诠:〈大清律例〉国际研讨会论文集》(第二卷),清华大学出版社2016年版。

④ 苏亦工:《明清律典与条例》(修订版),商务印书馆2020年版,第138—142页。

⑤ 彭凯翔、林展:《从例的修订看清代治理模式:以〈大清律例〉〈会典事例〉为主的分析》,《清史研究》2020年第6期。

⑥ 孙家红:《散佚与重现:从薛允升遗稿看晚清律学》,社会科学文献出版社2020年版。

法律体系与法律形式研究方面。刘广安围绕《大清会典》的效力、适用和编纂意义问题，与学界主流观点展开了商榷。他认为，《会典》虽然被立法者称为"大经大法"，但"大"字并无最高效力之意，清代法律体系中的区别并未体现这些法律在效力上的高低之分，《会典》并不具有最高效力的法律地位。《会典》在适用上具有三个特点：朝廷统一编纂《会典》，各衙门分别适用则例；皇帝根据需要直接适用《会典》中的礼制大纲；援引律例而非《会典》断罪。编纂《会典》，具有确立法统、统一法律体系的政治意义和法律意义，又有建立盛世标志、争取官民拥戴的文化意义和教育意义。[①] 陈灵海则主张《会典》为清代的根本法，在法律体系中具有重心和基准地位。他利用史料中关于《会典》颁行、查询、解释、修改等方面的史料，论证了《会典》在清代的现实行用。在此基础上，他结合清代律、例数量和地位的变化，提出例为清代法律体系的主体，律下降为《会典》的下位法，应以"典例"而非"律例"来概括清代法律体系的特征。[②]

陈煜探讨了《大清律例》与各部院则例的衔接问题。他认为，《大清律例》与部院则例共同构成了清律的中心，但规范面宽狭不同。各部院事务存在交叉、律例与则例在立法上的"同源性"以及《大清律例》以刑法为主的特点，是促使二者相衔接的原因。二者衔接的方式，包括则例被作为条例纂入律典、律例和则例在实际适用中相互参照和《大清律例》作为部院则例的标准等多个方面。《大清律例》和部院则例的衔接有助于法律体系内部的统一和强化律典的概括性，但若衔接不善，也容易造成律例与则例的歧异。[③] 栗铭徽以《大清律例》与《户部则例》的关系为例，对清代的法律位阶关系问题进行了考察。他认为，作为清代主干法律的《大清律例》与《户部则例》是一种分属于不同"法律部门"，在法律位阶上则大致处于平等地位。它们在不同的领域发生作用，在调整方法和条文内容等方面具有一定的互补性，彼此间是一种分工与配合的关系，这也是《大清律例》与部门则例，以及各部部门则例相互之间相关联的基本方式。[④] 陈煜还梳理和讨

[①] 刘广安：《〈大清会典〉三问》，《华东政法大学学报》2015年第6期。

[②] 陈灵海：《〈大清会典〉与清代"典例"法律体系》，《中外法学》2017年第2期。

[③] 陈煜：《论〈大清律例〉与各部院则例的衔接》，载苏亦工、谢晶等编《旧律新诠：〈大清律例〉国际研讨会论文集》（第二卷），清华大学出版社2016年版。

[④] 栗铭徽：《清代法律位阶关系新论——以〈大清律例〉和〈户部则例〉的关系为例》，《华东政法大学学报》2017年第3期。

论了《大清律例》中的"宣示性条款"。他在文章中指出,清律中存在一部分内容明确,但很难在司法实践中适用的"宣示性条款",这些条款之所以不被现实适用,可归结于"客观不能"与"主观不愿"两个方面的原因。尽管如此,为了强化传统法律的"符号"与"宣教"功能,立法者仍将它们规定于法典。在这一意义上,"宣示性条款"并非"一纸具文",而是渗透着立法者的治世之道,散发出理想主义的光彩。[1]

胡震的《清代省级地方立法:以"省例"为中心》一书,重点讨论了以省例为代表的清代地方立法问题。书中认为,"省例"指的是清代各直省针对本省特别事务,通过一定形式、遵循一定程序而制定的地方性法规,其随着乾隆五年以后大清律的定型化而出现,是对中央律例的补充和发展。在编纂体例上,省例主要有藩臬二分法、六部分类法和事务性分类法三种,在内容上,省例所含地方性法规可分为重述性规则、实施性规则、补充性规则和变通性规则四类。省例中少量变通性规则的存在,并未动摇中央立法的权威性,其中体现出的中央与地方关系,不是静止不变的命令和被命令状态,而是一种动态平衡的格局。[2]

张田田以《大清律例》为例,对传统律典目录的演变和功能进行了研究。她指出,传统律典的体例与篇目存在传承关系。在律典篇目的分类命名方面,隋唐以前以归纳方法为主,明清律则含有演绎成分,唐、明律典篇目各有特点及优劣,但其中的继承性仍不容忽视。分门别类、索引律条是律目的核心功能,清代以例附律,可在现有框架下扩充法典容量,但条例在律典中不易妥善安置,反而导致律目的索引功能弱化;从适用法律和汇编案例引律目的情况来看,清代律目与律例内容不够契合,导致其影响及作用有限,但律目的简约稳定,也为坊刻"法律大全"提供了基础;律目在讲读律例和律学著作中的体现和局限,进一步展现了新例旧律的冲突与文不对题的纠结。从律目设置的得失中,可总结出传统法典编纂的技术特点。如何兼顾立法与司法,平衡概括性与针对性,是法典编纂的永恒难题。[3]

高学强的《服制视野下的清代法律》一书,较为系统地梳理了服制对

---

[1] 陈煜:《"殊为具文"?——浅论〈大清律例〉中的"宣示性条款"》,《东南大学学报》(哲学社会科学版) 2016 年第 6 期。

[2] 胡震:《清代省级地方立法:以"省例"为中心》,社会科学文献出版社 2019 年版。

[3] 张田田:《〈大清律例〉律目研究》,法律出版社 2017 年版。

清代法律的影响。书中认为,清代是中国古代服制立法最规范和完备的时期,服制在清代刑事法、民事法、行政法以及司法审判制度中都有充分体现。清代律学家对《大清律例》和其他法律中相关规定的注释考证,推动中国古代关于服制的研究达到了最繁盛阶段。除法律层面外,服制在社会生活中也发挥了重要作用,二者有机结合,共同维护了社会的稳定。民国时期,服制虽然从法律中被彻底废除,但时至今日,其背后的亲属制度,仍然深刻地影响着中国人的生活方式。①

邓建鹏的《"化内"与"化外":清代习惯法律效力的空间差异》一文,从空间差异的视角出发,对清代习惯是否被赋予法律效力的问题作了新的观察。文章首先考察了"化内"与"化外"这一对空间概念在法制史上的脉络和内涵,在此基础上,指出对"化外"的民众,清政府在制度上确曾明确赋予、认可某些习惯法律效力,而对"化内"之地,清政府往往以移风易俗的姿态,对民间习惯或习俗持否定性态度。"化内"与"化外"的差异背后,是政治一元下推动国家法统一适用的一贯之策。对空间差异因素的忽略,是导致学界在讨论清代习惯是否具有法律效力时出现偏颇的重要原因。②

王若时《清代成案非"司法判例"辨》一文,对学界存在的把清代成案视为"司法判例"的观点提出了质疑和辨析。文章通过对"成案"本义和清代成案文献的考察分析,指出清代成案的内容既有司法成案,也有行政成案。其中,司法成案的功能和性质亦不同于"判例",过往研究之所以把司法成案界定为"判例",是因为混淆了"成案"与"通行"、"参阅"与"法律依据"的区别。③ 李凤鸣的《清代重案中的成案适用——以〈刑案汇览〉为中心》一文,通过对《刑案汇览》中涉及成案援引的 273 例案件的统计分析,考察了成案在清代司法实践中的适用情况,进而对清代成案的性质问题予以了再讨论。文章指出,清代法律否定了成案的法源效力,但律例条文的刚性和法律与事实间的矛盾,使得成案在实践中成为替补的法源。考察成案在司法中的适用方式和不适用的理由,可知成案虽不是文本上的法源,却是行动中默认的法源,成案在司法中的这一性质,体现了官方对成案

---

① 高学强:《服制视野下的清代法律》,法律出版社 2018 年版。
② 邓建鹏:《"化内"与"化外":清代习惯法律效力的空间差异》,《法商研究》2019 年第 1 期。
③ 王若时:《清代成案非"司法判例"辨》,《华东政法大学学报》2020 年第 1 期。

的实用主义态度。①

律学研究方面。闵冬芳的《〈大清律辑注〉研究》是研究《大清律辑注》这一清代重要律学著作的专著。书中首先考证了沈之奇的履历和《辑注》的成书背景，随后对《辑注》注解的特征、形式和解释方法进行了分析，在此基础上考察了《辑注》对清代立法、司法和律学研究的影响。作者指出，《大清律辑注》是清代律学走向独立发展道路的标志，也是清代对立法和司法影响最大的律学著作。② 李守良探讨了明清私家律学与清代法典编纂的关系问题。他指出，明清私家律学著作是清代不同时期法典编纂时的重要参考，其对疏解律意，补律所不及，起到了积极作用。但修律人因律学素养的不足、理解有误及律学著作本身的缺陷等原因，在吸纳私家律著编纂法典时往往止悉其文，不求其义，更缺少融会贯通，从而导致法典有拖沓冗长、律意不明之失，也有律例失调、畸轻畸重之弊，更有错误吸纳等问题。③

王志林以清代具有代表性的注释律学文本为视角，对中国传统法律解释的技术方法与精神意蕴进行了讨论。他认为，在法律解释的技术上，中国传统法律解释体现了文义解释、历史考证和比较互证的方法；在法律解释的意蕴上，"治"与"仁"彰显了传统法律解释者的观念主旨。清代律学家在尊崇法典的同时，也孕育出理性而谨慎的批判精神，中国传统的法律解释在技术方法与观念价值上实现了契合与共融。④

李明的《试论清代律学与经学的关系》一文是关于清代律学与经学关系的专论。文章首先梳理了清代律学盛衰的基本脉络，指出清代律学作为"术"的实用性和作为"学"的边缘性特点，以及嘉道以降的经世思潮对清代律学发展和地位提高的促进作用。作者认为，在此过程中，清代律学与经学的关系主要表现在两个方面：其一是研律者援经入律，以提振律学的学术地位；其二是在律学家在研究中采取和借鉴经学方法，以促进律学作品质量

---

① 李凤鸣：《清代重案中的成案适用——以〈刑案汇览〉为中心》，《北京大学学报》（哲学社会科学版）2020年第2期。

② 闵冬芳：《〈大清律辑注〉研究》，社会科学文献出版社2013年版。

③ 李守良：《律典之失与律学吸纳：明清私家律学与清代的法典编纂》，《江汉论坛》2018年第5期

④ 王志林：《中国传统法律解释的技术与意蕴——以清代典型的注释律学文本为视域》，《法学家》2014年第3期。

的提升。①

陈锐的《"例分八字"考释》和吴欢的《明清律典"例分八字"源流述略——兼及传统律学的知识化转型》两文，从不同角度对明清律典中"例分八字"这一重要律学术语进行了研究。陈文考证了"例分八字"的历史，认为其最早由北宋范镇明确提出，律学家傅霖作了初步注解，元代律学家对其进行更深入的注释，明代以后，"例分八字"进入律典，引起律学家们的大量研究，及至清代，对其的解释趋于完备。王明德是其中的集大成者，但他的认识也存在不足，即只是将"例分八字"当作读律、用律方法，而没有将之视为立法方法。具体分析"例分八字"在我国古代法律发展中的作用，可知其发挥了建构法律类型，从而促进法律体系化的功能。"例分八字"的运用，是我国古代立法技术发展成熟的重要标志。② 吴文在梳理"例分八字"的起源及发展过程的基础上，重点介绍了其在明清律典外的播迁情况，并讨论了"例分八字"的实质意义。作者认为，"例分八字"是成文法传统下古人解决法意与法条、法律与情伪之间矛盾的智慧结晶，其根本指向在于克服成文法的局限性。"例分八字"不仅反映着传统律典和律学在明清时期的发展演进，而且蕴含着传统律学从"人伦理性"走向"技艺理性"之知识化转型趋向。③

孙家红的《散佚与重现：从薛允升遗稿看晚清律学》一书，利用作者近年发现的北京、东京、上海三地馆藏《读例存疑》稿本，对《读例存疑》的成书过程及与之相关的晚清律学问题，如晚清刑部的律学研习与创作、陕豫两派律学的分野与互动等，进行了深入细致的考证和分析。④ 陈锐的《清代的法律歌诀探究》一文将目光投向法律歌诀这一特殊的律学著作形式。他认为，法律歌诀在传统上具有悠久历史，但大规模出现于明清时期，相比明代法律歌诀，清代的法律歌诀专业性更强，属于"律注型歌诀"。法律歌诀的出现使得律学向着更简便、实用的方向发展，对法律知识的传播起到了推动作用。⑤

---

① 李明：《试论清代律学与经学的关系》，《清史研究》2020 年第 5 期。
② 陈锐：《"例分八字"考释》，《政法论坛》2015 年第 2 期。
③ 吴欢：《明清律典"例分八字"源流述略——兼及传统律学的知识化转型》，《法律科学》2017 年第 3 期。
④ 孙家红：《散佚与重现：从薛允升遗稿看晚清律学》，社会科学文献出版社 2020 年版。
⑤ 陈锐：《清代的法律歌诀探究》，《现代法学》2017 年第 1 期。

四 刑事法律制度研究

奸罪方面。张晓霞分析了清代巴县档案中的54例犯奸案件，发现知县在审断案件时，并没有完全依据清律的规定，而是普遍存在轻判的现象。她认为，民间犯奸案件的多发，以及对地方风俗民情和百姓接受程度的考虑，是造成这一现象的可能原因。① 张小也利用司法档案，考察了清代"行奸复拒奸"案件中男女当事人的心理活动、行为表现和承审官员的拟罪量刑过程。她指出，由于此类案件情节复杂微妙，稍有区分即轻重悬绝，尽管司法上的处理十分谨慎，但达成"情罪允协"仍有不少困难。最后，作者还从社会性别的视角出发，对相关案件及法律条文背后传统女性的处境和地位予以了分析。② 李凤鸣对清代强奸幼女罪的渊源、要件和适用方式进行了研究。他指出，清代强奸幼女罪在继承前代经验的基础上，在成立要件上更为明确和细致，有关主体、情节、后果、证据、比附类推等因素更为具体化，更具有可操作性和威慑力。清代强奸幼女罪的特点，反映了传统观念下对幼女身心的特殊保护，其中蕴含的"民族精神"，对今日的立法应具有借鉴意义。③ 宋兴家梳理了清代"抢占良家妻女"条例的发展演变。他指出，随着条例的发展，打击抢卖妇女的条款渐增，针对抢夺妇女行为之量刑趋重。同时，立法与司法实践中，妇女贞节的重要性逐渐增强，构成了关系定罪量刑的核心尺度。④ 陈寒非的《清代的男风犯罪》一文，通过司法案例，考察了清代对男风犯罪的处理。文章指出，清代男风案按犯罪主体和情节的不同，可分为强奸幼童案、男子拒奸杀人案、儒师/僧道犯奸案、狎优蓄伶案、容留卖奸案以及特权阶层犯奸案等。司法对男风案的处置，既有严苛的一面，也有宽容的一面，呈现出一定的矛盾性。影响司法的因素包括以政策、治安、教化、司法官个人偏好和士大夫

---

① 张晓霞：《清代巴县档案中的54例犯奸案件分析》，《中华文化论坛》2013年第8期。

② 张小也：《清代司法档案中的"行奸复拒奸"》，载中国政法大学法律古籍整理研究所编《中国古代法律文献研究》第七辑，社会科学文献出版社2013年版。

③ 李凤鸣：《清代强奸幼女罪溯源及其成立要件研究》，《社会科学家》2017年第10期。

④ 宋兴家：《贞节与权利：清代"抢占良家妻女"条例研究》，《法律史评论》2020年第1卷，社会科学文献出版社2020年版。

对男风文化之认可等多个方面。① 颜丽媛探讨了清代性侵害案件中男性受害者的法律保护问题。她认为，清代男子拒奸杀人例、男子被调戏羞愤自尽例、强奸鸡奸未成者满流例、光棍例以及适用于男子的惩治卖良为娼律例的出现和实践，体现了清代加强男性性侵害受害者的保护、加大男性性侵害加害者惩罚的力度及完善涉及男性性犯罪法律的发展趋势。② 李斯特围绕"犯奸"案件，从妇女责任、贞节观念、俭省司法等方面分析了清代地方法律实践中体现的现代理论逻辑。作者认为，清代犯奸案件司法表面上由礼教思想主宰，内里却贯穿了与现代法律理论相一致的逻辑，对相关现象的考察，有助于理解今天的法律实践与法律话语的关系。③

贼盗类犯罪方面。谢晶围绕《大清律例》中的盗罪，从不同维度展开了系列研究。《逻辑之外的"理"——古今比较下的清代"盗贼自首"研究》一文，从古今比较角度对清代"盗贼自首"制度及实践进行了考察。文章指出，清律对自首之盗贼采取较当代更为宽容的处理方式。在自首后果上，大幅度减免刑罚；在自首主体上，"遣人代首"及"亲属首告"均等同于犯罪人本人自首；在自首的对象上，除官府外，亦可于事主处"首服"；此外，明列一些"不准首"的项目。从表面上看，制度的具体规则似乎常常不符合形式逻辑，但在实质上，它却符合中国人心中的情理、伦理，体现出一种超越并高于逻辑的独特法律理性。④《重实行与靖盗源——清律"盗贼窝主"立法原理及当代启示》一文，讨论了清律"盗贼窝主"的立法模式和思维。文章认为，处罚范围的扩张和对"窝主"危害的认识，是法律设置"盗贼窝主"，并对其处以较其他共谋为盗者更重刑罚的原因所在。清律以主观情状上的造意、共谋为纲领，以客观行为上是否同行、是否分赃为条目，设立一般规则；同时，进一步区分"窝主"的身份、行为地域及窝留盗贼的种类等，细化特别处理规则。这一立法模式将重实行与靖盗源结合

---

① 陈寒非：《清代的男风犯罪》，载苏力主编《法律和社会科学》2015 年第 1 辑，法律出版社 2015 年版。

② 颜丽媛：《清代性侵害案件中男性受害者的法律保护——以清代法律实践为中心》，《中国刑事法杂志》2012 年第 10 期。

③ 李斯特：《清代地方法律实践中的现代逻辑——围绕"犯奸"展开》，《北大法律评论》第 14 卷第 1 辑，北京大学出版社 2013 年版。

④ 谢晶：《逻辑之外的"理"——古今比较下的清代"盗贼自首"研究》，《现代法学》2015 年第 6 期。

起来，体现出以实践为导向、不刻意追求理想化理论体系的立法思维，值得当代反思与借鉴。①《清律"家人共盗"的法思想源流》一文，探讨了清律"家人共盗"背后的儒家法律思想。文章认为，"家人共盗"制度是儒家教化"连坐"责任在法律上的典型体现，这一教化责任的内容并非强制性的"法"，而是源于人心本性的"礼"，亦即礼教。相对于刑罚，礼乐能在较大程度上发挥预防犯罪、维护社会秩序的效用。但历代王朝在将这一理念法律化时，却往往片面强调百姓中家长的责任，有意忽略了"为民父母"的统治者所应同样负有的责任。②《古今之间的清律盗毁神物——神明崇拜、伦常秩序与宗教自由》一文，讨论了清律盗毁"神物"相关规范及其文化依据。文章指出，清代"盗大祀神御物""毁大祀丘坛"等律例，体现了对"神物"的特殊保护，同时，因受周孔以降人文精神的影响，严格限定了被保护神物的种类、范围以及侵害的方式。相比于近世西方"积极的"宗教自由，我国传统时代的宗教通常拥有"消极的"自由，这也是法律制定的基础所在。③此外，谢晶还以清代盗罪律例为视角，探讨了中国传统刑法的犯罪阶段问题和刑罚根据理论，等等。④

吴杰的《清代"杀一家三人"律、例辨析》一书，对"杀一家三人"这一中国传统法中独具特色的罪名在清代的流变发展进行了细致的梳理，并对律例背后的文化意义予以了深入探讨。书中指出，"杀一家三人"立法在中国古代具有悠久的传统，清律中，立法者以小注的方式，对其予以了更加明确的规定。律后诸多条例的纂定，尤其是特殊身份间"杀一家多人"例的设定，反映了清代"杀一家三人"立法的扩张，体现了清人追求罪刑相当、力图实现个案正义的立法精神。"杀一家多人"之立法，渊源于中国"家"本位的文化传统，近代这一立法模式的终结，亦根源于"家"道观念的衰败。在当代，虽已不能在法律中重新确立这一罪名，但在司法实践中处

---

① 谢晶：《重实行与靖盗源——清律"盗贼窝主"立法原理及当代启示》，《法商研究》2018年第1期。

② 谢晶：《清律"家人共盗"的法思想源流》，《法学研究》2018年第2期。

③ 谢晶：《古今之间的清律盗毁神物——神明崇拜、伦常秩序与宗教自由》，《政法论坛》2019年第1期。

④ 谢晶：《〈大清律例〉盗行为之阶段论》，《现代法治研究》2020年第2期；谢晶：《儒法之间的刑罚根据论：清律窃盗罚则的古今之维》，《学术月刊》2019年第8期。

理"灭门案"时，应充分考虑中国人特有的文化观念和情感，以实现个案正义。①

　　法国学者陆康考察了清代因疯病杀害尊亲属罪的司法和立法变迁。作者指出，18世纪以后，清代出现了将因疯病杀害尊亲属者等同于常人，并对其予以更严厉刑罚的普遍趋势。这一趋势的形成并不单纯基于法律论证，而是源自官方"以确保国家合法必要性为核心的一种严肃的政治考量"。② 翟家骏梳理了清代"疯病杀人"的法律规制及其实践。作者认为，清代对于"疯病杀人"的法律规制以"情有可矜"的原则为出发点，但疯病者杀害尊亲属则因攸关伦纪，故不被可矜。此外，清代还形成了对疯病者的"报官锁锢"制度，虽然其在实践中存在诸多弊病，但其对于精神病人犯罪的预防措施仍值得当代借鉴。③

　　胡震的《因言何以获罪？——"谋大逆"与清代文字狱研究》，考察了清代以"谋大逆"为主要罪名处罚文字狱的现象和原因。文章指出，中国古代文字狱的定罪处刑经历了一个逐渐发展的过程，"十恶"定型之后，主要以"大不敬"处罚，明清时期，由于"大不敬"条文变化，使得"谋大逆"取代"大不敬"成为处罚文字狱最主要的罪名。究其原因，"谋大逆"在内涵和外延上的不确定性为统治者在文字狱认定和处罚上提供了更多便利。④ 秦宝琦和孟超梳理了清代惩处秘密会党律例的制定和实施情况，认为从相关案例来看，清代会党并非"民族革命团体"或"农民革命组织"，也不是黑社会，而是民间秘密结社，属于原始形式的落后组织。⑤

　　刑罚制度方面。姚宇从律例文本和司法实践两方面考察了清律"二罪俱发以重论"的地位与作用。作者认为，近代以来，学者之所以没能对"二罪从重"这一吸收主义数罪并罚制度在中国历史上的长期存续予以合理解释，根本原因在于对其在传统法制中的运作情况缺乏真切理解。爬梳清律

---

　　① 吴杰：《清代"杀一家三人"律、例辨析》，法律出版社2016年版。
　　② [法]陆康：《18—20世纪帝制中国晚期的因疯病杀害尊亲属罪》，孙家红译，载《法国汉学》第16辑，中华书局2014年版。
　　③ 翟家骏：《从"情有可矜"到"实无罪责"——清代"疯病杀人"的法律规制及其近代转型》，《法律史评论》2019年第1卷，社会科学文献出版社2019年版。
　　④ 胡震：《因言何以获罪？——"谋大逆"与清代文字狱研究》，《中国农业大学学报》（社会科学版）2013年第4期。
　　⑤ 秦宝琦、孟超：《清代惩处秘密会党律例的制定与实施》，《清史研究》2015年第3期。

可知,"二罪从重"虽为名例原则,但其地位实则受到律例体系的深刻制约。立法上存在大量看似与"二罪从重"无涉,实际上却对其起到规避或替代效果的特别法,包括"数罪合一"型律例、概括性律例以及适用特殊并罚规则的律例等。在司法层面,当数罪俱发而法无正条时,司法者并不固守"二罪从重"原则,而是根据案情,采取以重者论、比附他律、衡情量加等不同处理方式。从现实效果来看,数罪俱发案件的灵活处理,在平衡情罪关系、避免轻刑弊端的同时,也导致了刑罚畸重和判决缺少确定性等后果。总之,"二罪从重"在清代并未造成理论上"奖劝犯罪"的结果。对于制度的近代转型,亦不可孤立看待,而应与法律变革中的其他因素一起作整体观照。①

尹子玉《论嘉庆朝的遣犯改发》一文,对清代嘉庆朝遣犯改发的经过、特征和影响进行了分析。文章指出,清代发遣刑创设以后,发遣配所经不断调整,逐渐形成了外遣东北、西北与发往内地相结合的格局。至嘉庆朝时,为缓解遣犯管理压力,以新疆、内地为主要配所的新格局形成,东北作为外遣配所的功能大幅下降。大规模改发遣犯的背后,隐含着遣犯管理困难的制度瓶颈。遣犯改发虽可维护东北秩序,却加重了新疆和内地的管理压力,也为发遣制度乃至清代流放体系的衰落埋下伏笔。② 姜翰梳理了清代"永远监禁"在不同时期的立法情况和司法实践,并对其功能和性质进行了讨论。文章指出,"永远监禁"主要创制于乾隆时期,嘉庆、道光时期达到适用高峰,此后更出现了泛滥的倾向。究其原因,"永远监禁"的灵活性、惩罚性、层级性使其发挥了其他刑罚手段难以企及的作用,尤其表现在皇恩宣示、情法两平、疑案处理与预防犯罪等方面。在性质上,"永远监禁"虽未被视为一种正式刑罚,但其已经具备了刑罚的本质特征,故当属"法外之刑罚"。③

---

① 姚宇:《草线暗伏:清代"二罪俱发以重论"律例发微》,载苏亦工、谢晶等编《旧律新诠:〈大清律例〉国际研讨会论文集》(第二卷),清华大学出版社2016年版,第147—182页。姚宇:《情罪之衡:清律"二罪俱发以重论"司法观察》,《北京化工大学学报》(社会科学版)2018年第4期。

② 尹子玉:《论嘉庆朝的遣犯改发》,《清史研究》2020年第3期。

③ 姜翰:《时间与刑罚:清代"永远监禁"考略》,《清史研究》2019年第4期。

五 民商事法律制度研究

　　契约研究方面。徐忠明的《社会与政法：在语境中理解明清契约》一文，将明清契约制度置于社会和政法语境中，考察其特点、功能和实践问题。文章认为，国家的"小政府"特点和地方官员对于解决契约纠纷的消极态度，使明清时期的契约制度及其实践成为建构和维护社会秩序的基本工具。明清契约制度与西方近代以来的契约在观念上具有相通之处，但一则由于缺乏国家法律的保护，二则由于熟人社会的影响，契约的约束力和强制性难以得到形式化的实现，进而导致了社会经济秩序的不确定性。[①] 俞江和陈云朝利用徽州合同文书，对清代合同的类型进行了研究。作者在介绍徽州合同文书形制特征的基础上，将其分为定型合同与不定型合同两大类，并根据合同的内容，在两大类之下，各自归纳出若干子类型。作者认为，定型合同代表了成熟化、定型化的社会关系，不定型合同则在解决不确定或不可预知的利益关系中扮演了重要角色。两种类型合同之间的递进、替代或转化轨迹，为观察清代社会史开启了新的窗口。[②] 尤陈俊探讨了明清时期房地买卖中"叹契"这一独特的契约形式及其深层意蕴。作者指出，"叹契"的基本内容，在于卖主将房地绝卖之后，再向买主索要俗称"叹价"的经济补偿，体现了"绝卖不绝"的特征。"叹契"出现，至少可以追溯到明代后期，且并非仅见于沪地，而是存在于江南地区不少地方，兼具区域性与超区域性。从法律社会学的角度看，卖主的叹价诉求可视为一种以"不安定和不确定性"为特征的"习惯权利"，而建立在此基础上的社会秩序，乃是游移于私契秩序和律例秩序之间，通过地方官员原情执法式的个案化处理，不断朝向最佳平衡点调整的一种动态。[③] 周进考察了清代土地绝卖契约中人的双向性居间功能。一方面，中人要督促买方按时履约，核实卖方土地无权利瑕疵；

　　[①] 徐忠明：《社会与政法：在语境中理解明清契约》，《吉林大学社会科学学报》2018 年第 3 期。

　　[②] 俞江、陈云朝：《论清代合同的类型——基于徽州合同文书的实证分析》，《法学》2014 年第 6 期。

　　[③] 尤陈俊：《明清中国房地买卖俗例中的习惯权利——以"叹契"为中心的考察》，《法学家》2012 年第 4 期。

另一方面，当双方存在不道德或违法行为时，中人要承担一定的居间责任。中人的这种居间功能，增加了交易的可能性和安全性，一定程度上弥补了清代私法制度的不足，展示了我国传统民间自治的生活智慧。①

王帅一的《明月清风：明代时代的人、契约与国家》一书，汇集并联通了作者近年来围绕明清契约的研究成果。相比学界已有的契约研究，作者将研究视角转向以人为中心，试图通过讨论传统中国社会中人们订立契约的法律行为，以及影响契约运行的各种因素，来思考人与契约、人与社会、人与国家的关系。如"个人的缔约行为：家族文书中的体现"一章，考察了"同居"中个人处分"共财"的问题。作者指出，从家族文书来看，明清家族公产的设立和管理具有整体性倾向，家族共产并非个人可以随意处置，但实际中，却不乏以个人名义，通过契约方式处分家族"共财"的情况。这反映了家族对于个人的限制与个人寻求突破的紧张关系。"明清时代的中人与契约秩序"一章，着眼于契约秩序的外部视角，探讨了中人在传统契约关系中发挥作用的内在机制和文化因素。在作者看来，中人之所以能在契约关系中发挥作用，是因为其人为地促成了"熟人关系"，从而使得中国传统的道德教化能够施展"威力"。只有从中国传统文化角度来认识中人，才能理解其在契约关系中所发挥作用的机制，才会认识中国传统社会私法运作的特点和意义。"明清时代官方与民间契约习惯的互动"一章，以"税契"制度的立法意图和实际功效为视角，考察了明清官方与民间契约习惯的互动问题。作者指出，"税契"除了能够为民间契约赋予法定效力，也是辅助官方掌握土地所有权归属信息的手段，其最终指向在于确保土地税赋的征收。官方介入契约习惯，并非要对其进行立法规制，因此十分注意国家权力与民间习惯在调整范围上的分界。"红契"体现了官方借助民间契约习惯与民间获得官方保护的两重属性，是明清时代官方与民间互动的最佳例证。最后，作者总结了中国传统私法文化在个人、社会和国家三个方面的体现，提出在检省传统时应"回归自身而了解自己"，进而塑造具有中国精神与中国面貌的法律与法学。②

物权制度方面。汪洋的《明清时期地权秩序的构造及其启示》一文，从功能比较的视角，借用现代财产法理论，对明清地权秩序进行了学术化的

---

① 周进：《清代土地绝卖契约中人的双向性居间功能》，《长江大学学报》（社会科学版）2013年第5期。

② 王帅一：《明月清风：明代时代的人、契约与国家》，社会科学文献出版社2018年版。

梳理和分析。文章认为，明清时期的民间地权秩序以"业"为核心概念，以私人契约为工具，分化为永佃、一田二主、典制等多样态的管业层级以及典卖、活卖、绝卖等一系列交易形态。诸管业层级根据经营收益、流通性、管业年限等影响因子，体现出不同的权利内容与地权价值。以当前收益与未来收益两个维度，可构建起地权交易类型的统一理论框架。明清时期地权秩序呈现的抽象和相对性观念、时间维度上的灵活性特征，不同于大陆法系以绝对所有权为中心的物权观念以及"所有权—他物权"结构，对我国农地"三权分置"改革颇具启发意义。① 邹亚莎以对"业"的概念的再解读为起点，对清代物权关系构建的路径和价值追求进行了探讨。作者在前人研究的基础上，将"业"概括为对物的使用或收益的权利或权利的集合。她认为，"业"反映出的清代物权关系秩序，具有"一物多权"的特征，体现了重视实用价值和共享价值的追求。清代自发形成的物权法律关系是一种完全不同于西方法律的构建，在资源配置上细腻而精巧，同时体现了儒家扶弱济贫、相互扶持的仁爱精神，对当代具有重要的启发意义。② 张敏、许光县考察了清代人身典权这一特殊"物权"的法律规制问题。作者认为，清代人身典权法律以贱民制度为法理基础，以白契制度为运行主线，以赎身规范为调整焦点，并受到满洲"最严主仆之分"风俗的深刻影响。康、雍、乾三朝在人身典权领域立法上的变迁，反映了国家立法对白契典身制度的维护。典身案件中的援法与权断，则体现了清代司法与立法在人身典权领域的碰撞。③ 顾元考察了清代的先占制度。他指出，清代在继承唐律的基础上，以"盗田野谷麦"律为核心构建先占制度。相比唐律，清代无主物的认定范围相对狭窄，在司法实践层面也较为严格；虽然并不排除自然资源的众利共享，但更注重国家对资源的垄断和管控；遗失物、埋藏物等拟制无主物立法更加务实简约，体现经济发展和所有权关系演进所带来的变化。清代先占制度于传统社会独特语境中得到发展，或可为现代民事立法提供镜鉴。④

---

① 汪洋：《明清时期地权秩序的构造及其启示》，《法学研究》2017年第5期。
② 邹亚莎：《清代物权关系构建的基本路径与价值追求——以"业"的概念的再解读为起点》，《法学杂志》2014年第3期。
③ 张敏、许光县：《清代人身典权的法律规制——以白契制度为中心的考察》，《政法论坛》2013年第5期。
④ 顾元：《论清代的先占制度——以"盗田野谷麦"律为中心》，《政法论坛》2020年第5期。

婚姻及继承制度方面。郑小悠的《清代"独子兼祧"研究》一文，对清代"独子兼祧"条例形成的社会背景、出台过程和现实影响进行了全景式的考察。作者指出，现实条件下的应继乏人和财产分配需要，构成了清人突破宗法限制，在实践中采取"独子出继"，并逐渐发展为"独子兼祧"的社会背景；为解决八旗内部由于金川战争而引发的立嗣问题，则是乾隆年间"兼祧例"出台的直接原因。条例的出台，刺激了现实中的兼祧立继实践，也催生了地方官处理相关纠纷的司法原则。"兼祧"制度的出现，具有扩大继承中"个人本位"的进步意义，但也因与现实利益的密切关系而具有局限性。① 王云红利用继嗣契约文书，对清代中原地区绝嗣家庭的立嗣民事习惯进行了梳理。他指出，同姓继嗣的情况最为普遍和主流，往往既承祧又继产，也有所谓独子兼祧或二子并继等特殊情况。异姓承嗣和招赘承嗣的情况作为同姓继嗣的补充，则更多地体现了乡土社会民众的实用主义和现实主义的原则。整体上看，不同家庭面临的立嗣选择是多元的。② 邱唐对清代旗民通婚问题进行了再探讨。他提出，过往以"旗民不婚"来概括清代族群通婚政策的观点并不准确。从规范角度考察，清代并没有一个全面的、普遍的、适用于全体人民的旗民通婚禁令；在一定范围内的通婚限制也随时而动，呈现一个复杂的流变过程。在实践中，上至帝王将相，下至贩夫走卒，都存在旗民之间的通婚。在文艺作品中，则可见当时人们对旗民通婚的理解和同情。总之，所谓"旗民不通婚"绝不是贯穿清朝整个统治期间的定制。③

商事法律制度方面。张世慧考察了清代对商业活动中钱债案的法律调整的变迁以及这背后的社会经济原因。作者指出，清代钱债案法律调整的变迁，经历了从局部到整体的历程，起初发生于牙行、钱铺等局部行业和区域，后来伴随倒账的发生，影响整个商业领域。其整体趋势是钱债案走出"细故"，演变成督抚乃至中央关注的"重情"。究其原因，社会经济秩序的变动，使原有适应于农业活动的债法体系受到严重挑战，同时，商业活动开始直接影响国家财政及社会稳定，在此情况下，清政府不得不改变制度规范，适应新社会经济形势。此外，钱债案法律调整的变迁，还有助于对清代

---

① 郑小悠：《清代"独子兼祧"研究》，《清史研究》2014年第2期。
② 王云红：《清代中原地区的立嗣民事习惯问题》，《中州学刊》2015年第5期。
③ 邱唐：《旗民不婚？——清代族群通婚的法律规范、实践与意识》，《清华法学》2016年第1期。

司法审断的分类标准——"细故"和"重情"进行再思考。①

梁健考察了明清"书约"这一特殊的民间法律规则形式。作者认为，明清"书约"根源于传统社会耕读传家的传统和敬惜字纸的风俗，是一种特殊的家法族规和行业规约。在内容上，"书约"一般包括善藏之义务、鬻卖分析之禁、借非人及偷盗之禁以及藏以致用之诫等几个方面。近代以后，"书约"开始退出民间法律规则体系，被更具开放性、公益性、现代性的图书章程制度取代，其中的"化私为公"，是民间法律规则向现代转型的一个缩影。②刘冰雪考察了清代国家律例、地方省例、州县告谕、家法族规等不同层次的法律文献对丧葬习俗的规制，指出律例与其他文献各有特点，后者往往构成对律例的补充，同时，由于儒家思想的影响，不同法律文献对丧葬习俗的规定在整体上具有一致性。③

六　行政法律制度研究

林乾从国家治理的角度出发，对清代行政及监察法制的规定与实践进行了系列研究。《巡按制度罢废与清代地方监察的缺失》一文，梳理了清代巡按制度废除的过程、原因及影响。文章指出，清初废除沿自明代的巡按制度，与督抚制度下满洲贵族的特殊利益有关。巡按制度的废除，打破了历代行之有效的监察与行政并重的权力平衡体制，使得中央对督抚的监督处于制度性缺失状态。这构成了清代中叶社会危机的重要原因。④《清代吏治腐败的法律诱因——以"完赃减等"例为中心的考察》一文，围绕"完赃减等"例，讨论了清代吏治腐败的法律原因。作者通过考证指出，"完赃减等"例形成于康熙末年和雍正一朝，其目的在于赔补财政的巨额亏空。乾隆中期，为遏止侵贪之风，短暂停止了"完赃减等"例，但嘉庆年间又迅速恢复，并比前例更加宽纵。"完赃减等"例的制定虽然具有特殊的时代背景，但无

---

① 张世慧：《走出"细故"：清代商业活动中的钱债案与法律调整》，《近代史研究》2017年第2期。

② 梁健：《明清民间法律规则考析——以"书约"为例》，《现代法学》2017年第5期。

③ 刘冰雪：《清代法律文献中的习俗规制——以丧葬习俗为例》，《河北师范大学学报》（社会科学版）2013年第3期。

④ 林乾：《巡按制度罢废与清代地方监察的缺失》，《国家行政学院学报》2015年第4期。

异为侵贪犯罪提供了"免死牌",因而也成为贪污盛行的催化剂,是清朝中衰的重要法律诱因。①《清代乾隆时期群体性事件的法律控制及其效果考察》一文,关注清代乾隆时期对群体性事件的法律控制情况。作者指出,乾隆时期是清代群体性事件的高发期,针对现实情况,清廷通过订立专项法律,加重了对聚众犯罪的处罚,在法律解释和司法适用上,也呈现高压态势。乾隆时聚众抗官新例的制定和适用,遏制了聚众案蔓延的态势,也对后续相关政策的实施造成了长远影响。②

刘志松考察了治理清代河工贪冒的制度与实践。他指出,清代河工贪冒现象呈现阶段性特征。清初至雍正时期,随着管理制度的完善和立法的出台,河工贪冒得到了较好治理,乾嘉以后,由于管理制度架空,贪冒现象趋于严重,道光以降,更是积重难返。清代对河工贪冒的治理,体现出制度与实践的互动关系。③ 刘宗志从建设管理、社会功能、违规惩处等方面考察了清代前中期的常平仓制度。④ 曹金娜考察了清代茶法的内容和特点。⑤ 曹爱生和周亮梳理了清代两淮盐政中的法律体系,⑥ 等等。

武乾对清代江南民间的慈善习惯法及进行了研究。他指出,清代江南民间慈善习惯法发源于民间慈善章程、规条等习惯规则,主要通过地方政府对民间慈善习惯规则的认可与推广,以及民间职业慈善家的汇编而成。江南民间慈善习惯法不仅引发了《户部则例》中部分慈善立法的变化,而且促进了江南地方慈善立法的创新,在一定程度上改变了江南地区以国家法为主导、民间法为辅助的传统二元法源结构。这一区域习惯法无法融入已高度固化的传统律例体系,但与江南城镇的工商行业习惯法等其他习惯法一起,另行构成了清代江南城镇非正式的社会自治规范体系。⑦

---

① 林乾:《清代吏治腐败的法律诱因——以"完赃减等"例为中心的考察》,《国家行政学院学报》2017年第5期。

② 林乾:《清代乾隆时期群体性事件的法律控制及其效果考察》,《国家行政学院学报》2018年第6期。

③ 刘志松:《清代河工贪冒考论》,《社会科学辑刊》2017年第3期。

④ 刘宗志:《清代常平仓法律探析》,《河南工业大学学报》(社会科学版)2014年第3期。

⑤ 曹金娜:《清代茶法初探》,《农业考古》2013年第2期。

⑥ 曹爱生、周亮:《试论清代两淮盐政中的法律体系》,《盐业史研究》2013年第2期。

⑦ 武乾:《清代江南民间慈善习惯法与传统法源结构》,《法学》2016年第12期。

七　司法与诉讼制度研究

陈新宇的《帝制中国的法源与适用——以比附问题为中心的展开》一书，延续和深化了作者此前对传统法制之比附制度，尤其是清代比附制度的研究，并在此基础上提出了传统中国法律适用的基本模式。作者认为，清代的比附包括名分的比附、类推式的比附与特别的比附三种类型，其中既包括类推，亦有独特的面相。与类推相比，比附的主要功能不在于入罪，而是寻求适当的量刑，但由于罪刑均衡关系的把握取决于司法者，这也是其最主要的危险所在。此外，建立在个人衡平感基础上的比附，也很难确保援引规则之可预期性。以比附为中心，可以归纳出帝制中国的理想型与现实型法适用模式。基于中国法主体性立场，从法文化整体性的视角和政法哲学的维度，可以将帝制中国法总结为"情理之法"与"权力分配之法"。①

孙家红在其《清代的死刑监候》一书的基础上，进一步讨论了明清秋审的司法功能及现代启示。作者提出，明清秋审制度是中国古代"天人合一"思想在法律制度上最典型的表现。清代秋审在明代司法实践的基础上进一步发展，其将死刑犯人分为立决和监候两种，体现了对死刑案件的谨慎对待；其对公文程式的特别讲求，促进了司法人员素养和技能的提高。从结果上看，大部分死刑监候犯人在经历秋审后，可得到刑罚上的减免。由此，可将秋审的功能概括为一定程度上超越成文法律，实现更高层次、更具实质的公平正义。秋审将立法和司法在一定程度上进行分离，又在实践中进行功能互补，体现了一种综合而全面的法律观。清代后期，秋审制度日渐残毁，并在民国初年正式终结，但其体现的"天人合一"思想以及通过司法手段给予当事人一定救济的制度功能至今仍有启示意义。②

郑小悠对清代刑部进行了专题研究。《吏无脸：清代刑部书吏研究》一文，探讨了清代刑部应对书吏舞弊的举措及其影响。清代刑部在六部中专业化水准最高，政务最为烦冗，但刑部书吏恰恰地位最低，舞弊问题最少。究

---

① 陈新宇：《帝制中国的法源与适用——以比附问题为中心的展开》，上海人民出版社2015年版。

② 孙家红：《"天人合一"思想在明清司法中的实践及其终结》，《中国政法大学学报》2013年第3期。

其原因，作者认为，在于雍正以后，刑部通过改变具体的行政程序与提高官员的个人素质，改变了部内官吏关系，在一定程度上抑制了部吏舞弊的危害，形成了"吏无脸"的衙门特点。①《清代刑部之堂司关系》一文，则考察了清代刑部堂官与司官之间的关系与交往模式。文章指出，清代刑部堂司关系存在前后变化，这从二者之间的礼仪反差中表现出来。雍正以前，司官对堂官的依附性较小，礼仪亦较简略；乾隆以后，司官对堂官的依附性逐步加强，礼仪也越发隆重。堂司之间的工作交往以日常在部时的"说堂—画稿"和同时钦差在外审案为两个主要途径。乾隆时期，同司各官多以"说堂"方式博得堂官赏识；嘉庆、道光以后，司内明确了固定的掌印、主稿人选，逐渐向科层制转变。"钦差办案"通常便于堂司官员之间形成私交，但有时也会带来麻烦。② 在《清代刑部官员的法律素养》一文中，作者对清代刑部官员法律素养的来源、学习方式和对律学的影响等问题进行了考察。她指出，清代的刑部司官，在进入刑部之前，大部分不具备专业的法律知识，少量具备法律知识者，大多拥有特殊的家庭背景。大多数没有律学基础的官员，在进入刑部后"日治案牍夜读律"，在实践中学习法律知识，并在刑部内形成了积极的学习风气。在读律用律的同时，刑部官员还利用工作之便，编纂了大量律学著作，这也使刑部成为清代法律知识传播的大本营。③《清代刑部堂官的权力分配》一文，从刑部堂官的选任、当家堂官的地位以及管部大学士与本部堂官的权力关系三方面，对清代刑部的权力分配问题做了综合分析。文章指出，刑部堂官的人选，清初以开坊翰林为主，乾隆中期以后逐渐转变为兼用翰林和秋审处出身的司官。此外，刑部还形成了由"当家堂官"在部坐办看稿的行政模式，至晚清时期，当家堂官的权力愈发集中。乾隆年间，管部大学士掌握部内人事大权，嘉庆以后则逐渐虚化，对部务的干涉较少。总的来说，清代刑部"法律知识主导权力运作"的人事安排符合刑部执法谳狱工作的需要，有助于推动刑部的法律专业化进程。④

值得注意的是，关于清代刑部官员的法律素养问题，早在郑小悠之前，杜金和徐忠明已经利用刑部官员的诗文、传记、墓志等材料，从他们"读

---

① 郑小悠：《吏无脸：清代刑部书吏研究》，《河北法学》2015年第2期。
② 郑小悠：《清代刑部之堂司关系》，《史学月刊》2017年第1期。
③ 郑小悠：《清代刑部官员的法律素养》，《史林》2016年第3期。
④ 郑小悠：《清代刑部堂官的权力分配》，《北京社会科学》2015年第12期。

律"之态度、路径和方法的角度进行了考察。作者认为,清代中国的刑部官员保持了对法律阅读的极大热情,也有相当精湛的法律素养,这使得他们基本上胜任了修律和司法的使命。① 在这些研究的支持下,"清代刑部官员具备较高的法律素养"逐渐成为学界的主流观点。但近年来亦有学者对这一命题提出了质疑和商榷。陈灵海通过考察嘉、道时刑部官员斌良的《抱冲斋诗集》,用"以诗证史"的方法,对清代刑部官员的律学态度和素养问题予以了再探讨,并得出了刑官律学素养不宜高估的结论。他认为,从《抱冲斋诗集》来看,相比于研读律例,以斌良为代表的清代刑部官员在公务之余更爱好作诗饮酒、交游唱和,并为之投入了大量时间和精力,这最终导致了刑部官员律学水平的普遍低下。采取"掐尖法"进行研究,并由此对清代刑官的律学素养予以褒扬的做法,忽视了刑部内堂官"画黑稿"和律学素养"倒挂"的现象,是一种"阳春白雪化"的浪漫想象,并不符合历史的实际。② 对此观点,徐忠明撰文予以了回应。他认为,斌良及其诗作只是特殊样本,不能说明普遍现象;在逻辑上,写诗与读律也并不矛盾,不能因刑官热衷作诗就断定其律学水平低劣。更重要的是,陈文忽略了清代刑部官员司法行为的制度约束。相比明代,清代司法权力向刑部的集中、审转程序的强化和刑部审理案件总量的增加,都对刑部官员的律学素养和司法技艺提出了更高的要求;讲读律令、引律断罪与司法责任制度,也督促刑部官员研读律例,提升自身的律学素养。此外,陈文对刑部堂官"画黑稿"和律学素养"倒挂"的描述,亦由于忽视了刑部内的组织结构和运作方式而存在夸大。总之,认为清代刑部官员律学素养较高的观点并无不当,对此问题,只有全面考察他们的制度语境、道德观念与司法理念,才能得出稳妥的结论。③

李明考述了清代律例馆的发展流变情况。他指出,清代律例馆最初应修律之需而诞生,早期负责各部条例的修纂。至乾隆朝修律,刑部与律例馆在工作联结上愈加密切,乾隆七年律例馆归隶入刑部,此后律例馆专司《大清律例》的修辑。清代后期,在修例活动衰歇的同时,律例

---

① 杜金、徐忠明:《读律生涯:清代刑部官员的职业素养》,《法制与社会发展》2012年第3期。

② 陈灵海:《〈抱冲斋诗集〉所见清代刑官生涯志业》,《学术月刊》2018年第11期。

③ 徐忠明:《写诗与读律:清代刑部官员的法律素养——与〈抱冲斋诗集〉所见清代刑官生涯志业〉作者商榷》,《上海师范大学学报》(哲学社会科学版)2019年第3期。

馆的司职重点转向了以说贴等形式对刑部案件的裁决指导。时间流转，职能变迁，然而在变化的背后，律例馆始终是清代官方法律知识最高水平的代表。①

陈煜分析了明清司法制度发展的新趋势。他认为，相比于唐宋，明清时期司法的发展呈现三大趋势：司法确定化和推理多元化并存，对司法过程的管控和监督强度增大，诉讼难度和息讼力度加大。这些趋势的产生，与明清中央集权的加强、社会经济的发展以及社会流动的加快有着密切联系。②

柏桦对清代诉讼制度中上控、直诉和京控三者的含义和区别予以了分析。他认为，所谓"叩阍"是一种直诉制度，与京控在诉讼方式、审理程序和量刑定罪方面并不相同，不应将二者并列和混淆。③

邓建鹏的《清代州县词讼积案与上级的监督》一文，探讨了清代中期以后通过上级监督处理州县词讼积案的制度安排与实践困境。文章在梳理清代词讼积案的现象和官方制度应对之后，利用公牍档案等史料，对道员监督、自理词讼清册制度和上控制度等上级监督制度对州县清理积案的实效进行了考察，得出上述制度在实践中纷纷失灵，并未带来有效的监督效果。作者认为，地方官之间的利益合谋、多层级监督的体制缺陷和客观因素的制约，是导致词讼积压问题难以得到解决的原因所在。④

王志强以清同治四年"郑庆年斗杀人案"中，地方官经过对口供的改造和裁剪，逐步建构案件事实的过程为例，探讨了清代刑案处理中"诸证一致"的证据标准，并从司法权力结构的角度对其成因进行了分析。作者认为，"诸证一致"的证据要求看似不合常理，却是当时中央书面复核的监管方式、地方官庞大权力和苛重职责共同作用的产物，是当时制度下处理事实判定问题时弊端相对较小的一项制度，其深层背景，则是集权式科层制司法权力结构。这一标准展现出的司法技术与政制背景间的紧密联系，或可为今日提供某些启示。⑤

---

① 李明：《清代律例馆考述》，《清史研究》2016 年第 2 期。
② 陈煜：《明清司法的新趋势》，《江苏社会科学》2018 年第 4 期。
③ 柏桦：《清代的上控、直诉与京控》，《史学集刊》2013 年第 2 期。
④ 邓建鹏：《清代州县词讼积案与上级的监督》，《法学研究》2019 年第 5 期。
⑤ 王志强：《论清代刑案诸证一致的证据标准——以同治四年郑庆年案为例》，《法学研究》2019 年第 6 期。

王兆辉和刘志松探讨了清代州县佐贰官的司法权问题，指出清代法律虽对佐贰官的司法权严加限制，但实际上，州县佐贰官在勘验、缉捕、审断、执行等方面拥有不同程度的司法权。州县官与佐贰官在审断中的合作关系，导致州县司法产生了"复合初审"的特殊效果。总之，州县佐贰官虽秩卑禄薄，但亦非闲散，实为"亲民"之官。[①]

吴佩林和张加培讨论了清代州县衙门中的"官媒"问题。文章指出，官媒为清代州县的常设衙役，承充与辞退都有相应的程序和要求；官媒在管押涉案妇女、承办涉案妇女的婚姻择配、验身验伤、伴送押解等方面发挥了积极作用，但亦存在虐待管押妇女、勒索被押人财物、逼妇卖奸等问题。虽然清廷对官媒之弊采取了一些应对措施，然效果有限，随着清末法制改革的推行，传统官媒制度走向了终结。[②] 吴佩林还和吴冬考察了清代州县司法中关于"遵用状式"的规定与实践。作者指出，"遵用状式"是清代县衙维护地方诉讼秩序的一项基本规定，但在诉讼实践中，由于经济、时间等因素，以及涉讼者有意使用的诉讼策略，"违式"呈状的现象时有发生。尽管如此，州县官出于各种原因，却多受理此类诉状。违式递呈展现了清代州县诉讼实态的多重面相，州县官对违式状的不同处理则反映了他们原则性与灵活性相结合的理讼观。[③] 张晓霞利用巴县档案，考察了抱告制度在州县民事诉讼中的实践情况。作者指出，从抱告的实际状态、"老幼"的具体表现、抱告与诉讼当事人的关系、抱告窃名告状等方面来看，清代抱告制度的在实践中呈现了比状式条例的规定更加复杂多样的面相。[④]

郑小春利用徽州文书中新发现的清代判词文书，对清代县衙判词的制作问题进行了再探讨。作者指出，从新见判词文书中，可以看出它们在制作格式上的共同要求：在内容上，判词制作应当遵照固定的结构；在形式上，判词制作必须具有显示司法效力的相关标志。这些材料以原始实物的形式，证

[①] 王兆辉、刘志松：《清代州县佐贰官司法权探析》，《西南大学学报》（社会科学版）2014年第4期。

[②] 吴佩林、张加培：《清代州县衙门中的官媒》，《历史档案》2018年第3期。

[③] 吴佩林、吴冬：《清代州县司法中的"遵用式状"研究》，《苏州大学学报》（法学版）2017年第3期。

[④] 张晓霞：《清代抱告制度在州县民事诉讼中的实践——以清代巴县档案为中心的考察》，《成都大学学报》（社会科学版）2017年第4期。

明了清代州县在民事案件审理结束后需要单独制作判词文书,过往认为清代州县不单独制作判词的观点应当辨正。① 他还利用徽州诉讼文书,介绍和展现了明清司法中保结、执结和甘结三类保证文书的性质、内容和功能。作者指出,保证文书在实际诉讼中不可或缺,它们的整体结构和文书格式基本固定,明清两朝变化不大。通过保证文书,可以管窥徽州诉讼文书的特点和学术价值。②

八 司法实践与法律文化研究

徐忠明的《清代中国司法类型的再思与重构——以韦伯"卡迪司法"为进路》,在分析和反思韦伯关于传统中国"卡迪司法"的论断及其背后的"理想类型"研究方法的基础上,提出用"情法两尽"来界定和概括清代中国的司法类型,对清代乃至整个传统中国的司法制度、观念和实践做出了新的阐释。③

俞江对明清州县细故案件司法的性质和特点进行了反思。《论清代"细事"类案件的投鸣与乡里调处》一文,通过徽州投状文书,考察了清代"投鸣"程序与乡里调处的实态,并以此为视角,讨论了清代"细事"类案件解决机制相对于明代的结构性变化。他指出,明代的"状投"为法定诉讼程序,但清代则否。新出徽州清代投状文书显示,投状已从告状格式中独立出来,说明投状已不具有法律文书的效力。从投状内容来看,调处主持人也呈多元化,当事人可自行选择。这些都说明"细事"类案件的解决重心已从乡里上移到县衙。这一变化增加了州县的审断压力,导致"官批民调"的增多,对清代"细事"纠纷的解决产生了深远影响。④《明清州县细故案件审理的法律史重构》一文,从清代"判词"这一文书形式的发展及其在

---

① 郑小春:《徽州诉讼文书所见清代县衙门判词的制作——兼评清代州县不单独制作判词》,《社会科学》2013 年第 10 期。

② 郑小春:《明清徽州司法实践中的保证文书》,《徽学》第 8 卷。

③ 徐忠明:《清代中国司法类型的再思与重构——以韦伯"卡迪司法"为进路》,《政法论坛》2019 年第 2 期。

④ 俞江:《论清代"细事"类案件的投鸣与乡里调处——以新出徽州投状文书为线索》,《法学》2013 年第 6 期。

结案系统中的地位入手，对明清州县细故审理的实质特点与内在逻辑做出了新的阐释。作者认为，明清细故案件堂断文书从"审语"到"判词"的转变，是明代里老人理讼制崩解后，细故案件审断权、审理层级、审理模式和结案系统发生转变的外在表现。为适应上述变化，清代州县细故审理逐渐形成和解优先的做法，审语不再是州县结案的唯一形式，批词和判词外，息呈、销呈、保状、甘结等均是重要的结案形式。明清的州县细故审理，是国家权威通过给当事人"说法"，达到"定分"和"止争"的一种司法过程，与现代民事诉讼并不相同，在此过程中，判词与和解皆为达成目标的手段，二者并不矛盾。在案件审断的"确定性"问题上，通过对细故案件的类型化分析，可知受传统契约的约束力影响，多数产权归属和交易类案件具有可预测性，但也存在同案不同判的现象；身份相关的案件，因有律例可以参照，裁判通常具有一致性，但对于参照律例不合适的，州县官会结合情理下判。以此观照学界关于明清州县细故案件裁判依据的论争，可知双方各有夸大及偏颇。清代州县细故审理的模式，可以归纳为：审、调分离，边审边调，调、审衔接。①

吴佩林的《清代县域民事纠纷与法律秩序考察》一书，以清代四川南部县档案为主要研究史料，辅之以传世文献和田野调查资料，从诉讼程序、诉讼实态、文书程式、案件受理、妇女诉讼及抱告制度等多个方面，对清代县一级的民事纠纷处理及法律秩序予以了细致的再现和阐释。作者认为，在县域范围内，民事纠纷解决机制以民间调解为主，具有官民互动、以和为贵、低成本治理的特点；在诉讼过程中，贯穿了国家与社会的合作与妥协；面对民间纠纷，开放的申诉渠道与官方的息讼努力矛盾并存；官方司法制度的表达与地方司法实践多有背离；民间习惯在地方社会治理中起着重要作用。考察传统社会的法律秩序，对于当下社会的和谐运转具有反思和借鉴价值。② 书中部分内容单独成篇，已在学术期刊上发表。如《从〈南部档案〉看清代县审民事诉讼大样——侧重户婚案件的考察》一文，对清代州县衙门审理民事案件的基本思路予以了梳理，主要包括尊重调解、支持销案和息、部分案件判归宗族或乡保调解、不重视核实案情、兼顾双方利益、责处"刁讼""缠讼"、尊重风

---

① 俞江：《明清州县细故案件审理的法律史重构》，《历史研究》2014 年第 2 期。
② 吴佩林：《清代县域民事纠纷与法律秩序考察》，中华书局 2013 年版。

俗习惯、会参引甚至直接引用律例等八个方面。作者指出，上述思路的形成，实由民事纠纷自身的特点，以及社会、政治、经济等多种因素综合作用使然。①

苏亦工的《清代"情理"听讼的文化意蕴——兼评滋贺秀三的中西诉讼观》一文，对由日本学者滋贺秀三最早提出的中西诉讼模式差异问题予以了新的探讨。文章从情、理、法在清代民事司法中发挥的不同作用出发，引申出传统中国与近现代西方两种诉讼模式的差异，并对这一差异的历史文化根源予以了深入的探讨。文章认为，中国传统听讼模式旨在调整伦常关系，与西方"竞技型诉讼"重在调整财产关系迥然有别，这也是其不同于西方诉讼模式的"确定性"所在。中国传统听讼与西方司法诉讼是基于完全不同的理念而形成的两套完全不同的体制，不能随意比附。只有跳出"西方中心论"的视角，才能认识到中国传统诉讼体制和理念的合理之处。② 杜军强回避了对"情理"内容的直接讨论，从情理在清代司法判决论证中的作用切入，对其法源性质和意义进行了分析。作者认为，情理与律例共同作用于判决论证，但情理并不直接适用于判断案件，而是为规范适用或规范创造提供论辩理由，构成衡量律例适用妥当性的评价标准。在规范性质上，情理可理解为清代的法律原则，其参与的论证属于强化、补充逻辑论证的修辞论证。③

汪雄涛利用巴县档案，探讨了清代州县讼事中国家与个人的关系问题。他指出，学界以往比较强调社会与国家在清代纠纷解决中的互动，但实际上，相对于社会力量，清代纠纷解决机制中国家与个人的角色更为重要。在讼事开始阶段，"状不轻准"是国家的基本立场，词讼的开启主要依赖于个人的行动；讼事进入候审以后，可能因国家的消极理讼而陷于停滞，个人则试图通过诉禀对抗来推动诉讼进程；在讼事的审断阶段，国家往往希望"一讯而结"，若个人对讯断结果不满，会拒绝具结，进而复禀乃至上控。国家对讼事的压制和消极，与个人的困难和积极，共同构成清代州县"压

---

① 吴佩林：《从〈南部档案〉看清代县审民事诉讼大样——侧重户婚案件的考察》，《中外法学》2012年第6期。

② 苏亦工：《清代"情理"听讼的文化意蕴——兼评滋贺秀三的中西诉讼观》，《法商研究》2019年第3期。

③ 杜军强：《法律原则、修辞论证与情理——对清代司法判决中"情理"的一种解释》，《华东政法大学学报》2014年第6期。

制型诉讼"的一体两面。①

李青通过梳理诉讼档案，讨论了清代民事诉讼案件的整体趋势和特点，并对其中体现的民众诉讼意识予以了分析。她认为，从诉讼档案来看，清代民事法律关系趋于复杂化，表现出了民事案件比重上升、民事诉讼主体扩大、诉讼内容广泛、审判灵活、执行简便等特点。除官方主导外，当事人的主动性在诉讼中亦有所体现，这反映了"诉讼意识"萌发的影响下，更多民众通过法律途径保护自己的利益。② 魏淑民以《樊山政书》为例，分析了清代布、按两司在处理小民越讼时的矛盾态度，即一方面对州县官员因循迟延以致大量积案深刻洞悉，另一方面对小民扰乱行政程序的越讼行为表示明确反感。二者合力的最终结果，是对越讼的少有受理和严厉申斥。整体上看，律例的明文禁止、对权力秩序的维护和预防突发事件，构成了两司明知州县弊病，却仍旧反对越讼的原因所在。③

日本学者夫马进主编的《中国诉讼社会史研究》中译本于2019年出版。在书中第一章《中国诉讼社会史概论》中，夫马进利用巴县档案，对清代同治年间巴县诉讼文书和诉讼案件数量予以了细致梳理和分析，在此基础上得出了关于中国"诉讼社会"的论断。此外，谷井阳子、寺田浩明、陈宝良、阿风等学者在书中也从不同角度对明清时期的诉讼制度与诉讼文化展开了探讨。尽管本书日文本早在2011年即已出版，其中部分篇章此前也已翻译发表，但其作为中日学者研究中国传统诉讼与社会的代表论著，仍值得学者重视和关注。④ 另外值得注意的是，以夫马进此文为契机，国内学者围绕传统社会的"无讼"与"健讼"问题展开了新一轮讨论。如尤陈俊《"厌讼"幻象之下的"健讼"实相？重思明清中国的诉讼与社会》一文，利用多种史料，呈现了明清时期诉讼日繁的社会景象，同时，通过对衙门所收词状数量与实际讼案之关系的分析，指出前者可能

---

① 汪雄涛：《清代州县讼事中的国家与个人——以巴县档案为中心》，《法学研究》2018年第5期。

② 李青：《清代民事诉讼意识的萌发——以清代档案为视角》，《政法论坛》2013年第4期。

③ 魏淑民：《张力与合力：晚清两司处理州县小民越讼的复杂态度——以樊增祥及其〈樊山政书〉为例》，《河南社会科学》2013年第8期。

④ ［日］夫马进主编：《中国诉讼社会史研究》，范愉、赵晶等译，浙江大学出版社2019年版。

对研究造成的误导,并由此对片面强调"健讼"和"诉讼社会"的观点提出了反思。①《明清司法经济对民众诉讼策略的影响——高昂讼费与健讼风气之悖论的一个分析》一文,从明清史料中"高昂讼费"与"健讼风气"并存的现象出发,跳出传统上将词讼繁兴完全归咎于讼棍胥吏煽惑的解释模式,探讨了这一时期民众在面对讼费压力时发展出的降低沉重经济负担的诉讼策略。据作者考察,这些策略包括由多人分摊讼费、采取"官司打半截"方式节省诉讼开支等。在此类策略及社会经济等因素的影响下,人们并不都将诉讼视为不敢踏足的畏途,一些地方衙门的讼案数量也因此颇为可观。②吴佩林的《清代地方社会的诉讼实态》一文,对"无讼"与"健讼"这两种关于传统社会诉讼实态的学术观点进行了检讨。作者认为,现有研究之所以得出两种完全不同的结论,主要是由于史料的来源与分析的视角不同。"无讼"论者站在官方立场,更多地表达了官民对无讼社会的追求;"健讼"论者着眼于民众的现实生活,但其中的疑问亦有不少。以目前资料,无法准确测算清代的诉讼规模,所谓的"健讼"与"无讼",都是基于道德和现实层面的价值判断,不能以此来界定社会的诉讼实态。③

近年来,随着研究视角的转换和跨学科方法的引入,法律知识在民间的传播成为清代法律史研究中一个新兴的热点,围绕这一主题,出现了一批代表性的研究成果。尤陈俊以明清日用类书为主要材料,探讨了明清社会变迁背景下民众法律知识的构成、来源和传播情况。他指出,日用类书所载的法律知识类型颇为丰富,基本涵盖了当时不同阶层的普通百姓所能接触到的主要法律知识类型,其中,契约体式和讼学知识两部分内容,集中体现和影响了民众的法律意识和法律观念。日用类书所载的法律知识均系抄自他书,本身并没有什么创新,反映出社会需求推动下法律知识在不同类型的文本间的传播。随时间推移,日用类书中法律知识所占比例的逐渐削减,折射出其背后社会空间的变化。通过日用类书等材料研究法律知识在民众间的传播情况,是判断传统民众法律观念和意识的前提,对于克服宏大叙事的"法律

---

① 尤陈俊:《"厌讼"幻象之下的"健讼"实相?重思明清中国的诉讼与社会》,《中外法学》2012 年第 4 期。

② 尤陈俊:《明清司法经济对民众诉讼策略的影响——高昂讼费与健讼风气之悖论的一个分析》,《法学》2019 年第 3 期。

③ 吴佩林:《清代地方社会的诉讼实态》,《清史研究》2013 年第 4 期。

文化研究"的弊端具有重要意义。① 徐忠明以明清法律书籍的"序跋"为主要材料，借用传播学和阅读史的分析框架，对这一时期法律知识的生产、传播与接受情况予以了考察。作者分析认为，明清时期的法律书籍主要包括律学注释、行政和司法指南以及判牍汇编三种类型，它们的共同点在于都具有很强的实践性。这些书籍的作者大多是具有爱民情怀和治理经验的官员和幕友，他们出于指导实务的目的撰写著作，但也包含有"求名"或"谋利"的成分。法律书籍的传播者有作者、皇帝、官场同僚与书坊商人等，传播渠道则包括官刻、家刻和坊刻等，这些因素使法律书籍得以广泛传播并产生影响。法律书籍的读者群体除了官员和幕友，还包括讼师及部分士人和民众。法律书籍的持续刊刻和广泛传播，反映出读者市场的繁荣，也间接说明过往认为明清官员因缺乏法律教育而司法素养不足的观点值得商榷。② 张婷通过对清代坊本律例之版本源流和内容特征的梳理，讨论了幕友、书商以及国家官员在法律知识传播中的互动。文中指出，清代官方的法典出版更新迟缓且印数有限，不能满足官僚机构和社会对法律知识的需求。这一背景下，商业性的坊刻本律例应运而生，而江南地区则成为清代法律书籍出版的中心。在此过程中，苏州、南京、杭州等地的书坊印刷和出售了大量的律例全书；杭州、绍兴和苏州等地的幕友广泛地参与到坊本律例的编辑、增订、更新的过程中；江南的地方官员也对坊本律例的编辑加以支持。幕友、书坊和官员的合作使坊本律例在清代不断推陈出新，对清代法律知识的流通和普及起到关键作用。③ 陈利探讨了幕友秘本和他们公开出版的律学著作对清代司法场域的影响。他认为，幕友在清代地方衙门司法运作中扮演的重要角色，构成了他们学习和掌控法律知识的历史背景。所谓幕友秘本，实为幕友抄录新颁法规或个人经验的常用律书。秘本在幕友群体中的广泛传播，原因在于其不仅拥有巨大的实用价值，而且能够帮助幕友将法律知识、工作经验和社会关系转化为文化和社会资本，进而使他们的亲友或门徒在法律行业中获得竞争优势。在藏抄秘本的同时，不少幕友出于自我宣传、传授知识和自增威望等目

---

① 尤陈俊：《法律知识的文字传播：明清日用类书与社会日常生活》，上海人民出版社2013年版。

② 徐忠明：《明清时期法律知识的生产、传播与接受——以法律书籍的"序跋"为中心》，《暨南学报》（社会科学版）2015年第1期。

③ 张婷：《法典、幕友与书商——论清代江南法律书籍的出版与流通》，《浙江大学学报》（人文社会科学版）2015年第1期。

的,也会公开出版律学书籍。这些书籍的出版,有助于幕友建立专业威信、拓展文化资本和社会空间,将法律知识转化为关系国计民生的经世实学,最终提高自己在司法场域中的地位和权力。①

尤陈俊还重点关注了清代讼师形象问题。《清代讼师贪利形象的多重建构》一文,通过考察清代讼师的贪利形象与现实中讼师收入状况的异同和差距,探讨了清代官方话语对讼师贪利形象的建构方式及此种建构的现实目的。作者认为,贪利讼师的形象刻画,虽可在一些真实案例中找到原型,但忽略了讼师收入分层化的社会现实,故不具有普遍意义。清代官方借助于对"贪利讼师"形象的塑造和宣扬,来对民间助讼之人进行整体污名化,目的在于以此警示民众远离这一"危险"群体,从而减轻区域性诉讼社会背景下日趋严峻的压力。②《"讼师恶报"话语模式的力量及其复合功能》一文考察了宋元明清时期"讼师恶报"话语模式的发展脉络,并从功能主义视角对其为何长盛不衰予以了阐释。文章指出,从宋代开始,"讼师恶报"的话语模式已经成形,并在明清时期被不断复制、扩展和推陈出新。这一话语模式兼具官方和民间的双重色彩,官方以此劝诫读书人不要操持讼师营生;社会大众以此宣泄对无良讼师的反感,并表达对正义的渴望。官方对讼师的打压,造成了讼师群体无法从内部发展出自我约束的"强"职业伦理,而"讼师恶报"话语模式在某种程度上充当了对讼师之行事下限加以"弱"约束的功能替代品。要真正理解"讼师恶报"话语模式的功能,必须注意到其对于官方、社会大众和讼师自身的不同意涵。③

顾元的《服制命案、干分嫁娶与清代衡平司法》一书,以作者早先提出的"衡平"理念为基本范式和理论支点,采取专题研究的方式,以清代服制命案、婚姻禁忌、幕学名著和天道观念等问题为切入点,对传统中国立法、司法及其与社会之间的互动关系进行了阐释。在书中,作者从严守服制与司法原情、国家律法与民间风习、形式推理与实质正义等多个方面,论述了传统"衡平司法"的表现、特征与内涵。同时,书中各章也是对清代立法、司法和法律文化的专门研究,具有独立的学术意义。例如,作者通过相关案例,对清代服制命案中结果责任和客观归罪倾向的观察分析,就为研究

---

① 陈利:《知识的力量:清代幕友秘本和公开出版的律学著作对清代司法场域的影响》,《浙江大学学报》(人文社会科学版)2015年第1期。
② 尤陈俊:《清代讼师贪利形象的多重建构》,《法学研究》2015年第5期。
③ 尤陈俊:《"讼师恶报"话语模式的力量及其复合功能》,《学术月刊》2019年第3期。

服制因素对清代司法的特殊影响提供了有益的视角。[1]

　　姚志伟剖析了清代诬告盛行的制度性原因。他认为，清代诬告缘起于"抓大放小"的司法模式，在这一模式下，官府视户婚田土等民事性质的案件为细故，不愿受理，百姓为图准状，不得不使用诬告的策略行为，以使案件得到官府的受理和重视。在官府方面，诬告犯罪本是法律严厉惩治的行为，但官员往往为规避案件审转和审判责任而对其故意轻纵，这使百姓诬告的风险降低，事实上鼓励了诬告行为的发生。总而言之，在清代的政治和司法结构下，百姓策略行为与官员策略行为的互动，共同导致了诬告现象的泛滥。[2] 茆巍对清代命案私和的现象及其背后的原因进行了讨论。他指出，清代高度重视命案的处理，法律严禁私和，但现实中私和广泛存在。考察史料与案例，可知清代命案私和具有参与者广泛、时限相对宽松、服制命案亦有私和等特点。私和之所以存在，与王朝州县官员权力的外溢有关。在清代的官僚体制下，州县官不可能真正地掌控全局，其权力必然要被胥吏、乡保、宗族、乡绅等分享，权力的运作态势决定了法律实践与表达的背离。[3]

　　邱澎生和陈熙远编著的《明清法律运作中的权力与文化》一书，围绕明清时代法律现象背后权力与文化的互动这一主题，汇集了9位中国台湾及海外明清史学者和汉学家的研究成果。如夫马进利用《珥笔肯綮》这一独具特色的明代讼师秘本，对明清时期讼师的实际活动和其中体现的诉讼观念进行了分析。文章指出，从作者对本书收录范文的评论来看，讼师并非"蹂躏法律的人"，而是尊重情、理、法并将其作为诉讼的基础。与此同时，部分关于借助诬告进行诉讼的评论，则反映出讼师"狡猾多诈"的一面。官箴书中"恶讼师"与讼师秘本中"善讼师"的形象事实上存在重叠。讼师的诉讼策略以及由此导致的"健讼之风"，一定程度上是官方诉讼制度的产物。[4] 岸本美绪围绕嘉庆年间山东省金乡县冒考案，考察了清代冒捐冒考纠纷的地方社会背景，并对如何理解国家有关捐考资格的法律规定予以了探讨。作者认为，地方社会内部竞争的激烈化，是清代冒捐冒考纠纷的重要背景，其中不仅包括士绅阶层与新兴势力的斗争，也包含了士绅阶层内部的竞

---

[1] 顾元：《服制命案、干分嫁娶与清代衡平司法》，法律出版社2018年版。
[2] 姚志伟：《十告九诬：清代诬告盛行之原因剖析》，《北方法学》2014年第1期。
[3] 茆巍：《清代命案私和中的法律与权力》，《社会科学研究》2016年第4期。
[4] [日]夫马进：《讼师秘本〈珥笔肯綮〉所见的讼师实像》，载邱澎生、陈熙远编《明清法律运作中的权力与文化》，广西师范大学出版社2017年版。

争。冒捐冒考纠纷对地方秩序具有象征性意义，故往往演变为大案，但由于现实中良贱界限的暧昧性，地方官处理此类案件颇为棘手。乾隆末年以后，政府陆续制定了诸多有关捐考资格的规定，通过梳理分析，可大致将可否报捐应试的标准归纳为该身份"服役性"的强弱程度。相关规定中不同地域的特殊性，反映了国家对法的多样性与普遍性相统一的追求。①

---

① ［日］岸本美绪：《冒捐冒考诉讼与清代地方社会》，载邱澎生、陈熙远编《明清法律运作中的权力与文化》，广西师范大学出版社2017年版。

第十章

中国法律近代化研究[1]

本章以 2012 年至 2020 年的中国法律史学为研究对象，从法律近代化综论、近代法律概念的研究、法律文化的近代影响、近代立法研究、民商法近代化、刑法近代化、司法近代化、区域法治近代化等方面对中国法律史学中的中国法律近代化问题相关研究发展现状进行总结。由于中国法律史研究成果庞杂，难以全面概括，因此本章主要针对《中国社会科学》《法学研究》《中国法学》等 20 种 CLSCI 法学期刊以及 100 余种史学期刊、综合类期刊、学报上刊载的文章，同时分析学界自 2012 年来出版的近代法律史研究专著，以期达到管中窥豹之效。纵观近九年的中国法律史研究，研究领域拓展，分析角度更新，史料挖掘深入，跨学科研究受到重视，观点争鸣不断。本章将按照上述分类，对相关的研究进行整理。

一 法律近代化综论

关于中国法律近代化研究，法律史学界长期关注，持续耕耘，涌现出一批具有代表性的科研成果，为中国式近代理论的形成提供了可靠的学术借鉴。对于中国法律近代化的学术通论，何志辉的《外来法与近代中国诉讼法制转型》叙述了 20 世纪外来法对于中国诉讼法制现代化的历史影响。高旭晨的《中国近代法律思想述论》从近代法律思想发展之背景谈起，以鸦片战争作为历史分界点，比较全面地介绍了清代的思想家及其政治法律思想，修律给晚清社会带来了巨大的社会冲击，造成了礼法之争，本书简述礼

---

[1] 在本章写作过程中，中国社会科学院大学研究生齐栾玉、刘舒心同学帮助搜集整理文献资料，谨致谢忱。

法之争的基本过程,并对礼法两派的观点做了概述。李平龙的《中国近代法理学史研究》将眼光投向了清末新政以来的中国近代法理学,从学科的视角,以法理学的主要理论问题为中心,考察和分析中国近代法理学学科发展的历史。黄瑞亭、胡丙杰的《中国近现代法医学史》对1840年以后我国不同时期的法医学发展进行了深入研究,对清末时期、民国时期和中华人民共和国成立近70年来法医学的发展成就进行了全面阐述,探讨我国近代以来法医学演变、沉浮、发展的历史进程和原因,重点对我国从古代法医学向现代法医学的飞跃、现代法医学的建立与发展,以及我国1949年后法医学的发展等作了系统介绍和评价。

许章润的《中国近代法制的世俗理性主义》一文,以法制的世俗化为研究对象。作者指出,晚近法律世俗化旨在解构古典中国的"礼法体制",并创造一个期望达到"以法治国"格局的法律规范体系,这一过程主要体现为现世性的法律正当性,这必然导致"全能的立法者"。而"世俗理性主义的法律价值取向"和"经验理性的法制实践进路"是对"全能的立法者"的应对和修正,作者对这两方面进行了阐释。同时,当代市民立法引发了超验追问的紧张,必然要通过"道德——历史正当性"予以纾解。本文以政治哲学的视角和历史法学的进路,检视和反思法制的世俗化,有助于深入理解中国法律问题的复杂性。栾爽在《社会变迁与契约法制——关于近代中国社会的一种考察》一文中提出近代中国社会是身份——契约二元社会。社会结构转型与契约法制呈现出复杂的互动态势:以宗法精神为核心的家族中心主义与以自由、平等为灵魂的契约法的互相影响;契约法深刻地塑造着城乡二元格局,同时,也受其影响,二者在互动中共同变化;契约法律制度在发展过程中,推动抑或阻碍了近代中国社会结构由同质的单一性向异质的多样性转化。李鼎楚在《法正当性"中国建构"的尝试:中国传统法理智慧的近代论说及其启示》一文中,对中国传统法律智慧的近代论说加以研究。作者梳理了近代中西古今间融合的几个失败方案,并基于此讨论合理融合的启示,即对那些根本"唯美感性"的传统因素不必强制融通,以及对人类社会面对的共同基本问题可以对照西方学理的解构。本文启示我们通过跨历史与哲学的思辨研究,反思当今中国法正当性的建构。

王立民的《中国近代法制自主性诸问题研究》讲述了近代中国法制自主性的丧失与复得历程,指出法制自主性的获得离不开独立的国家政权与主权。王立民的《中国近代成为大陆法系国家的原因及相关问题探析》一文认为中国近代大量移植大陆法系国家法律,并最终成为大陆法系国家的一个重要原因是中国不是英国的殖民地国家。这个原因长期被忽视,因此有必要加以重视,并进一步推进中国近代大量移植大陆法系国家法律并成为大陆法系国家原因的研究。中国近代虽被英、美等西方列强入侵,也被迫签订过不平等条约,但从整体上看,中国并没有成为英国的殖民地国家,逃脱了被强制移植英国法并成为英美法系国家的命运。近代中国的香港、威海卫租借地和英、美租界等一些被英、美入侵的区域也被移植过英美法系国家的法律,但这只存在于部分区域,没有改变中国是大陆法系国家的性质。与中国近代大量移植大陆法系国家法律并成为大陆法系国家相关,还有一些问题值得关注,这其中有:中国近代移植大陆法系国家法律是一种非强制性移植;英美法系国家法律比大陆法系法律复杂成为其被强制性移植的一个重要原因;大陆法系与英美法系国家的法律移植后的生命力都很强等。王立民的《近代中国法制现代化进程再认识》认为中国法制现代化起始于19世纪中叶,最早的是上海英租界的法制。中国法制现代化进程中有一个"自下而上"和"由点到面"的现代法制发展过程。这一过程是中国法制现代化的量变过程,为清末法制改革的质变过程作了准备。因此,中国法制现代化进程是个"自下而上"和"自上而下"、"由点到面"和"由面到点"相结合的进程。

张仁善的《论中国司法近代化进程中的耻感情结》认为中国近代司法改革是在强烈的耻感情结触动下展开的。耻感包括"外耻感"和"内耻感":外耻,是国人在西方列强攫取在华司法特权、被人欺负后引发的羞辱感;内耻,是国内司法弊端丛生、明显滞后于近代司法文明,国人自我观照后产生的羞愧感。为消弭外耻而进行的外交抗争等民族主义运动,是司法主权意识觉醒的原动力;通过外耻倒映内耻,促使国人不断进行反省,拿出知耻而后勇的气概,做出司法改革的顶层设计,并取得了一定成效,是理性筹划的结果。受制于政局动荡等诸多因素的制约,这些司法成效距设计者的初衷尚有很大距离,但在司法近代化篇章中已写下了浓墨重彩的一笔。

薛刚的《从自然法到官僚法:近代中国的法理结构转型》从法理角度论证法律近代化的历程,认为清末民初的读书人在专制与民主结构中重新定位本土政制,尝试建立以"民主法"为核心的"宪政体制",但新的认知分类遮蔽了自然法与国家法的分野,造成民间自主法权的退缩与消亡。拟议中的"民主法"最终落实为"官僚法",使得共和政府更加集权。

二 近代法律概念的研究

百年以降，欧风美雨，西法东渐，近代法律概念的研究，成为中国法律近代化最为重要的方面，其中学界最为关注治外法权的研究，一些学者从概念史的角度对"治外法权"及相关概念进行区分，并对概念的传播与运用过程加以分析。李洋在《从词义到语境："治外法权"误读、误用及误会》一文中，分析了"治外法权"一词从英美到日本再到中国的转化过程中的意涵。作者指出，英美学者尽管在"治外法权"与"领事裁判权"两个词语运用上有混用现象，但实际上对两词有明确区分。日本学者保有此种区分，但混淆两词已初见端倪。而在日语向汉语的转化中，由于"和文汉读法"的负面效果产生了"治理外国人的法权"的误读，并基于这种误读造成了将"收回"与"治外法权"搭配的误用，在民族主义与政治语境之下又一度产生了将领事裁判权替代治外法权的误会。高汉成在《治外法权、领事裁判权及其他——基于语义学视角的历史分析》一文中，从语义学的角度，考察了治外法权和领事裁判权的历史流变，并对这两个专有名词的关系加以辨析。作者指出，1843—1863年，"领事裁判权"处于事实描述性状态，没有专有名词概括；1864—1885年，1864年丁译《万国公法》表明了领事裁判权是治外法权的一种，但因为翻译的问题（将"Extraterritoriality"译为"不在而在"，将"consular jurisdiction"译为"第四种因约而行于疆外者领事等官"），其专有名词的真正意涵被淡化。1886—1902年，"治外法权"概念作为中文词汇出现并兼具属地主义和属人主义的双重含义。1902—1904年，在《续议通商行船条约》中，"治外法权"开始正式出现在中外条约中。1905—1912年，中国语境下治外法权和领事裁判权同时呈现，法学界为区分二者进行了尝试和努力，但并不成功，二者的混用状态一直延续到制度消失。作者认为，治外法权比领事裁判权更具有"包容性、涵盖性、确定性"，更适合表达外国管辖在华本国人的权利，这也是领事裁判权一直无法替代治外法权的原因。高汉成在《中国近代"治外法权"概念的词汇史考察》一文中，从词源学的角度对"治外法权"的首见书证、法律属性、语言属性等问题进行了考察。一般观点认为，黄遵宪的《日本国志》最早提出了"治外法权"，但作者通过对《申报》报道的分析，认为基于现有资料，《申报》应当是"治外法权"一词的首见书证。在法律属性方面，"治外法权"在《日本国志》中是属人主义，而在《新尔雅》中则是属地主义。李洋最早关注了二者的分歧并认为《新尔雅》误读了"治外法权"。作者则提出了不同观点："治外法权"的属人主义和属地主义有各自的词源，"治外法权"兼具双重含义，尽管1902年以后主要表现为属人主义，但属地主义的含义从未消失。在语言属性上，学界一般将之视为日源外来词，而作者通过考察目前的书证材料以及中日交流情况，推断"治外法权"一词最早出现在汉语中。基于对词源的理解，作者指出，"治外法权"一词在中文首先出现并表达属地主义含义，实际上说明了晚清政府的主权意识，这值得反思。在以上两篇文章中，高汉成对李洋的一些观点提出了不同看法。高汉成认为黄遵宪第一个提出"治外法权"的一般观点值得商榷，"治外法权"最早提出是在《申报》上。高汉成还反驳了李洋"治外法权是属人主义属性"的观点。李洋认为"收回治外法权"的说法有误，而高汉成指出，如果考虑了治外法权在中国语境下的双重含义，那么"收回治外法权"就是十分合理的表述。黄兴涛在《强者的特权与弱者的话语："治外法权"概念在近代中国的传播与运用》一文中，考察了"治外法权"这一概念在近代中国的传播与运用，并基于此对近代中国政治话语的表述方式、运用特点及内外影响加以分析。作者指出，对于近代英美等强国而言，"领事裁判权"的主体实际上覆盖了"外交豁免权"的主体，因此，"治外法权"往往指向"领事裁判权"这一方面的意义，在日常使用上也出现了混用状态。概念的区分不是他们关注的重点，英美等强国在概念"含义的语用强势及其所体现的西方话语霸权"实际上促成了近代中国在这个问题上的认知和运用困境。而近代中国则拿起了弱者的武器，当只能被动接受列强特权时，选择相对狭窄的"领事裁判权"；而当进入废除特权阶段后，则选择范围更宽的"治外法权"。概念的认知与传播影响了运用，从晚清民初到五四运动及其后，"治外法权"在国人中的形象经历了从"服务于效仿西方进行改革之话语组件"到"帝国主义侵华罪恶的鲜明标志和象征符号"的转变。作者透过概念传播与运用的历史，试图重现中西政治社会复杂互动的图景。使"治外法权"研究问题得到了更进一步的分析。值得注意的是，在本文中，黄兴涛就"治外法权"概念的法律含义和词源属性与李洋、高汉成的观点进行了对话。黄兴涛不认同高汉成的观点。他认为，《申报》上"治外法权"一词也来自日本，且"治外法权"主体是享受特权的西方人，因此"收回"就是一种误用。对治外法权和领事裁判权的界定不清在今天仍然广泛存在,学者们考察历史试图拨开认识上的模糊和混乱,是十分必要的。而相比于制度史、思想史等,有关"治外法权"的词源辨析研究并不充分。李洋、高汉成等人的研究加深了目前对"治外法权"的理解。对治外法权的另一种实践,李洋在《美国驻华法院:近代治外法权的另一重实践》一文中,考察了美国驻华法院。作者考察了美国驻华法院的司法实践,并认为法律规则作为先导是其基本理念,案件审判"并非简单延续领事法庭偏袒本国人的一贯风格",不乏中国人为自己的权益伸张。值得警醒的是,尽管美国治外法权的实践在一定程度上促成了中国法制近代化的觉醒,但其意图却是在中国推演西方法律帝国主义,是"推行殖民法制进程中之附属物"。传统观点认为,治外法权实践目的在于袒护本国国民及攫取司法特权,作者超越此视角分析治外法权的法律殖民等深层内涵,对全面把握治外法权具有重要意义。本文中提到的"法律帝国主义"在李洋的另一篇文章中得到了具体阐释。对晚清租界发展与领事裁判权的关系,曹雯在《晚清租界的早期发展与领事裁判权问题由来》一文中,考察了晚清租界的早期发展。她指出"最初的租界并不是作为殖民地诞生的,租界演变成具有殖民地性质的区域有其过程"。作者详细考证国内外资料,试图还原晚清早期租界样态,警示我们不能把19世纪90年代之后的租界样貌等同于早期租界运作状态,十分具有启发意义。对司法改革与领事裁判权的关系,公丕祥在《司法主权与领事裁判权——晚清司法改革动因分析》一文中认为,领事裁判权是中外不平等的条约制度下对中国司法权的破坏,而收回领事裁判权的努力是晚清司法改革的直接动因。张仁善推出的新著《近代中国的主权、法权与社会》以治外法权为切入点,对近代中国法律变革中的主权与法权问题进行了深入的探讨。

关于国际法学的研究。赖俊楠在《十九世纪国际法学中的中国叙述》一文中,通过广泛考察19世纪国际法学中关于中国的表述,指出19世纪国际法学的核心思维结构是拒绝思考"政治"的实证主义。在国际法学"非政治"的思路下,有关界定中国等国家是否纳入国际法体系的"文明"标准、鸦片战争正义性评价、不平等条约的合法性等问题或被模糊论证或遭回避探讨。因此,19世纪面对帝国主义在中国等国的扩张,国际法学非但不加阻止,更是在事实上予以默认。作者警示,"如果新时代的国际法学家继续拒绝思考正义、是非、善恶等真正关乎人类普遍命运的问题,他们注定将一如既往地身处于边缘地位。"相比于依据现实权力地位推定国际法学家们的意图,作者通过考察文本来反思19世纪国际法学内在的思维及话语结构的方法无疑更有助于溯本清源。齐静在《从英国档案看国际法的运用和鸦片战争的非法性》一文中,通过分析英国的档案资料和议会法律意见,在国际法的角度论证了鸦片战争的非法性。作者认为,根据19世纪国际法的国家贸易原则和属地最高权原则,中国有权立法禁止鸦片的进口并在领土范围内享有最高立法、行政和司法权。英国的历史档案说明英国一方面肯定国际法原则,另一方面发起不正义战争。本文还启示到,现代学者解释19世纪国际法只适用于"文明"国家,但中国是否违反国际法以及发动战争是否合法的问题在英国内部经过了多次讨论,这说明国际法的自然法基础并未被忽视。本文实例为赖俊楠的《十九世纪国际法学中的中国叙述》一文提供了有力论据。李洋在《从"非正式帝国主义"到"法律帝国主义":以近代中国的境遇为例》一文中指出,伴随着帝国主义发展路径去"一维"的整体性,"帝国主义"消逝,"非正式帝国主义"确立,也就是说,殖民从领土的统治转向较为隐蔽的方式。作者指出,践行近代国际法的条约体系以及实践治外法权为"非正式帝国主义"与"法律帝国主义"架起桥梁。基于学术界曾出现的多重表达,作者对二者关系进行了整合:一方面,法律促成了非正式殖民的实现并加以合法性背书;另一方面,法律帝国主义又是非正式帝国主义的一个分支。以此视角审视"不平等条约",亦可发现"19世纪的近代国际法始终无法逃离其为帝国主义提供'合法性'的理论根据的历史形象"。法律帝国主义的核心是披上近代国际法合法性外衣的西方列强将西方法律体系强行推入东方国家。最后,作者聚焦美国在近代中国的法律实践,分析法律帝国主义达成西方法传播的全过程。本文的警示意义在于,通过回顾历史篇章,可以发现法律帝国主义的要素在当代仍然广泛遗留,我们必须保持足够清醒。张晓宇的《近代领事裁判权体系下的华洋船舶碰撞案——1887年万年青号事件的法律交涉》以1887年万年青号华洋船舶碰撞案胜诉为切入点,论证近代中国人在领事裁判权这一有限空间之内如何最大化维护自身权利的努力,认为近代领事裁判权问题仍具有重要研究价值。

关于中外关系的研究。陈开科在《俄总领事与清津海关道——从刻本史料看同治年间地方层面的中俄交涉》一文中,基于两份刻本史料对同治年间地方层面中俄交涉加以考察。作者指出,地方层面中俄交涉的法律基础是"片面领事裁判权"及其延伸的会审制度。两份史料显示"片面领事裁判权"已经开始涉及纯粹中国人的案件,这说明,在俄国的威逼之下,地方层面的中俄交涉实践已经超越了国家层面确定的不平等条约机制的界限。同时,尽管俄方在程序上存在超越条约机制的行为,但中国法律仍然是最终定案的法律依据。晚清中俄双方在地方层面交涉中表现出俄方"利益至上"和中方"寓抗争于妥协之中"的原则差异,作者将其解释为两国在外交上的强弱态势所决定。作者基于新史料进行的考察对以往早期中俄关系史研究集中关注国家层面交涉进行了补足,开拓了早期中俄关系史研究的新方向。

关于海洋法的研究。在王宏斌《清代内外洋划分及其管辖问题研究——兼与西方领海观念比较》一文中,考察了清代的海域划分及管辖问题。作者指出,清代海接近大陆海岸和岛岸的海域分为三个部分:内洋、外洋和大洋(深水洋或黑水洋)。内洋由沿岸州县和水师官兵共同管辖,外洋由水师官兵巡阅会哨,大洋近似于今天的公海不受国家管辖。总体上看,清政府对于内洋、外洋实现了有效的管辖。作者发现,"无论是对无害通过原则的认同,还是兵船的严格规范,抑或是关于商船停泊地点的限制性规定",中国人对"外洋"与西方人对"领海"的管辖观念十分相似,这说明"外洋"本质上近似于"领海"。作者并没有在本文中解释观念相近的原因,这个问题值得进一步研究。

关于日僧在华传教权问题的研究。颜丽媛在《清末日僧在华传教权的条约之争》一文中,通过考察历史档案资料,论述清政府如何运用国际法知识解释中日条约、严格适用条约规定,并阻止日僧在华传教,维护国家利益。作者认为,中日正义的焦点在于日僧有无在华传教权。中方认为:中日同文,早有佛教,不需要日本传教;根据条约日僧没有在华传教权;最惠国条款限于"商务利益",不包括传教权。作者指出中国拒绝日僧传教权的法理依据有三:"最惠国条款的片面性""治外法权违背主权原则""以英文为准解释条约"。以往清代教案研究多关注西方传教士,即使研究日本来华传教问题,也并不重视清政府对此的态度,本文基于条约文本从国际法的角度进行的研究,一定程度上弥补了这一空白。

对权利观念的研究,柳飒在《近代中国权利观念的嬗变与重构》一文中,从传统文化的影响与近代时势的逼迫来进行分析。"权利"观念无法超越的"国权"思维可以追溯至华夷之辩,而近代以来"国权"的变化和危机催生了"权利"起源,但同时也使其归于寂寥。"民主"观念引入为国人所接受，尤其受革命党人追捧，但与权力互通，没有将自由作为终极价值。这与中国人难以割舍的"权力"信念有关，近代以来在民族和民主情结下，"权力"成为坚定的目标。而"权利"概念的变化存在循环式的怪圈：最初是"权势""权力"的含义，经历过贴近宪政意义的"自主之权"后，又回归于原本含义。同样存在怪圈的还有"自由"，从团体自由出发认识了个体自由的重要性，但又因团体自由的需要而抹杀了个体自由的正当。作者指出，权利观念最终没有迈入法治进程，因价值的"短视"而局促了规范的设立和实践的保障。柳飒的《中国近代基本法权利规范在实证法律中的变迁》认为近代基本法中的权利规范仅仅是纲领性的宣示，其原则式的规定需要下位法予以主体、程序、处罚等方面的配置，同时，近代基本法对基本权利大多采用"依法律保障"的模式，实证法律成为公民法定权利的实质规范，直接决定着公民实有权利的享有程度。李启成的《议事之学与近代中国的民权演进——从〈资政院议事细则〉到〈民权初步〉》考察了议事之学的产生、发展与衰落历程，认为《资政院议事细则》在晚清时期的出台及其实际运作，催生了近代中国议事之学（简称"议学"），孙文在民国前期编著的《民权初步》则是"议学"发展的高峰。《资政院议事细则》在实践过程中暴露出来的学理问题，在《民权初步》中都得到了较好的解决。但民国时期政治的专制独裁色彩，导致《民权初步》不能成其为"民权初步"，"议学"本身也沦为无足轻重的"小道"，批判并清除形形色色的专制土壤，尽量弥合"知""行"之间的断裂，防止各类独裁者利用像"议学"这类先进外衣为专制独断背书，既是议学走向成熟的前提，也是发达民权的必经之路。赵小波的《近代中国"民权"内涵演变考论：从维新到革命的话语转换》梳理了"民权"一词于清末进入汉语世界并成为常用概念的历史过程。结合"民权"概念的传入，作者得出以新式报纸为起点，结合康有为的思想才能触及"民权"的真谛。维新"民权"的核心和根底是个体维度的"人人自主之权"，构筑出了一个跟西方自由主义宪政原理比较接近的国家秩序新图谱，可见近代国人是认识到个人权利本位观念的。然而继承康派"民权"精神的革命派，其核心内容虽然一致，但正当性论证模式转换，且主要在民众与君主、汉人与满人的话语结构中进行论证，越来越明显地被限定在政治领域。这种论证可能侵害了个人自主观念的社会基础，导致了内在核心价值的消散。作者将"民权"概念放在从维新到革命的话语转换中，梳理分析其内涵和价值取向变化，有助于纠正当代对"民

"权"理解的偏差。林来梵的《权利概念的移植交流史》从更为宏阔的视角出发,将权利概念置于中日两国之间西方法政概念移植交流史这一角度考察。"权利"这一概念是近代中国最早确立,传入日本,又促进了这个词在中国的流行,因而对中国来说这是个特别的"回归词"。"权利"概念移植缺乏深厚的传统文化基础,在传入开始就伴随着内在的意义变迁:没有表达出"正当性"的含义,也忽视了人基本"权"利意义上的"权"。梁启超对权利概念的落定有极大贡献,他的自由权利观构成了中日两国法政概念移植交流史上的重要篇章。但作者提醒我们,这样的移植可能造成一种无结构的"知识堆累",也会在"转继受"的过程中产生有问题的递增效应,权利思想中的国权优位主义就是明证。翟晗的《国家想象之镜:中国近代"女权"概念的另一面》考证了近代女权概念的形成,认为近代中国的思想场域中,早期思想家不仅描摹了女性走出私领域受教育而从事职业,同时更好教育了下一代,而且在抽象的法理层面将"女权"与"民权"观念交织。在这样的思想状况中,中国女性的能力、权利和地位与国家想象产生直接联系,承载了知识精英们对未来富强中国的期待。由此,近代中国思想场域中理想的女性形象成为未来国家想象的镜像(reflection)。这种国家想象与女性形象互相定义的思想机制,不仅与西方女性主义将男性视为女性对立面的二元认知结构相异,而且迄今为止,依然影响着中国性别话语的深层认知结构。

关于法学概念、理论和主义的研究。陈新宇在《一种相思、三处闲愁——从历史法学派到近代中国的法律保守主义思潮》一文中,以历史法学保守主义的立场审视近代中国的三次保守主义思潮。作者指出,古典礼教在近代民主的冲击下逐渐丧失合法性,但因特殊时代因素,人格观念未能完善发展。何邦武在《清季现代自由心证知识体系形成考释》一文中,考证了自由心证在近代中国的传输。作者指出,新政以前,自由心证作为单纯的"西法"被介绍给中国人;新政以后,证据法律知识开始作为本土法律知识的一部分;清末,自由心证在诉讼法律草案中被规定,虽未施行但其影响至于民国。本文对清末自由心证传播的梳理,有助于我们反思"冲击—反应模式"理论以及类型学研究的局限,也为今天的研究提供历史支撑。陈灵海在《攻法子与"法系"概念输入中国——近代法学史上的里程碑事件》一文中,考察了近代留日学生攻法子将"法系"概念输入中国这一事件。作者指出,攻法子提出"法系"概念早于梁启超,并基于既往研究将攻法子限缩至四人，进一步推论其为吴振麟。留日学生将大量法政术语输入中国，极大地促进了中国法律近代化。本文梳理了近代"法系"概念并试图厘清"自我—他者"关系，这对中华法系的研究具有十分重要的意义。孟广洁在《以"法律"语义演变标记的中国法制近代化探究——以来华传教士文献、清末日译法律工具书为依据》一文中，考察了"法律"一词的近代化演变。作者以传教士文献和清末日译法律工具书为依据，指出中国本土化词语"法律"在外来文化冲击下发生了两次演变，完成了近代化定型。作者认为"法律"语义的演变打破了原有含义的封闭系统，并普及和传播了新知识、新思想，进而构建了近代法制体系，但同时也暴露了中国近代法制化的局限。在这个意义上，"法律"语义的演变标志了中国法制近代化的进程。

围绕立宪史和宪政的研究，聂鑫在《近代中国宪制的发展》中考察了近代中国制宪史上的选择与创作。作者从三个方面考察了这种"创作"，首先是政体方面，从最初选择总统制还是内阁制，到临时约法将二者调和的"神来之笔"，最后的1946年宪法的混合政体是中国人"在选择西方宪制的过程中，基于中国现实有所修正、有所创造"。其次是制宪权，国会制宪的屡屡失败，孙中山提出"全民政治"由国民大会制宪，1946年宪法制宪权转移给"非常规会议"。最后是释宪权，从议会释宪到设立国事法院，而五五宪草则确立由司法院解释宪法，之后在司法院中设大法官会议作为独立的宪法解释机关。作者让我们认识到，近代以来中国宪法虽杂糅多国元素，但"制宪者的智识贡献与宪制创作"不容忽视。尽管这些创作并没有发扬光大，但他们"坚持了'独立的精神'与'理性的选择'，也取得了'不俗'的成绩"。聂鑫的《财产权宪法化与近代中国社会本位立法》认为在近代中国移植西方法律的过程中，保护财产权的民法典与限制财产权的社会本位立法同时引入中国。当代不少人拘泥于所谓宪法财产权的"形式主义陷阱"，将宪法财产权条款与市场经济、法治联系在一起，片面强调没有宪法的保障就没有财产安全也就没有自由、繁荣的市场。这是对财产权历史与现实的双重误解。马一德的《政治变革与国家能力——对中国近代宪治探寻的再思考》，采用社会科学的理论来分析、总结中国近代立宪史所提供的意义和启示。现代化之于中国就是在西方挑战、刺激下的一个被动过程。在探寻过程中，呈现道路设计与道路实践相矛盾的问题，趋势"由理性政治主张的渐进到政治实践的冒进"，出现了"古今中西"的纠葛，"政治变革和国家能力近乎形成了鱼与熊掌难以兼得之势",这与传统中国的"超稳定"秩序构建有关,合法性危机、权威性危机和社会危机便交织在一起,政治变革无法在国家能力的帮持下顺利进行,政治变革所具有的合法性因素也不能给国家能力提供有效帮助,反而对其进一步消解。作者通过探寻近代宪治,对当代的现代化过程中如何利用经济发展积攒的国家能力,扩大中间力量,凝聚广泛共识,推动政治发展提供一种历史启示。章永乐的《"必要而危险"的权力:民初宪政争衡中的行政专权》一文中探讨了民初各派势力对行政专权的安排。越出常规法制的"行政专权"是一个政治共同体必不可少的自我保卫权力,这种"必要而危险"的权力,对每个宪政体系来说都是一个难题,尤其是新生共和国。作者聚焦于紧急命令权、赦免权力和对外权力,精英们在"给予行政机关较大的外交自由裁量权上达成了一定共识,但对总统的赦免权力进行制约的程度不一,在紧急命令权与紧急财政处分权等问题上更是形成了尖锐对立",这体现出在剧烈变迁的政治环境中对"行政专权"约束的两难。作者强调,只有审慎的政治实践才能解决这种两难,但"大妥协"并没有建立起新旧势力之间的信任,两派的分歧导致了立法和行政的对立,宪政也归于失败。作者对于行政专权安排的探讨,是中国近代宪政史必不可少的理论环节。赵小波的《从"边角料"到"救国良方"——"宪法"诞生及其实用主义倾向》一文从源头开始考察"宪法"。Constitution 传入中国历经长达半个多世纪的漂泊才找到固定的对译词汇,一方面传统知识谱系无法容纳,另一方面为"根本法"观念的孕育积累了足够的知识储备。维新变法时期,天赋人权观念促使西方经验和传统资源融合,虽没有形成民主政治,但批判了"君为臣纲"。"宪法"一词主要经由康有为之手从日本引入,康梁他们所阐释的宪法概念揭示了此后中国宪法学的基本理论范式。"根本法"观念出现,对康有为来说是概念性启示,借此传达自己的思想,致力于重铸起被普遍认可的权威,但不久这种希望被摧毁,人们直面转型时期政治秩序的制度构建的命题,统治阶级开始偏重于实用主义。作者探究了宪法概念出现、内涵演变,并指出当时社会的分裂绝不是宪法所能挽回的。

关于法学教育的研究,张兰、崔林林的《中国教育法律体系近代化轨迹的历史考察》认为近代科技与教育甚至被统治者提高到上层建筑和社会制度改革的先锋地位。20世纪前后,政府开始自上而下的教育法律制度改革,引进西方教育法律制度,颁布学堂章程等一系列教育法律规范性文件,规范近代学校教育。通过教育法律法规以国家干预的形式推进中国教育的近代化转型。曾加、刘亮的《陕西法政学堂与近代中国西部的法学高等教育》考证了陕西法政学堂的历史发展，认为陕西法政学堂是近代中国西部成立较早，西北成立最早的法学高等教育机构，陕西法政学堂的成立标志着近代陕西法政教育的开端和中国西北地区法学高等教育的起步。陕西法政学堂成立后，尽管多次停办或改并，但是它对中国近代法学教育的深刻影响是不容忽视的。陕西法政学堂不仅培养了近代陕西最早的一批地方官吏和法、政人才，而且为西北大学的法律与政治学科奠定了基础，为新中国成立后西北地区法学教育的发展准备了条件。杨瑞的《北京大学法科的缘起与流变》以北京大学为例梳理近代法科教育的发展，认为中国现代意义上的"法科"自日本传入，历经长期、曲折的发展和演进，至 20 世纪 30 年代几经国家的规训而定型。清季京师大学堂法学教科体系从思想、文本到制度建构，近承日本，间接以德国为模范，亦因本土文化心理制约，发生由"政科""政法科"到"法政科"的特有流变。民国初年，确立由法律学门、政治学门和经济学门合组的大陆派法科样式。五四新文化运动前后，东吴大学法科成立，北京大学法科被单独授受法律的"法律学系"所取代，英美普通法派权势日炙，改写了长期由大陆法派主导法学界的格局。旋因"中法系"执掌中央教育行政，法国学派乘势而起，确立社会学取向的法学院建制。国民政府统一后，在司法"党化"背景下，大学学制美国化与法学教科大陆派走向相辅而行。江国华、韩玉亭的《清末民初法科留学生与中国法制近代化》认为清末民初法科留学潮大致历经了晚清政府时期、北洋政府时期、国民政府时期三个阶段，历经了从"西洋不如东洋"到"西洋东洋并举"再到"西洋胜过东洋"的演进。法科留学生或筹建法政学堂，或借鉴西学建构中国的法学体系，或著书办报弘扬法治思想，或参与立宪修律活动引领法制潮流，或主持警政狱政改革推动法制进程，有力地推动了中国的法学教育和法制建设近代化过程。蒋海松的《时务学堂与近代法政教育革新》考证时务学堂的建立发展，认为时务学堂是近代法政教育变革的先驱。其办学宗旨鲜明，以政学为主义，以开民智为要务。其已有较为系统的法政教育课程设计，每月都有"公法学"研读书目，其中既有《法国律例》《英律全书》等比较法、宪法、民法、刑法、商法、国际法等具体法律门类，更有《万国公法》《佐治刍言》等最新潮的西方法律著作。批判专制法统、倡导民权自由是其教育灵魂所在，师生探讨了民权自由、限制皇权、君臣关系、西方议院等最新法政问题。沈伟的《萌芽时期的中国近代法学教育——基于南洋公学特班的研究》考察了南洋公学特班的法学教育,从其师生日记可见,特班借鉴传统书院制教学的同时糅合了中西之学,其教育内容不再囿于"交涉公法",体现出的比较法学教育的精神、西方公法知识的输入等现象,也是这一时期新式学校法学教育的共同特征。

关于法律翻译的研究。陈颐在《清末民国时期法典翻译序说》(《法学》2013年第8期)一文中,以清末民国法典翻译过程为研究对象。作者考证,近代中国的法典翻译从甲午前后开始,至晚清修律活动、立宪运动以及留日风潮达至高峰,最终随着"六法全书"定型退出历史舞台。法典翻译成为中国法制近代化的先导。而在这个过程中,由日语翻译西洋书籍成为主流,"东语"法律术语获得全面胜利。李富鹏在《改造"律例"——晚清法律翻译的语言、观念与知识范式的近代转化》一文中,考察了晚清中国如何通过法律翻译实现知识范式的转化。从1839年《滑达尔各国律例》到1864年《万国公法》,国际法实现了从"律例"到"公法"的转化;从1880年《法国律例》到1907年《新译日本法规大全》,国内法实现了从"律例"到"六法全书"的转化。法律翻译促使传统"律例"体系在语言、观念和知识类型上的近代转化,深刻改变了中国人思考国家体制的方式,创设了新法统。本文从知识范式转化的法学角度探究晚清法律翻译的重要意义,值得肯定。何勤华在《法律翻译在中国近代的第一次完整实践——以1864年〈万国公法〉的翻译为中心》一文中,以《万国公法》为个案,解读其法律翻译的成果与不足。从法学角度看,成功体现在一些翻译的名词后来得到了学界认可,不足体现在一些名词的翻译"出现了变异和失真",这可能是受中国传统思维和学术环境影响造成的。从翻译学和语言学角度,《万国公法》也做出了独特贡献。作者指出了这次法律翻译实践在中国近代法律翻译史上的突出地位以及它所体现的"法律翻译、法律移植和法律本土化互动发展规律的一次生动体现"。本文启示我们,不仅本国本民族的学术继承与发展体现了创新,对外来经验的学习和借鉴也可以成为理论创新的一种模式,促进中国法和法学的进一步发展。

关于法学书刊的研究。张仁善在《近代法学期刊:司法改革的"推手"》一文中,从司法近代化的角度考察近代法学期刊。作者指出,近代法学期刊全面报道司法改革活动,为废除领事裁判权宣传呐喊,并聚焦司法改革热点问题。近代法学期刊尽管不能主导司法改革,但无疑是司法改革的

"推手"。直到今天，保存下来的大量文献仍为司法近代化研究做出贡献。李鼎楚在《历史法学在近代中国传播的"知识景象"——基于法政书刊的考察》一文中，基于近代法政书刊对历史学派进行考察。作者通过梳理近代法阵书刊文本，对历史学派的传播进行统计，进而分析其内容及历史评价。作者指出，历史法学在近代中国的传播有以下特点：文本形式上有利于发展的指标趋弱；知识结构上缺乏理论借鉴与知识实践；知识评判上主要选择了否定态度。以上事实性描述背后的原因分析可能有助于理解为何近代没能建立起中国的历史法学这一问题。限于篇幅和主题，本文聚焦于历史法学在近代中国的传播景象，但本文启示我们，历史法学的中国命运值得学界进一步关注，这一问题可能关乎中国如何从学派思想资源中汲取能量并作用于实践。

关于法学学术团体的研究。王灏在《近代中国法学学术团体考证》一文中，考察了近代法学学术团体的发展、生存发展状态、宗旨与特征及其作用影响。作者指出，近代法学学术团体贡献有四："传入新的法学观""传播西方的法律制度""宣传现代各项法律原则""奠定中国法学的基础"。

关于法学学术研究。刘猛在《论中国现代法学学术之开端》中关注了近代变局中法学学术诞生。作者首先梳理了近代以来法学教育的情况，这是法学形成的基础。但法律教育并不等于法学研究，无论是清廷直接开办的还是地方开办的，无论是综合大学里的法科还是法政专门学校，都是奉行实用主义的工具性托付，注重培养政治人才和司法官吏，因而不是真正意义上的学术研究机关，不具有现代法学生长所需的土壤。中国的现代学术，必须奠基于两个条件之上：现代学术研究机关和力于学术并以此为志业的研究学人。1917 年蔡元培先生就任北京大学校长之后的改革使北大成为一个现代的大学、现代的学术研究机关。至 20 世纪 20 年代前后，吸收了一批带回西式的理念和信仰以及现代学术的留学生为教授后，现代法学在中国方始诞生。作者的研究描述了法律知识从传统律学到现代的法学的转换，回答了法学产生时间远晚于法科教育的原因。

三 法律文化的近代影响

关于法文化的研究。黄源盛在《晚清民国的社会变迁与法文化重构》

一文中，考察了晚清民国的社会变迁与法文化发展。作者以法律继受的宏观视角系统分析了超前立法、传统法律秩序与近代法律思潮的融合、继受中的法治认同和在地化、社会转型期有关伦常条款的存废等问题。作者指出，晚清民国法律近代化困难的原因就在于未能与传统协调，法的继受不能是单纯的法典移植，必须适应一个社会的生活。

关于英美法知识在中国传播的研究。李栋在《鸦片战争前后英美法知识在中国的输入与影响》一文中，对鸦片战争前后英美法知识向中国输入的状态、特征及影响进行研究。作者指出，英美法输入经历了 1842 年五口通商前英美传教士的零星输入到洋务运动前零星中国人的持续介绍，在总体特征上不具有独立性和有意性，主要针对法政知识，没有形成统一的翻译规则，缺少深入理解和回应的能力。作者推断是传统文化心理限制了英美法在中国的继受。相对于"中国法律近代化道路走的仅仅是一条大陆法之路"的传统叙事，本文梳理英美法在晚清中国的传播有利于加深我们对中国法律近代化复杂性的理解。李栋的《19 世纪前中西法律形象的相互认知及其分析》认为 19 世纪前中西法律形象存在着相互认知，虽各自认识的态度有所不同，但都呈现自我中心主义的现象。大体来说，西方人始终是以一种积极、主动和开放的态度来认识中国的；与之相反的是，中国人对西方法律形象几乎漠不关心，更遑谈了解，其态度基本是被动、排斥甚至扭曲的。西方的自我中心主义是时间上的他者和空间上的他者共同作用下的结果。由于存在空间维度上的他者，这使得西方的"自我中心主义"始终能在一种二元对立的世界观念秩序中，在开放性的比对中，完成西方文化的自我超越和自我认同。与之相对，空间维度上他者的缺失，使得中国古代只能在时间维度上进行自我调适，这种调适虽然在整合巩固方面效果良好，但在自我更新、超越方面却始终不尽如人意。

而冷霞的《近代英国法律知识的大众传播及其中国影响——以〈人人自为律师〉的译介为例》以《人人自为律师》的翻译为典型，阐释近代英国法律知识如何影响中国。作者指出，"人人自为律师"的理想是近代英国法律知识大众传播的精神溯源，并梳理了《人人自为律师》读本的变迁。19 世纪 80 年代，经由胡礼恒译为《英例全书》，《人人自为律师》成为英国法在中国的首次译介，但不同于克服法律职业阶层造成的知识垄断的原本语境，以民权代替君权构成了晚清中国自己的本土化理解。本文体现了中英社会面对同一问题的差异，有助于我们反思不同社会的文化传统与价值标准。汪强在《形象塑造与知识生产：晚清域外日记中的英国议会（1866—1885）》一文中，考察了英国议会知识在晚清的传播。作者指出，晚清人士在出国前通过阅读具备了一定的议会知识，出国后在域外日记中描述了英国议会大厦、活动和词语，深化了对议会的理解。作者认为，他们塑造的议会形象，兼具知识和文化双重意义，在一定程度上推动了议会知识的中国传播与实践。本文突破传统思想史研究范式，对晚清人士的域外日记进行研究从而探讨议会形象，对理解晚清议会思想与实践有所助益。

关于在华西方人的研究。李洋在《近代在华美国法律职业群体形象的多重建构》一文中，以在华美国法律职业群体为研究对象。作者梳理了远东美国律师协会、美国驻华法院、北洋大学法律系以及东吴大学法学院的法律活动，对美国法律职业群体参与司法、法学教育和法学研究的情况进行客观总结。本文弥补了学界对这一群体研究的缺乏。王健的《西法东渐：外国人和中国法的近代变革》再版，是书选录了六十余篇中国近代法学作品，囊括了来华传教人卫三畏、执掌晚清中国海关四十八年的罗伯特·赫德、京师同文馆首任总教习丁韪良、近代来华的后一位外国法律顾问罗斯科·庞德等有名人物对中国法律问题的独到见解，是法学目前的一次重要史料汇编，力求深入清末民初的大变局时代，呈现东西方法律文明之间的冲突与交流。

近代法律文化的日本因素。熊达云的《洋律徂东：中国近代法制的构建与日籍顾问》选取有贺长雄、松冈义正、寺尾亨和副岛义一作为具体解剖对象，就中国政府聘请他们担任顾问的过程、目的，以及他们担任顾问期间所负责的具体工作等微观领域加以研究和分析，以有助于人们全面理解日本顾问在清末中国社会转型探索中发挥的整体作用。

关于清末民初的新法家的研究。魏治勋的《近代"救亡叙事"中的新法家法治意识形态及其问题》认为作为近代中国重要社会思想学说之一的新法家"生物史观"，其应民族危亡的"新战国"历史情势而生，主张以国家主义的新法治主义济世救亡、建设民族国家，切实发挥了一定历史作用。但从"救亡—革命叙事"范式看，其改良主义理论设计难以适应近代中国"矛盾现代性"的内在逻辑；同时它在法律意识形态建构方面缺陷凸显，无法提供科学完善的政治纲领、价值基础、社会理想、行为准则、社会秩序图景和实践路线，不能起到组织、动员民众的现实功能，这是其很快衰落并最终湮没无闻的根本原因。但其承袭和弘扬的法治主义、改革为先和面向未来积极筹划的精神，是建设"法治中国"重要智识资源，这是其学说重获重要性并再度被不断诠释的历史因缘。魏治勋的《新法家的"国家主义"形式法治观批判》关注了其思想及其贡献。新法家兴起于民族危亡之际，其"国家主义"的法治观，本质上是将法治视为富国强兵、挽救危亡的工具，新法家执着于"国家主义"，思想具有法治主义和近代主义特征。法治沦为功利目标的工具时，就偏离了自身内在的目的和价值。对新法家思想的反思和批判价值在于镜鉴历史以检视和透析当下的法治实践，审视"法家第三期"的思想。反思工具主义理性和形式主义法治观，以重塑"实质法治"与"形式法治"、法治的内在目的与外在目标的合理关系，对新法家思想的精研，有益于汲取这一可能有益于"法治中国"建构的理论资源，推动"法治中国"向深度层面迈进。

四　近代立法研究

　　江国华的《中国国家荣誉制度立法的历史考察（1881—1949）》考证荣誉制度立法的历史发展，认为晚清政府在借鉴西方勋章制度的基础上，颁发了《奏定宝星章程》，开了近代中国国家荣誉立法之先河。其后的民国政府颁发了《勋章章程》《颁给勋章条例》等系列规范，构建了以勋章制度为基本内核的国家荣誉制度。早期中共政权也制定了英模表彰等方面的条例和规范。兰图、栾雪飞的《近代中国社团立法的演进及启示》认为当代中国社团立法发轫于清朝末期，经过北洋政府时期政府鼓励与限制下的推进，最终在南京国民政府时期得以相对稳定。1908年清政府颁布的《结社集会律》阐释了结社、集会的定义，规范了结社程序以及官方管理、监督、取缔结社、集会条件等规定，它是中国历史上第一部具有社团基本法雏形的法律，为社团的建立提供了法律上的保障。1914年，北洋政府在机械模仿《结社集会律》的基础上稍作完善，颁布了《治安警察法》。其后经历若干变迁，于1930年，南京国民政府颁布了《修正人民团体组织方案》，社团立法渐趋稳定。当代中国社团法制建设应总结和借鉴近代社团立法的有益经验，实现从"国家本位"到"社会本位"理念的转变，以保障公民结社自由为立法根本，以拟定社团组织相关实体法、制定统一社团组织为主要切入点，着力提高立法技术，并在实践中使其完善和执行。黄河的《中国近代就业促进法制变迁及启示》在回顾中国近代就业促进法制进程基础上认为中国近代就业促进法制肇始于清末民初时期，在职业教育和职业介绍法制化方面做出了初步尝试；南京国民政府时期得到了多角度全方位的发展，颁行了失业救济、职业介绍和职业指导等多部具有开创性的法律法规。几乎在同一历史时期，中国共产党以维护工人阶级利益和关注民生为核心目标，进行了一系列就业促进法制实践探索。谈萧的《近代中国商会法：制度演化与转型秩序》从近代中国商会法的一般分析、近代中国商会法的文本解释、近代中国商会法的执行情况、近代中国商会法的内部构成之非正式制度表达与非正式制度实践、近代中国商会法的外部环境之动力机制与秩序结构等方面阐释了近代中国商会法，全面且深入。马慧玥的《近代华侨回国投资实业政策与法律研究》分为近代华侨投资靠前实业概论、晚清时期华侨投资靠前实业政策与法律、民国时期华侨投资靠前实业政策与法律三个章节。以时间为序，围绕着华侨回国投资及中国政府的侨务政策与法律，梳理侨资在近代中国的兴衰历史，盘点华侨经济目前重要的个人和企业，并对华侨回国投资政策和法律的得失进行评析。

五　民商法近代化

关于近代民法典编纂问题，蔡晓荣的《中国近代民法法典化的理论论争——兼论对中国当下编纂民法典之启示》认为在中国近代民法法典化进程中，民法学界围绕着民法法源、悬赏广告性质、典权性质、家制和宗祧继承之存废、女子继承权等诸问题，在理论层面展开过热烈的论争。这些论争，或涉及域外移植而来之民法条文的解读，或涉及中国固有民事法在欧西民法语境中之诠解，或涉及亲属继承领域民事固有法之存废。学者在论争中通过对上述具体问题的理论追问，充分表达了他们对中国近代民法典编纂过程中一些根本性问题的"立法忧虑"和"知识关怀"。

对民商立法体例的选择，王静的《中国近代商会法的演进与影响》认为清末以降，现代制度改革成为社会发展趋势。商会法作为民间社团组织法，其制定与发展演进在近代中国具有举足轻重的作用。从民间立法到国家法律，为实现商会法维护商权之宗旨，全国各级商会与政府展开了权益博弈，最终实现了商会利益最大化。聂卫锋在《中国民商立法体例历史考——从晚清到民国的立法政策与学说争论》一文中，考察了从晚清到民国民法典的立法体例沿革及争论。作者认为，清末采取民商分立体例的原因有三：欧陆立法模式的影响；清末商法先行已成分离之势；晚清政权的"民法恐惧"，而民国民法选择民商合一体例实际上是特定时空下的政策推动产物，不符合中国法制传统、世界立法潮流，也不贴合中国社会现实。本文通过回顾民商立法体例的历史，为思考立法的继受性和自主性提供了更大可能，而这一问题对于当代立法仍然是有意义的。对近代民法转型中的公序良俗原则，郑显文在《公序良俗原则在中国近代民法转型中的价值》一文中，围绕公序良俗原则进行探讨。作者指出，公序良俗原则在《大清民律草案》中被首次引入中国，自此以后，学界对其概念、价值、适用、判断标准等问题进行了系统的学理阐释。作者认为，公序良俗原则推动了中国近代民法转型，具有重要意义。对妻子商事能力立法，张晓飞在《中国近代法上妻子的商事能力立法的法文化分析》一文中，考察了中国近代有关妻子商事能力的立法并对其制度基础、法文化意义等问题进行分析。作者指出，中国近代商法对妻子商事能力的规定及内容，受到了同时期西方法的影响，是整体私法制度设计的一部分，符合近代以来商法的基本原则。作者警示，这一立法不是基于性别，而是基于身份，不能简单将"妻子"与"妇女"混淆，否则将会得到封建糟粕定性的错误结论。本文从史料出发进行分析，试图得到贴近史实真相的认识，摆脱将这项制度的变迁及意义囿于男女平权进步的视角。

关于民间商事解纷方式的研究。张松在《从公议到公断：清至民国民间商事解纷形式的嬗变》一文中，考察了清至民国民间商事解纷形式的变迁以及其与商人组织的关系。作者指出，从清代前中期到清末民国，商人组织从会馆公所演变成商会，商事解纷方式也从单纯自发的"公议"演变为半官方的"公断"。由于需求存在、合理有效，以及制度缺失，民间商事解纷始终能够存在，而社会经济转型、官方态度、以及商人主体意识等因素导致了解纷形式在近代发生嬗变。这种演进既受外部压力影响，也有自身发展的原因。本文侧重民间解纷方式，深入细致地考察了制度演变，修正了以往认为近代商会"属于强制性制度变迁"的观点，以"半强制半主动"为其特征或许更加准确全面。

关于侵权行为法的研究。蔡晓荣在《文本、判解及学说：近代中国侵权行为法的生成谱系》一文中，对中国近代侵权行为法的演进进行了梳理和总结。作者指出，近代中国侵权行为法的生成有三个维度：文本、判解和学说。从文本层面看，侵权行为的法律条文从《大清民律草案》到"中华民国民法"逐渐定格；从判解层面看，民初大理院和南京国民政府时期的最高法院及司法院通过司法实践确定了判解要旨；从学说层面看，近代民法学者的学理探讨与阐述做出了重要学术贡献。而蔡晓荣在《中国近代侵权行为法学的理论谱系：知识立场的回顾与梳理》一文中，则梳理了中国近代侵权行为法学的发展。作者指出，在关于侵权行为的论著中，近代民法学者对侵权行为的内涵、归责原则、类型化，以及效力问题进行了阐述和剖析。作者归纳中国近代侵权行为法学的特点有四：理论上从主要借鉴日本过渡到兼采欧西；体例上的教科书化严重；强化条文解释、弱化理论概括；既有共识也有分歧。蔡晓荣的这两篇文章，总结了近代侵权行为法的理论成果，对于当代侵权行为法研究极具学术价值。蔡晓荣、马传科的《中国固有法中的水相邻关系及其近代衍变》认为在传统中国，围绕着农业灌溉中的用水、排水，以及井水取用、屋檐滴水等问题，形成了系列水相邻关系规范。其规范性内容和核心理念内蕴于国家立法、民事习惯以及相关司法裁判之中。清末以迄民国，伴随着中国近代民法法典化的初步完成，一个以继受大陆法系民法典为基础的水相邻关系法律规范体系得以最终底定。认真分析相关文本表达，可以发现其立法旨趣与固有法关于水相邻关系调整的核心理念，实则互为暗合。此外，近代以来的司法实践和社会实证经验，亦在相当程度上表明，固有法中的水相邻关系作为一种"内生秩序"，实际上受到这种新式立法的影响甚微。以上客观事实揭示了中国近代民事法律变迁的一种可能面相，同时也促发了我们对中国近代民事立法的另类反思。

关于公司法的研究。李婧的《论近代中国股份公司制银行的法律规制》认为近代银行法为股份制建设和银行业发展提供保障的同时，也成为政府控制银行业的制度工具，造成了近代银行过于依赖政府、产权不清晰等不利后果，对新中国银行制度建设产生了消极影响。周游在《近代中国公司法制之形塑及其诱因考论——以股权利益调整为线索》一文中，以近代中国公司法制为研究对象，考察其主要内容并分析诱因。作者指出，清末至民国的公司法制发展体现了对股东权利保护、股利分配、优先股制度、公司控制权等基本问题的规制，这些问题反映了股权利益调整的关键地位，从中也可以看出公司法制在实践上的理解偏差与文本上的扭曲。而当代对股权性质的争论等问题可能就是近代公司法制发展遗留的难题，在这个意义上，以史为鉴，多有裨益。朱海城的《从〈公司律〉到〈公司法〉：近代中国股票发行制度与实践研究》梳理近代中国股票制度的变迁，认为1904年《公司律》颁行，股份制公司发行股票始有法律依据，但因其照抄照搬欧美法律，许多条款不符中国商情，不为中国商界所认可。直至1914年《公司条例》颁行，才基本实现了引自国外的法律与中国公司发展实际的有机结合，外生的近代中国股票发行制度迈出了本土化的重要一步，1929年《公司法》的颁行则是这一本土化进程的深化。近代中国股票发行制度演进的历史表明，先进并不必然适合，在实践中，本土化是外生制度变迁中一个不容忽视的重要阶段，外生制度只有与本土社会经济有机融合才能真正发挥效用。张玲玉的《近代中国公司法：历史价值与富强梦想》研究近代公司法的价值观理念因素，认为近代中国公司法的制定以挽救民族危亡、实现国家富强为其目标追求，不断寻求突破历史困境，实现国家的繁荣和富强是这一时期公司法变革的历史基调。清末国人大力提倡集资设立公司，把公司当成国家富强的工具，1904年晚清《公司律》在这一背景下得以产生。民国成立后，以公司为主要力量的工商业在推动革命进程中发挥了重要作用，商人的利益诉求在立法上体现为民国公司法的不断修订。此外，近代中国国力的上升也推动了公司制度的进步，1946年《公司法》对于外国公司在华法律地位的规定是公司法领域对于国家主权的一种宣示。

关于破产法的研究。蔡晓荣在《从负债应偿到破产免责：破产债务清偿责任衍进的中国法律史叙事》一文中，回溯了中国法律史上破产债务清偿责任的演进。作者指出，我国固有法中的负债应偿观念，至清末《大清破产律》方始松动，又经过民初大理院的司法判解变通适用，直到1935年《破产法》在法律文本层面被破产免责原则取代。在这个过程中，固有法理念与域外移植制度，一直胶合对峙。作者解释这一现象体现了法的技术性规范性内容的中立性和法的社会文化性内容与特定社会的依赖性。本文或可加深我们对现行破产制度的理解。

关于票据法的研究。张松在《统一与多元：近代中国票据习惯之演进》一文中，以近代中国票据为研究对象，考察了票据、票据市场、票据习惯的变化趋势，并分析其背后的影响因素。作者指出，随着近代银行业的发展，票据及票据市场"从杂乱走向统一"，票据习惯"从粗陋迈向完备"。而商业经济和金融市场发展、文化传统扬弃，以及公权力作用等因素是票据习惯变迁的深层肇因。作者认为，这种演进早期几乎完全由市场推动，后期虽有公权力介入，但仍保留自主性，呈现比较强的自主性特点。在张松的两篇文章中，他通过考察两种制度的近代演进来分析中国近代法制建设的强制性和自主性问题，进而反思法律的成长途径，这种思维和论述方式正体现了当代学术研究应如何从历史中吸取经验和教训。

关于著作权法的研究。夏扬在《法律移植、法律工具主义与制度异化——以近代著作权立法为背景》一文中，以近代著作权立法为典型分析法律移植过程中的法律工具主义与制度异化。作者指出，近代中国著作权立法受政治因素极大影响，在法律工具主义影响下法律移植呈现异化，体现为著作权法的定位以及制定机关不断变化、著作权法内容的创造性规定。制度异化一方面促进适应本国需求的移植，另一方面在传统文化框架下规制了移植的方向。基于这样的认识，作者得出结论：研究法律移植要深入分析制度背后的因素，适应法律文化的移植方能成功的论断过于简单。本文选取著作权法为研究对象并非随意为之，而是有以下考量：中国古代没有著作权法，选择它会更为纯粹的体现近代立法中的政治影响；著作权法偏离法律移植中心，作为"小法"，影响因素比较简单。这种考察对象的选择能够比较有效地排除其他复杂因素的影响，在考察政治影响上更具说服力，值得肯定。

关于商标法研究，汪娜的《近代中国商标法制的变迁：从寄生到自主的蜕变》以近代中国商标法制的变迁轨迹为研究重点，同时将其置于社会背景下，深刻剖析政权统治、经济发展、传统文化以及商业习惯对商标法制建立与发展的作用与影响。通过对相关资料的梳理和分析，从观念、制度和实践的不同层面，对近代中国商标法律制度的建构、实际运行状况及其存在的深层次问题进行考察，并从中归纳出变迁的一般规律，以探寻对于我国当代商标法律制度建设的历史启示。

六　刑法近代化

关于刑法近代以来的变迁，赵秉志的《中国刑法的百年变革——纪念辛亥革命一百周年》回顾了从1911年辛亥革命以来的刑法改革的百年历程。近代中国刑法的变革始于清末民初，之后经历了国民政府时期、新中国时期，前后经历多部刑法典、修正案、单行刑法、附属刑法，"实现了从传统刑法、近代刑法到现代刑法的历史性转变，完成了从理念到体系、从内容到技术的重大变革，建立起了理念先进、体系完善、结构合理、内容科学的现代刑法体系"。通过梳理百年历程，作者强调，优良的刑法必须处理好批判与继承、借鉴的关系、科学性与政治性的关系、现实性与超前性的关系。作者的努力对把握中国刑法的历史命运和现实机遇、推动当代中国刑法立法的发展与进步具有积极意义。赵秉志、陈志军编《中国近代刑法立法文献汇编》系统收集整理近代刑法立法的文献，为学术研究提供了便利的资料条件。

桑本谦《科技进步与中国刑法的近现代变革》认为科技进步及其推进的产业革命为中国刑法的近现代革命提供了物质技术支撑。罪刑法定原则的确立，得益于因信息科技发展而改进的立法技术和普法手段；军事现代化基本化解了造反和叛乱的风险，从而减轻了国家对酷刑和株连的依赖；加之，发达的侦查技术提高了案件破案率，雄厚的财政预算支持了监狱的改良，刑罚由此趋于人道。此外，国家能力的提升也拓展了刑法的控制领域并削弱了的权贵阶层的特权。总之，军力、警力和财政等巨大变量的强力介入，改变了法律决策者对传统法律两难问题的利弊权衡。胡震的《近代中国刑事上诉制度的生成及展开》考证了上诉制度的近代化，认为清末民初法制改革中，中国古代上控制度被来自西方的近代上诉制度所取代。上控和上诉的首要制度目的均是平反冤狱、保证司法公正。二者在制度内容、功能和理念上的相似性，为清末法律移植提供了便利条件，使上诉制度在近代中国得以顺利生成。但上控和上诉是分别镶嵌在传统和现代的两种异质型制度，上控的重心在行政控制，上诉则围绕案件事实及规则适用展开。立法上，上控所承载的社会控制、治理信息传递、督察官员等功能被剥离，新的上诉制度则被赋予了统一法律适用、终结裁判、保护被告人权利等现代司法功能。在司法实践中，围绕是否应赋予被害人上诉权、判决确定性、禁止不利益变更原则、上诉期限等问题，民初产生了一系列纷争。

七　行政法近代化

关于行政法学的研究，王贵松的《论近代中国行政法学的起源》从历史的角度探究起源。作者首先对中国行政法学作了界定，以中国行政法为研究对象，以解决中国自身的行政法问题为研究使命，形成一定体系。清末民初，行政法学的概念和著作从日本传入中国，法制近代化改革中，针对行政法制度展开了论争，涉及行政法概念、功能、目的以及中国是否需要行政法问题，可以说是行政法学中国化的开端。而行政法学诞生的标志则是20世纪20年代朝阳大学钟赓言先生的行政法讲义——《行政法总论》的印刷刊行。自此，中国行政法学终于形成，表现出以下特色：产生发展与国家命运相关，源于对外国著作的译介，明确了法学和近代法的赓刑，以大陆法系为基础，以自由主义和民主主义为底色，总论与各论齐头并进。早期行政法学奠定了之后的格局，而要革新当代的行政法学，必须把握根基、汲取其诞生时期的经验。

围绕行政诉讼法的外国法背景，在王贵松《民初行政诉讼法的外国法背景》一文中，梳理了初创时期的情况。1914年的《行政诉讼法》的颁布宣告了中国行政法的诞生。这部法典的构想起始于清末，构建于民国初年，成形于袁记约法之时，从制定背景和过程来看，效仿德、奥、日，尤其以日本法为基础发展而来。在采取何种模式的问题上，对采取大陆法系二元论还是英美法系一元论展开论争，考察中国现实又提出了折中的模式，最终采取大陆法系模式设立平政院，虽无行政法院之名，但与德、日的行政法院十分相似。在制度设计上，既有大陆法系的一般做法，又博采众长，此外基于国情还创立了中国独特的制度。作者的研究，有助于认识中国行政法产生的特性，有助于客观评价当时的行政诉讼法，有助于汲取经验在现阶段进一步发展这一制度。

关于保密法制研究，张群的《中国近代保密法制与新闻自由》对中国近代保密法制进行了系统考察。作者首先对中国近代保密法制的历史沿革作了考察梳理，制定一系列的保密制度，完善刑法典的泄露国家秘密罪。之后从法制的形式、内容以及性质上做出分析，近代并未形成系统的保密法制，重点放在了新闻法上。从法律与社会角度，作者指出，战争是推动保密法制起步的重要因素，新闻业的兴起也推动了法制进步，而传统对于保密与公开、过度保密的不足的讨论以及立法技术，均有值得借鉴之处。在保密法制中，一个核心的问题是保密与公开的关系、新闻自由与国家秘密的界限问题，并兴起两次论争。保密法制应战争而生，但也因此损害人权，民国更是将重点放在新闻法上，损害新闻自由，也不利于国家秘密的保护。从总体上把握近代保密法制，对于当代保密工作和法制建设都有较强的现实意义。

对行政法的历史脉络梳理，胡建淼和吴欢的《中国行政诉讼法制百年变迁》考察了行政诉讼法制、功能定位、审判体制、受案范围的百年变迁，并做出反思和展望。中国行政法制变迁史是"一部以'民告官'为制度象征的行政诉讼法制移植史和一部在'民告官'千古传统笼罩下的法律文化继受史"。从清末《行政裁判院官制草案》到新中国《行政诉讼法》，在功能定位上，经历了清末民国时期的"变法图存"到新中国的"依法控权"的变迁。在审判体制上，是从最初确立的"二元制"体制，到新中国成立以来受苏联影响形成的"大民事诉讼"和"大经济审判"格局，最终确立"混合一元制"的行政诉讼审判体制。在受案范围上，基本上保持了不断扩大的趋势，同时行政复议前置的范围在不断地缩小，尽量减少对公民行政诉讼权益的限制。基于对百年变迁史的反思，作者展望行政法制的未来：朝着更加符合中国国情、保障公民权利、监督依法行政的方向发展，最终服务于"法治中国"的中国梦。

八 司法近代化

关于近代司法改革，专著出版方面，公丕祥的《近代中国的司法发展》深入研究近代中国的司法发展，科学揭示近代中国司法发展的内在规律及其基本特征，对于深刻把握近代以来中国司法制度现代化的历史进程，正确总结近代中国司法转型发展的经验教训，进而推动当代中国司法发展与变革，无疑具有重要的历史教益。聂鑫的《近代中国的司法》从以下几个方面对近代中国的司法展开研究：民初选举诉讼中的法官造法、平政院裁判与近代中国文官保障制度的司法实践、公务员惩戒的司法化及其界限：公务员惩戒委员会体制研究、民国司法院：近代司法机关的新范式、近代中国审级制度的变迁、从三法司到司法院——中国司法传统的断裂与延续，详细概括了司法近代化的历程。周颖《近代中国少年司法的启动》以少年法庭、少年监狱、少年感化院等少年司法机构的创建过程为线索，全景式展示了近代中国少年司法改革的历史进程，并得出了"与当代少年司法制度远远落后于其他国家相比，近代的中国在这方面的设计和发展已经达到了相当的水平"的结论。

学术研究方面，李启成的《法律继受中的"制度器物化"批判——以近代中国司法制度设计思路为中心》分析了近代以来的司法制度改革。近代以来基本认同的司法改革方式是将传统官府定性为行政机构，在原有衙署外新设审判机构，但作者认为这种方式本身存在问题，是照搬日本制度而不试图挖掘固有治道的积极因素。传统治道是君遵君道，臣尽臣道，二者相互合作，这种制度下不需要分权，而司法权原本就是核心职能，用"司法官兼理行政"来描述官府比"行政官兼理司法"更准确。另设审判机构的改革与治道相悖，实施之后出现了司法机构和司法人员的权威下降。作者将这种"机械照搬域外，而基本忽视制度所要发挥的功能乃至其背后所承载的文化精神"称为法律继受的"制度器物化"，并对此进行批判。作者指出，在法律继受仍然十分重要的当下，要"从功能和文化系统的深层次来处理法律继受问题"，最关键的是要有相当的国族自觉。

从司法运行上的观察，侯欣一的《清末民国时期报纸与审判机关关系实态研究》侧重于运行层面，从整体上梳理了报纸与审判机关两者关系。从报纸与审判机关最初接触就暗含了直接和间接两种关系，直接关系是"报纸对司法制度、审判机关诉讼活动的报道及评论"，间接关系是"审判机关对报纸言论尺度的终极审查"，自清末至民国，这种关系从制度构建，进入法定的常态化的治理模式。然而，就实态层面而言审判机关与报纸的真实关系远比法律规定复杂得多，存在监督、合作、冲突关系。在两者关系中，报纸处于主导地位，且合作关系是主基调。但民国时期也有未处理好的关系，报纸对个案审判的影响、报纸对审判方式和法庭氛围的塑造、舆论审判对司法的伤害、司法制度设计有待商榷。作者指出，直接关系展开良好而间接关系却未完成构建，我们看到两者相互促进关系之外的制约关系，以及复杂的政治、司法和民意的博弈。高旭晨的《近代司法运行及其展开》利用侯欣一教授《创制、运行及变异》的素材，探究民国时期司法运行之效果。近代意义上的司法形成于晚清变革，与传统司法功用相似但运行原理完全不同。沿着创制、运行、变异三个阶段的思路，作者进行了分析。司法制度创制于民国，但开端却应该追溯到清末新型法律教育的兴起，主要任务是"把司法官从具有通才的行政官员转化为专业的裁判者"。司法制度运行最初效能、效率受到影响，司法者权威也有所下降，但近代的司法制度是具有一定效率的。司法制度变异的形神背离是出于社会现实的要求和思想认识上的不同而有意背离的，内外因素共同影响的结果。作者的探讨是为了寻求历史的借鉴，更加明确近代司法运行的意义。

围绕相关制度史的演变，何邦武的《亲属作证制度在近代中国的演变及启示》一文就清末至民国时期有关亲属作证制度立法及其演变的历史进行初步的梳理。在梳理历史演变过程中，作者指出这一制度的演变十分清晰地展现出自传统向现代渐进变革的轨迹，这种渐进表现在"制度系统自身的新旧羼杂，以及趋新的制度与固有的理念之间的交缠"。之后，作者分析了作为义务或权利场域的社会与国家在组织及其原则、理念上的变更。作者力图从多角度还原制度的场景，从语义脉络、刑事诉讼制度目的、宪法价值属性来分析，进而系统完整地理解亲属作证制度。作者从帝制时代的"亲亲相隐"到清季及民国时期的"亲属拒绝作证"再到现在的"亲属免予强制出庭作证"的三次变更中，探寻清季及民国时期中国法学知识的"元叙事"，探究背后蕴含的法理，这给将来的制度完善能带来有价值的启示。杨依的《逮捕制度的中国进路：基于制度史的理论考察》描绘出了逮捕制度的中国进路。帝制时期是维护皇权的国家强制行为，功能主要是打击犯罪、防止再犯以及获取被捕者的招供。近代以来，经历了晚清时期、民国时期、新民主主义革命根据地时期三个时期发展，逮捕制度逐渐从皇权至上的"捆民之绳"转变为宪法之上的"护民之盾"。新中国成立以来，又经历了建构、停滞、破坏、恢复和完善等发展阶段，基本形成了逮捕制度的法律规范架构。在逮捕制度走向现代化、法制化的道路上，要强化逮捕的程序控制机制，树立审判职能终局性与权威性地位，实现诉讼职能和监督职能的适当分离，发挥检察审查对公民基本权利的保障作用。作者的研究有助于我们反思当前逮捕实践中的深层法律文化根源，从历史发展中获取新思维，增强深化逮捕制度改革的信心。

关于会审公廨研究。蔡晓荣的《清末民初上海会审公廨中美商民的混合诉讼及交涉》考证了1909—1913年上海租界会审公廨受理的中美商民混合讼案，认为其纠纷虽仍以商事交易为主，但亦出现土地房产、牌号版权、抵押担保、票据、房屋建造承揽、人格权等新的纠纷样态。围绕相关诉讼在美领事署与会审公廨之间展开的交涉，又折射出美国会审官把控会审公廨涉美诉讼的诸多细节。同时，在诉讼和纠纷的解决过程中，部分中美涉讼当事人和外籍律师，亦恃"交涉"为奥援，力谋各自利益的最大化。清末民初会审公廨处理华洋讼案具有"名诉讼实交涉"的本质。

与传统司法审判相关的研究，陈小洁的《清代司法判例情理表达的内在价值及现代启示》以《刑案汇览》为研究对象观察清代司法中的情理表达。在法律移植中，看到传统法的价值并能创造性转换是法律取得实效的关键。情理是中国传统司法的文化基础和价值取向，是法律文化中最深沉的内核。清代司法判例中"情理"的重要表现是父子亲情和夫妻伦理，在清中后期出现了反礼法趋势，而司法领域也随之变化：父子尊卑关系对司法影响减弱，对女性持理解与宽容且将男方的义务提高。作者指出，当代司法中情理表达得不尽如人意，而清代司法中的情理因素可供参考。司法判例的情理表达有助于实现司法的稳定性与灵活性、有助于体现司法的衡平艺术、有助于实现司法的社会效果。作者对情理的分析为推进我国社会主义司法实践、完善现代法治理、传承中华法律文明提供了一条有效路径。李平的《传统中国审判机制的法理与道理——从刘锡彤断杨乃武小白菜案说起》从刘锡彤的审判出发，分析司法实践的机制与理路。作者分析认为，刘锡彤一反常态地滥用刑讯导致冤案与传统审判机制有关。传统主审者以判断前置的方式来审理案件，逻辑为"背景观念→遭遇案件事实→预置判断→耦合机制→形成判决"。传统审判根本在以"道""理"为依据，且契于中国文化天人合一、理一分殊的基质，不能武断地认为传统"人治"腐败。作者进而分析了传统主审者的多重身份，他们因此"求得证成大道、政权权威与合法性、个体自我成就三者的和合与最大化实现"，而法律规范除了提供具体的处置方法之外，更加需要代表政治权威与审判预置判断合法性互证。作者基于传统玄理、义理和话语阐释司法审判背后的机理和道理，对解决今日司法实践中法、情、事理难以融洽之困有启发意义。

关于近代法官制度研究。毕连芳、任吉东的《中国近代法官的职业使命探析》认为历史发展到晚清，随着社会政治变革的展开，司法实现了形式上的独立，法官也逐渐从普通行政官中分离出来，初步实现了专职化。自此，法官承载独立的审判权明载于宪法，保护人民生命财产安全被司法界认为理所当然，收回领事裁判权也成为近代社会和司法当局赋予法官的特殊使命。毕连芳的《中国近代的法官回避制度》认为近代以来，为了维护司法中立，促进司法公正，各届政府纷纷制定相关的法律法规，要求法官在任职、执行职务等活动过程中，必须避开某些地域、亲属或退出审判活动，从而形成了近代意义上的法官回避制度。包括职务回避、地域回避和任职回避在内的近代法官回避制度在保障诉讼程序的公正、防止司法出现地缘化和亲缘化倾向等方面起到了一定的作用。由于制度设计上存在诸多问题，制度的执行缺乏应有的保障，从而导致近代法官回避制度的价值未能真正实现。之后，毕连芳的《中国近代法官制度研究》以专著的形式从中国近代法官制度的一般理论入手，系统地分析了法官选任制度、管理制度和保障制度，比较了中外近代法官制度之异同，并对中国近代法官制度进行了宏观评价，指出其在中国司法制度近代化进程中的作用。

关于律师制度研究。王立民的《上海律师公会与中国近代法制》认为上海律师公会是中国近代法制的产物。在上海租界出现了近代法制和清末进行大规模法制改革以后，上海才出现了律师和律师公会。上海律师公会随着中国近代法制的发展而发展。在中国近代法制逐渐趋于完善之际，上海律师公会也有了长足的进步，突出表现在：规模渐渐扩大、律师队伍结构趋向合理和领导机构集体化三个方面。上海律师公会为中国近代法制事业做出了贡献。陈同的《律师制度的建立与近代中国社会变迁》考证律师制度的历史源流，认为律师制度的建立是近代中国社会变迁的产物，其直接原因来自近代中国社会变迁过程中的外籍律师影响，社会发展自身需求及法律改革。作为自由职业者的知识阶层，律师群体的这种特殊身份显现出近代社会由农业社会向工商业社会转型的时代特点。而其所具有的新的教育背景又决定了他们与传统士大夫阶层的思想理念截然不同。他们不仅是新法律的执行者，也是新法制的建设者，是近代中国历史进程中促进社会转型的重要力量。尤陈俊在《阴影下的正当性——清末民初的律师职业与律师制度》一文中，回顾了律师初现到成为制度的历史。清末律师职业在中国出现后的相当长时间内没有律师制度，但华人聘请外籍律师的情况愈益增多，报刊也对律师多有提及且多是正面形象。虽然多有在民族主义话语之下论述律师的正当性，但在国法层面的正当性至《法院编制法》才确立。律师制度在中国正式确立是以中国第一部律师单行法的《律师暂行章程》颁行为标志的。但律师职业的正当性却处于阴影之下，一方面是明清以来透过层累式书写而堆积形成的讼师阴影，另一方面是律师制度制定时资格取得的规定太过宽滥，直接影响了律师群体的素质以及社会对执律师业者的观感。作者指出，笼罩在这些阴影之下的律师职业，很大程度上具有的是一种脆弱的正当性。蔡永明的《中国近代法律职业的生成及其影响》认为在近代法律职业的形成过程中，虽然存在着不少的问题，但具有近代意义的法律职业的出现，为中国法律职业阶层的出现奠定了基础，促进了近代法律职业教育的发展，并在一定程度上推动了近代中国的司法改革进程。

关于近代司法档案研究。杜正贞的《晚清民国时期的祭田轮值纠纷——从浙江龙泉司法档案看亲属继承制度的演变》关注龙泉档案中的关于祭田轮值的诉讼。纠纷是围绕争夺祭田轮值的权利和顺序展开的，在传统宗祧继承之下，祭田轮值权利的获得与宗族中的合法身份相联系，身份获得以血缘为前提，需要文书和参与宗族活动来确认。"异姓继嗣"在法律规定与民间习惯上的冲突，为司法造成困难，而民国以来也并没有根本解决法律与习惯、司法机关与宗族之间的关系问题，法律和判例并没能成为新的规则。但民国时期，宗族内部的问题与法律的制定导致宗祧制度开始瓦解，祭田的特殊用途和性质都在发生转变。法律代替传统礼制，以建立新社会的秩序，宗法观念改变，祭田、宗族面临变革，这是近代社会、经济结构变迁的一部分。杜正贞的《晚清民国山林所有权的获得与证明——浙江龙泉县与建德县的比较研究》利用浙江地方档案，考察传统林区山产确权方式的变化。由于历史上的差异，龙泉县和建德县的林权确权方式不同，龙泉的山林产权证明主要依靠私人间的契约，在契约无法确证时，参考山林附近的田土赋税档案，建德的林产确权以纳粮升科，登入鱼鳞山册、获得字号为主要方式。两者在民国时期面对山林国有化、契税和不动产登记等一系列政策的反映也有所不同，私契在确权中的效力受到冲击，山林所有权的最终确认权收归政府，在面对挑战的过程中，政府和民众在合力创造一种新的国家与山区地方社会之间的关系。

九　区域法治近代化

关于区域法制的研究。中国租界与租借地法制是中国法制发展中的重要一部分，与中国法制近代化紧密联系，租界与租借地法制虽已成为历史，但对今天的区域法制建设仍有启示，因此相关法制研究具有重要意义。王立民在《中国租界法制研究的检视与思考——以近30余年来的研究为中心》一文中，对既往30余年来中国租界法制问题研究做出综述，并进行前瞻。他指出要重视研究队伍的改善、研究资料的挖掘、研究方法的改进、研究成果的补充、交流的扩大以及海外研究的加强。基于综述，王立民对租界法制问题进行了多个角度的研究。王立民在《试论中国租界法制的传播与普及——以上海租界法制的传播与普及为中心》一文中，考察了中国租界法制的传播与普及。作者指出，因为中国租界法制与传统法制不同，租界城市法制与农耕法制不同，租界之间法制不同，所以中国租界法制必须传播与普及。中国租界法制以租界向华界、租界向租界两个方向，通过告示、口传等多种方式得以传播和普及。这种传播与普及"为现代城市建设作支撑""给规避法制留下了空间""便于华界移植租界的法制"。王立民在《抵触或接受：华人对中国租界法制的态度——以上海租界的两个法制事例为出发点》一文中，考察了华人对中国租界法制的态度。作者以上海租界两件法制事例为出发点，指出法治的传播程序与人的性格是影响态度的两大因素，基于此北方人容易产生抵触态度，而南方人更容易接受。不同的态度产生了不同的行为与结果，整体而言，接受者占多数，法制因而得到有效实施，但恶法则被广大华人所抵触。本文启示今天的法制建设有必要及时把握人们对法制的态度，采取一些必要的措施。王立民在《百年中国租界的法制变迁——以上海租界法制变迁为中心》一文中，考察了中国租界的法制变迁。作者指出，中国租界法制经历了产生和粗具规模、拓展和成熟、衰落和终结三个阶段，不平等条约、中国人要求废除租界法制的努力、满足租界发展的需求等促成了法制变迁。作者还探讨了与中国租界法制相关的一些问题，如法制统一性、国家主权等，这些问题对全面深入理解租界法制十分必要，也值得进一步关注。王立民的《中国租界法制与中国法制现代化历程》认为中国租界的现代法制仍有很大的研究空间，尤其是联系中国法制现代化的历程。首先，上海英租界是中国法制现代化的起始地。确定这一起始地的理由是：上海英租界最早适用现代的法律；最早形成现代的法律体系；最早使用现代的司法制度等。它能成为这一起始地的原因包括：上海英租界的设立为中国最早建立现代法制创造了地域条件；上海英租界是中国最早的现代化地区；上海英租界当局习惯于用现代法制管理城市等。其次，中国法制现代化有一个从租界的点到全国的面的演变过程。这是一个四步的过程。第1步，上海英租界首先开始了法制现代化的过程。第2步，上海内的公共租界、法租界也开始了法制现代化的行程。第3步，上海以外的租界同样卷入了法制现代化的历程。第4步，20世纪初清政府推行"新政"，开始在中国的华界全面推进法治现代化，逐渐使整个中国都进入了这一现代化的轨道。最后，中国租界法制与20世纪初以后的中国现代法制仍有差异。尽管这两者都属于现代法制范畴，但其差异仍十分明显，主要是：法制适用的地域有差异，法制的基础有差异，法制的内容有差异等。王立民在《甲午战争后中国区域法制的变化》一文中，聚焦于甲午战争后租界与租借地法制的变化。作者指出，在地域上，租界原有地域扩大，新的租界和租借地出现；在内容上，区域法制更加殖民化、日本化和多样化。作者分析变化的原因有三："中国主权进一步受损""日本的扩张和侵略""西方国家传统的影响",而这些变化对中国法制统一性、华人人权、中国经济造成了不良影响。王立民在《试论中国租界与租借地区域法制的差异——以上海租界与威海卫租借地区域法制的差异为例》一文中,考察了租界与租借地法制的差异。作者分析上海租界与威海卫租借地的法制,指出它们存在时空、法律体系、法律内容、司法等方面的差异,构成这些差异的原因主要有区域性质、定位、环境等方面。作者指出,两个区域法制的差异造成了上海租界城市面貌和威海卫租借地农村面貌的不同结果,中国受损与区域法制的形成是因果关系,区域法制建设对今天仍有启示。解锟在《西法东渐之殊途:胶澳与威海卫租借地法制实践样本考察》一文中,对租借地法制进行研究。作者以胶澳与威海卫租借地法制为典型进行分析,指出两个地区的中国人在租借地法制的影响下,逐渐地接受"西法理念"并改变了诉讼习惯,最终导致法律观念的更新。对殖民地法制的研究多关注其"殖民性"与"现代性",而本文从"西法东渐"的新视角进行检视,有助于我们从更广阔的视野中考察和思考近代中国吸收西法以推动近代化的路径。王立民在《中国租界法制诸问题再研究》一文中,指出对中国租界法制的研究已有一定成果,但在研究广度和深度上都有不足,在深入研究过程中往往会遇到一些问题,诸如中国租界法制多样化问题、中国租界内的多种审判机关问题、中国租界法制的社会属性,他对这些问题进行探讨。他得出结论,"中国租界的法制"是中国租界立法主体制定仅在本租界内实施的法制,而"在中国租界适用的法制"是中国、有约国立法主体制定的法制;"中国租界的审判机关"是审理发生在租界案件的审判机关,而"设在中国租界里的审判机关"是审理在中国的有约国人案件的审判机关;中国租界法制的产生以国家主权受损为前提,不是殖民地法制、封建制法制,而是一种近代法制。

关于上海道契研究。夏扬的《上海道契特殊法律地位的形成》认为上海道契在中国近代土地制度史、契约史上有着重要影响,为近代土地制度及契证制度的顺利建立做了铺垫,也使传统土地管理和契约运行方式和西方传入的土地和契约制度顺利衔接。上海道契在法律史上的影响不仅源于上海租界的独特地位,更是上海租界形成和发展过程中的各种因素以及独特的人文和地理环境共同作用的结果。这些因素共同塑造了上海道契的特殊法律地位。

杨强的《近代内蒙古社会变迁与法制改革研究》在挖掘史料的基础上,

运用跨学科综合研究法、比较分析法和阶级分析法，以马克思主义社会与法的一般理论，研究近代内蒙古从封建社会到新民主主义社会、从传统社会到现代社会的变迁过程，主要分析在社会变迁的不同阶段四个政权民族政策的演变，探讨关于社会变迁与法制改革互动关系的一般理论，揭示少数民族自治法制发展的一般规律。

关于县域治理的研究。公丕祥在《传统中国的县域治理及其近代嬗变》一文中，考察了县域治理的近代嬗变。作者指出，随着中国近代化转型，国家权力逐步向基层社会渗透，县乡行政治理系统逐步确立；近代地方自治改革兴起，官治与自治关系紧张化；地方绅士逐渐参与基层管理，"官绅合治"体系构建起来。

第十一章

晚清法律改革研究[1]

本章以2012年至今的中国法律史学为研究对象，从晚清法律改革综论、晚清法律概念的研究、晚清宪政改革、晚清法律文化研究、晚清刑法改革、晚清民商事法改革、晚清司法制度改革、晚清狱政改革、晚清法治人物研究九个方面对中国法律史学中的晚清法律史研究发展现状进行总结。由于中国法律史研究成果庞杂，难以全面概括，因此，本章主要针对《中国社会科学》《法学研究》《中国法学》等20种CLSCI法学期刊以及100余种史学期刊、综合类期刊、学报上刊载的文章，同时分析学界自2012年以来出版的近代法律史研究专著，以期达到管中窥豹之效。纵观近九年的中国法律史研究，研究领域拓展，分析角度更新，史料挖掘深入，跨学科研究受到重视，观点争鸣不断。本章将按照上述分类，对相关的研究进行整理。

一 晚清法律改革综论

关于清末法律改革的综论，刘广安等撰写的《晚清法制改革的规律性探索》对晚清法律观念、修订法律馆、习惯调查等与法制改革有关联的问题进行了深入的研究。黄春燕在《清末法律改革何以如此艰难》一文中，指出，因为改革不是社会内部力量的推动，而是遭受社会外部力量的冲击，这导致了法律与传统文化的契合十分艰难。胡仁智在《改革与法制：中国传统"变法"观念与实践的历史考量》一文中，以历史研究与法理分析结合的方法，考察了"变法"观念与实践的嬗变进而思考改革与法制关系的

---

[1] 在本章写作过程中，中国社会科学院大学研究生齐栾玉、刘舒心同学帮助搜集整理文献资料，谨致谢忱。

基本模式。作者梳理了先秦至帝制时代再到晚清的"变法"观念与实践，并指出，历代对"不变"与"常道"的追求体现了传统政治法律价值体系的稳固性，而新的"常道"与"法意"的出现则意味着构建新体系的现实需求。本文通过历史的回溯启示我们当代改革必须兼顾思考传统与现代、保守与重构。张世明的《再论清末变法修律改革肇端于废除领事裁判权》认为传统的关于废除领事裁判权作为迫使中国法律近代化的诱因的观点必须将视野放得更宽一些，修律与取消领事裁判权两者之间的关系极为复杂。李育民的《中外条约关系与晚清法律的变化》认为鸦片战争后建立的中外条约关系，打破了单一法律体制的局面，成为晚清法律变化的一个基本因素。条约规定与国内法规的相互转换，是法律变迁的一种特殊形式，具有显著的半殖民地特征，同时又在一定程度上为法制建设提供了借鉴。《大清律例》的些微修改，反映出清政府法律变革的滞后，以及条约关系对晚清法律的双重影响。久已弃置的"八议"之法虽被再度启用，但终被取消，在中国法制史上结束了它的使命。条约关系促使清政府借鉴和吸收西方法律，建立较为完整的"中外通行"近代法律体系，同时又存在各种局限和弊端。

关于晚清改革困局，陈新宇的《转型司法的困局——以清季陕西赵憘憘故杀胞弟二命案为例》，以赵憘憘案这一绝佳视角解读转型时期法政和法学的复杂面相。赵憘憘案发生的背景处在法政改革时期，面临制度与法源的双重转型。从制度转型视角看，官制改革改变了法部与大理院之间的权力对比，加深了体制的权力结构矛盾，造成案件的僵局，从而也折射出官制改革的目标并没能实现。从法源转型视角看，该案的处理上，《大清律例》《大清现行刑律》《大清新刑律》草案并存，律例关系变化，条例的法源正当性下降，比附援引废除，这些因素都影响了该案的处断。赵憘憘案涉及部、院、馆三方意见争执，也是情法之平司法难题的体现，作者对该案争议的复原，探究了司法转型的深刻机理，对转型司法如何维持形式合理性与实质合理性的适当平衡提供借鉴。

二 晚清法律概念的研究

关于晚清法律概念的引进，学界主要围绕"国民"议题的研究，赖骏楠的《清末〈新民丛报〉与〈民报〉论战中的"国民"议题》以清末革命、立宪两派"国民程度"之争为研究对象,探讨"国民程度"议题的近代发展。对当时中国国民是否具有实施立宪的能力,1905年至1907年借助《新民丛报》和《民报》,两派围绕立宪需要何种国民、国民是否具有相应"程度"、如何培养"国民"的问题,以"共和国民之资格"之争的形态展开论战。双方虽战况激烈,但作者考察之后表明,双方思维方式在根本意义上是相同的,都没有质疑"未有共和资格之国,万不能行共和立宪"这个前提,革命派的具体观点也逐渐在暗中趋同于梁启超。双方的思维方式本质上属于传统中国的思想世界尤其是儒家思想,是"文化—智识进路",但这种思维只注意到了思想文化因素对于宪法运行质量的间接影响,却忽视了政治领域之内诸因素的直接影响。反思"国民程度"议题,对我们理解清末变法的思想与实践具有足够深刻的助益。

围绕清帝逊位的相关研究。凌斌的《政治私约主义的正当性困境:政治宪法学批判——以〈清帝逊位诏书〉的法学解读为中心》认为"政治私约主义"思想集中体现于围绕《清帝逊位诏书》法学解读提出的"私约建国论",私约建国论的宪政理念在于,否认暴力革命的建国正当性,诉诸统治精英的政治妥协和非暴力的和平改良,以期对抗民族分离主义的政治主张。但是在政治正当性上,政治私约主义难以对抗政治公约主义,私约建国论不仅难以经受内部的代表性质疑,也无法对抗外部的分离主张。这一宪政理念源自清末民初的立宪派思想,根植于英国政治的"辉格史观"。其理论困境的根源,在于否定和放弃了原本存在的宪政共识,因此难以获得普遍认同的正当性根据。要摆脱政治私约主义背后的寡头政治原则,需要将政治正当性奠基于革命建国这一共同接受的宪政共识。凌斌的《从〈清帝逊位诏书〉解读看国家建立的规范基础》针对关于《逊位诏书》的宪法解读批判契约建国论,进而解读建国的规范基础问题。关于民国建国的规范基础有两个观点:革命建国论与契约建国论,其中后者将《逊位诏书》看作"宪法契约"。但这种解读,既无法澄清其"宪法"性质,在"契约"论解释的要件上也含混不清。契约建国论的一个关键问题:国家主权是否可以"宪法契约"加以转移?契约建国论者把承认清朝政府对中国之所有权作为其理论前提,是以"天下为私"的"古典契约建国论"立论的,但其本该诉诸现代宪政共和理念,认同中国传统的"天下为公"观念所代表的"古典革命建国论",主张国家建立的规范基础在于天命人心的公共选择,可见其首尾矛盾。作者强调,"天下为公"基本观念,构成了古典和现代中国国家建立的规范基础,是最为坚实也最为高贵的政治根源和规范基础。杨念群在《清帝逊位与民国初年统治合法性的阙失——兼谈清末民初改制言论中传统因素的作用》中从清朝"正统性"与民国"合法性"之间关系互动的视角探讨民国政权建设的成败得失,以及传统因素的作用。作者首先讨论了"正统性"与"合法性"的区别联系,指出"正统性"的两个支撑:"大一统"观念和"政教"关系。民初各方人士对政局不满,反思民初政治合法性出现的总体性缺失,这恰恰是因为政权缺乏以往正统性资源的熏染与润泽。革命党吸收了"大一统"思想精华,从最初坚持的"种族论"吸收了立宪派的"同化论",在疆域设定和治理方面达成了一个内外平衡的格局。但同时延续了清末改革派促成传统"政教"体制崩解的破坏性思路,对道德人格的塑造没有安排,基层绅士群体发生变质,造成合法性缺失的局面。对正反两个例子的分析,明确了在建立新政权合法性时,传统"正统性"合理因素在维持历史演进连续性中的积极作用。杨天宏的《清帝逊位与"五族共和"——关于中华民国主权承续的"合法性"问题》是对《清帝退位诏书》是否赋予民国统治及主权继承的"合法性"问题展开的讨论。"主权转移"论观点认为因《清帝退位诏书》以"禅让"方式,授予了民国主权合法性。但对此观点,作者认为错漏甚多。作者首先厘清了"主权"与"统治权"概念,两者是包含关系并非等值概念。从政治局势来看,清帝退位是在权力被抽成真空、武力胁迫的情况下完成的,"禅让"一说难以成立。在法理上,主权在君与主权在民不存在法律上的权力授受,且民国成立在时间上也先于清帝退位。在领土疆域上,民国未能保持全部版图但也未导致解体,但都与诏书无关。在外部承认上,列强对共和政府是否承认与"授权"无关,即便有关系也是"负相关"。作者指出,"主权转移"无论于事实还是法理上都难以成立,《清帝逊位诏书》并没有过多深意。朱文亮的《辛亥鼎革之际"民军"称谓考略——兼论清帝逊位诏书的性质》就"民军"称谓和演进进行了探讨。武昌起义之初,"民军"并不是起义军的名称,直到上海光复,在《民立报》《申报》上对革命军队的称呼从最初的"革军"逐渐由"民军"取代,其中暗含了对新生的上海军政分府及其所宣称的"中华民国军政府"之承认。之后,"民军"逐渐代表各地革命党军队,"中华民国"成立之后成为民国军队的统称,这个称谓已经有了政治意蕴,并为清廷所认可。理解"民军"的政治意义有助于我们加深对清帝逊位诏书性质的认识,表明诏书不是"禅让",而是别无选择的结果。章永乐的《多民族国家传统的接续与共和宪政的困境——重审清帝逊位系列诏书》是对清帝逊位诏书历史意义与历史叙事模式的反思。一方面,《清帝逊位诏书》为民国全面继承清朝疆域提供了重要法理依据,对于"中华民族"的建构具有重要意义,确认了民国对于清帝统治权的完整继受,政府继承有助于获得国际承认;另一方面,"大妥协"保存了必要的国家连续性,却没有成功催生出稳定持久的共和秩序,没有为民国奠定一个坚实基础,潜藏了正统性之争。作者强调,"我们既不能无视乃至低估这一系列诏书对于建构国家连续性的法理意义,但同时也不宜过于拔高其对于民国宪政建设的意义。"

对外国宪法及宪法性文件的译介及影响研究。程梦婧在《〈大宪章〉在晚清中国的传播》中,追溯《大宪章》传入过程,梳理考察对其的认识评价,以及它带来的影响。《大宪章》"华化"的第一步是译介,晚清至少有四个完整版本以及一些零散的译介,这是对其传播讨论的基础。晚清人士关注《大宪章》的历史、内容,对其评价均是热情的赞扬。引发《大宪章》晚清人士一系列严肃的思考,包括:如何认识《大宪章》与宪法的关系以及其生长形成,对《大宪章》应采取照搬还是借鉴的态度,晚清变革应当改革还是革命。虽然这种"华化"的过程只是初步的,但仍对晚清中国的人权观念、立宪思想与法制变革产生了深刻的启示,也为进一步的发展筑牢了基础。程梦婧的《革命还是立宪:〈人权宣言〉给晚清士人提供的启示》一文考察了晚清《人权宣言》在革命还是立宪的争论中提供了何种启发。对主张革命的晚清人士,法国大革命是权利革命、人权革命,《人权宣言》是革命的动力和成果,同时他们得到启发,认为"革命"是一项很重要的人权。而对于晚清立宪人士,则对此有两种态度:一种是康有为所持的以法国大革命和《人权宣言》为反面教材,为避免祸乱应走立宪道路;另一种以熊范舆和潘承锷为代表,高度赞扬《人权宣言》,认为应专注政体而非国体,以此来支持立宪主张。因而,法国大革命和《人权宣言》,对主张革命的人来说固然是一大利器,而对倡导立宪的人们而言也是重要的借镜。程梦婧的《法国〈人权宣言〉在晚清》专门分析了法国《人权宣言》在晚清的输入及其影响。作者首先介绍了《人权宣言》零散的和全本的译介情况,透过译介晚清人士逐渐形成人权观念,为近现代中国人权思想观念与法律制度的形成奠定了极为重要的基础。《人权宣言》对人权思想的影响主要表现在:"天赋人权"的认识、对具体人权的解读、人权与宪法、立宪之关系的把握。在晚清的新政、修律、预备立宪以及革命中，人权思想都有重要的作用，具体来说：将人权视为讨伐、鞭挞清朝专制政治的利器；将"革命"看作"人权"，呼吁推翻清朝专制政治；将人权奉为中国现代文明的基本元素。作者指出，对《人权宣言》的译介、阐发、接受乃至运用虽是初步的，但打开了人权概念在中国的发展空间，为建设现代国家提供了新的理论基础。程梦婧的《晚清两个〈人权宣言〉汉译本的考察》是对两个汉译本进行的比较研究。作者首先澄清"小颦女士"译本并非法国1789年《人权宣言》，文中比较的两个译本分别是：1907年署名"川"的《法国宪法人权十七条译注》和1908年林万里和陈承泽的《人权及国民权宣言》。作者通过比较两个译本的序文、名称、内容，得出结论，林万里和陈承泽的译本虽然缺少序文，却极为准确精练，而"川"本存在"误译"。作者梳理"误译"内容，分析原因可能包括：语言本身因素，语言之外的时代背景、翻译目的、社会需要，以及文本本身是译文和译注结合。这种"误译"本身也是具有价值的，且即便是存在"误译"的《人权宣言》都蕴含了晚清士人的独特理解。作者的比较分析，能够挖掘出译本背后各自的独特价值。胡晓进的《清末民初美国宪法在中国的翻译与传播》澄清了几个与美国宪法翻译、传播相关的问题。美国宪法在中国有多个译本，关于谁最先译介美国宪法，学界多有争论，从章宗元到林乐知到蔡锡勇。同时，还有通过日本学者介绍再传入中国的，如康同文译介的宪法，此外还有学者关于美国宪法的著作。梁启超和张东荪也都有过关于美国宪法文本与立宪之经过的探讨以及心得，梁启超注意到"美国以全体人民的名义制宪建国，而宪法实际上源自少数伟人的强制"，而孙东荪则从关注文本推进到关注制宪过程，重视程序的作用。通过考察，我们得以看出美国宪法翻译来源多样，且其已经成为国际知识界共享的历史，而中国则成了这种国际化中的重要分支。王中江的《世界秩序中国际法的道德性与权力身影——"万国公法"在晚清中国的正当化及其依据》(《天津社会科学》2014年第3期)认为晚清中国通过翻译《万国公法》，产生了约束和规范国际关系的新概念——"万国公法"。对于这一构建世界新秩序（具体说是中国如何处理与列强之间的关系）的新概念，晚清士大夫一方面立足于正义和道德将之合理化、正当化，但另一方面又以权力、强权为由对之保持戒心，甚至完全不信任。这两种矛盾的立场，既有历史和传统的根源，也有现实的背景。

对"国事犯"的研究。李欣荣的《清末"国事犯"观念的引进、论辩与实践》关注了相关人事的时空语境，从法律的视角观察晚清政治、社会和思想变迁。晚清以西法为榜样改造旧律，"国事犯"观念随之产生影响，成为支持政治改革的重要思想资源。传统"谋反"改头换面为"国事犯"，打着改良政治旗号的谋反者因政治、外交不利而收获舆论同情。新刑律从观念到刑罚倾向轻纵"国事犯"，不仅立法宗旨大变，而且取消了缘坐之律，甚至对于正犯的刑罚也减轻不少，这种观念影响清廷后期处置革命者的方式。清廷一方面决心改革旧律，另一方面犹豫于传统礼教的存亡，在实践中难免有所犹豫背离。从中，我们看到清末改革礼刑冲突如何调适的难题，到最后对礼教的维护只在象征意义上而实际向西法靠拢，这也最终指向革命的成功。

三　晚清宪政改革

关于晚清宪政改革综论研究。李卫华的《报刊传媒与清末立宪思潮》侧重考察了在清末不同的历史阶段报刊媒介与立宪思想、立宪思潮之间的关系及其对晚清社会的影响。崔学森的《再论清末〈大清宪法案〉稿本问题》以中国第一历史档案馆保存有"大清宪法案"全文译本和节译的1—4、8、10—11条法理说明档案，仔细研析，可以确定其进呈始于宣统二年（1910年），亦可窥见翻译者、度支部员外郎李景铭的制宪倾向。笔者复在日本阅及《大清宪法案》，将其与未定稿抄本《大清宪法案理由书》比较，发现二者存在较大差异。细读两书例言，可以澄清上述学者争论的"稿本"与"抄本"以及北鬼三郎是否为"著名宪法学家"等问题。

关于《江楚会奏变法三折》的研究。高全喜的《试论〈江楚会奏变法三折〉的宪制意义》，从宪制史的视角，挖掘宪制内涵。《江楚会奏》是有特别政治意义的奏折，作者归纳了三个关节点：时机、形式与内容。从时机上看，蕴含宪制意义的《变法上谕》来自最高统治权威的政治决断，把变法视为一种公议的"国是"，要求政治精英们积极参与，《江楚会奏》正是一份因应的规划书。从形式上，是官方实权派主导、民间士绅改良派参与的"上下合议"模式，且合议范围不断扩展，已初现立宪主义端倪，作者将之称为"准协商会议形式"。从内容上，是一份汇聚社会民意与政治设计的准议会性质的规划书，具有宪制的蕴含，开启了一个新政的转型逻辑，走向预备立宪道路。《三折》是清政府政治决断能力弱化、集权趋于瓦解的标志，也蕴含立宪主义的枢机。作者的分析，让我们得以从宪法学意义上理解这个晚清最早的变革规划书。

关于立宪派的观念，赖骏楠在《清末立宪派的近代国家想象以日俄战争时期的〈东方杂志〉为研究对象（1904—1905）》中从宪法理论和社会科学的角度出发，对日俄战争时期"立宪国胜专制国"的论调进行了梳理和反思。在《东方杂志》平台，"立宪胜专制"的逻辑从历史谱系的总结、国民意志整合、国民爱国心塑造、财政制度建设方面进行，这样的宪法观是"扩权宪法"，偏离了近代限权宪法的理念。而且，从明治日本军事史和宪法史，以及历史社会学中有关政体与国家能力间关系这两个角度，都不能澄清立宪与国家能力之间的关系，海外立宪派的思考虽更接近于国家建设的议题，但没有对国内造成影响。立宪派没能澄清立宪在何种条件、以何种方式对国家近代化做出贡献，但这种问题意识本身对当代努力实现法治国家理想的法律人也具有启发意义。

围绕立宪观念，崔学森的《清末立宪的日本视角：以法学家清水澄为中心》探讨日本宪法学、行政法学家清水澄与清末立宪的关系。清水澄在针对明治宪法的论争中，一方面坚持国家主权说，另一方面张扬宪政主义，法学思想中有自由主义的一面。他对中国的影响，首先在于担当法政大学速成科的行政法讲师，为考察宪政的大臣和官员讲解行政法，关于行政法的著作多被译介。根据中国国情，比较美、日、德宪法，他给出了中国制宪的大致轮廓，超越了明治宪法的理论框架。而且，他虽提倡参考日本宪法，但也指出了明治宪法的缺点，为中国制宪提供镜鉴。清末立宪"以日为师"，清水澄作为日本法学家，他的思想言论著作为近代中国法学的形成奠定了基础，作者对其思想及其对中国立宪的评价影响的研究，有助于深入理解清末立宪的利弊得失及其与日本的关系。王勇的《传统政教观与晚清立宪观念的谱系沿革》关注了"宪政"观念的发展谱系。晚清立宪思潮，一方面要服务于"送穷"与"退虏"的"富强论"实践取向，认为学习西政要义在于改变积贫积弱的困境而并不关注伦理和制度价值；另一方面被要求与传统的政教思想与文明观衔接。作者论证"传统的思维方式和政教观念非但没有被斩断，反而极大地干预着晚清的政制变革"。作者强调，"宪政"观念在中国语境的"异化"是通过当时主政者和知识人内在的思想实践来完成具体表达的，我们要厘清主宰观念的思维模式，反思立宪观念的谱系沿革，才能避免再度"异化"。

围绕资政院的研究。聂鑫的《资政院弹劾军机案的宪法学解读》以宪法学视角对资政院弹劾军机案做出了新的解读。资政院作为准国会机关,在速开国会之争中被打压之后,将矛头直指与军机处直接相关的会议政务处和宪政编查馆,与宪政编查馆展开立法权之争,与军机大臣展开代议机关地位之争。弹劾军机案的发生与清廷以人事调整代替系统的制度安排有关。从双方的地位、权力来看,资政院的弹劾在法理上其实站不住脚,清廷仿行日德二元君主立宪制却没有移植相应的宪法学理论,反而移植了英美民权理论,才导致了议员们"无理取闹"的行为。通过分析议员们言行,作者指出,在当时背景下,立宪派和革命派在民权代替君权上是一致的,而辛亥革命成功其实是双方共同努力的结果。但该案留下的遗产并不全然正面,立法者常常破坏既有法律规则,又自以为议会"无所不能",是民初"造法毁法"的重要原因。李启成的《儒学信仰、法政新知与议员风骨——从晚清资政院议员之操守谈起》以近代中国议员群体之信仰作为切入点,反思中国近代宪政历程。从资政院到北洋时期,议员风骨每况愈下。作者从议员们的人生轨迹着手,认为资政院议员发议质量较高的原因有:保留了儒者以苍生为念、谏诤君上的传统,投身乡梓的教育和实业有此实力批评朝政,法政新知为他们提供了新的理论。而民国时期,议员信念弱化,儒家为基础的价值观念被摧毁,法政新知又不能提供新的价值之源,因而议员们腐化堕落。鉴于此,孙文提出全民大会代替国会,但形式上有了信仰,同时也弱化了批评、监督政府的功能。当今多元化时代下,对民意代表而言儒家是非观是否仍有价值,以及如何培养这种是非观以指导外在言行,作者对议员风骨的回顾对我们思考这些问题有重要的借鉴意义。史洪智的《议案博弈:资政院常年会与〈改订大清商律草案〉》认为清末政局波诡云谲,新旧各种政治派系的纠葛博弈,不仅反映在资政院章程的字面之义,还表现为资政院两次常年会各项具体活动之中,尤其表现为会议期间围绕政府提交、资政院核议的各项议案的纷争。从《改订大清商律草案》提交、会议、审查、搁置等全过程看,该案在政情剧烈变动的政局中扮演着一个十分特殊的棋子。正是从这颗棋子举轻若重、举重若轻地抛舍闪转之间,可以窥测清末各种政治势力之间的复杂关系。吕克军的《清末浙江咨议局的创设与运行》考证浙江咨议局,认为其在清末全国咨议局中位居前列,浙抚增韫十分重视咨议局的筹办和运转,强调"国家悬权利予人民,亦不能强个人而使之享有,要在人民能自得耳"；传统士绅和新式知识分子热心于咨议局的筹办和选举，认为可从此"跳出专制范围，享自由之福"；咨议局成立后，议员富具参与意识，议政颇具专业水准，和行政机关展开了激烈的博弈；较好实现了自身立法和监督的法定职能，一定程度上反映了民众的利益诉求。

在宪政改革问题上，李俊领在《礼治与宪政：清末礼学馆的设立及其时局因应》中，通过挖掘运用礼学馆档案，梳理了礼学馆的设立过程及其修订礼制与法律的具体举措。礼学馆是宪政改革的产物，被清廷"寄予重建统治权与教化权合为一体的厚望"。然而，本应领会宪政改革意旨的礼学馆却遵循传统礼治之道，修订的凡例与"仿行宪政"毫不相干，修礼稿本最终沦为一堆故纸。在法律修订上礼学馆建树不多，对刑律修订只有建议权，几经冲突妥协与法律馆共同完成了《民律草案》部分条文的修订，但提出的调和礼治与宪政、维系社会秩序的主张其实很有现实性。但清廷对改革并未达成共识，受多重政治力量博弈的影响，且激进主义大行其道，这种观点无法得到认可。直到1912年该馆被裁撤，礼治与宪政如何调适的问题也并没有解决。作者以礼学馆为切入点，从政见冲突、文化焦虑与制度变革的角度揭示清末立宪所面临的复杂局面，为分析清末立宪的成败提供了良好的思路。李欣荣的《1907年修律权纷争与立法新制的建立》一文关注了1907年的修律权之争。预备立宪之初，出于对立法权的重视，暂缓设置立法机构，但并没有对过渡时期的立法权归属做出安排。张仁黼上奏提出法部和大理院负责、各部院参与的办法，岑春煊主张另行组织立法机关，之后戴鸿慈复奏结合两人主张，目的是排斥沈家本对法典草案的拟定权。宪政馆则以"殊背三权分立之义"否定了戴鸿慈的建议，但保留了部院、督抚对法案提出意见的建议，同时提出由法律馆掌法典编纂权、宪政馆掌考核权，并让沈家本留任修律大臣。重组法律馆的成员是"新旧兼用，以新为主"，宪政馆员又多在法律馆兼职，十分有利于趋新法律的制订与出台。作者从修律权之争出发观察了各方态度、立法新体制的建立，并从这个角度解释了修律过程中多有曲折和争议的原因。

关于国家权力与绅权。徐祖澜的《清末民初国家权力与绅权关系的历史嬗变以乡村自治为背景的考察》考察了两者之间的博弈。自19世纪中期，乡村自治被视为民主彰显之表征，清末民初绅权由一种非正式制度转变为一种正式制度，却并没有通向民主政治，反而异化为"乡绅统治格局"，成为"国家政权建设"的阻碍。制度化的乡村自治使得绅权的权威来源变成了国家权力，但不能整合国家和乡村社会，因而与国家权力相互博弈。在博弈之中，绅权变动展现出多重面向：悬浮化、组织化、权力内部的分化。而同时，乡绅也逐渐丧失了乡村社会的支撑，继而失去了乡绅治理的根基，成了无根的权力。最终，在20世纪20年代的农村"大革命"时期，乡绅治理在整体意义上消亡，近代中国选择了更加迫在眉睫的"国家政权建设"。

关于宪法的比较研究。宋宇文的《相似宪法文本的不同命运——〈钦定宪法大纲〉与〈明治维新宪法〉的不同结局探析》对这一段宪政公案做出了解读。从制定前的情形来看，"日本已经初步完成了现代民族国家建构的历史任务，也奠定了比较好的政治、经济基础"，而清廷正面临乱世危局，经济也处于崩溃边缘。天皇的"万世一系"在日本所具有的政治权威也是清政府所不具备的，后者正面临前所未有的合法性危机。此外，当时清廷缺乏政治改革的领导核心，中央地方离心力大，财政状况恶化，外交环境恶劣。种种因素叠加，导致两个宪法虽文本相似却有不同的命运。作者的分析不仅是对文本的分析，更重要的是置身于特定的背景来梳理宪政史。李富鹏在《比较法视野下的近代宪法汇编》中比较了中国与德国从帝国到共和各时期的宪法汇编，"代表了两种'宪法世界'的构造方式，两种进入'宪法世界'的典型路径"。中国以时间为媒介，从帝国晚期唤起"春秋"历史走入大国争霸的"宪法世界"的复古，到共和时期的趋新，"分享着趋向最新潮流的心态，共同勾勒出了一个进化的'宪法世界'"。德国更注重空间感，"始终呈现为空间性的二元对立"，但是"德国人逐渐复归欧洲近代传统，将自己编入时间性的欧洲疆域"。宪法类型学构造了实定化的宪法世界，实现政治诉求的规范性表达，中国近代宪法"被表达为宪法类型的君主制与共和制，以及共和制的两种社会革命方式而影响至今"，德国则引发宪法类型的根本对立。宪法汇编构造的"宪法世界"是一个可以锚定自身位置、选择潜在路向的参考系统，作者勾勒出的中德不同的路径，在今日仍有着持续的影响。

四 晚清法律文化研究

在《清末变法中法理言说的兴起及其内涵——清末变法大潮中的法理

言说研究之一》和《法理的发现及其类型——清末变法大潮中的法理言说研究之二》《法理的功能及与其他评价标准的异同——清末变法大潮中的法理言说研究之三》这三篇文章中，胡玉鸿以清末的"法理"为研究对象。作者指出，清末研究法理被认为与推行变法紧密相关，因而在法学研究上对各个部门法的法理研究连篇累牍。学者们对法与理的关系进行探讨，将法理定义为法律原理，归纳了法理的特征，并对法理与其他相关概念进行区分。进而学界在主体、方法和凭借角度探讨如何发现法理的问题，并对法理进行了类型学上的划分。这两篇文章对清末"法理"进行了全方位、多角度的梳理和分析。

陈煜在《晚清公羊学与变法维新》一文中，以清代公羊学为研究对象。作者指出，公羊学一开始作为一种经学被探讨，后来演变为一种政治思潮以适应"经世"需求，与经学相距甚远。而到康有为这里，公羊维新思想发挥到极致，而因变法失败，公羊学也一起退出历史舞台。晚清公羊学经历了从学术研究到政治应用的演变路径，探究公羊学与晚清变法的关系，为我们思考传统学术和政治的交融关系提供一个典型案例。

关于晚清法学教育的研究。对法政速成科，李贵连、孙家红编有《法政速成科讲义录（全 11 册）（附〈科目目录〉）》。朱腾在《清末日本法政大学法政速成科研究》一文中，对日本法政大学速成科进行研究。本文以一份详细但被忽视的资料《法政大学史资料集第十一集：法政大学清国留学生法政速成科关系资料》为基础，对法政速成科的设立、规模及成就等问题进行全面分析。作者指出，虽其成就突出，但也存在学制太短、深度不够、亲日作风等问题。孙家红在《法政速成科：清国的双刃剑》一文中，也对法政速成科进行研究，并指出其在如日中天时黯然离场的原因是清廷对速成科消极作用的顾虑和压力。孙家红在《欲速则不达：清末法政速成教育之反思》一文中，基于对法政速成科基本问题的探讨，又进一步反思和批判。作者指出，法政速成科培养了大批法学人才，却没能挽救清朝，反而事实上加速了清朝灭亡。从中可以看出，法学教育与国运兴旺并无必然的因果关系。这三篇文章基于新史料对法政速成科自身的沿革及学制等问题进行详细探讨，弥补了现有研究成果的欠缺。为培养法律人才，清末法政学堂开办了正科、别科、自修科等多种类别的法学教育。李贵连、刘鄂在《清末法政学堂自修科考》一文中，对法政学堂自修科进行考证。经作者考证，法政学堂正科、别科等是针对"未服官之人"，湖南法政官校创设自修科向候补官员推广西式法政知识，宪政编查馆职又将这一模式更新并推广于在职官员。作者指出，法政学堂自修科有助于官员完善知识结构，使其适应新版法律。学界对清末法政学堂已多有关注，但本文基于一份清末湖北官立法政学堂毕业凭照提出疑问，展开了对清末法政学堂自修科的考察，有助于加深对法政学堂的全方面理解。杨凌燕在《清末民初法政别科考》一文中，对法政学堂别科进行考证。作者指出，法政学堂别科招收各部员候补、候选人员以及举贡生监，既培养了佐理新政人才，又培养了新式司法审判人才。尽管存续时间不长，但它确对中国近代法学教育有所贡献。本文弥补了学界未对别科专门研究的空白。

关于清末法制教育改革，蔡永明在《论清末法律教育的改革》文中分析清末的法律教育改革，可以分为两个阶段：一是走出国门学习西方的法律文化，即法政留学；二是广泛传播近代的法律文化，即国内的法政教育。虽然清末的新式法律教育带有较为明显的功利倾向，法政教育机构也存在诸多弊端，但在吸收近代西方法律文化、普及近代法政知识、推动近代司法改革等方面，都产生了重要的影响，标志着传统法律教育方式向近代的转型。

关于西方视角下的晚清形象研究。李秀清的《中法西绎：〈中国丛报〉与十九世纪西方人的中国法律观》主要基于《中国丛报》（1832—1851），探讨19世纪西方人的中国法律观的专题论著。《中国丛报》是外国人在中国境内创办的第一份成熟的英文期刊，共20卷，内容丰富，是美国早期的汉学刊物，也是早期中西交流的主导性传播媒介。分析《中国丛报》在中西法律文化交流史研究中的应有价值，并从三个断面具体探析《中国丛报》作者笔下的中国的政制、刑事法律和诉讼制度，勾勒出西方人的中国法律观，进而深入阐述其所呈现之真实与想象，且力究个中原因。李秀清《〈印中搜闻〉与19世纪早期西方人的中国法律观》认为《印中搜闻》是由新教传教士马礼逊和米怜创办于马六甲的一份英文季刊，内容较杂。中国的社会、历史和文化为其主要关注对象。对于中国法律，它集中于刑事法，体现出来的是抨击和否定，具体包括死刑多、执行方法残酷，非法拷问屡禁不绝，地方官失职渎职、司法腐败及奸杀案件不断、道德沦丧等方面。纵向地看，这种抨击和否定，正符合始自19世纪初，西方人评判中国法发生转向，否定中国法的观点渐居主流的趋势，且它在其中起着推波助澜的作用。基督教的优越感和创刊人来华后的处境不如意，是其偏好构建这种中国法形象的两个重要原因。借助于其本身的传播、创办人和主要撰稿人在西方教俗两界的影响及承袭其衣钵的《中国丛报》的流布,《印中搜闻》所体现的负面中国法律观的影响持久而深远。《中国评论》(1872—1901)是19世纪末来华外国人创办的英文期刊,刊载了大量关于中国社会的信息。一些学者对《中国评论》中的法学内容进行分析。对中国法的全貌,李秀清在《〈中国评论〉中的中国法律及其研究价值》一文中,考察了《中国评论》中的中国法律。作者梳理了《中国评论》刊载中国法的概括,并指出与之前同类期刊——《中国丛报》相比,《中国评论》关注中国法律的范围更广,关注侧重点转向重民轻刑,既关注律例条文又关注司法判例、习惯法和地方习俗,学术性增强。胡译之在《晚清来华传教士中国法律观的"变"与"常"——以理雅各〈圣谕广训〉译介为中心》一文中,也对西方人眼中的中国法加以研究。作者对理雅各连载于《中国评论》上的《圣谕广训》译介进行分析。他认为中国的法律有优点也有缺点,但总的来说与基督教文明相距甚远,这一观点与李秀清的观点不谋而合。作者认为以西方人的视角看中国问题在立场上更加客观,但因为"西方中心主义"和"文明优越论"的影响这一视角也难免局限。李秀清在《〈中国评论〉与十九世纪末西方人眼中的中国司法》一文中,考察了《中国评论》中的中国司法。作者指出,不同于之前同类期刊,《中国评论》对中国司法不再是一概否定,而是兼具抨击和肯定,原因是中国开始引入西方司法制度致使中西关系缓和、刊物所在地香港独特的环境、编作者众多且多元身份和刊物的开放性。本文启示西方人评价中国司法的态度转向是否影响力民初法律近代化道路以及与之后西方人对中国的态度之间的联系,值得思考与探讨。赖骏楠在《文明论视野下的晚清中国及其对外关系——以〈中国评论〉(1872—1901)为考察对象》一文中,考察了《中国评论》中的中国国际地位和对外关系。作者指出,《中国评论》将中国定义为"古代文明",一方面承认其具有文明性,另一方面认为其远低于最高文明——基督教文明。进而,《中国评论》提出了一系列为中国实现最高文明的举措和方案,而面对传教引起的争端,则一致主张军事干预、维护教权。《中国评论》的一系列观点和言论对理解19世纪的中国与世界至关重要。李秀清指出,《中国评论》具有重要的法学研究价值,但现有研究无论从角度还是深度上都有所欠缺,值得重视。于明在《晚清西方视角中的中国家庭法——以哲美森译〈刑案汇览〉为中心》一文中,对哲美森在《中国评论》上发表的对《刑案汇览》的英文翻译进行分析,进而考察西方视角下的中国家庭法。作者指出,哲美森对中国家庭法中的一系列问题有独到的见解，他触及了中国家庭法的两个核心问题——血缘与情感，由此折射出19世纪西方人对中国家庭法的一般看法。哲美森既对梅因的思想有所继承，又对东方法研究进行拓展，但由于殖民者的偏见与不足，其比较研究不可避免存在局限。以上研究有助于真实地描绘西方人对晚清中国形象的认知景象，也有助于我们从西方人的视角重新理解自己的文化与传统。在李秀清《叙事·话语·观念：论19世纪西人笔下的杀女婴问题》一文中，则聚焦于西方人视角下中国的杀女婴问题。作者指出，对于中国的杀女婴现象，19世纪来华西方人的描述存在诸多分歧，是偶尔还是盛行很难总结。作者分析19世纪的历史背景决定了西方人需要的是中国盛行杀女婴、杀女婴不受道德和法律规制、中国妇女地位低下的话语，而由此造成的负面影响延续到今天。

五　晚清刑法改革

关于晚清刑法改革研究，高汉成新编的《大清新刑律立法资料汇编》（社会科学文献出版社2013年版）一书首次系统搜集和整理了大清新刑律制定过程的立法资料，为清末刑律改革研究提供了翔实可靠的文献资料。蒋铁初的《中国传统量刑制度的近代化——以〈大清新刑律〉为对象》在考察清末量刑制度的变迁时，认为清末刑律在法定刑的设定方面采取了相对法定刑制度，增加了关于酌定量刑情节的规定，从而扩大了法官量刑的权力。另外，传统法律中影响量刑平等的情节也大都被废止。民初的司法实践也表明清末刑律中的量刑制度得到较为严格的遵守。

一些学者以签注为关注点研究晚清刑律修订。李启成在《清末比附援引与罪刑法定存废之争——以〈刑律草案签注〉为中心》一文中，以签注为视角，探讨晚清修律比附援引的存废之争。论争从修律者在法律草案中废除比附援引、确立罪刑法定开始，签注者对此提出有限之法不能尽万变之人情、自由裁量流弊更大、比附只属于司法技术的理由反对废除比附援引，但修律者以法律进化论为武器，紧扣政治大局，获得了论争的胜利，最终罪刑法定原则在修律过程中被确定下来。但这种转型却出现了消极后果：旧制度借尸还魂，新制度水土不服，而双方均赞同的编辑判决例的方式，是解决问题的一个很好的思路，本可以起到缓和新旧制度、更好地推进改革的作用，却并没有得到应有的重视。作者对这一论争的解读，不仅有助于厘清刑法近代化进程，也对解决移植外来法律带来的问题提供了重要启示。高汉成的《大清刑律草案签注考论》是以签注本身为研究对象，对晚清1908—1909年的签注进行了梳理和考证，并对其倾向性意见、影响以及意义进行了分析。文章指出，大多签注意见体现出对新刑律草案的批判倾向，但对新刑律的影响却十分有限，他认为这主要是三个方面原因造成的：预备立宪增加了新刑律的内治意义、朝廷和宪政编查馆对新刑律的支持、反对派张之洞的去世和法部未能发挥作用。此外，签注体现出广泛民意和专业水准，同时体现出晚清修律缺乏民意基础和精英阶层的支持，其引发的"礼法之争"也并不是简单的中西、新旧之争，而是一种"改革还是革命"的主义之争。但刑律变革发生在思想变革之前，这样的做法并不理想，是立法领域的冒进。晚清刑律修订过程中，"签注是一种主要的推动力量"，作者对签注的系统梳理对于《钦定大清刑律》和"礼法之争"的深入研究有重要价值。高汉成在《中国近代刑法继受的肇端和取向——以1907年大清新刑律草案签注为视角的考察》中，以签注为视角考证中国近代刑法继受。由于签注的重要推动作用，尤其是中央各部院、地方各督抚基于特殊身份、极具务实精神的签注，对《大清新刑律》和"礼法之争"的研究都具有重要意义。作者关注了签注中对立法目的、立法宗旨、价值取向、定罪与量刑理论、立法条件与配套措施等方面的意见，草案只追求法理正确，而签注则指出其与中国国情并不相符。"中国近代以来的刑法变革呈现的是法律传统的失落和外国法律在中国的水土不服"，形式上法律全盘西化，实质上仍然是传统价值观主导。刑法近代化的关键在于如何正确处理本土因素和外来因素的协调融合，"中国刑事法律继受的成功依赖于法哲学的逻辑和法历史学的逻辑的有机统一"，而不能由立法冒进。作者对近代继受刑法的肇端和取向的考证，能帮助我们看清百年前历史参与者分歧，为相关研究厘清思路。高汉成的《〈大清新刑律〉与中国近代刑法继受》对《大清新刑律》的立法背景、立法基础和立法过程进行了认真梳理和考证，并借此对中国近代刑法改革肇端的问题与缺憾进行了系统而全面的检讨。

　　关于修律权限，陈新宇在《〈大清新刑律〉编纂过程中的立法权之争》中，探讨了晚清各机构之间的立法权限论争。作者首先简单描述了立法的过程和三个主要负责机构，并指出三机构在刑律编纂过程中复杂的关系，这引发了立法权之争。这场论争分为两个阶段，论争第一阶段：修订法律大臣与法部、大理院关于法律起草权之争，最终由宪政编查馆调停；论争第二阶段：宪政编查馆与资政院关于法律考核权和议决权之争，双方最终达成一定程度上的妥协。作者指出，"立法权之争的背后乃受到法政机构权力之争和礼法之争双重因素的影响"，而三个机构之间分权不彻底也不能一味批判，论争最终能够出现妥协的结果就在于更高权威的存在和机构之间的人事重叠。作者通过考察《大清新刑律》，能够动态地展现晚清立法权的觉醒和与行政权区分权限的过程，正确看待这场论争的积极意义，并为立法和转型提供了重要启示。

对晚清修律的全球视野及人物的观察，陈新宇的《礼法论争中的冈田朝太郎与赫善心——全球史视野下的晚清修律》以个案讨论的方式，站在全球史的高度，看待修律所处的法典编纂时代中国与世界的双向互动。赫善心支持礼教派，而冈田支持法理派，二人论争背后体现固有法与外来法、日本法与德国法、东方与西方之间的复杂关系。从论辩的两个核心问题来看，在礼法关系争论背后是法律文明固有论和进化论之争，赫善心的观点体现德国历史法学尤其是日耳曼学派思想的影响，冈田的观点则有孟德斯鸠关于中国法的看法和穗积陈重法律进化论的理论支持，但两人关于晚清修律的策略具有共识，都认为在收回领事裁判权的目标下，应该以司法和监狱制度作为法律改革的第一要务。作者采取先前研究不曾使用的比较进路，通过对立场不同的两位外国人的比较研究，达到丰富与探究历史事实、考察和反思中国法律近代转型的研究目的。雷勇在《清末修律的旁观者：赫善心与〈中国新刑律论〉》中通过体现德国近代法权思想的《中国新刑律论》来解读赫善心在晚清修律中的思想。作为旁观者，赫善心表面上赞同礼教派的观点，但他并不熟谙中国礼法，而对欧洲各法学流派相当熟稔，在法社会学立场下，用道德和法律概念来置换礼教与刑律概念来分析，但这本身就是对礼法传统的一种削弱，继而他断言法律来自人的"普通的道德"，这却与法理派观点有相通之处。在历史主义—进化论的法社会学视野下，赫善心以民情观和利益目的论，将礼教问题引申为从家族主义到国家主义的法权问题，进一步动摇了礼法传统的正当性根基，而目的论应当更有利于法理派而不利于礼教派。作者表明，"对于赫善心多重色调的法权观念，无论是在礼教派还是在法理派那里其实都能引起共鸣"。黄礼登在《礼法论争中的失踪者：赫善心的生平与思想》中利用各种资料对赫善心的生平、法律思想以及相应的学术背景做的初步考证和探讨。他关于修订刑律的观点包括：修律应以

《大清律例》为基础进行；正义的刑律应与民众精神相吻合；关于"子孙违教令"与"犯奸"是否入刑应考察现实需要。有人曾批判他支持礼教派是违背了良心，但"他是以系统的西方资产阶级法律理论为宗旨来支持礼教派的立场"，他认为立法者要在"正确的法"的框架中影响他人，尽可能地用一般易理解的方式表达，他强调关注经验层面的因素，且他支持修律立足本国法还基于罗马法与日耳曼法的历史经验。作者印证了"赫善心对于中国修律的建议不是违心的，而是出于他的学术自信，是完全真诚而严肃的"，这种学术风格值得今日的学者高度重视。杨本娟的《冈田朝太郎视域中的清末"礼法之争"》，以冈田在清末刑律改革中的重要作用、具体思想为视角，揭示礼法之争的实质是针对我国固有文明的取舍之争。冈田基于法律进化论观点，积极推行西方法律文化、漠视中国传统法律文化。由于他"积极求新"的心态，冈田主张"子孙违犯教令""无夫奸"不应当列入刑律，而"故杀子孙"不应减轻而应与凡人同等处罚，这些刑法观念与传统观念、社会现状有较大冲突。传统国家建构是围绕"礼"展开的，"礼法之争"的焦点应是礼法合一还是礼法分离，具体来看，博弈出现在继承传统与政治需求、建构理性与经验理性、传统国情与先进经验之间。作者强调，这场论争对当前的法制改革仍有启发意义，法律文本上的学习固然重要，但更重要的是注重本国国情，找到两者的最佳结合点才能取得显著成效。

围绕新刑律修订过程中一系列论争的研究，陈新宇的《宪政视野下的大清新刑律——杨度〈论国家主义与家族主义之区别〉解读》在近代中国宪政的语境下，围绕杨度的"礼教""国家主义"和"家族主义"概念，解读大清新刑律论争背后的复杂面相。作者指出，杨度"以进化论为基础，从近代化工具理性的视角来看待礼教，避开其本体上之纠缠"，进而"引出中西方有关家族主义与国家主义的定位与优劣讨论"，论争从礼法的问题之争转向主义之争，基于天演论、甄克斯理论，得出要想发展到军国社会，需要消解家族障碍的判断。在新刑律论争中，国家主义为看不见独立人格的国民主义。"这种主义之争固然比问题之争更为立场鲜明，却也加剧了双方的裂痕"，难以达成共识。作者剖析了论争双方的不足之处，进而放宽历史视野，感悟、反思中国近代以降法制历史的规律。李栋和王世柱在《中国传统伦理法向现代法的范式转换——以晚清"无夫奸"罪存废之争为背景》中，从整体性视角看待两种法律范式的转换。作者首先为我们梳理了传统伦理性范式的特征以及在近代以来所面临的冲击和挑战，从"无夫奸"存废向我们展示了转型之艰难。在存废之争背后凸显的是范式转型的困境：形式性法律范式建立在功能分化的现代社会之上，伦理法范式所依赖的总体性社会开始瓦解，单一线性思维主导下无法获得认同。法律系统的转型要协调、回应其他社会系统的变化，涉及社会的方方面面，即便到今日，这场转型在某种程度上仍未完成。作者通过对"无夫奸"存废的讨论，对今日我们关于法律范式转型、法律现代化等诸多问题的思考仍有重要影响。刘鄂在《依违于礼教与宗教之间——〈钦定大清刑律〉"发掘坟墓罪"研究》关注了在中西法律文化的冲突与整合中，晚清立法者对取代发冢律的新刑律"发掘坟墓罪"的争论。在草案中，"关于坟墓罪"的变化体现在三个方面：所属章名、刑罚、立法理念，但在随后的签注中也因此备受争议。最终礼法两派达致妥协，这体现出"掌控帝国的人已不再只看到'从前'，也关注着'立宪时代'。"晚清修律时，移植自西方的"关于坟墓罪"则是归为宗教信仰范畴的犯罪规定在正文部分，而发冢律代表的礼教伦理秩序则体现在《暂行章程》中，"这反映了'发掘坟墓罪'的立法宗旨依违于我国礼教伦理与西方宗教文化之间。"作者通过分析这种冲突和整合，揭示了晚清修律者化解矛盾的努力以及法治转型的艰难。金敏的《继承晚清谁人遗产？——梁治平先生〈礼教与法律〉读后》关注了两条线索，一条是关于晚清遗产谁人继承的问题，另一条是梁先生学术路径的"位移"。梁先生在书中交代了清末修律的缘起以及世纪礼法之争两派的观点，还原了礼法之争的本来面目，礼教派并不是传统观念里的不讲法理。作者剖析了梁先生用"法律移植时代"命名的原因，并指出，两派存在的历史合理性不言而喻，思想和行为也各具价值，但两派在话语上并不对等，而梁先生正是要为被禁声、失去言说能力的礼教派发声。梁先生直截了当地指出普世主义、国情主义都是法理派的继承，而礼教派遗产没人继承。关于学术路径，梁先生在学术之路上的位移是从对传统的一般否定态度，到让传统占据同情乃至正面态度，这是这本书的思想基础。作者认为，那些传统恰是没有实现的现代中国，如梁先生所说如果两种思想和力量能达致平衡，今天的世界将会不同。李欣荣在《辛亥前夕的"无夫奸"论争与政党政治萌芽》中表明，"无夫奸"被赋予象征意义之后，成为区分政党的标准。旧派希望在收回治外法权和法律中保留礼教之间找到平衡，杨度则将法律问题引向了主义之争。对西方消息的引申和想象让国人对收回治外法权过分乐观，新派将新刑律视为立宪成败的关键。论辩双方为寻求支持，走出了一条组党之路，新派组成的

"新律维持会",试图掌控媒体舆论干涉票选,打破了资政院之中"民选"与"钦选"的政治阵营的分野,引发了蓝票党和白票党之争,进而演变为政学会和帝国宪政实进会,传媒因此看到了政党政治的曙光,但章士钊、梁启超并不赞同以法律异见区分党派。作者揭示了辛亥前夕舆论注重外交和趋新的时代风向,以及西方政党政治落地中国的原生态与复杂性,但"借镜西方、以政见区分政党的思路"难以实行,最终证明朝、野分立才是政党政治的大势所趋。李欣荣的《清季新刑律的创制修订与礼法论争》以中国传统法律体系的转型为背景,重点探讨新刑律修订过程中的制度转换与礼法关系等问题,以此展现清季最后十年政治和思想的发展脉络。作者认为,这部预备立宪时采用的新式刑法典,的确为调适中西新旧煞费苦心,既翻译移植了欧美和日本的大量法典,兼采并蓄,又变造体例,设法保守礼教条文,努力于"自创良法",以往所谓新刑律抄撮日本法律之说,不过沿袭反对者之说辞,值得商榷。

关于"现行律民事有效部分"在民初的适用,段晓彦在《〈大清现行刑律〉与民初民事法源——大理院对"现行律民事有效部分"的适用》中进行了考证和分析,揭示了其在大理院特殊的司法制度下的地位和作用。首先,作者发掘了这种特殊法源的三个适用难题:没有明确的内容范围、条款未去刑罚效果、旧律如何适应新的社会情势和法律制度。对此,大理院通过判例和解释例来确认内容范围,从刑律转换出民事法律效果,通过法律解释、妥善解决新旧冲突、类推、假借其他法源等方式进行权变适用。在适用过程中,大理院也进行了中西民事法律转接,具体是将法律概念、民法理论、权利观念渗透进传统法律而实现了创新。这种原本不得已的方式却取得了良好效果,一方面传统法典精神得到传承,另一方面实现了西方观念的融合。"现行律民事有效部分"在近代是一种特殊法源,作者对此进行考证和分析有助于我们厘清这个重要问题。段晓彦的《名称、内容和性质——"现行律民事有效部分"的三点辨正》认为其在当时无专门确定的名称,综合考量相关因素,"现行律民事有效部分"为其最允当之名称;其内容范围,亦非统一明确,须通过司法机关的适用才能确定;其性质,不能简单地论定为制定法,它是在民初特殊的法制条件下,一种须通过司法进行确认的制定法。"现行律民事有效部分"的名称、内容和性质呈现出不确定性,是由其特殊的来源和当时的政治大环境造成的。这一法源所关涉的不仅是立法问题,还是司法问题。此后段晓彦的专著《刑民之间——"现行律民事有效部分"研究》更为全面地考察聚焦大理院民事法源中的"现行律民事有效部分"及其适用，考证、发掘"现行律民事有效部分"的特殊性和适用难题，论析帝制中国的最后一部传统刑法典如何作为民初的民法适用，透视大理院适用"现行律民事有效部分"这一历程对中国民法近代化的影响，探究"前民法典时代"民法近代化的路径和特色。

对《大清违警律》的渊源，沈岚的《〈大清违警律〉立法源流探析》进行了梳理。一方面，租界的治安法规体系提供了鲜活的示范，另一方面，作为清末修律主要摹本的日本法律提供了违警律独立于刑法典的体例。1906年为迎合民政部这个新设的最高警政管理机构出台了《违警罪章程》，但由于积弊甚多很快被新颁行的《大清违警律》取代。虽然因为配套法规不全导致实施效果不佳，但在立法技术、内容规范及解释上值得称道，率先出台也难能可贵。作者强调，"它的面世是中国近代治安处罚法规正式形成的标志"，有助于规范警察行为、促进近代警察的法制化。作者对其渊源的探讨，对于我们了解中国近代警政法制化进程有重要意义。

六　晚清民商事法改革

关于《大清民律草案》的研究。张生基于草案修订过程进行研究，在《〈大清民律草案〉编订考》和《〈大清民律草案〉编纂研究》（英文）两篇文章中，张生对修订草案过程中的修订法律权之争、拟定《编纂民法之理由》（草稿）、确立编纂计划、开展民事调查、编订草案"条文稿"及"说明稿"等问题的历史沿革进行了考证研究。作者认为，编订民律草案具备当时一切可能的条件，却没有充裕的时间，这导致了草案形式上会同中西，实际内容上却存在严重缺陷。尽管草案还有很大完善空间，但其"立法工作之规范，对法典的整体阐释，对草案条纹的逐条理由疏证"都是优于民国时期立法的。通过对晚清民律草案的编订过程进行考证，文章充分归纳与分析了其优点和不足，对反思今天的立法工作仍有积极意义。张生在《〈大清民律草案〉的编纂：资料的缺失、存疑的问题与推断》一文中，基于《大清民律草案》编纂过程中的重要材料缺失，提出存疑的问题，并进行合理推断。作者考察了"修订法律大臣与民政部共同起草""修订法律馆独立起草""修订法律馆会同礼学馆共同起草"这三个重要环节的材料缺失，提出了对应的存疑问题：民律草案与瑞士民法（草案）的关系；起草者对民事习惯的利用与态度；《大清民律草案》的完成情况。作者认为尽可能合理的推断是：清政府曾仿照瑞士民法（草案）拟定五编结构；清末民初民事习惯调查几乎未影响民法编订；《大清民律草案》只完成前三编，没有最终完成。本文基于档案资料遗失，通过系统考察历史材料——提出存疑问题——进行合理推断的路径做出了还原历史的努力，值得肯定。

关于晚清民事习惯调查的研究。在《晚清制定民法典的始末及史鉴意义》一文中，张晋藩考察了晚清制定民法典的过程。作者指出，在制定过程中，既做了舆论准备，又开展了习惯法的调查。《大清民律草案》体现了西方民法与中国固有民法的整合，但可惜的是，起草者过于注意与西法求同，导致一些重要民事习惯未被吸收。这篇文章启示我们，如何从中国国情中汲取民法资源是值得研究的。而魏磊杰的《中国民法典的本土化何以可能：一条现实主义的路径》恰恰探讨了民事习惯调查对民法典编纂的意义。魏磊杰考察东亚三国民法典编纂的历史，指出非西方国家在外发型法制改革中几乎不可能充分吸纳本国民间习惯，原因有三：政治压力所迫立法时间有限；立法者对西方文明的偏好；模仿制造法典容易，原创难。作者认为，民法典本土化是一个过程，不可能毕其功于一役，必须由后续的司法、法学理论与立法的互动来实现。文章提出的中国民法典本土化的可能路径是对立法汲取本土资源的主流观点的具体思考，这也是值得当代立法思考的问题。邱志红的《清末法制习惯调查再探讨》认为清末新政期间，为了给编订和审核新法律提供参考和借鉴，同时还出于筹备立宪、推进宪政的需要，清政府自上而下开展了一场声势浩大的包括民事习惯、商事习惯、诉讼事习惯、地方行政习惯等在内的法制习惯调查活动。在调查活动中，中央的宪政编查馆、修订法律馆、地方督抚以及新型法政人才扮演了不同角色，其作用值得肯定。张洪涛在《近代中国的"以礼入法"及其补正——以清末民初民事习惯法典化为例的实证研究》一文中指出，人口的增加和我国地域因素阻碍了习惯法典化。清代克服近代习惯司法导入机制不足的选择是道德实用主义，即将失败归因于本国民事习惯劣于外国法。但这实际上导致了中国民法典的去中国化，补救办法是技术实用主义，强调通过法律技术改善法律治理。本文采用了将民事习惯法典化嵌入中国社会进行分析的嵌入性分析方法，为中国法治发展方向提供了另一角度的思考。

关于"一田两主"问题的研究。夏杨在《双重所有权在中国法上的接纳与转承——从"一田两主"到挂号道契再到近代法律改革》一文中,指出,"一田两主"是双重所有权在传统中国法上的表达,而通过近代上海的挂号道契制度,英美法的双重所有权对中国社会产生影响。渊源不同的"一田两主"和挂号道契在近代中国均逐渐发展,并相互影响,最终促使了制度的趋同性。"一田两主"与挂号道契在面对近代法律改革时衍生出了不同命运,前者因其孕育于封建土地制度,而难逃封建制度的一般命运,后者因其属于租界制度,被当然地抛弃和改革。传统观点主要关注民间习惯在近代法律改革中的缺失,而文章试图说明在法律改革借鉴大陆法的狭窄视野下,已经与传统社会融合的英美制度资源也被忽视,这一教训值得深思。赖骏楠在《清代民间地权习惯与基层财税困局——以闽台地区一田多主制为例》一文中,通过研究清代福建省的一田多主制,考察了明清时期民间地权习惯对基层财政以及国家建设的影响。作者指出,面对民间地权习惯的复杂化,国家视角的思路是简化民间地权,但由于能力有限,改造民间地权未能实施。作者考察了抗租纠纷的案例,说明了基层征租困难成为常态并且造成了基层财税困局,而台湾巡抚的财政整顿运动并没有解决这一问题。直到清末中国私法近代化展开,"物权法定"原则及相关制度成为简化地权的有利举措。本文试图说明民间习惯并不具有不证自明的合理性,通过法治手段解决问题是必要的。

关于地方社会和区域习惯法的研究。张俊峰在《清至民国山西水利社会中的公私水交易——以新发现的水契和水碑为中心》一文中,对地方水权交易现象进行研究。作者以20件新发现的契约文书为基础,对比山西方志和水利碑刻的记载,辨析清至民国山西的水权交易类型,全方位地展现了各自的优劣、发展状况,以及官方态度。不同于以往认知,作者指出山西水利社会中水权界定并不存在困难,且水权交易行为客观上提高了水资源利用效率、促进乡村社会合作共赢。中国传统时代的水地关系长期以来是"水随地行",而在水资源价值日益提高的历史时期,山西水利社会可能开始从"以土地为中心"向"以水为中心"转变。文章依托新史料的整理分析,加深了对水权买卖问题的研究,试图改变以往在这个问题上的刻板印象和认知偏差。武乾在《清代江南民间慈善习惯法与传统法源结构》一文中,对清代江南地区慈善习惯法进行研究。作者指出,来源于江南民间慈善习惯规则的清代江南慈善习惯法,推动了中央以及江南地方的慈善立法,但它始终不属于传统律例体系,而是与其他习惯法一起共同构成了江南地方的非正式自治规范体系。有关江南地区慈善习惯法的研究较少从法史学的视野展开，本文弥补了这一空白，但限于主题与篇幅，这一区域习惯法的近代命运未在本文得到论述，转型期的制度改造、扬弃值得学界进一步关注。

关于商业法制研究。郭金鹏的《进步与局限：晚清工商立法与民族商人的权利救济》在晚清工商立法运动期间，自身权利得到法律的确认和保障，成为民族工商群体的强烈诉求。晚清政府制定和颁布的各项工商法规，客观上改善了民族商人群体权利救济所处的窘境，具有历史进步性。但这种改善，由于受到统治者阶级立场和具体历史条件的束缚，又带有明显的局限性。

同时学界关注清末的中外法律纠纷，蔡晓荣的《晚清华洋商事纠纷研究》认为在晚清急剧转型的社会背景下，华洋商民之间的商事纠纷，日益凸显诸多新的因子。早期主要是围绕着外贸行为而产生的商事交易、商欠等纠纷，到后来则出现了土地房产类、票据类、海商类、商标版权类、保险类、合股类等各种新的纠纷样态。晚清官方权力架构内的华洋商事纠纷解决范式主要有以下几种："交涉型"理案、上海租界会审公廨理案模式、中俄"司牙孜"会审制度、清末各级审判厅理案和西方在华司法机构对华洋商事诉讼的审理。在华洋商事纠纷的解决过程中，传统商业行会和商会等中国商人组织，亦起了一个不容小觑的作用。华洋商事纠纷与诉讼，是晚清民法立法和司法诉讼制度转型的一种重要促进因素，也是推动传统商事习惯法嬗变，以及中国固有法观念，尤其是商人法观念更新的主要外源性诱因。吕铁贞的《晚清铁路外债之恶例与流弊：中比卢汉铁路借款合同的考察》以国内外其他借款合同为参照，通过对中比卢汉铁路借款合同要件即利息、折扣、抵押品、还款时间、附加条件等商务事项条款、税费事项条款、消极担保条款等逐一剖析，中比卢汉铁路借款合同并非"磋磨已至极处"，具有明显的超经济、超债权性质特征，既突破了以往借款筑路的原则，也有损国际商贷自愿、公平、互利原则，开中国铁路"恶"债之先例，卢汉铁路借款合同文本成为后来相当长的时期内铁路借款合同援引的范本。究其原因可归结为三个方面：清政府财政拮据，国内筹措无门；谈判过程中大国频频干涉；国人法学素养欠缺也是导致利权丧失、合同条款显失公平的主要原因。李耀跃的《清末铁路交涉中的法律技术与政治策略》认为晚清各界还试图通过区分契约与条约、商务与外交，将铁路交涉限定为商务范畴，避免中外政府间的正面外交冲突。清末各界大量援引国际公法、私法的规则和技术，并策略性地利用内政因素，试图寻找外交活动中的平衡与突破，虽不能根本改变弱国外交困境中的被动地位，却推动着中国逐步认知和融入西方主导的世界秩序。

七 晚清司法制度改革

关于司法制度改革，公丕祥在《司法人道主义的历史进步——晚清司法改革的价值变向》中分析了司法改革的价值理念和司法原则的转变。沈家本、伍廷芳等人在奏议中提出改重为轻、恤刑庶狱以及笞杖改折罚金等一系列的具体措施，体现了司法文明的进步趋向。此后，在司法人道主义观念下，全面改造《大清律例》编订《大清现行刑律》，编纂《大清新刑律》。作者表明，这些司法变革表明，晚清统治集团的法律与司法意识形态正在悄然变化，近代西方法律与司法思想在相当大的程度上改变了传统中国法律与司法文化系统的价值基础和基本面貌。虽然晚清司法改革仍是以儒家体系为本体的传统法律与司法文化系统为根据的，但西方法律与司法文化已然渗透到晚清司法改革的过程之中，这是中国法制与司法制度现代化的历史起点。姜小川在《清末司法改革对中国法制现代化的影响与启示》中分析了清末改革对当今的影响。清末司法改革始于对西方法律制度的学习，这启动了中国法制现代化的进程，也为中国司法制度的现代化奠定了基础，确立了以日德为师对大陆法系的效仿，开中国宪政思想和立宪之先河，首次尝试将中西文化结合，兴办教育为中国法学教育奠定基础。作者指出了这场改革为我们当今法制的改革和完善提供了借鉴，在移植国外法律同时注意立足本土，政治体制的改革是司法改革的前提，改革应公开进行，综合国力的提升既是目的也是保障，改革要与国民素质相匹配，重视教育兴国，借鉴科学理论作为改革的指导。

关于司法机构改革，韩涛重点研究晚清大理院，韩涛的《乾坤挪移玄机深晚清官制改革中的"改寺为院"》是对中央司法机构改革的具体路径的观察。作者分析"改寺为院"的具体路径发现，只是在刑部和大理寺之间实现了单向的权力转移，似乎没有必要。进而审视其官方理由："大理寺之职颇似各国大审院"，发现事实上两者的差异大于相似，反而是刑部在性质和职能上更加相似。但因为朝野倡言、功能比附、名称近似、操作易行提供了舆论基础、制度基础、语义基础、实践基础，对日本的模仿将刑部定位在司法省，又为实现"大权统于朝廷"的管控需要，最终决定"改刑部为法部，改大理寺为大理院"。这样的改革路径引发了部院之争、权限纠纷，延缓了司法改革的进程，使得最高审判机构居于行政机构之下，增加了司法独立的难度。从某种程度来看，这直接或间接地影响了今日审判机构的政治地位，因而，作者对改革设计的探讨有着现实意义。韩涛的《晚清法制变局中的覆判制度——以大理院覆判活动为中心的考察》认为大理院负责覆判外省死罪案件的专门机构是详谳处，覆判结果一般分为维持原判、驳回重审与直接改判三种。大理院的覆判对于慎重民命、确保全国法律统一适用具有进步意义。而作为过渡时代的权宜之计，大理院覆判活动亦体现了新旧司法体制的衔接与调和，折射出近代司法独立的艰难和努力。韩涛的《晚清中央审判中实体法的适用——以大理院司法文书为中心的考察》以大理院司法文书为中心，从实体方面对晚清中央审判中的法律渊源及其适用方法进行具体考察和实证研究，以期为透视辛亥革命前夜的中央司法审判状况提供一个微观的视角。韩涛的《晚清大理院：中国最早的最高法院》通过第一手资料，分析晚清大理院设立历史背景、设立事实、结构功能、实践运作，以期对当下的司法改革进行源头上的思考，提供一种来自历史深处的知识。

公丕祥的《司法与行政的有限分立——晚清司法改革的内在理路》一文探讨了晚清司法改革进程中的司法与行政之分立的路径。西方分权学说传入之后，推动了近代中国司法制度的变革与转型，在此影响下，清廷基本确定了在中央集权之势成的体制下，推行司法与行政的有限分立作为官制改革的重要目标和措施之一。但清廷只对司法权限的界定给出原则性的意见，这引发了围绕司法权限展开的部院之争，背后深刻地反映了司法独立理念与行政支配司法理念之间的价值冲突。部院之争"和衷妥议"之后，《法院编制法》提上日程，将行政与司法分立与司法独立通过立法确认下来。作者指出，权力分立虽不彻底，但打破了行政而兼司法的传统司法体制，标志着近代型司法制度的出现，体现出近代中国法制与司法文明的历史进步。公丕祥的《国家与区域：晚清司法改革的路线图》勾勒出司法改革大业从国家到区域渐进展开的路线图式。修律之初没有触及体制问题，而立宪进程的加速，司法改革正进入宪政阶段。清廷慎重缓行，选择了官制作为改革的切入点，遵循"三权分立"原则，改造司法体制，推动司法与行政的分立。宪政编查馆统筹制定顶层设计方案，法部和大理院先后提出了司法体制改革事项的具体实施方案。区域先行试办，以东三省先行开办、直隶等地试办为试点，逐步推开，为在全国范围内展开改革积累经验。此外，加大督办考核力度，明确责任推动落实，确保改革实效。虽然在实施过程中，各地程度不一，也出现了例如经费困难、人才紧缺等问题，不过不可否认这场司法改革开启了中国法制与司法现代化的历史先河。作者探讨晚清司法改革方案的形成、实施及其历史命运，并从中总结出历史教益，对我们把握当代中国司法改革的整体推进与时代走向大有帮助。李在全的《亲历清末官制改革：一位刑官的观察与因应》以《唐烜日记》为史料来看他对官制改革前后的时局的观察以及感受。唐烜对官制改革十分关注，亲历了部院的筹设和部院之争。作为传统律学知识体系下的刑官，虽然改革之后成为推事，但本质上仍然不出传统旧式刑官的范畴而不是现代司法官员。唐烜在新式司法机构中对新式审判方式颇为不适，但是他还是有意识地了解新式法政知识，即便如此他的司法推理、审判方式还是变化不大，由此可见制度的移植可以短期完成但实际的转变却是渐进的。清末士人学风不再、仕气急功近利、司法执业者不关注审判而只重品秩，而官制改革前后任职规则破坏、人事制度紊乱，这也加剧了不良风气。通过解读《唐烜日记》，作者让我们从新的视角观察清末的变革，根据更多细节的描述，深化对改革的认识。

关于司法权的概念研究，杨小敏的《晚清司法权概念考——以宪法学为视角》探究了晚清宪法学说和宪法制度中的"司法权"概念。"司法权"的概念不是本土就有的，是一个典型的宪法学概念，根植于"三权分立"宪法学说思想，蕴含着通过限制王权来保障人权的宪政精神，核心理念是司法独立。晚清对"司法权"的认识是经典意义上的传统的司法权概念，即"裁判权"，是"一种具有判断性、被动性和独立性的去政治化的权力"。但这一概念传入之后分化为宪法和诉讼法概念的两种语义，司法制度也被细化，中国司法制度开始从古代向近代转型。然而，从三权分立宪政体制的虚建，司法权目标价值的本土化，司法独立的特殊运用，以及司法与司法权的混用角度上看，司法权概念沦为晚清政府永固皇权的工具。作者对"司法权"概念的考察，为我们理解和建设当下中国宪法中的司法权和司法独立原则提供了历史考据。

对传统司法体系、制度和官吏的认识，汪雄涛的《清代司法的中层影像：一个官员的知府与臬司经历》借助《道咸宦海见闻录》为我们描绘了清代司法中层的司法运作。《道咸宦海见闻录》作者张集馨曾任体制中层的知府与臬司,读书以外的法律经验是其司法素养的来源,因此延续了士大夫重视小民疾苦的传统。在司法链条中,中层的角色主要是维系下层,整饬书吏、差役、幕友为非、讼师作梗带来的州县司法的失职与脱序。面对的案件大部分是疑难案和冤案,中层承担着兜底和洗冤的功能,成为司法体制的"减压阀",社会矛盾的"过滤器"。在清代社会矛盾突出、疑难冤狱普遍、吏治腐败的情形下,司法运作没有脱序正是因为有府司构建的中层结构。它"避免了与基层司法的同质化构造,使监督成为首务,同时对渎职行为的严格追责,使以循吏为主的官僚体制依然不失自洁的功能",在今天的社会矛盾仍具借鉴意义。徐忠明的《晚清河南王树汶案的黑幕与平反》一文,梳理王树汶案相关史料,探究案件真相,进而探讨背后的原因及相关问题。由于兵役的贪婪、衙役的狡诈、幕友的欺蒙、知县的操切、审转官员的马虎最终酿成王树汶案的冤案,而因罪犯"临刑呼冤"又引发了复审中地方捂盖子、中央揭盖子的权力斗争。作者指出,清代的司法权力的组织架构与运作程序非常完备,但宗旨却是为了维护皇权控制官吏,而非保障两造的权利,然而审转程序过于严格、责任过于严苛、律例过于僵硬,导致官吏抵制控制、规避责任,又因"狱贵初情"的弊端弱化审转功能,进而造成冤狱。作者强调,此案提醒我们,看待清代司法实践不仅要看到司法官员自身的问题,也要看到司法制度同样存在弊病。"必须在'治人'与'治法'之间予以合理的评价,也必须在制度与实践之间做出平衡的判断。"曾令健在《晚清州县司法中的"官批民调"》中依据黄岩诉讼档案,探讨衙门审断与民间调解的互动机制、原因阐释及其司法社会化之实现。"官批民调"通常表现为州县官将户婚、田土、钱债及部分轻微人身伤害或关乎社会风化的纠纷批示给宗族、乡里调处等方式解决,审断与调处之间应当具有某种制度性或惯习性关联,效果上具有实效但或许并不高效。衙门阻止"细故"进入的原因可以归纳为:州县司法的体制性要素;放告日等制度化的阻止诉诸衙门;契合帝国司法的本质;深厚的实践基础;基层社会样态导致的倾向性选择。作者对"官批民调"表现出的民间调解优先给出两个解释,法律文化以及"行动者—结构"分析的解释。官府审断与民间调解之互动体现了传统中国司法的社会化,揭示了国家纠纷解决场域与民间纠纷解决场域之间的接触、配合及制约。程天权和袁璨在《清道咸时期的官场腐败与吏治整饬》中梳理了清末官场腐败的情况以及相应对的措施和吏治思想,提出解决思路。道咸时期的官场腐败已然演变成为惯例化、公开化、标准化,甚至由官府来执行的送礼陋规，迎来送往涉及方方面面，此外对百姓横征暴敛、滥用纳捐保举、胥吏操纵司法贪污索贿。清廷整顿吏治，加强职官官吏和考核、清查陋规、禁烟同时整饬吏治，但这些措施、改革均缺乏实效。针对当时的特殊背景和澄清吏治的难题，晚清思想家曾提出一系列的吏治思想，但最终停留在书生议政并不足以引发政治改革。作者提出，应当重视吏治问题的研究，并指出保证政治清明、官员廉洁奉公需要的两个条件：符合社会发展趋势的权制结构和门类齐全、结构严密、内在协调的法律体系。

关于清末的就地正法制度，娜鹤雅的《晚清中央与地方关系下的就地正法之制》一文，以就地正法制为切入点观察，管窥晚清司法权的走向。在清代常规审判制度是逐级审转复核制，死刑裁决权在皇帝，而就地正法之制则让地方督抚取得了死刑裁决权。这项权力原本是权宜之计，但在实施过程中流弊也逐渐凸显，在同光年间兴起了"就地正法"存废之争，刑部和御史要求废止，地方督抚则要求延续，直至宣统年间就地正法存废之争才告终结。这实际上是中央与地方的司法权博弈，论争中双方共同推进了就地正法的章程化。司法权在晚清呈现出下移的局面，但这种权力分立并不是就地正法的初衷，真正的目的是"通过补强现有体制弹性来延续体制的生命"，基于此作者解释了司法权最终走向的原因。张世明的《清末就地正法制度研究（上、下）》认为以往学者对于就地正法与清前期的恭请王命即行正法制度的关系认识不甚深入，对于就地正法之制的研究也主要集中在于中央和地方权力关系的变迁。对此，应当坚持新历史法学的研究路径，从就地正法的产生、就地正法的实际操作、关于就地正法的争论、就地正法在晚清无法取消的原因等方面对其合法性进行解读，从而解释法律、资源与时空建构的复杂关系。刘彦波的《晚清两湖地区州县"就地正法"述论》认为两湖地区自19世纪50年代后"盗贼会匪"充斥、社会一直动荡不安，因此，此间督抚们根据清廷的就地正法政策和两湖地区实际情形，制定相关的惩办措施，不仅明确了就地正法的范围和对象，而且使就地正法执行者下延到州县官甚至乡绅、团练，他们都可以随意就地处决"盗匪"。州县实施就地正法分为绅团直接正法、州县官直接正法和州县官审讯、道府委员复讯、督抚批饬正法三种类型。刘伟的《晚清州县"就地正法"司法程序之再考察》认为晚清"就地正法"之制的司法程序是不断变化的。咸丰年间，在镇压"匪乱"的过程中，常常是军营、州县官、团练讯明后即可执行正法，事后报告。自同治二年毛鸿宾、郭嵩焘提出将复审之制引入就地正法后，州县审讯后增加了一个府州或道复审的环节。尤其是光绪八年经过一场关于是否取消就地正法的大讨论后，州县官审讯后的复审之制趋于细化，并要依据路途远近或将犯人解赴府州或道复审，或无须解勘犯人，而由督抚派员前往复审。但此后在实践中又趋向简化。与此同时，种种借口事情紧急、案情重大而直接由州县审判、报按察司（后为提法司）核明、督抚批饬即行正法的情况依然存在。

对新旧之交的司法官员群体的研究，李在全的《制度变革与身份转型——清末新式司法官群体的组合、结构及问题》关注了中国首批司法官的形成、特点问题。大理院成立之初，大多成员来自法部，人才任用紊乱，之后清廷确立了通过考试规范司法官选任。宣统二年司法官考试之前，司法官群体多为拥有传统功名者，之后则新式学生比重大幅度提升，但应当注意此时的"旧人"经过了新式法政学堂学习改造，而身份更新之后的"新人"也往往是传统功名者或候补候选佐杂人员，诚可谓"旧人不旧，新人不新"。司法官因合格人员不足而变通导致了素质低下，新旧之间存在"代沟"问题，更严重的是他们不安于本职，"貌合神离"有形无神。作者指出，传统现代的身份转换可以快速完成，但实际的转变却不能立即完成，从传统到现代转变过程中变与不变共存。王雁的《晚清六部司官公务生活的时与空——以刑部司官唐烜为中心》是以《唐烜日记》为史料研究其公务生活。清代长短假以及官制改革之后的星期日结合，各部门也有单独假期，工作时间按季节分早晚衙，正常工作时间之外还有值班。司官因职责不同，工作强度不同，负责具体事务的"掌印、主稿"工作强度比较大，普通司员较为清闲，六部中吏、户、刑等部司官工作压力较大；工、礼等部压力相对较小。同衙门中，堂官负责决策事务，工作相对轻闲；书吏负责大量琐碎的工作，最为忙碌。作者以一个司法部门司官为中心，以其工作时间为线索，勾勒出他的公务生活兼及其他部院司官的生活空间。胡祥雨的《清末新政与京师司法官员的满汉比例（1901—1912）——基于〈缙绅录〉数据库的分析》利用《缙绅录》数据库检讨清末司法官员的满汉比例，评估平"满汉畛域"在官制改革中的效果。改革前，三法司不仅低级官吏大量由旗人充任，掌握司法行政与审判权力的中高级官吏也是旗人占有优势。改革后，司法人员中旗人官员的数量有所增加，但民人增加更多，法部额设司官中，民人官员略多于旗人官员，大理院和京师各级审判厅、检察厅官员中，民人官员最终占有绝对多数。这种变化与官员选用方式变化有关，且民人增加也证明了组建新机构时没有按比例转入原来的旗人官吏,旗人在选拔中也不占优势。作者指出,破除"满汉畛域"对官员选拔和任命产生了实际影响,这也从另一个角度解释了"皇族内阁"集权的原因。

周成泓的《从讼师到律师:清末律师制度的嬗变》梳理晚清律师制度的确立过程,认为清末律师制度滥觞于《大清民事刑事诉讼律草案》,但因过于激进,该草案招致流产,致使其后的《各级审判厅试办章程》不得不后退一步。之后律师的法律地位在《法院编制法》中得到正式承认。1911年《大清刑事诉讼律草案》和《大清民事诉讼律草案》正式确立了律师制度。王菲的《清末讼师群体消亡原因分析》分析了清末讼师群体的消亡原因,主要包含由社会底层知识分子构成的讼师群体始终处于弱势地位;清末讼师执业的潜在维权特点加重了官府的抑制;在清末司法改革时,讼师群体生存的现实性、合理性未被考虑,讼师未被吸纳进入新制;清政府对待讼师与律师群体新旧更替态度轻率,直接移植了西式法律制度,却未合理兼容本土传统。

八　晚清诉讼制度改革

关于晚清诉讼法改革,姜晓敏在《晚清的死刑废除问题及其历史借鉴》一文中关注陈虬和沈家本的死刑废除方面的见解。死刑废除曾是晚清法律变革中所关注过的一项重要内容,在学理上明确提出废除死刑的是陈虬,而在实践中切实主导了死刑制度改革的是沈家本。陈虬主张废除死刑,而以杖、宫、墨、髡刑及劳役相折抵,虽有局限但经济补偿和劳动改造值得借鉴。沈家本虽然不否认死刑废除,但结合国情应当逐步进行死刑改革,将教化作为废除死刑的前提,这种方式也得到越来越多的认同。作者对晚清死刑废除问题的讨论为死刑的最终废除做出了努力。姜小川的《百年来我国废除刑讯不止的源头审视——以清末废除刑讯为视角》回顾分析了清末废除刑讯的改革。禁止刑讯的法律规定名存实亡,百年来屡禁不止,作者首先回顾了清末废除刑讯的背景、原因、过程和争论,之后反思了废而不止的原因。废除刑讯的目的是收回治外法权延续清廷统治,缺乏自身的理论支持,只看到刑讯的不科学而忽视了其强大的生命力,只注重模仿西方而对中国实际情况考虑不足,相应思想理念准备不足,没有找准中西法律思想的结合点。这些因素是刑讯废止困难的问题所在，中国刑讯废止任重道远，进一步的探讨相关问题对当今法治建设有所裨益。邓建鹏在《清末民初法制移植与实效分析——以讼费法规为切入点》一文中选择讼费法规这一视角来探究法制自身移植前后存在的问题。包括讼费法规等在内的法制体系与日本、德国等国的法律有明显的继承关系，但立法者根据中国实际情况做了相当大的调整，最终构成"中国特色"的近代法制体系。讼费救助制度、讼费征收范围标准方式都与西方法规有所差异。这与中国财政困境、立法者利益和维持政权考虑等因素有关，没有民意机构的监控和参与，立法者缺乏起码的超然和中立姿态，以自身利益为基准对国外法制进行本土化改造，势必会造成相反的效果。作者归纳的这种"选择性立法"正是中国法律移植的特色产物，正是因此使得中西法律皮相相似内容却大相径庭，这昭示着近代法律移植未能达到立法者预期效果、未能带来法治文明和秩序的关键。李欣荣在《清季伍廷芳提出诉讼新法的理想与冲突》一文中将诉讼新法置于人脉和政情的发展脉络中加以考察，以期反馈历史原貌。沈、伍二人修律过程中分工合作，修改旧律由沈家本负责，引进西法大概归诸伍廷芳。在修律初衷上，均倾向于解决外交困难和收回治外法权，在外交问题上尤为注重，起草者希望能重启未来的中外交涉谈判新局，内容上呈现驳杂的立法形态。草案虽受到北洋派系的支持，但大多数将军、督抚、都统持反对意见，沈家本及法律馆同人也不积极支持，一方面认为与国情不合，修律当折中中西在新律中保存中国的传统礼俗，另一方面涉及采日本法还是英美法的争议。作者强调，草案的搁浅昭示着沟通中外不易，如何在采用西法同时坚持礼俗，实现"自创良法"的修律目标，这是修律亟待解决的问题。孙家红在《帝制中国晚期的废除刑讯运动（1870—1905）——以〈申报〉为起点》一文中，从《申报》兴起的废除刑讯舆论及其影响观察废除刑讯运动。作者首先探寻了古代刑讯的规制与理念以厘清刑讯相关的问题和误解，厘清刑罚和刑讯的界限、刑讯规范的丰富、官员的审慎态度。作者从《申报》内容发现，自1870年以来，主笔者从传统的司法角度、西洋的成功经验、日本的先行示范三个维度对刑讯批判，提出废除刑讯，形成的舆论动摇了刑讯立足的法理。然而，法理上胜利，舆论上支持，但1905年废除刑讯谕旨却未能取得理想效果。刑讯牵涉的是一整套的司法审判体制和证据规则，背后是以行政为主导的权力格局，废除刑讯实质是保障人权，在旧有制度没有转型、权力格局没有瓦解、人权观念没有形成之前，刑讯就难以真正避免。作者强调：

"法律文明和社会进步从来都是一个缓慢演进的过程。"

从某一个具体的案例出发延伸出的研究,王志强的《论清代刑案诸证一致的证据标准——以同治四年郑庆年案为例》选择个案作为切入点,探究当时刑案处理的证据标准并从司法权力结构角度分析成因。作者首先根据档案勾勒出郑庆年案的事实构建过程,从最初的五个版本到最终调整打造定格于呈奏通本。这展现出"证据标准的核心是诸证一致,同时还要求符合情理"。这种标准形成原因有:中央对重大案件的事实审核采取书面审形式,官僚体制下的责任传导,中层以上官员的事务压力,地方官对下的庞大责任和对上的严苛责任。而深层背景是集权式科层制权力结构。作者指出,证据标准这一微观层面的具体技术性规范与司法权力结构的宏大制度格局之间存在某种关联性机理。作者的分析对思考如何完善刑事司法中的事实判定机制,特别是证据标准,有启发意义。徐忠明的《台前与幕后:一起清代命案的真相》一文以"梁宽杀妻案"为例,分析司法档案中的虚构问题。作者对比了刑科题本的公开叙述和初审官员的私人记录,发现清代中国命盗案件的审理已经达到了完美的"依法判决"的程度,但其实有不少"人为制作"的痕迹,在看似严密的程序中,也存在着"走过场"的迹象,这展现出"审转程序"具有文牍主义的流弊。作者探寻到的案件真相证实了刑科题本的"制作"与"虚构",虽是孤证,但仍能对我们有所提示。作者借此提醒我们,司法档案有虚构的可能,但我们也不必排斥其史料价值,而作者对本案的解读让我们看到了"虚构"的动机和技巧,加深我们对清代司法的把握。作者的研究帮助有助于对司法档案的进一步研讨,也有助于推进问题的研究。闫晓君的《一桩命案引起的妇女离异争议》一文,梳理了案件中关于离异问题的争论。一桩发生在山西的命案,对于刑事判决并无异议,反而是对于应否离异的问题,因为"遍查律例,无条可引"而引发争议。薛允升、赵舒翘认为应判决杜氏离异,分别从儒家经典、法律、成例、伦理方面进行论证。燕起烈则主张杜氏不应离异,他一一辩驳,并提出断离难免显得不近人情,"例外加重",且无明文应由当事人决定,不应以大义责之。沈家本则站在了一个更高的角度来重新审视这个案件,他认为该案引例不当必有隐情,无明文情况下更应考虑人情,而且受西方"罪刑法定"观念影响,他也对传统审判中类推比附的原则及引用先例的审判方式提出了质疑。从争议中,我们能够看出律学大家对于法无明文问题的探讨思路,以及清末西方法学的影响。陈华丽的《〈申报〉与杨乃武案:近代审判公开理念启蒙的表达》《近代审判公开启蒙研究：以〈申报〉杨乃武案为视角》认为在《申报》创刊前，国内报刊发展萎靡，缺乏将审判公开理念广为传播的渠道。"杨乃武案"与《申报》是相互成就的关系，杨乃武借助《申报》洗冤，《申报》则借助"杨乃武案"提高销量。然从司法制度角度看，《申报》在"杨乃武案"的最大成就是首次全面提出近代史上的"审判公开"，正是《申报》办报人的特殊身份、办报地点的特殊位置、言论自由的特殊背景、良好销量的助推，使得《申报》将西方"审判公开"的司法理念首次全面引进，包括对庭审不公开与阻止公众力量参与的批评，也包括对审判公开的呼吁与公众参与司法的渴望。

关于狱政改革，李欣荣的《清季京师模范监狱的构筑》关注了京师模范监狱从筹划到建筑的曲折过程。中国近代改良狱政不只关系到内政问题，更关系到外交，法部尚书戴鸿慈"拟另行修筑京师模范监狱"，聘任小河滋次郎担任顾问。按照小河滋次郎的思想，注重感化和改造犯人，提倡罗马式，先着力创办收容幼年犯的监狱，但出于法外考量，清廷没有采纳，不过小河滋次郎最终的设计满足了当局的要求。但在建筑京师模范监狱的一开始就走上了歧路，监狱的选址、监舍样式、监房安置、建筑质量等都偏离了小河滋次郎的设计，经费问题更是从始至终都约束了监狱的建设，此外，地方的模范监狱也都有多项重大缺憾。作者表明，这反映出传统监狱观对近代监狱转型的制约，朝野各方对监狱学底蕴认识不清的情况。赵晓华《晚清讼狱制度的社会考察》从社会的角度对晚清讼狱制度做历史的审视，目的是在探讨晚清讼狱制度运行的社会效果的同时，透过对讼狱制度的分析而进一步认识晚清社会。

九　晚清法治人物研究

关于晚清的法律人物群体研究，史洪智的《清末修订法律大臣的政治困境》考察身处夹缝之中的修订法律大臣伍廷芳、沈家本的政治困境，他们时刻面对着跌宕起伏的政界暗潮与日愈趋新的社会舆论，个人际遇也经历了从"深孚众望"最终走向"相继开缺"的命运。文章深入剖析修订律例过程与伍、沈个人际遇的关系，可以大致揭示出日俄战争后清国法律改革与政治改革迅速合流的趋势。史洪智的《日本法学博士与清末新政——以交往、舆论与制度转型为视角》梳理了庚子国变至辛亥革命十余年间的历史事实，中日两国关系呈现复杂的三重面相：第一，中日两国政府高层、精英人物之间有着十分频繁的、或公开或私密的交往；第二，国内各地报刊大量翻译和刊载日本政府高层、精英人物围绕清末各项改革事业的言论主张；第三，大量留日学生归国后进入政府各部院，参与地方事务，全面主导了中国社会的变革。特别是日本法学博士在清末新政中的活动，在一定程度上引导和推动了近代中国知识与制度的转型。

关于严复法律思想的研究。对严复译《天演论》，在《有法无天？严复译〈天演论〉对20世纪初中国法律的影响》一文中，苏基朗通过探讨严复的《天演论》译文，说明进化论在移植过程中发生的转变。作者认为，严复在翻译赫胥黎的《进化与伦理》时，进行了重要的观念转换，使天演论托赫胥黎的科学之名，实为严复个人所创的弱肉强食理论。此种特色"天演论"，既放弃了中国传统法律的"正义之天"观念，又忽略了西方的"正义之天"根源，法律移植因此既无西方的根，又无本土的根。基于本文的认识，这种特色的"天演论"对20世纪下半叶中国法律发展的影响也值得学界进一步关注。对严复的君主立宪思想，孙德鹏在《历史精神与宪法：严复〈政治讲义〉论析》一文中，从宪政史的角度分析了严复的君主立宪思想，并考察严复那一代知识分子如何思考政治和法律。作者阐释了严复在《政治讲义》中提出的"量化的自由观""有责任的政府观"以及"地方自治论"。

关于康有为法律思想的研究。这一部分的研究主要围绕其君主立宪思想。陈新宇在《戊戌时期康有为法政思想的嬗变——从〈变法自强宜仿泰西设议院折〉的著作权争议切入》一文中，从康有为是否伪造《变法自强宜仿泰西设议院折》这一学界争论问题切入，对有关君主立宪问题进行分析。作者提出两则新证据，即更早发表的梁启超的《古议院考》和康有为的上书经验，指出该折应为梁启超、康有为起草。康有为从主张开设议院到反对开设议院，并提出设立仿照日本的制度局，作者认为，这体现了康有为从理想到历史的策略变化。对"宪法"，康有为更多的是从中国古典含义而非近代意义去理解，这意味着戊戌变法并无君主立宪的动议。作者提出新证据，结合历史情境的分析，试图做出客观公允的评价，值得肯定。周威在《论康有为于戊戌变法前的宪法观及其宪法史地位》一文中，也认为康有为不可能在戊戌变法期间提出立宪主张。作者是分析了康有为的重要著作

《日本变政考》和《日本书目志》的文本，以及康有为将宪法概念传授于弟子、传播于社会、呈于朝廷过程中对"宪法"的使用，指出康有为有关宪法的表述超越同时代其他学者，但在戊戌变法前，宪法并不是关注重点，因此康有为在戊戌变法期间不可能提出立宪的主张。周威与陈新宇对此的基本观点相同，但不同于陈新宇的是，周威认为康有为使用的"宪法"内涵明确，并且他不是从中国古典含义而是从近代意义上理解"宪法"的。章永乐在《维也纳体系与君宪信念的持久性：以康有为为例》一文中，从国际体系对国内宪制影响的角度回答为何辛亥革命后支持君主立宪的力量仍然强大这一问题。作者认为，维也纳体系确立了君主制国家的优越性，进而影响了中国的宪制思想和宪制发展道路，康有为则是被国际体系经验深刻影响的典型代表。作者提出，国内发展道路诉诸国际体系主流的策略具有典型性，但有深刻的局限，应当警惕。本文修正了仅以国内政治视野研究君主立宪问题的思维方式，增补国际环境影响的视角进行分析，或许会得到更加客观的结论。

关于梁启超法律思想的研究。对政治分析方式，程燎原在《梁启超的"政体思维"是怎样被误解的——评王绍光的〈政体与政道：中西政治分析的异同〉》一文中，对王绍光的"政道思维"取代"政体思维"的分析思路进行评价，借此提出自己的观点。通过对比梁启超的著作与王绍光的判断，作者指出，"政体思维"一直是梁启超政体思想中的主导思路。对立宪实践，丁洁琳的《梁启超与中国近代宪政》认为梁启超是中国近代的一位伟大的变法者，他试图通过变法改变国家和民族的命运。梁启超早年倡导兴民权、开议院、立宪政，维新变法失败后，虽流亡海外，但他通过报刊传媒向国内宣传宪政思想。梁启超的宪政观发生多次变易，梁启超从最初主张君主立宪制，最终转变为坚定地捍卫民主共和制度。这是与当时中国复杂动荡的政治环境相连的，反映了梁启超的思想不故步自封，不僵化保守，而是紧跟时代，与时俱进。梁启超毕其一生坚定地追求宪政理想，撰写了大量宪政方面的论著，是我国法律文化的宝贵资源。梁启超是近代中国宪政文化卓越的开拓者和传播者。周睿志在《追求保守与变革的平衡——武昌起义期间梁启超的立宪努力》一文中，探讨了武昌起义后梁启超以立宪为目标而筹划的三个方案。作者认为，追求保守与变革的平衡是梁启超立宪主张的宗旨，从"中庸之道"出发考虑问题贯穿了梁启超立宪理念发展及实践的各个阶段。作者归纳这三个方案的内容分别是："策划宫廷政变"；"推广'虚君共和',斡旋南北各方";"与袁世凯接近,共同遏制激进主义"。三次方案均以失败告终,但其中体现了政治智慧仍值得思考。对立宪思想,赖骏楠在《晚清时期梁启超宪法思想中的"人民程度"问题》梳理了晚清时期梁启超对"人民程度"看法的发展。伴随着对现代立宪的理解逐渐深入,梁启超从忧虑"人民程度"问题转变为意识到宪法制度设计可能有效解决"人民程度"问题。作者指出,受传统儒家思维方式的影响,"人民程度"问题具有独特的中国性。梁启超对于"人民程度"问题的探索体现了其政治思想向现代性精神的转换。赖骏楠在《梁启超政治思想中的"个人"与"国家"——以"1903年转型"为核心考察对象》一文中,通过考察梁启超对政治思想中"个人"与"国家"关系的根本转变,以加深对"1903年转型"的理解。作者指出,"转型"前的一系列文章体现了借助个人道德完善实现政治改良的思路,而"转型"实际上是"个人"与"国家"间秩序破坏的结果。"转型"后,梁启超致力于寻求依托儒学完善国民道德的方法,并进行近代国家建设的探讨。在这两篇文章中,赖骏楠提供了一个分析中国近代早期思想家的进路,是既寻找人物思想的现代性要素,又要思考其根本思维方式的"新""旧"及变革。对权利义务理论,喻中在《论梁启超对权利义务理论的贡献》一文中,考察了梁启超对权利义务理论的贡献。作者认为,19世纪60年代以来,现代意义上的权利概念已经出现,但是相对完整的权利义务理论是从梁启超开始的。梁启超的权利义务理论建立在"新民"的背景下,受日本19世纪法学的影响,强调权利与义务的关系。作者考察了梁启超之后的权利义务理论,通过对比分析进而指出,尽管梁启超的权利义务理论具有一定局限性,但仍"在相当大程度上支配了百年中国权利义务理论的叙述框架与理论风格"。本文弥补了学术界对权利义务理论本身的思想史、学术史考察的忽视,对中国现代法理学进行追根溯源的探讨。对于现代法学,喻中在《梁启超与中国现代法学的兴起》一文中,考察了梁启超的"新法学"并指出其对中国现代法学的意义。作者认为,梁启超的新法学既关注西方法律之学,又关注中国传统法律之学。通过与其他法学家对比,作者提出梁启超为中国现代法学"奠定了新的法学世界观""确立了新的法学范畴""培养了法学人才""提供了持续发展的动力",因其开创性贡献,可以被视为中国现代法学的主要奠基人。本文不是对梁启超的具体法律思想进行讨论,而是从全面评估法学地位的角度进行研究,这个视角应该得到重视。

关于张之洞法律思想的研究。衡爱民在《张之洞"变法不变道"的变法观新探》一文中，考察了张之洞的变法观。作者归纳了张之洞"变法不变道"观念的历史演进，指出张之洞以"中体西用"为手段，借西方文化之长补中国文化之短，以完成中国文化自身的发展。作者认为，张之洞的变法观不可避免地具有阶级和时代的局限性，但在儒家传统思想影响下他的一些主张体现了人文关怀，对社会主义法治具有借鉴意义。通过张之洞这一典型个案，作者进一步思考中国法制现代化道路，认为历史经验表明中国法治之路对传统文化和外来文化都要重视。本文探讨张之洞的变法观，不是进行简单的评判，而是通过反思历史为今天的法制变革提供借鉴。

关于沈家本法律思想的研究。对司法改革，王元天在《重新审视沈家本的领衔修律与司法改革》一文中，以沈家本的修律和司法改革实践为研究对象。作者梳理了沈家本领衔修律和司法改革的背景和全过程，并思考它的价值和借鉴意义。沈家本工作的准备阶段、修律阶段和司法改革阶段都有不同的历史价值，今天应借鉴其充足的准备、比较完备的设计，也应意识到封建要素在当代司法实践的遗留，全面依法治国任重道远。对"情理法"，霍存福的《沈家本眼中的"情·法"结构与"情·法"关系——以〈妇女离异律例偶笺〉为对象的分析》认为《妇女离异律例偶笺》最能反映沈家本有关"情法"关系的原理。法律规定（规范）被他区分为"法"与"情"两部分，"情"包含在广义的"法"（法律规范）中。狭义的"法"是原则性，"情"是灵活性；"情"分为主观之"情"与客观之"情"；主观之"情"的表述一般是"愿"与"不愿"（离异），客观之"情"为案件外在情节，一般指案内之"情"，有时也指案外之"情"；"理"有时被表述出来，有时可由分析而得，大多是妇女"从一而终"之类；沈家本更强调"情"的满足，对一味执法而不顾情的做法和倾向是反对的。霍存福在《沈家本"情理法"观所代表的近代转换——与薛允升、樊增祥的比较》一文中，通过与薛允升、樊增祥的思想进行异同比较，考察沈家本的"情理法"观。作者指出，基于对中西法律、法学的异同进行挖掘，沈家本认为新学从旧学而来但"情理"是核心，并提出"融会贯通"中西的策略。本文通过对沈家本与薛允升、樊增祥在"情理法"观上的比较来探究沈家本的贡献，是值得肯定的研究方法。对司法人道主义思想，段凡在《论沈家本司法人道主义思想及其历史意义》一文中，考察了沈家本的司法人道主义思想并分析其历史意义。作者指出，司法慎刑、司法宽和和司法教化共同构成了沈家本的司法人道主义思想,而这是其整体司法思想的一部分。尽管沈家本的司法人道主义思想在一定程度上带有历史局限性,但其确为中国传统人道主义向现代人道主义的过渡。本文研究沈家本的司法人道主义思想,对当今司法体制改革多有裨益。关于沈家本的刑事法观点,尹泠然的《沈家本与中国刑事法律的变革》认为沈家本对中国传统法律的变革主要体现在刑事法律方面。他在修订刑事法律、变革刑事司法制度方面的一系列举措,终结了中国延续两千多年的传统法律体系,开启了中国法律现代化的大门,并在此基础上形成了其独有的刑事法律思想。毋庸置疑,沈家本在刑事立法、司法上的不断实践和刑事法律思想对今日中国的法律改革仍然有着重要的理论价值与实践意义。关于会通思想,文扬的《因袭与开新:沈家本"会通改制"论再评》认为沈家本的会通思想深受时代思潮、学术训练和角色期望的影响。修律前期他以经世致用为基础,然而经世致用在通经与致用、中学与西学的关系认知上有着巨大的缺陷,沈氏开始借助比附和化约来弥合,最终使其"不持门户之见"的会通目的未能贯彻。媒介东西法系成为眷属的梦想终因客观不能、主观无力而成为温情历史认知下的一种幻影。薛锋的《清末修律中法理派人权思想及其当代价值研究》主要以法理派代表人物沈家本的人权思想为例,来研究法理派人权思想的相关问题。通过研究沈家本著述的《历代刑法考》(附《寄簃文存》)以及能体现其修律主要成果的《大清新刑律草案》等法律的律文,同时参考清末修律时期沈家本的一些奏折及其他的相关文献资料,以沈家本法律思想作为载体,从政治学的角度,在政治法律思想史的视野下,把沈家本人权思想放在整个人权思想发展的历史进程当中,运用文献研究、历史分析、比较研究等一些具体的研究方法,深入探讨沈家本在清末修律中所体现出来的人权思想及其相关问题。

关于王韬的法律思想,李栋、杨莹的《洋务运动时期王韬对待西方法政知识的认知与逻辑》认为洋务运动时期,王韬对于西方法政知识的具体认识经历了上海墨海书馆、流亡海外和重回故土三个时期,其对西方法政制度的认识存在着变与不变两种倾向。一方面,王韬在一定程度上接受了西方法政知识,超出了"朴素排外主义"的范畴,以一种"心灵开放的民族主义"态度和立场,加入了同时期其他人所不曾掌握的"世界性的元素",调和了学习西方和儒学中国之间的矛盾;另一方面,由于王韬始终坚信中国传统儒家文化的至上性,对于西方以及英国的思考仍然在儒家"循环论"和

"衰退观"的框架下进行,受到"强制同化"和"圣学投影"这种认知—评价心理的制约,因而最终未能更进一步,超越这一时期流行的"中本西末观"。

关于孙中山法律思想的研究。周睿志在《民情与现代政制——"临时约法"场域中的孙中山与宋教仁》一文中,对"临时约法"进行梳理来考证孙中山宪法思想中的民情意识。作者指出,孙中山以民情改善为基础对政制发展路线进行设计,但宋教仁主导制定的"临时约法"却放弃了约法概念的问题意识。相比之下,孙中山的宪法思想具备民情意识,这使其区别于其他派别的宪法思想,更加有机。本文所提出的民情意识问题在今天依然存在,探究孙中山的宪法思想,具有现实关怀。

关于宋教仁法律思想的研究。华友根在《宋教仁民主与爱国之法律思想研究》一文中,以宋教仁民主与爱国之法律思想为研究对象。宋教仁批判清末预备立宪与皇族内阁,提倡民主立宪、主张建立资产阶级共和国,坚定捍卫国家领土主权。作者认为这些思想值得后人珍视。

关于郭嵩焘法律思想的研究。李游和李栋的《西法对中国法制近代化的影响——以郭嵩焘的法政思想为主线》一文中,通过考察郭嵩焘的法律思想来分析西法对中国法律近代化的影响。作者指出,郭嵩焘用"本末观"取代了"中体西用",提出了"君主兼主国政"的主张,并认为在治国方面法治优于人治,中国富强立国要以人心风俗为本。郭嵩焘的法律思想是基于对西方法律文化的正确认识,他反对"三纲五常"、否定人治,认为应当处理好法律与社会的关系。本文指出对传统文化与西方文化要有清醒认识。

关于汪宝荣法律思想的研究。陈新宇在《从礼法论争到孔教入宪——法理健将汪荣宝的民初转折》一文中,分析了汪宝荣主张废除纲常礼教到倡导"孔教入宪"的转折。作者梳理了清廷复辟帝制上谕和天坛宪草中汪宝荣的活动,进而分析汪宝荣思想转变的原因:内因在其善变之质,外因在世道之变。赵林凤的《仿制与揉合:汪荣宝与中国近代宪法》认为汪荣宝是中国近代宪法史上的一位重要人物。清末新政改革中,他参与制定《钦定宪法大纲》,编纂《钦定大清宪法草案》;民国初年,他撰拟《汪荣宝拟宪法草案》,之后参与制定《天坛宪法》。汪荣宝执着地将分权、制衡、议会主权等西方宪法原则移植到中国,并糅合本国传统文化和历史现实,详定多部宪法具体条文和款项,一定程度上初创了中国宪法的模型,其筚路蓝缕之功应被后人铭记。

关于汪康年法律思想的研究。李欣荣在《汪康年与晚清修律中的法权迷思》一文中,考察了汪康年有关内治问题的思想。作者指出,对于修律收回治外法权一事,汪康年从内治角度出发表示反对并质疑可行性,后又加入"礼法之争"的论争。晚年他的思想又发生转变,体现了其易变的个性和论政风格。本文从汪康年直率指出"治外法权不过是当初设定的中外交往模式"的角度切入,抛开其晚年保守主义的认识框架,试图重新探讨这位历史人物的复杂性。

关于许同莘法律思想的研究。李欣荣在《清季许同莘的学法、修律与法学理路》一文中,考察了许同莘的经历与思想。作者指出,许同莘经历了从学幕到游学,对传统律学和东来法学均有涉猎,参与了民事调查与刑法论争,其思想介于中西、新旧之间。然而无奈的是,在趋新的环境下以及学力有限,其所成远不及其法学理念。本文基于未刊日记、札记、文集等材料,从新旧学纠葛的角度进行研究。

关于陕派律学的研究。闫晓君点校整理了陕派律学代表人物赵舒翘的《慎斋文集》和吉同钧的《乐素堂文集》《大清律讲义》《大清律例讲义》。栗铭徽点校了吉同钧的《大清现行刑律讲义》。闫强乐的《"陕派律学"著述丛考》详细地考证陕派律学家的著述存留情况。闫晓君的《陕派律学家编年事迹考证》以历史长卷的形式展示陕派律学从形成到衰落的历史过程,并集中展示陕派律学家的学术著作与学术成就,陕派律学家审判的大案要案及表现的司法精神等。本书以年为章,以人物为节,以时间为经,以事迹为纬,举凡陕派律学家有事必录,有异必考,无事必略,有事则不厌其详。除考证陕派律学家生平事迹、讲读律例、听讼治狱、节操品性、出处大节以外,也涉及其他密切相关人物的交游唱和、切磋砥砺诸大端。与之交游密切的豫派律学家事迹也予以关注,以收比较分析之效。闫强乐的《赵舒翘年谱》以年谱的形式梳理陕派律学代表人物赵舒翘的一生。对薛允升遗著,孙家红在《历尽劫灰望云阶:薛允升遗著〈秋审略例〉的散佚与重现》中关注了曾经散佚的《秋审略例》。虽然原作已经散佚,但因为薛允升丰富的司法经验和精辟的律学见解,他的律学著作在当时为同僚推重、加以传抄,也正是因此薛氏之著述得以保存,辗转流传。作者综合了辗转得到的《秋审略例》小册子与江氏印本《秋审略例》《秋曹稿式》以及东洋本《秋审略例》和《秋审》,发现后三本均属薛氏遗著《秋审略例》的完整抄本。据此,作者分析了该书的成书原因、考察成书时间,揭示清末刑部法律知识的形成凝练以及传播传承的过程。此外,《秋审略例》的发现也为我们了解陕豫两派提供了新的可能。王云红的《中国法律史上的失踪者:晚清豫派律学家群体考论》根据《清代河南进士名录》等材料进行梳理考证,探寻晚清刑部中豫籍法律人物的基本情况,尝试重构豫派律学群体的基本面貌,可以发现,晚清刑部地位的提升为刑部律学的形成提供了条件。河南较为深厚的历史传统、同光时期特殊的政治环境以及豫派律学家自身努力等,是豫派律学形成的重要原因。豫派律学家重在"研制法例,明慎折狱",重法律实践,轻律学著述,深受理学思想影响,儒者之刑名逐渐落后于时代,致使他们长期被历史埋没,成为法律史上的失踪者。

第十二章

民国法律史研究

2012年以来，民国时期的法律史研究成果丰富。从研究内容来看，学者研究的重要主题涉及民国时期的宪法、行政法、民法、刑法、司法、边疆法律史、法学思潮与法政人物等领域。从研究方法方面讲，学者综合运用跨学科、宏观叙事、微观描述等方法对于这一时期的法律史进行论述。这些研究对于深入了解民国法律史的各个方面具有重要的意义。以下分别就相关方面进行介绍。

一 民国宪法与宪法相关法研究

民国时期的制宪活动相当频繁，宪法创制与实践凝聚着这一时期政治家、法律家群体的智慧，也折射出这一时期的法政现实。学界围绕民国时期的立宪与政体设计、宪法解释等话题展开了深入讨论。

（一）制宪与政体

郑琼现《军政之治与宪政之病——对孙中山宪政程序设计的反思》反思孙中山的宪政程序理论，认为就当时的扫荡反革命势力和宣传革命主义两个任务而言，军政不是一剂对症之药。军政阶段与宪政阶段被孙中山赋予了一种先和后、前提和结果、手段和目标的逻辑关系，宪政是军政的目标。但是，立宪的本质不是要推翻一个统治者，而是要驯服这个统治者。因此，纠缠于满人统治还是汉人统治，是北洋集团掌权还是革命党掌权，其实与宪政无关。这种宪政程序体现了以暴制暴的观念，忽视了军阀们为寻求政权合法性所做的种种努力，对当时盛行的联省自治、废督裁兵等宪政化改造军阀统治的方案未予以足够关注和推行，这说明了军政完全放弃了和平统一的努力，是一剂过猛的药方。军政的实施为宪政的继续带来了不良的后果，它粉碎了多元权力格局，消解了分权制衡功能，造成了和平、协商、法治等宪政契约精神的流失①。于明《政体、国体与建国：民初十年制宪史的再思考》认为，民初国会内部关于"政体"与"国体"等问题的争执不休是宪法迟迟不能颁布的重要原因。而这些争论背后的真实冲突源于作为军阀政治本质的派系政治，其根源在于民初政治在构建统一主权国家的"建国"问题上的不足。1923年宪法及其法统最终被抛弃的原因，并不仅仅是传统认识上"贿选"导致的宪法危机，而更多地源自从军阀政治和宪法政治向党国政治转型的重大政治变迁，是人们在建国问题上的重新思考与道路转折②。

聂鑫《内阁制、总统制还是半总统制——民国宪法史上的政体之争》采用法史与比较宪法的研究方法，以《临时约法》的相关规定及其实际运作与演变为中心，澄清民国时期的政体之争。清末民初，比较宪法上至少有如下五种政体：以美国为代表的总统制、以英国为代表的君主立宪制（虚君共和、议会内阁制）、以法国（第三共和国）为代表的议会内阁制、以德意志帝国为代表的二元君主立宪制和以瑞士为代表的委员制。英、德国体与民国不同，瑞士不是民国要仿效的对象，政体的选择主要是在总统制与内阁制之间展开。《临时约法》所确立之政体尽管有若干与总统制接近之处，但其核心部分仍包含内阁制的因素。南京国民政府成立后，政体之争仍是制宪的重大问题。"五五宪草"因其"超级总统制"的设计而备受批评，由于中国共产党与"第三方力量"的制衡，1946年制定的《中华民国宪法》采用了"有限度之责任内阁制"（或"修正式内阁制"）。在民初制宪者眼中，内阁制与总统制可能是"势不两立"的，但20世纪初以来各国的宪法实践与理论发展已充分证明了半总统制的可行性，民国制宪者在事实上也"不知不觉"地选择了半总统制的道路③。聂鑫《民初制宪权问题的再审视——比较宪法的视角》则从比较法的视角审视了民初制宪权的问题。民国第一届国会召集后，两院议员通过选举产生宪法起草委员会开始制定正式宪法。在宪法草拟过程中，大总统袁世凯通过咨文国会提出两个关于制宪权的问

---

① 郑琼现：《军政之治与宪政之病——对孙中山宪政程序设计的反思》，《法学评论》2012年第1期。

② 于明：《政体、国体与建国：民初十年制宪史的再思考》，《中外法学》2012年第1期。

③ 聂鑫：《内阁制、总统制还是半总统制——民国宪法史上的政体之争》，《法学》2013年第10期。

题：其一，宪法公布权是否应属于大总统；其二，大总统是否可以派员参与宪法草拟，对宪法起草发表意见。国会对这两个问题置之不理，单边垄断制宪，随后发生国会的解散与制宪的中断。作者指出，与制宪者的热情相对，由于在当时的政局下，完整而有效的宪法无法实现，因此，"制宪不如守法"的声音显得更加理性——与其冒进制宪，不如守成《临时约法》[①]。聂鑫《共和中的不和：〈临时约法〉与〈魏玛宪法〉的失败》以《临时约法》与《魏玛宪法》的运作为例，梳理了东西方两个新生共和国的类似命运。作者认为，德国《魏玛宪法》的缺陷一直被认为是魏玛共和国崩溃的原因之一，《临时约法》的争议也贯穿于民国北京政府的始终。中德两国都经历从帝制到共和的转型，面临着相似的一些困境，比如大妥协后的不妥协、帝制传统带来的对威权的依恋、缺乏刚性宪法的传统、分散而好斗的国会、分裂的政府与不对国会负责的内阁，总统对于国会解散权的滥用也成为这两个年轻的代议民主国家崩溃的重要原因之一。就《魏玛宪法》而言，其失败并不在于宪法文本的瑕疵或者"宪法规范间的矛盾性"，而在于议会制共和运作的失败，这种观点几乎可以套用于《临时约法》所处年代。作者认为，民国北京政府和魏玛共和的失败与其说是因为宪法文本，不如说在很大程度上源于内忧外患的现实；当时欠缺的不是"一套更好的宪法技术"，而是宪法文化和共识[②]。

严泉《半总统制的初创：1925年民国宪法草案的政体设计》对1925年民国宪法草案设计的半总统制政体进行研究。在1925年民国宪法草案中，总统选举第一次改变过去国会两院议员组织选举会选举的方式，采取类似美国的选举团制度。在所有总统权力设计中，最重要的是民国总统作为行政首脑的权力与立法权，这也是半总统制与总统制的不同之处。而与议会制迥异的是，民国总统由独立选举产生，与立法机关共享对行政权的控制，表明总统不再是虚位元首。从某种意义上说，半总统制下总统的权力比总统制下总统的权力要大，这是总统制与议会制总统所不具有的。1925年宪法草案中，在总统与内阁的权力关系上，总统居于主导与支配地位，这符合半总统制政体行政权分享原则。由于总统握有行政实权，总理实际上只能在总统的赏识下行使职权。行政与立法权力关系的设计则体现于民国议会对总统与国务员

[①] 聂鑫：《民初制宪权问题的再审视——比较宪法的视角》，《华东政法大学学报》2013年第5期。

[②] 聂鑫：《共和中的不和：〈临时约法〉与〈魏玛宪法〉的失败》，《法学》2016年第9期。

的弹劾权、议会对政府的不信任权（倒阁权）以及总统的解散议会权。1925年民国宪草半总统制政体模式的选择不仅是宪政学理的设计结果，而且与临时执政府主导制宪与总统权力设计有关，也体现了制宪者对民初宪政制度政治实践的反思，同时受到德国魏玛宪法的影响[①]。

杨蓉《论1946年政协会议中第三方力量的宪制主张与实践》把1946年政治协商会议中的"第三方力量"界定为国共两党之外的以民盟为代表的各民主党派。第三种力量作为一种独立的政治力量，一方面尽力调和国共之间的冲突，另一方面提出了独立的民主与宪政诉求。伴随着抗战后期剧烈的政治、经济、文化动荡，人们急切地寻找克服军事危机、解决政治问题的改革方法与途径，从更多方面进行尝试。国民经济的恢复也推动了民族资产阶级的问政，进一步促进作为其政治代表的第三方力量成为对中国政治走向具有重要影响力和发言权的政治势力。第三方力量长期以来所要求的民主团结、党派平等、共同协商解决国是，在宪政运动中得到充分表达。在1946年政治协商会议中，他们的思想主要反映于《和平建国纲领》和宪法草案修改原则中。第三方力量主张使用英美宪制经验来发展中国，追求改良资本主义的道路。政治协商会议中，第三方力量成为最大赢家，开始热烈讨论建国方案。第三方力量还尽力发挥了其舆论作用，力促国共两党和平民主解决问题。第三方力量在政治协商会议之后，一方面欣喜于会上所取得的成果，另一方面担忧会议的成果会付之东流。而第三方力量自身的局限，也使得其虽然积极推动政协会议成果的实现，但缺乏有效的实践手段[②]。

陈范宏《民国宪制设计的庞德方案：安全与自由的衡平》以庞德对民国宪制的解读与重构为线索，揭示其社会学法理学话语勾勒出的中国特色宪制——以美国宪政民主模式为底本，因应服务国家社会安全与个体自由衡平之需要及对美国模式的批判、借鉴，立基于权能分配而非权力分立的弱势立法权、广泛行政权、独立且强势司法权的司法中心主义宪制方案。作者认为，庞德没有像张君劢那样极力驳斥三民主义入宪，而是在肯认三民主义立宪思想地位的前提下，将三民主义策略性地解读为"国族统一""私权保障""服务国家"三原则。"服务国家"对应了孙中山学说中的"万能政

[①] 严泉：《半总统制的初创：1925年民国宪法草案的政体设计》，《华东政法大学学报》2015年第2期。

[②] 杨蓉：《论1946年政协会议中第三方力量的宪制主张与实践》，《法学评论》2016年第2期。

府","私权保障"则和孙中山"听人民的话"暗合。庞德借助这一契合重构民国宪制,从而导向其以益格鲁美国宪政民主模式为底本、因应服务国家中社会安全与个体自由衡平之需要的司法中心模式,即强势且独立的司法权、弱势立法权、必要而节制的行政扩权这一服务国家理念下维持文明生活方式不易的宪制方案①。

(二) 宪法解释

宪法解释制度关系到宪法含义的明确,是宪法实施的重要保障。牟宪魁《北洋政府时期的司法权与宪法解释制度研究》从"为什么民初制宪者和司法者没有接受美国式的司法审查制度"入手,考察大理院体制的形成过程、现实困境以及该时期的制宪构想,分析北洋政府时期司法权和宪法解释制度的核心课题,探索阻碍司法释宪可能性的深层原因。大理院在民初国会风雨飘摇、政局动荡的情况下为近代中国司法权确立作出了关键贡献。大理院在审判工作之外还以自身判决为基础编辑判例要旨集,并就其内部事务行使自主权,客观上巩固了司法权对外独立,还拥有法令统一解释权。作者以将宪法解释权归于国会议员组成之"宪法会议"、将行政裁判权限归于普通法院的 1923 年《宪法》为例,分析当时的制宪者观点,认为制宪者已经意识到宪法解释不单是解说宪法条文,还具有对以民意为基础的法律的合宪性进行审查的功能,并针对否认司法机关享有释宪权提出理由。这种宪法解释模式与历史背景紧密相关,也和"行政型司法"的观念有关。大理院的法令统一解释也有涉及宪法性文件的例子,但并不是依据宪法规范来审查法令合宪性,而仅是对宪法规范的援引适用或补充解释。大理院对于法令违宪审查的态度是消极的。作者认为,当时的司法机关自身并不具备质疑议会立法、看守宪法秩序的主客观条件②。牟宪魁《国民政府时期的司法权与宪法解释制度研究——"五五宪草"上的司法释宪模式之检讨》提出,国民政府时期的司法院名义上是"最高司法机关",但并不直接行使审判权,它的职责实际上限于司法行政、法令统一解释及司法事务,通过法令统一解释和判例变更制度对审判机关进行监督。1936 年的"五五宪草"一方面效仿美国的司法释宪模式,首度在宪法文本上将宪法解释权赋予司法机关,另一方面却预

---

① 陈范宏:《民国宪制设计的庞德方案:安全与自由的衡平》,《比较法研究》2017 年第 2 期。
② 牟宪魁:《北洋政府时期的司法权与宪法解释制度研究——"五五宪草"上的司法释宪模式之检讨》,《法学评论》2012 年第 4 期。

留了维持司法院体制的空间，并对宪法解释权的启动做了限制性规定。虽然最高法院和司法院的法令统一解释中有一些援引宪法性文件、认定行政命令违宪无效的宪法解释案例，但其宪法保障功能基本上仍处于休眠状态①。

(三) 立法体制

卞琳《南京国民政府训政前期立法体制研究 (1928—1937)》以南京国民政府训政前期的立法体制为研究对象，围绕国民政府训政前期立法权限的体系与制度、立法主体的组织结构以及立法程序的运行方式和实态，对于立法体制展开一种制度类型和制度体系的研究。作者对于这一历史时期影响立法的主要人物（如孙中山、胡汉民和蒋介石）的法律思想进行了分析，对于当时国民党内立法系统（如中执会、中常会、中政会）和国民政府立法系统（如立法院和其他参与辅助性立法的各机构）以及地方立法主体的内部结构也作了剖析②。张勤《法律精英、法律移植和本土化：以民国初期的修订法律馆为例》围绕修订法律馆中的法律精英群体和修律中的法律移植，对于修订法律馆中法律精英群体的构成、法律修订的路径展开分析。作者分析《职员录》等文献资料，提出法律移植仍是民初修订法律馆修律的主要手段。民初修订法律馆沿袭清末做法，以移植德、日两国的法律为主，兼及大陆法系的法国、奥地利和英美法系的英国等国法律。修订法律馆汇集了一批当时的法律精英，这也是实现法律移植必不可少的条件。它在移植外国法的同时，对清末法律修订中过分仿效德日法律的不足有所反省和矫正，对本土化有所重视。但由于各方面条件的限制，在民国初期，除个别法律草案得以颁布实施外，大部分法律草案最终被束之高阁③。

(四) 地方自治

崔兰琴《辛亥革命理念与民初地方自治探索——以浙江为例》对辛亥革命理念与民国初年地方自治进行考察。作者认为，实行中央集权与地方分

---

① 牟宪魁：《国民政府时期的司法权与宪法解释制度研究——"五五宪草"上的司法释宪模式之检讨》，《法学》2013 年第 4 期。

② 卞琳：《南京国民政府训政前期立法体制研究 (1928—1937)》，法律出版社 2012 年版，第 5 页。

③ 张勤：《法律精英、法律移植和本土化：以民国初期的修订法律馆为例》，《法学家》2014 年第 4 期。

权相结合、授予地方自治权的辛亥革命理念成为浙江光复后实行地方自治的思想指导和合法根据。孙中山缔造的中央与地方分权和地方自治的宪政理论是辛亥革命的重要理念，不仅对近代盛行的代议制提出了质疑和挑战，而且成为浙江在辛亥革命胜利后进行地方自治的理论依据和合法性来源。武昌起义之后，浙江迅速响应，成功光复杭州，并把革命推向全省。按照中央与地方分权的辛亥革命理念，浙江省在辛亥革命成功之后，迅速构建地方政体，成立各级自治组织，颁布自治立法，开始了地方自治的初步探索。辛亥革命时期浙江进行的地方自治产生了深远的影响[①]。

二 民国行政法研究

（一）监察法制研究

与当下监察法制发展相适应，法律史学者对于民国时期的监察法制进行了深入的研究。姚秀兰《南京国民政府监察制度探析》从南京国民政府时期监察制度建立的理论来源和实践基础、监察机构组织和体制、监察院职权与特点、监察制度的历史作用和局限性等方面入手，较为全面地进行了梳理和分析[②]。聂鑫《民国时期公务员惩戒委员会体制研究》在比较法的视野下考察了具有准司法机关定位的中国近代公务员惩戒机构——公务员惩戒委员会。该机构曾长期隶属于司法机关体系之下，兼具委员会与法院双重特性，宗旨亦是"寓公务员保障于惩戒之中"。从民国北京政府到南京国民政府，近代中国逐渐形成了融贯中西、独具特色的宪法体制与公务员惩戒制度。就公务员惩戒制度而言，一方面，在组织与程序上渐趋司法化；另一方面，这一制度选择也并非绝对的、纯粹的司法化，公务员处分在制度上与实务上仍是多权分享、多轨并行。即使司法惩戒体制自身，也仍包含行政处分的因子。任何改革公务员惩戒委员会制度，将其进一步司法化、"理性化"的尝试，在理论上难免会与既有的制度背景脱节，在实务上也未见得能够奏

[①] 崔兰琴：《辛亥革命理念与民初地方自治探索——以浙江为例》，《比较法研究》2013年第3期。

[②] 姚秀兰：《南京国民政府监察制度探析》，《政法论丛》2012年第2期。

效[①]。张伟《民国监察权运行实效考察（1931—1949）》从监察权的目标、配置、实效、制约因素等方面综合考察了监察院组建以后民国监察权运行的整体状况。作者提出，作为"五权宪法"和"廉能政治"下的重要一环，民国监察院发挥着重要的监督作用，监察权取得了一定的运行成效，但受各种因素掣肘，其效能远不及预期。检视这一贯通中西之监察"新模式"的实迹和实效，对当代国家监察体制改革有重要的史鉴价值[②]。

（二）财税金融法制研究

民国时期关于财政、税收、金融方面的法制是近代法制史的重要研究主题。程泽时《民初中国金融市场的司法调试——以买空卖空的限缩解释与适用为视角》指出，随着民初商品经济的发展，债券、股票、货币市场的发育，买空卖空成为一种普遍经常性的市场行为，也常常起衅成讼。民初大理院因势利导，对买空卖空类规范做出了严格的解释与适用，成为中西金融市场法律制度融合、接轨的重要冰人。大理院通过一系列做法，事实上放开了中国金融市场，其判例、解释对于证券、期货市场的放开和培育有首倡、引领之功。弛禁买空卖空、放开金融市场具有革命性的意义，反映了中国精英阶层突破了中国传统小商品经济条件下形成的因恐惧市场竞争而极力管制市场甚至反市场的禁锢，表明了国人对市场规律认识的深化和进步，能充分利用市场机制，促进资本主义大生产，既为产业募集资金，又加速商品流通速度，使得全社会的资金流转提速，且高效利用[③]。

武乾《论南京国民政府的财政监督制度体系》对南京国民政府的财政监督制度体系进行论述。南京国民政府将国家的财政权分解到立法、行政与监察三院，立法院负责预算审议，行政院负责预决算编制及预算执行，监察院负责决算的审核，宪法层面的宏观财政监督体系就此形成。此时，预决算制度未立，政府尤其是军队费用的支出缺乏限制；会计不能独立，收支命令权和执行权不分，各机关自收自支，财政出纳极其混乱，这些问题反映出微观监督制度的缺失，使财政部沦为军队的军需处。会计的人事调动任免都由长官决定，监督无法实现。部门各为收支的状况形成部门利益的严重不均，

---

① 聂鑫：《民国时期公务员惩戒委员会体制研究》，《法学研究》2016 年第 3 期。
② 张伟：《民国监察权运行实效考察（1931—1949）》，《法学评论》2020 年第 5 期。
③ 程泽时：《民初中国金融市场的司法调适——以买空卖空的限缩解释与适用为视角》，《政法论坛》2015 年第 1 期。

进而形成各部门利益之争和人事上的腐败等问题。为解决这些问题，南京国民政府尝试创制主计制度。1927 年财政部所属机关的会计进行独立改革，但这次改革不够彻底，导致会计监督权强制性不足。1930 年，南京国民政府公布《主计处组织法》，规定主计处直属于国民政府，其下设岁计、统计、会计三局，分别行使预算编制、统计与财政会计权，主计制度正式形成。各公务机关、主计、出纳和审计等与财政有关的四大组织系统既相互独立、相互制约又共同合作的联综组织构想初步形成。这种局面直到 1947 年才有所改变，国民政府公布修正《行政院组织法》，将隶属于国民政府的主计处改隶于行政院。1938 年，南京国民政府正式公布《公库法》，其所建立的集中统一的出纳系统，与已有财务行政系统（财政机关及有权发布收支命令的行政系统）、主计系统和审计系统共同形成了一个财政收支的完整组织体系——联综组织。在联综组织中，计政权与财政权的分立与制约主要体现在会计人员与普通公务机关的分权与制约；预算编制机关与预算执行机关的分权与制衡；收支命令与收支执行的分权与制约，审计机关对各公务机关、会计人员及公库机关进行制衡。主计系统内部以及联综组织之间的连环关联与综合主要体现在主计系统内各机关职能的连环关联与综合和主计、行政、审计、公库四大系统的关联综合中。作者认为，主计制度与联综组织有分立制衡、关联综合的特点，联综组织系统的建成完善了南京国民政府的财政监督法律制度，同时也标志着中国财政法制体系近代化的完成[①]。

柯伟明《民国时期税收制度的嬗变》对于民国时期传统税制向近代税制的嬗变进行了梳理。作者认为，从管理体制上讲，太平天国之后，国家的财政权力下移，中央集权财政制度逐步瓦解，分税制的实施成为国地之间重要的财政议题。但是，在南京国民政府成立之前，分税制的实施效果并不理想。南京国民政府成立后，借鉴北洋军阀政府的分税方法，重新划分国地财政税收。抗日战争全面爆发后，为集中全国财力进行抗日，国民政府决定将全国财政分为国家财政和自治财政两大系统，田赋、营业税等原属地方的税种被收归国有。此后，国税的比重一直高于地方税的比重，分税制的主要目的是为集权。从税收征收制度上讲，传统的包征和代征制度长期以来成为北洋政府时期的重要征收手段。南京国民政府成立后，全国财政逐步统一，政府开始着手废除包征制、代征制，并逐步建立关税、盐税、统税、直接税等

---

① 武乾：《论南京国民政府的财政监督制度体系》，《法学评论》2015 年第 5 期。

国家税收体系，设立相应的征收机构。20世纪30年代以后，基本实现了主要税种由中央或地方政府设立的"正式机构"征收，官征制已经成为主要的税收征收制度。从税制结构上讲，由于工商业的发展，工商税的比重远远超过农业税。但是工商税属于间接税的一种，可以转嫁到民众身上，因此，在民国时期，国民政府一直致力于所得税的推广，但是其效果不甚明显。从征纳关系上讲，随着工商业经济的发展和税制结构的转变，政府与工商界的税收关系更加突出。为了减轻税收负担，工商团体通过建议建言等方式来反对征开新税或提高税率的政府行为。通常情况下，政府会酌情考虑各界要求。如果处理不好税务关系，政府可能需要应对暴力抗税这样的危机事件，甚至会导致更进一步的社会矛盾，给地方社会带来更多的不稳定因素。从涉外税制上来看，受半殖民地半封建社会性质的影响，涉外税制在推行上遇到重重阻碍，华商与外商在税率上的区别待遇使当时国内商人极其不满，甚至有人考虑加入外籍来躲避沉重的课税。民国时期的税收制度受中国社会、经济、政治等因素影响，在改革中呈现与不同社会关系交涉的复杂面[①]。

（三）治安法制研究

有学者结合特定的历史社会背景，对于民国时期的治安管理法制进行分析。沈岚《新生活运动与中国近代的治安处罚法——以妨害风俗类治安处罚的立法演变为视角》梳理了新生活运动下"妨害风俗类违警处罚"的立法演变。作者认为，相对于之前的相关立法，1943年的《违警罚法》针对妨害善良风俗的违警行为范围大加扩充，强化了法律对风俗秩序的控制。这在很大程度上归因于新生活运动的兴起。这场运动以改造民众衣食住行的日常生活习惯为表征，蕴含着控制民众思想进而强化统治权力的政治意图。当局动用警察推行新生活运动，而警察执法的主要依据——违警罚法的立法调整就成为透视新生活运动的一个窗口[②]。

（四）民众运动法制研究

民众运动是民国政治史上的重要话题。齐春风《国民党中央对民众运动的压制与消解（1927—1929）》梳理了国民党在1927—1929年对民众运

[①] 柯伟明：《民国时期税收制度的嬗变》，《中国社会科学》2019年第11期。

[②] 沈岚：《新生活运动与中国近代的治安处罚法——以妨害风俗类治安处罚的立法演变为视角》，《比较法研究》2012年第1期。

动的政策与态度。作者认为，"四一二"政变后，国民党中央依旧从舆论上制造支持民众运动的假象，实际上，以蒋介石为首的国民政府已经背离了孙中山的三大政策，不再支持民众运动的进行。蒋介石通过暂停民众运动，改民众运动为民众训练，从舆论与政策上压制和消解民众运动，这与其意识形态缺陷和资产阶级的阶级属性有着密不可分的联系。国民党对民众运动的打压和消解态度也使得其统治基础受到了严重削弱。在这个过程中，《民众运动决议案》等各种具有法律效力的文件成为国民党当局对民众运动加以重重限制的有力工具[1]。

三 民国民法研究

（一）民法法典化和民法体系

在既有的研究基础上，相关学者对于民国时期的民法法典化和民法体系进行了进一步探析。张生在《民国民法典的制定：复合立法机构的组织与运作》一文中指出，民国民法典由看似烦琐的"复合立法机构"制定完成，具体而言，国民党中央执行委员会政治会议负责确定民法各编立法原则，确保民法的政治方向；隶属于立法院的民法起草委员会负责民法各编草案的起草；立法院立法委员会负责草案的审议、议决；经议决的各编法案最后由国民政府予以颁布实施。在"复合立法机构"的运作过程中，胡汉民发挥了重要的政治作用，将四个机构的运行有效地衔接起来；史尚宽发挥了重要的专业作用，为民法各编立法原则的拟定、篇章结构的设计、全案条文的起草提供了系统的理论支持[2]。张生在《民国时期民法体系中的判例：形式与功能的变化》中指出，民国时期为建构稳定而开放的民法体系，最高审判机关所创制的民事判例发挥了重要的作用。民国北京政府时期，大理院从发布判例全文汇编，到编辑和发布判例要旨，再到判例要旨的独立汇编；在法律体系不完备的条件下，判例整合了制定法、习惯、条理等既有法律渊源，在功能上发挥了规范选择与体系建构的作用，为民法体系提供了稳定性。民法

---

[1] 齐春风：《国民党中央对民众运动的压制与消解（1927—1929）》，《中国社会科学》2016年第8期。

[2] 张生：《民国民法典的制定：复合立法机构的组织与运作》，《比较法研究》2015年第3期。

典颁行以后，南京国民政府最高法院严格遵循制定法效力优先原则，采取了判例要旨附属于制定法的汇编形式，在功能上是制定法的解释和补充，判例为民法体系提供了扩展性规范。以民法典颁行为界分，民事判例在形式和功能上都发生了很大变化，但其功能始终服从于民法体系的稳定性与开放性的需要①。

（二）婚姻家庭法

民国时期的婚姻家庭关系不仅反映主体之间的人身关系，还能从一个侧面反映出整体的经济社会关系。王坤、徐静莉《大理院婚姻、继承司法档案的整理与研究：以民初女性权利变化为中心》通过对于大理院民事司法档案的整理与研究，梳理民初女性权利的发展脉络，从一个独特的维度观察中国民法近代化的历程，进而了解民初整个社会演进的脉络。作者认为，"订定婚书""订立婚约"表述是在民初大理院的司法判例、解释例等法律文献中逐渐显现的，从"定婚"到"订婚"，法律文献中这种变数的细微差异背后隐含着近代法律语境整体转变的秘密，深受西方法律思想影响的法学家以及当时最高审判机构的司法者正在尝试借助西方法律话语来思考和表达最高的实践问题。从民初大理院有关婚约问题的司法判解中可以看出女性在婚约定立、悔婚另嫁、改嫁及婚约解除等问题上地位的变化②。作者指出，民初司法界在婚姻问题的裁判中，始终需要面对两种观念的冲突，一方面是西方法律理念，另一方面是根深蒂固的传统习俗。作者通过民初最高审判机关大理院有关夫妻关系的司法判解，对于妻子在人身权与财产权方面的变化进行观察③。民国初年的大理院受到西方近代民法人格平等、婚姻自由原则以及社会变革对女性权利诉求的影响，对传统的离婚制度进行了修正。这种变化不仅对于裁判离婚的理由进行了变通及扩大解释，而且对于丈夫的专擅离婚权也进行了一定程度的限制，还将近代西方离婚法中的一系列原则引入司法实践，使女性的离婚权利在文本层面保持不变的情况下，在司法实践层

---

① 张生：《民国时期民法体系中的判例：形式与功能的变化》，《学术研究》2019年第1期。
② 王坤、徐静莉：《大理院婚姻、继承司法档案的整理与研究：以民初女性权利变化为中心》，知识产权出版社2014年版，第27—28页。
③ 王坤、徐静莉：《大理院婚姻、继承司法档案的整理与研究：以民初女性权利变化为中心》，知识产权出版社2014年版，第59页。

面得到了实质性的扩展①。在民初寡妇立嗣权的问题上，大理院引入权利范畴不仅是为了改变表达方式，更渗透了一种价值评判，寡妇在立嗣中的法律地位被重新定义②。此外，作者根据大理院相关判解，分别考察了"寡妇在财产继承中的地位"和"民初妾之权利变化"③。

张婧在《民国时期男女平权立法之研究——以夫妻财产制为视角》一文中以夫妻财产制为切入点，认为强大的政治现实促使男女夫妻关系平等在立法上有了现实可能性。这一点在中国同盟会总章、国民党宣言以及1924年国民党第一次全国代表大会宣言中都有体现。1926年国民党第二次全国代表大会通过《妇女运动决议案》，这些文本从形式上确立了男女平等。古代中国将亲属团体作为一个整体对待，并无个人的意识，在亲属关系上体现为宗亲为重，而财产形态上则以同居共财为主要表现形式。民国时期强调男女平等，则是以个人为主要保护对象，因此其使用血亲与姻亲来界定亲属关系，利用"配偶"一词来界定夫妻身份。在财产形态上主张财产所有权在个人，保护个人财产的权利不受侵犯。《民国民律草案》和《中华民国民法亲属编》体现了相应主张的具体落实。前者强调夫妻关系中个体的独立性，为形式上男女平权奠定了理论基础；后者则强调夫妻共同财产由夫来管理，妻子个人财产由妻子所有。条文规定中并未过分在婚姻关系中强调形式上的男女平等，这是基于中国社会现实的对西方法律移植的"本土化"体现④。

周阿求《民国时期婚约无效法律制度研究（1929—1949）——兼以沪赣两地司法档案为例证》试图打通婚约法律在民国与当代之间的内在逻辑联系，使之展开跨越时空的对话。作者基于对20世纪三四十年代婚约无效法律制度的剖析，以婚约无效法律制度为切入点，透视婚约法律制度整体。全书除导论之外列有六章，另加上结语部分：第一章略论近现代婚约的转型流变与立法变迁；第二章论述近现代婚约的法律构造与制度演进；第三章详

---

① 王坤、徐静莉：《大理院婚姻、继承司法档案的整理与研究：以民初女性权利变化为中心》，知识产权出版社2014年版，第103—104页。

② 王坤、徐静莉：《大理院婚姻、继承司法档案的整理与研究：以民初女性权利变化为中心》，知识产权出版社2014年版，第154页。

③ 王坤、徐静莉：《大理院婚姻、继承司法档案的整理与研究：以民初女性权利变化为中心》，知识产权出版社2014年版，第171—281页。

④ 张婧：《民国时期男女平权立法之研究——以夫妻财产制为视角》，《法学评论》2015年第4期。

论婚约无效诉讼的诉前运作与诉讼样态分析；第四章涉及婚约无效制度之中法律文化的碎片化考论；第五章讨论婚约无效制度总体有序中的局部乱象；第六章介绍婚约无效之时的善后与救赎；结语部分主要论及民国民法亲属编婚约无效法律制度的进步性、局限性及对当代婚约立法的启示①。

（三）固有法与继受法在民事领域的碰撞

民国民事立法是固有法与继受法激烈碰撞的重要场域，折射出不同法律传统的冲突与融合。陈霓珊在《民国民事立法中的"保守"与"激进"——基于爱斯嘉拉本土化立法方案的考察》中提出，作为国民政府的立法顾问，法籍学者爱斯嘉拉在修订民法中的亲属、继承两编时，强调立法应实现本土制度与外来法律的有机融合，但国民政府以"快速且激进"的方式完成立法。其立法方案的遭遇，反映了保守与激进倾向相交织的局面以及政治因素的深远影响②。

（四）民事立法和民间习惯的互动

民事领域的民间习惯法及其与国家法律的互动也是一个经典的话题。田东奎在《民国水权习惯法及其实践》中认为，水权制度在向民国转型过程中，一部分水权习惯法逐渐演化为国家法，这一过程体现了国家对习惯法效力的确认。没有上升为国家法的水权习惯继续以习惯法形式存在，并发挥相应的作用。民国水权习惯法是中国古代水权习惯法发展、演变的产物，通过国家司法体系和立法体系，传统水权习惯法找到了自己在民国水利社会发挥作用的空间。未进入这一体系的习惯法也并未失去存在意义，它们仍以习惯法的形式存在并发挥其应有的作用，但在国家法制的层面上，它们的作用受到一定限制。作者提示，正如水权习惯法在传统社会曾起过的作用一样，在民国时期，它同样可继续发挥其作用；也正如在传统社会，国家制定法始终无法完全占据水权领域一样，在民国时期，它同样不能占据水权法制的所有空间③。

---

① 周阿求：《民国时期婚约无效法律制度研究（1929—1949）——兼以沪赣两地司法档案为例证》，法律出版社 2020 年版。

② 陈霓珊：《民国民事立法中的"保守"与"激进"——基于爱斯嘉拉本土化立法方案的考察》，《近代史研究》2018 年第 3 期。

③ 田东奎：《民国水权习惯法及其实践》，《政法论坛》2016 年第 6 期。

四　民国刑法研究

2012年以来，中国法律史学者结合具体的判决案例，对于民国时期刑法的各个面向进行深入分析，勾画出这一时期独特的历史背景。杨天宏的《法政纠结：北洋政府时期"罗文干案"的告诉与审断》一书以北洋政府时期"罗文干受贿案"为研究对象，从这一案件的告诉与审断着手，通过事实论述与逻辑梳理，从案件审理的程序、案情原委、影响案件审理的内政外交三个方面论述了"罗文干案"表现出的法政纠结性。[①]

朱卿在《民国时期的刑讯逼供治理》中提出，民国时期，政府三令五申，明确了废除刑讯逼供的基本方针。在具体措施层面，民国刑事诉讼法确立了非法自白排除规则，试图在诉讼内规范司法官员获取被告口供的方法，并遏制司法官员刑讯逼供的动机；呈诉机制为受刑讯者提供了获取诉讼外救济的机会，也使政府有了获知刑讯事件的途径；追究刑讯逼供者的法律责任，不仅使违法官员受到了制裁，也有利于威慑其他官员使其不敢使用刑讯。民国时期的刑讯逼供治理就是通过这三种途径来实施的。[②]

景风华《新旧之间：民国时期的家长惩戒权与送惩权》提出，中国近代法制变革对家庭的重要影响之一，是用来自西方的法律名词"亲权"重新建构了父母与子女之间的法律关系；中华传统法律中的"子孙违犯教令"条也因此变成了由教育权衍生出来的惩戒权与送惩权。作者认为，北洋政府时期有关惩戒权的法律实践体现出鲜明的新旧融合特征。首先，送惩权的相对人并不是西方法学理论中的未成年子女，档案所揭示的绝大多数都是与父母同居共财的成年子女。其次，警察机构在父母惩戒权的实施方面起着至关重要的作用，而有着"济刑罚之穷"功能的教养局，则成为众多"不肖子"接受惩戒的场所。再次，父母意志在送惩期限的问题上起着重要作用。此外，随着自由平等学说传入中国，原本被视为天经地义的子女须服从父母的原则遭到挑战，一些与惩戒权相关的案件反映出家庭伦理的瓦解与重塑，警察机构则以较偏保守的立场，继续维护着父母的尊严。法律新添的虐待罪，

[①] 杨天宏：《法政纠结：北洋政府时期"罗文干案"的告诉与审断》，广西师范大学出版社2018年版。

[②] 朱卿：《民国时期的刑讯逼供治理》，《湖南大学学报》（社会科学版）2019年第1期。

又提出了惩戒与虐待界限何在的新问题。①

五 民国司法研究

（一）各级司法实践研究

2012年以来，学界对民国司法的研究更加深入，既有通论性的成果，也在一些具体问题上取得突破。在这之中，地方司法是重要的课题。对于民国地方司法实践的微观考察能够反映出当时的社会背景。王志强在《辛亥革命后基层审判的转型与承续——以民国元年上海地区为例》一文中以民国元年上海地区的基层审判为研究对象，认为随着法庭及诉讼参与者权责的重新分配，法院在审判过程中逐渐转向中立态度。主要原因是清末以来法政知识和法政人才不断增加，近代以来的新思潮也在法政上提供了舆论支撑。但很多民事审判依然沿袭了帝制时代注重情理和当事人合意等特色，其重要原因是，系统性制度和资源尚未形成，民事审判中的权责仍部分保留旧有模式②。唐仕春的《北洋时期的基层司法》在整合基本史料的基础上，从历史学的视角全方位考察北洋时期基层司法制度的变迁、推行与运作，从制度设计、制度实施到规范实效等方面勾勒出北洋基层司法的基本框架③。

杜正贞、王云婷在《民国的招赘婚书与招赘婚诉讼——以龙泉司法档案为中心的研究》中提出，龙泉司法档案以诉讼案件记录的形式反映了招赘婚法律的司法实践，展示了民国招赘婚的实际样态，为我们探讨民国招赘婚与相关法律演变之间的关系提供了丰富的第一手史料。该文围绕其中所保存的招赘婚书及相关诉讼档案等材料，讨论相关法律变化、司法实践与民间契约、习俗之间的关系。招赘婚作为一种特殊的婚姻形式，与强调宗法、强调男女有别的传统礼制相违背，被定义为"礼"之外的交换行为。民国招赘婚书中所有文字都围绕着确定双方的权利和义务关系而展开。民国时期的法律改革带有"移风易俗"的使命，而使新的法律具有超前性；但招赘婚

---

① 景风华：《新旧之间：民国时期的家长惩戒权与送惩权》，《开放时代》2019年第2期。

② 王志强：《辛亥革命后基层审判的转型与承续——以民国元年上海地区为例》，《中国社会科学》2012年第5期。

③ 唐仕春：《北洋时期的基层司法》，社会科学文献出版社2013年版，第19—25页。

书则基本延续了传统，展现了社会中实际的民事关系，这使得诉讼中的情况更复杂了。由于婚书中的约定有的本来就与传统礼法相违，有的虽然符合传统法律却在新法中没有依据，司法实践如何对待这些婚书契约及有关的纠纷，就成为考验司法机构的一个难题。民国招赘婚的立法和司法走过了曲折的道路。面对改革和转变时期的问题，大理院所采取的办法是在尊重传统和习俗的基础上，将一些原来被排斥在礼法之外的习惯法律化。这使得民间自行订定的招赘婚书中涉及的权利义务关系等，大都在法律上可以找到对应的规范条款，司法也就能够做到"有法可依"。地方司法实践也常常从尊重契约的角度处理民间的纠纷。民国招赘婚的例子让我们看到民国的法律改革是一个动态的过程，尽管有着革旧鼎新的明确目标，但也一直在回应社会的实际问题和需求，面对民间以私契的方式确立起来的民事秩序，不论是中央的立法还是地方的司法实践都有灵活的应对和选择①。

龚汝富、余洋在《透过民国时期的法官与律师看司法腐败的生成——以江西地区为例》中选取了民国时期的江西地区作为研究样本，通过观察法官与律师的行为以及他们的人际关系，透视民国时期江西的司法制度。作者认为，从江西司法界的法官和律师出身来看，他们具有共同的专业背景和相通的职业转换渠道，由于他们具有共同的教育背景，极容易形成一些特定的法政人际圈。江西的法政人物很多都有留日背景，他们中的一部分人留在了江西当地，或为法官，或为律师，还通过创办学校等方式促进当地司法的发展。这些法政学校大部分招收本地学生，就业地域范围较第一批法政人物更窄，大多数都在江西地域范围内择业，这样一来，人际关系因职业角色与教育背景而趋于固结，这是法政教育本土化的必然结果。民国时期江西律师队伍主要集中在省会和大城市，地方法院只有在案件性质极其复杂的情况下聘请律师。江西的律师一般会把自己的主要业务范围固定在高等法院所在地。这一方面反映出律师执业选择的基本判断，另一方面反映出律师对自己在司法界人际资源的整体把握。一个律师成功与否一般都是根据业务量大小和执业圈子中的话语权而定。草根出身的律师则需要通过结交法官夯实友谊，最终达到自己打入圈子内部赢得话语权的目的。法律人在很大程度上很容易实现角色转变，也能够在其职业转变过程中扩充自己的人脉，这样的天

---

① 杜正贞、王云婷：《民国的招赘婚书与招赘婚诉讼——以龙泉司法档案为中心的研究》，《政法论坛》2014年第3期。

然优势使得他们极容易形成一条隐秘的利益链,也容易遮蔽法官与律师权力寻租的腐败真相。作者认为,司法腐败是由混乱的司法体系造成的,混乱的司法体系极容易造成家祠式法庭的存在。舆论的活跃使得舆论变得极容易被操控,这也使得利用舆论鼓动民众驱逐司法官变得有迹可循。律师在参与司法审判中也极容易受到刁难。法律信仰丧失在很大部分上都是由于法官资质的良莠不齐决定的,这种情况对司法体制的影响是直接且致命的。当然,经济上的窘迫也是法官无法坚守职业道德的间接原因,人性的贪婪使得法官们对贪赃枉法毫无畏惧,对法律也毫无职业操守和敬业之心,这导致了基层民众对法律信仰的彻底丧失①。

(二) 判例与裁判取向

2012 年以来,法律史学者在关注民国司法机关判例的基础上,揭示出民国初期司法实践的各个面向。乔惠全、范忠信在《从大理院判例到案例指导制度:法律传统的制度性转化》一文中阐释了大理院判例与案例指导制度的内在逻辑、历史功能与意义,分析判例传统的制度性转化。民国大理院 3900 余条判例的产生有其特殊的时代原因,即"填补法律空缺之需要""调和新法与现实矛盾之需要""整顿司法制度和提高司法效率之需要""适应政治统治之需要"。作者认为,就解决现实问题来说,案例指导制度具有法律规范、社会管理和沟通交流的功能,在历史功能的层面,案例指导制度具有连接与发扬中国判例传统的意义②。聂鑫在《民初选举诉讼中的"法官造法"》一文中利用统计的方法揭示出民初选举立法之粗疏,以致在实际选举事务中疑问重重。由于不同类型的民意代表选举规则与选举诉讼程序不完全一致,大理院在解释与判决中不得不就同一规则是否适用于不同类型的议员选举纠纷反复澄清。这体现出的事实是,大理院在选举法领域发挥"补充立法"的功能。在近代中国背景下,大理院及以下各级普通法院作为相对独立、专业,且体系大致完备、广泛设立于全国各地的审判机关,是唯一现实可行的选举纠纷管辖机关。关于选举诉讼的具体程序与规则,民初国会立法并未明确,乃是由大理院通过第 7 号解释确定选举诉讼准用民事诉讼

---

① 龚汝富、余洋:《透过民国时期的法官与律师看司法腐败的生成——以江西地区为例》,《法学论坛》2020 年第 2 期。

② 乔惠全、范忠信:《从大理院判例到案例指导制度:法律传统的制度性转化》,《法学杂志》2015 年第 5 期。

程序、由民庭审判。与民事、刑事诉讼不同，选举诉讼关于时效的规定非常短促，因其有迅速结案的政治需要，以避免议员个人乃至整个议会的合法性长期处于不确定状态。大理院还通过判例，特别强调"大理院关于选举诉讼为上告审"，自我限缩对选举诉讼的管辖权，将其限为法律审，而不审查事实问题。作者还围绕选举诉讼中候选人与选举人的资格认定、办理选举人员之行为规范与回避问题、投票时间、选票认定与计票规则、投票与开票之规范、冒名投票与代理投票的处理等论题，全方位论述了法官造法的活动。大理院对于选举诉讼的管辖权也遭到政治部门的非难与阻挠，国会与大总统甚至通过法案来限制选举诉讼的审级，进而剥夺了大理院对于参众两院议员选举诉讼的终审权。尽管如此，大理院仍然顶住政治压力、克服现实困难，继续通过判例与解释例，对于中央、省、县各级议会议员的选举法规进行司法续造，在兼顾人民的诉讼权利与选举制度公正有效的同时，努力落实国家选举法制的统一。①

从民国时期的司法实践中，学者发现，法律实务者为实现尊重当事人意愿与维护社会稳定之间的平衡，做出了很多尝试。赵美玲在《民国初期大理院对意思自治与交往安全之平衡——以对意思表示瑕疵的言说为中心》一文中指出，对于意思表示瑕疵问题的处理涉及私法自治与交往安全的平衡问题，民国初期的大理院在《中华民国民法典》颁行之前肩负起了创制法律的职能。对于意思表示的解释，大理院顺应了当时大陆法系民法理论的潮流，采取了探求真意而不拘泥于文字的原则。在真意保留的情形，虽然表意人的内心意思与外在表示不一致，大理院认定仍应以表意人外部所表示出来的发生效力，是采取了表示主义。对于意思表示不自由的情况，大理院的判例从德国法，认定基于欺诈、胁迫的意思表示为有瑕疵的意思表示，允许当事人撤销之②。吴欢在《融贯中西：民初行政审判中的规则适用——以〈平政院裁决录存〉为中心的考察》中以黄源盛整理的《平政院裁决录存》为研究素材，立足于民初平政院的行政审判实践，指出其在治理规则适用问题上，不仅具有形式上的融贯中西之特色，而且在实质上为中国民事法制的近代化做出了贡献，因而具有值得重视的治理规则转型意义。这一基本命题的拟定主要基于两个方面的考量：一方面，民初行政法源体系具有一体性与多

---

① 聂鑫：《民初选举诉讼中的"法官造法"》，《中外法学》2018 年第 3 期。
② 赵美玲：《民国初期大理院对意思自治与交往安全之平衡——以对意思表示瑕疵的言说为中心》，《东方法学》2015 年第 4 期。

元化的特色,这是从静态的角度根据成文法源与不成文法源的两分法立论;另一方面,既有的研究大多从民初大理院入手,强调其在中国民事法制近现代化进程中的地位和贡献。作者认为,这两个方面虽然构成相关研究的基本前提,但是带有某种"前见",在某种程度上失之笼统。从动态的角度进行考察,民初平政院在行政审判实践中的规则适用具有融贯中国固有法制与西方移植法制的形式特色。由于"财产类"裁决约占现存平政院行政裁决总量的90%,平政院在"财产类"裁决中的规则适用彰显其在中国固有民商事规则与西方移植民事法制间的折冲樽俎,其背后蕴含的是平政院法政群体对中国民事法制近代化作出的实质性贡献[①]。侯欣一在《民国时期法院民事调解制度实施状况实证研究》中以民国中晚期的诉讼档案为材料,通过实证的方法对法院(包括介于法院和传统衙门之间的县司法处)民事调解制度的创制缘由及实际运行情况进行考察,以期揭示法院民事调解制度运行中的复杂面相。档案材料表明被国民政府寄予厚望的法院民事调解制度实施结果仍然不尽如人意。

  作者发现,导致民国时期法院调解成功率不高的原因大致可从推事、法院、当事人和制度设计等几个方面入手论述。法院民事调解是一项问题和正当性并存的制度,如果将其作为减轻法院审判压力的替代做法,事实证明其成功的难度颇大。从一般规律而言,法院调解一件民事纠纷所花费的人力和物力较之审判一件民事纠纷可能更多更大;但如果将其作为诉讼之外保护当事人权益的一种补充渠道,并朝此方向拓展制度空间,其作用则可能会更大。因而尽管阻力重重,司法行政当局从未放弃对法院调解的推行,只是调解成立率仍未见明显的改观。在司法行政当局的压力下,司法实践中一些法院对此制度逐渐变通。作者认为,通过民国时期的法院调解制度的尝试可以发现,在急剧转型的近现代中国,伴随着价值的日益多元,利益冲突和纠纷增多短期内将不可避免,但与此同时新的民间组织和社区领袖尚未形成,即由民间自我解决纠纷的难度无形中在增大,因而,法院民事调解制度的推行既可以给当事人更多的选择机会,维护其合法的权益,强化社会治理,也有助于整个社会形成统一价值观。但法院民事调解制度要想真正发挥作用,前提是必须坚持当事人自愿的原则,程序上也不可规定得过于僵硬,宜保持适

[①] 吴欢:《融贯中西:民初行政审判中的规则适用——以〈平政院裁决录存〉为中心的考察》,《法商研究》2017年第4期。

当的灵活性。法院的职能以审判为主，调解主要应该回归民间①。

(三) 司法组织

学界对民国司法组织的研究也有贡献。侯欣一的《创制、运行及变异——民国时期西安地方法院研究》是一部运用法律史学的基本方法，以司法档案为主要材料对民国时期（1912—1949）西安地方法院进行全景式研究的学术专著。本书的主旨是通过微观、中观和宏观三个层面的有机结合，从器物、制度、人、思想和观念等多个角度揭示现代审判机关与近代中国的契合及游离，再现民国时期地方司法权运行的真实状况，并阐释这一过程背后的原因，深化人们对中国近代司法制度的认知与理解。为了完成这一主旨，本书设定了三个主题：第一，厘清中国传统衙门和现代审判机关之间的真正差异；第二，讨论现代审判机关运行需要的外部制度空间，并从功能的角度构建一套考察评价现代审判机关的理论框架；第三，揭示现代审判机关在近代中国变异的表象、原因，阐释主政者解决变异问题的办法和效果②。谢志民的《民国时期江西县司法处研究》以江西各县司法处为对象，具体梳理民国时期县司法处的设置与变迁，县司法处人员待遇与考绩，县司法处审判官群体的学历、资历、任期、籍贯与党籍，民、刑事一审及其效果等。在研究方法方面，主要采用史学方法与法学方法的结合。首先，运用历史学的考据法厘清民国时期县级司法体制的变迁，县司法处的设置进程与变化，机构组织，人员编制，县司法处审判官全体的学历、籍贯、党籍等基本问题。其次，运用法学实证研究法，通过对于县司法处民刑一审案件数据的统计与分析，揭示县司法处在基层司法体系中的重要价值，并通过对民、刑典型案例的分析与解剖，探索蕴藏在案例背后的社会历史现象及其法文化意义。③ 胡译之在《平政院编制立法考论》中以国务院档案中与平政院有关的立法资料为主要研究材料，结合北洋时期报刊等材料，在考订各类文献的基础上，对《平政院编制令》的编订经过重新开展了动态考察。作者在系统梳理平政院编制草案演变过程的基础上，发掘并展现立法背后政治、经济等因素造成的影响，考察民初法律制度移植时外来规范与本土现实之间的交流

---

① 侯欣一：《民国时期法院民事调解制度实施状况实证研究》，《华东政法大学学报》2017年第5期。
② 侯欣一：《创制、运行及变异——民国时期西安地方法院研究》，商务印书馆2017年版。
③ 谢志民：《民国时期江西县司法处研究》，商务印书馆2018年版，第8页。

互动。作者认为，平政院的制度设计并非纯然参考国外先进经验，亦非单纯的"本土化"，而是在省制方案、地方财政、传统治理思路等多重窒碍下不得已的选择。该机构设置方案不尽合理，立法程序亦多违误，为此后平政院与大理院的权限争议以及后袁世凯时代机构的效能不彰埋下了伏笔①。

（四）监狱制度

民国时期的监狱制度也是2012年以来中国法律史学者关注的重要课题。王志亮在《中国监狱史——从待审待刑羁押到行刑监禁的蜕变》一书中指出，在中国法制文明的框架内，法律、审判、监狱等诸多系列制度与国家发展同步发展，从中可梳理、锁定并凸显出中国监狱从传统到现代的发展轨迹和内容。1840年鸦片战争以后，外国势力无所阻挡地涌进中国，在中国确立了领事裁判权并且建起了监狱，把西方先进的监狱理论和实践经验引入中国。在近代资产阶级进步的狱政思想和监狱理论的影响下，晚清政府开始改良监狱，揭开了中国监狱近现代转型的序幕。清朝政府退出历史舞台后，监狱改良事业为北洋军阀政府、国民党政府所延续。国民党政府实行封建法西斯的独裁统治，使监狱改良事业徒具形式，监狱为军警宪特所控制，布满全国的集中营、反省院更是迫害"犯人"惨绝人寰的地狱，监狱的腐朽性和反动性为中国历史上所罕见。与此形成鲜明对照的是，与国民党统治区并存的革命根据地在中国共产党的领导下打碎了旧的国家机器，建立了新型监所，为新中国的监狱转型发展奠定了坚实的基础、提供了有益的经验。新中国的监狱实现了监狱的真正现代转型并获得了全面发展②。

（五）司法与党政局势

学者通过对一些法政事例进行分析，考察民国时期司法与党政局势的密切关系。李在全的《法治与党治：国民党政权的司法党化（1923—1948）》一书的研究对象主要是1923年到1948年国民党政权的司法党化问题。书中不仅对中国近代司法变革的历史脉络进行详细的梳理，特别是对于北洋政府时期宪政体制下的司法制度如何一步步纳入国民党党国体制中作了系统的阐述，而且对于国民党司法党化的历史背景和社会依据作了系统的分析。同

---

① 胡译之：《平政院编制立法考论》，《清华法学》2020年第4期。
② 王志亮：《中国监狱史——从待审待刑羁押到行刑监禁的蜕变》，中国政法大学出版社2020年版。

时，该书把司法党化的问题置于革命中国的司法与政治关系中进行理解。① 刘晓民在《法治的迷思——宋教仁案与中国法治困局的历史诠释》中以"宋教仁案"为中心剖析民初的法治状态，探求正式实践中法与政治如何互动，发现中国在建立西式体制后的政治实践中所展示的政治思维特征，展示民国初年宪政现实和中国社会的变革命运。作者在论述的过程中尝试采取中立的立场，通过"宋教仁案"对于中国的法政问题进行思考，力图从中梳理出一条思想脉络。作者认为，"宋教仁案"是中国法治发展进程中的重要事件之一，其反映出的深层问题是，在近代变革中，国人在治国理念和对于形势的判断上存在严重的分歧。由政治理念分歧引发的冲突在民初法政实践中逐渐显现。中国建立起西式宪政体制，宪政的实施需要制定的法律得到有效的遵守，政治冲突应当在法律的框架内解决。宋教仁被暗杀的事件使得各派的冲突升级，就如何解决"宋教仁案"，国人各抒己见。国民党人在"宋教仁案"的解决方法方面产生了"武力解决"和"法律解决"的争论。立宪在某种程度上是要遏止革命浪潮，国民在何种情况下拥有武力反抗权力，是一个法治国或正在向法治国迈进的国家所要面临的历史难题。最终，"宋教仁案"没能实现法律解决，法律派代表黄兴也被迫走上了武力讨袁的道路。"宋教仁案"的解决以"二次革命"的失败收场。宪政虽然没有得到有效实施，但是其仍在继续。袁世凯的法政观"道德为体，法律为用"使得道德取代法律成为最高权威，尽管形式上仍采立宪，实际上法律是政治统治的工具。这也取代了国民党人带有强烈自由主义色彩的法政观。②

六 民国边疆法律史研究

2012年以来，中国法律史学界对民国法律史的研究也给予新疆、东北等边疆区域更多关注。伏阳的《民国时期新疆法律制度研究》采用"案例、契约文书实证分析法""唯物史观研究法""多学科研究法"从三个方面对于民国时期新疆地区的法律制度展开研究：一是民国时期新疆司法制度同国

---

① 李在全：《法治与党治：国民党政权的司法党化（1923—1948）》，社会科学文献出版社2012年版，序言第2页。

② 刘晓民：《法治的迷思：宋教仁案与中国法治困局的历史诠释》，中央编译出版社2012年版，序言第1—3页。

家法律制度的关系,随着国家法律制度的近代化,新疆的司法制度也在逐步近代化,表现为独立司法机构的逐步建立,司法实践中运用中央政府颁布的实体法和程序法;二是执政者对民国时期新疆司法的影响;三是新疆是多民族、多宗教地区,民族习惯法和伊斯兰教法在民国时期新疆部分地区仍然适用,使民国时期新疆法律制度呈现多元化的特点①。钟放的《伪满洲国的法治幻象》一书的研究背景是,1932年,日本帝国主义扶持溥仪建立伪满洲国,在伪满推进司法建设。在历时十三年半的时期内,伪满洲国总计立法千余部,形成严密的殖民地法律体系。该书主要从"基本法与政府机构""行政区划与基层政权""文化专制与文物掠夺"等六个方面介绍了伪满傀儡政权法制建设,揭露了伪满"法治"的虚伪。该项研究引用了大量新史料,如影印的伪满《政府公报》和编辑出版的档案资料集,台北"中研院"许雪姬整理的口述史丛书《日据时期台湾人赴大陆经验》、伪满司法部官员前野茂《满洲国司法建设回想记》,等等②。

七 法学思潮与法政人物思想研究

(一) 法学思潮梳理

民国时期的法学思潮反映出法律学人对于法律的认知,展示了这一时期人们对于理想法律治理图景的憧憬与对法治的向往。2012年以来,法律史学者从不同的视角梳理了民国时期的法学思潮。胡玉鸿在《民国时期法律学者"法理"观管窥》一文中,以民国时期学界对"法理"本身的解说与研究作为重点分析对象,明确这一范畴的发生过程及内涵流变,从学术史的角度厘清这一概念的原初意涵。作者认为,"法理"成为民国时期普遍使用的法学范畴,究其名称,除"法理"以外,又有"条理""理法""性法""学理"等不同称谓。从实在法角度上看,学者们探讨了法理因何得以入法、法理是否为民法典规定的独立法律渊源、法理在民法之外能否有适用的余地、法理是一种客观存在还是一种主观认识、法理依存的载体以及法理适

---

① 伏阳:《民国时期新疆法律制度研究》,中国政法大学出版社2013年版,第6—7页。
② 钟放:《伪满洲国的法治幻象》,商务印书馆2015年版,第8—12页。

用与法律类推的关系等基本问题。从宏观的学理层面讲，民国学者对法理分别作了"宇宙万物自然之理""社会公理""自然法""道德""正义""情理""法意""法律原理""法律原则"等不同的界定，并将法理视为研究法学的根本方法。作者指出，民国学者群体有关法理的论述给现代法学研究的启示是，法理研究对于法学而言极为重要，"法理中国"的号召恰逢其时。法理不是一个"概念"问题，而是一个"类型"或曰"理想类型"的问题。总的来看，民国学者对法理的界定有多种多样，但其根本则不脱于"法律基本原理"这一核心内涵①。

饶传平《宪政与革命：1920年代中国知识分子的"孤军"困境——以〈孤军〉杂志为中心》梳理了20世纪20年代围绕"宪政"和"革命"展开的解决时局的种种方案。《孤军》的转变成为20世纪20年代中国政治与思想的一个缩影，一向尊崇法统、标榜法治的《孤军》杂志最终选择了"危险的革命"。作者认为，在宪政抑或革命之间，孤军派选择了革命的道路，他们与"醒狮派"合了流，成为国家主义者，多人加入了国民党。表面看来，这种转向是由于他们对军阀玩法、政客弄法、国会堕落的失望，他们认为法统已经断绝，便将宪政理想放置一边，作了直接行动的"独立青年"。同时，"宪政救国"理想的破产是更深层的原因②。王贵松在《民初行政诉讼法的外国法背景》一文中以翔实的史料为基础，从行政法学专业的角度，深化学界对于民初行政诉讼法的深刻认知。1914年《行政诉讼法》是我国第一部行政诉讼法典，构想于清末预备立宪之际，形成于袁记约法之时，经过民初关于平政院的激烈争论以后，独立的审判机关、专门的诉讼程序在行政诉讼法上确立了。在制度设计上，日本行政法院及其行政裁判法成为中国行政诉讼制度模仿的主要对象，受案范围的概括主义等世界上较为先进的制度被引入具体制度设计中，同时中国传统也被纳入考量，肃政史、大总统确保裁决执行等独特制度问世③。蔡晓荣在《民国时期社会法理论溯源》一文中以民国时期的社会法相关论著为主要素材，对该时期社会法理论的知识谱系进行溯源性的回顾与梳理，并归纳其特点。作者在梳理史料的过程中发现，民国时期，以法律社会化思潮为端绪，中国法学界出现了一批社会法理

---

① 胡玉鸿：《民国时期法律学者"法理"观管窥》，《法制与社会发展》2018年第5期。
② 饶传平：《宪政与革命：1920年代中国知识分子的"孤军"困境——以〈孤军〉杂志为中心》，《政法论坛》2012年第5期。
③ 王贵松：《民初行政诉讼法的外国法背景》，《清华法学》2015年第2期。

论相关著述。这些著述对社会法的概念、产生及演进、内容、地位和特质等诸问题进行了一定程度的理论阐发，其对中国近代社会法学的构建起到了某种奠基性作用。基于该时期特定的历史背景，这些著述在继受欧洲、日本等地的社会法理论元素的同时，也对当时日益凸显的社会立法问题给予了应有的理论关切，不过亦多有论者将其与法哲学中的社会法学派理论分析互相纠结，且由于缺乏社会立法在实践层面的支撑，这些理论成果未免呈一种形而上的倾向[1]。

学者在整体考察民国法学理论的基础上，反思民国法律本土化的各种理论。徐爱国在《寻找"新文化运动"在百年法治中的印记》一文中将新文化运动纳入法律史，以法学的眼光来评析新文化运动在法律史上的意义。作者认为，新文化运动是一场思想运动或文化运动，法律是国家权力运作的活动，思想与制度的差异性导致了主流法律史中新文化运动的缺失。新文化运动是西方精神联合社会主义思潮攻击中国固有法律传统，与百年法律史的主流既契合通融，又存在脱节。法律百年史中的中国传统、西方法治和共产主义法制三种文化元素混合型特征同样存在于新文化运动之中。鲁迅小说中"虚拟故事"的法律叙事结构，以及胡适政治思想的三次转换，都展现了三种不同文化在法律中的冲突与融合。新文化运动所倡导的思想、政治变革和社会改良并没有触及私法领域内的传统习俗[2]。江照信在《司法民族主义（1922—1931）：司法的政治参与、进程与意义》一文中指出，对于"民国"司法历史的理解如果仅仅停留在裁判进程或者司法的制度转型层面，则不够全面，需要注意司法在政治与社会中的参与角色及功能问题。"民国"持续十年（1922—1931）的司法政治化进程，标志与发起动力为华盛顿会议，内容表现为中国司法界的"建国运动"，也就是以主权为导向的司法民族主义，结果则表现为司法进程上的专家司法向政治家司法的转型期。这一过程也反映出"民国"法律民族化运动中的现代性追求部分，即现代民族国家的合法性建构过程[3]。

民国时期的法学教育反映出法律学人对于社会转型时期法制的基本看法，也是当时社会上各种法学思潮传播的重要途径。沈伟在《近代中国比

---

[1] 蔡晓荣：《民国时期社会法理论溯源》，《清华法学》2018年第3期。

[2] 徐爱国：《寻找"新文化运动"在百年法治中的印记》，《清华法学》2016年第2期。

[3] 江照信：《司法民族主义（1922—1931）：司法的政治参与、进程与意义》，《清华法学》2017年第1期。

较法教育辨正——基于东吴大学法学院的考察》中梳理了东吴大学法学院的历史,推演出比较法教育在近代中国的一条嬗变路径。比较法教育植入本土后,教员、教学方式和内容发生了量变与质变,这些表象背后的原因在于比较法课程重要性的降低、政府干预办学、教员微薄的薪资等。作为一所教会学校,东吴法学院在办学上展现出十足的活力。创校之初,其借法律教育之名行传教之实,以及美式法律教育的移植,均是在没有严格监管的制度下法学院自由发展的结果。南京国民政府成立后,加强了对法学院校的监督管理,并且设定了法律教育的官方模板,东吴法学院在这场自主教育权的博弈中始终处于弱势,最终得到立案资格,也失去了办学的活力。与此同时,随着时势的变化,比较法课程的重要性大不如前,校方与兼职教员经济关系的失衡也影响了授课的质量[①]。

(二) 民国法政人物研究

民国法政人物的思想从一个侧面反映出这一时期法制的生成与发展,因而受到众多学者的关注。孙中山、梁启超等重要人物受到了重点关注。马建红在《孙中山的法治理想与现实困境》一文中梳理了孙中山先生在推进法治建设过程中面临的世纪难题。作者认为,作为中华民国的缔造者,建立真正主权在民的民主共和国,实现约束和限制公权力以保障人民的权利和自由的法治理想,贯穿于孙中山整个革命生涯中。在革命处于低潮时期,孙中山就开始思考通过约法以预防军政府对人民权利的侵夺;辛亥革命后又寄希望于《临时约法》的责任内阁制来防止袁世凯的复辟;北洋军阀混战时期的孙中山,又设计出一个训政阶段以训练民众学会使用"四权",以此实现普遍的守法和良法之治。然而这些法治理想在与现实相遇后,却表现出一种无力感,甚至引导现实走向了理想的反面。孙中山所面临的世纪难题也应引起当代人的警醒与反思[②]。郭相宏在《简论孙中山晚年法治思想的转变》一文中考察了孙中山晚年法律思想从法治到党治的转变过程,分别从其政体思想、政党思想和治国理念等方面进行了论述。在反清廷和反袁斗争的二十余年中,孙中山高举反对专制、建立共和的旗帜,顺乎民心,占据了法治的制高点,这也是孙中山和北洋军阀及其他地方军阀的显著区别。二次革命失败

---

① 沈伟:《近代中国比较法教育辨正——基于东吴大学法学院的考察》,《华东政法大学学报》2017 年第 5 期。

② 马建红:《孙中山的法治理想与现实困境》,《法学杂志》2012 年第 1 期。

后，孙中山反思屡战屡败之革命历程，认为失败的根本原因是自己没有成为握有重兵、地盘和绝对权威的领袖。他并没有从军事力量、政治形势等方面过多进行反省，而是将目光转向自己领导的革命党内部①。

喻中在《民国初年的司法独立——司法总长梁启超的理论与实践》一文中，立足梁启超在 1913 年前后关于司法独立的理论与实践，主要根据梁启超关于司法独立的价值判断，剖析民国初年追求司法独立的价值指向。本文通过对梁启超的观察，再现民国初年追求司法独立所面临的现实困境，展示民国初年走向司法独立的内在矛盾；论析梁启超在困境面前维护司法独立的思路与策略——包括其中引起争议的几项措施。作者总结了民国初年司法独立的特征，并在此基础上，分析民国初年的司法独立，尤其是梁启超关于司法独立的理论与实践对于当下的启示意义。② 喻中在《所谓国体：宪法时刻与梁启超的共和再造》一文中，以梁启超《异哉所谓国体问题者》引出 1915 年的"宪法时刻"，探究这篇文章背后的"国体"争论问题。作者梳理史料表明，梁启超写作前述文章不是为了解决纯粹的学术理论问题，而是为了应对严峻而迫切的政治现实问题，也就是如何维护共和政体，防止共和国体被颠覆。在 1915 年之前，梁启超并没有形成关于"国体"的清晰、定型化的思想。前述文篇是梁启超关于国体思想的定型化表达，也是梁启超反复摇摆以后的思想选择。梁启超在该篇文章中表明的基本立场是，不能把共和国体改为君主国体。就梁启超的上述文篇的逻辑来说，反对革命就是反对变更国体，因为变更国体就是革命，只有变更政体、改良政体，才是谋国者应有的职责。作者认为，梁启超的前述文篇受到日本穗积八束思想的影响，也受到西方经典理论的影响。前述文篇影响了毛泽东对于国体及政体的论述。国体及政体作为一对宪法学范畴，主要是由梁启超的《异哉所谓国体问题者》奠定的。梁启超的国体思想通过毛泽东的创造性转化与创造性发挥，影响了当代中国的宪法文本、宪法实践与宪法理论③。赖骏楠在《梁启超政治思想中的"个人"与"国家"——以"1903 年转型"为核心考察对象》中对梁启超的"1903 年转型"做出新的解释。作者指出，这一转变意味着梁启超政治思想在某些根本性思维方式上发生了转折，这可能掩盖了本

---

① 郭相宏：《简论孙中山晚年法治思想的转变》，《法学杂志》2012 年第 12 期。

② 喻中：《民国初年的司法独立——司法总长梁启超的理论与实践》，《清华法学》2014 年第 6 期。

③ 喻中：《所谓国体：宪法时刻与梁启超的共和再造》，《法学家》2015 年第 4 期。

次转变中超越具体政治主张的、世界观转型层面上的更深刻意涵。作者的研究表明，通过对这次思想转变的考察，可以观察到以梁启超为代表的中国近代第一批启蒙思想家在最初接触现代政治思想并借此提出一个"现代"中国的建设方案时，是如何受到儒学思维方式的根本性主宰的，这种思维方式又如何在这些人物进一步地深入接触现代政治过程中最终发生变化。作者通过研究表明，只有发生这种世界观层面上的转变，才能使梁启超真正意识到现代政治的本质和根本思维方式，才能使人们理解"1903年转型"在思想史、文化史和宪政史上的根本意义[①]。

陈新宇在《从礼法论争到孔教入宪——法理健将汪荣宝的民初转折》中以汪荣宝在清末民初法制变革中的"善变"表现为问题导向，考察特定社会群体的思想转变与社会风气转向。具体来说，清末的汪荣宝曾力主废除《大清新刑律》的《暂行章程》，到了民初却又主张"孔教入宪"。作者认为，从清末到民国，汪荣宝的"善变"表明了他恪守了儒家宪政保守主义者之原则与底线。这一问题最终指向的是宪法的文化基础，同时也是法律如何被信仰的问题[②]。于明在《革命与制宪之间——吴景濂与1923年〈中华民国宪法〉》一文中阐释了吴景濂在民初制宪史中的境遇与选择，借助这一个案深入揭示革命派、立宪派与中间道路在民初制宪中的角色与作用，重构政治人物立场背后的历史趋向。民国始创，吴景濂以其中间立场，成为革命党与立宪派争相拉拢的对象。在与"保守"立宪派的短暂联合后，吴氏选择与同盟会共组国民党。但在"宋案"发生后，作为国民党内"稳健派"的领袖，吴氏与"激进派"渐行渐远，最终在"二次革命"后与革命党分裂，继续坚持议会斗争与推行制宪，并在事实上完成了《天坛宪草》的制定。吴景濂与革命派的第二次合作，开始于1917年的南下"护法"。在此之前，国会于1916年重新召开，吴景濂作为原国民党系的"益友社"首领积极推进制宪。但由于"益友社"和原立宪派的"研究系"在省制问题上的僵局，最终引发"督军干宪"的危机。吴景濂临危受命，被推举为众议院议长，并坚持抗争，但最终未能挽救国会解散的命运。随着孙中山的渐趋激进，吴氏与革命派的合作也再度受挫。究其原因，吴氏始终坚持之"稳

[①] 赖骏楠：《梁启超政治思想中的"个人"与"国家"——以"1903年转型"为核心考察对象》，《清华法学》2016年第3期。

[②] 陈新宇：《从礼法论争到孔教入宪——法理健将汪荣宝的民初转折》，《华东政法大学学报》2013年第5期。

健"与"守法"的立场，构成了与革命派分合的底色，也为后来的"北上制宪"和主持贿选埋下伏笔。吴氏一贯追求"稳健"，最终酿成"贿选"的闹剧，以致十年制宪以所谓"贿选宪法"黯然收场。如果仅仅将原因归于道德，或简单以"贿选"否定"制宪"，不仅无助于理解事实之真相，而且恰恰掩盖了在"道德"和"革命"话语之下的宪政道路之转型。吴氏与革命派的合作与分裂，都并非只是"投机"或"野心"；在表面的"反复"之下贯穿始终的是以国会为"民国之命脉"和坚持"守法制宪"的中间立场①。

王本存在《抗战时期陈启天宪政思想研究》中认为，陈启天的思想在整个近代宪政思潮中占有重要地位。他的思想广及哲学、历史、政治、法律，又兼通中外，精心采集现代中国宪政的可用资源。同时，他的思想呈现出体系化的特点，具体体现为从宪政的概念、哲学根据、制度规模、人性风度，到实施步骤无有遗漏，逻辑严密，丝丝入扣。他的整个思想反映出对于近代宪政的深邃思考。作者认为，陈启天并不是一个单纯的现代人物，在他身上也没有显现出五四人物那种对传统文化的怨愤之情。相反，陈氏很认可中国古代法家的思想。他的《民主宪政论》是其民主宪政思想集大成之作。陈启天的中国情怀与思想——历数法家、儒家之资源，透彻分析古代中国之人性，痛陈近代民主宪政失败之教训——也是时时闪现。陈启天似乎有意"先本体，后功用，再实践"，其古典情怀与兼及古今中外的胸襟又暗中允许由"用"及"体"的读解方式。作者将陈启天的思想分为三个部分即"民主宪政之用""民主宪政之体""建立体用合一的民主宪政之道"加以论述②。朱明哲在《论王伯琦对法国学说的拣选与阐述》一文中，从王伯琦对吴经熊所谓"西方现代法律思潮和我国传统恰相符合"的观点出发，探讨王伯琦对自然法、法律社会主义、实在法的权威之阐释。作者通过把王伯琦的阐释与1931—1936年留学法国时法国语境中对于前述问题的探讨相对照，表明他在坚持自然法复兴运动中的自由主义立场。在对待实在法的态度上，王伯琦希望保留实在法的权威，对法国学说三方面的表述使得他得以论证外生性的法律应当取代本土法律传统。最后，作者明确指出，上述解释表

---

① 于明：《革命与制宪之间——吴景濂与1923年〈中华民国宪法〉》，《华东政法大学学报》2013年第5期。

② 王本存：《抗战时期陈启天宪政思想研究》，《政法论坛》2014年第4期。

明的是王伯琦的进步主义立场①。

  一些对民国法律界有影响的海外人物也受到了学者的关注。李洋在《罗炳吉与东吴大学法学院》一文中通过梳理曾任美国驻华法院法官及远东美国律师协会会长、参与援建东吴大学法学院的美国人罗炳吉的生平事迹与东吴法学传统的塑造,阐释英美法律职业群体对中国法学教育近代化的进程的见证与参与。作者指出,若以殖民视角加以考量,美国法律职业群体对东吴法学院的创建,以及英美式法学教育模式、案例教学模式、模拟法庭模式的引介所描述的俨然是一种"法律帝国主义"观念的推广过程,可将之视作一种殖民话语下的侵略与蚕食。不过,后发式法制对于先发式法制的继受本身就夹杂着诸多无奈,绝不会因秉持民族情结而减弱。②

---

① 朱明哲:《论王伯琦对法国学说的拣选与阐述》,《清华法学》2015 年第 2 期。
② 李洋:《罗炳吉与东吴大学法学院》,《华东政法大学学报》2014 年第 6 期。

第十三章

革命根据地法律史研究

2012年以来，法律史学界对于革命根据地的革命法学理论、宪法制度、土地法制、劳动法、司法制度展开了深入研究，产生了一批优秀的研究成果。学者对于这一时期法律史的研究主要是结合相关的革命或政治实践展开论述的，对这一时期法学理论、法律实践的探讨也比较注重对马克思主义经典作家和相关理论家的论述的结合。"马锡五审判方式"等因地制宜的做法凝聚着中国共产党人的司法智慧，也反映出当时的社会现实。学界围绕革命根据地法制文献整理研究宪法、民事经济法律、刑法、司法、革命法学理论等话题产出了诸多成果。

一 革命根据地法制综合整理研究

2012年以来，法律史学者在革命根据地法制综合整理研究领域取得了显著进展，主要成果表现为重要的法律文献整理汇编、论著和革命根据地法制通论性论著。韩延龙、常兆儒编《革命根据地法制文献选编》收集了第二次国内革命战争时期、抗日战争时期、解放战争时期党和各根据地政府颁布的法律、法令、训令、指示、条例、章程及各根据地立法和司法机关关于制定、执行和解释法律的报告、说明和工作总结。[1] 肖居孝编著《中央苏区司法工作文献资料选编》收集了中央苏区时期由中华苏维埃共和国颁布的有关法律、法令、训令、决议，最高审判机关及地方各级裁判组织颁布的司法文书、案例、总结等，除综述中央苏区的法制建设外，又细分为审判组织和审判工作、法律法规选编、司法文书和案例选编三部分。作者认为中央苏

---

[1] 韩延龙、常兆儒编：《革命根据地法制文献选编》，中国社会科学出版社2013年版。

区时期司法实践留下了极其丰富的司法文献资料，是中国共产党人依法治国的先声。① 张希坡编著《革命根据地法律文献选辑》从几十年来收集的巨量史料中精挑细选，按中国革命史的历史分期进行编排，对每份文献从文字形式、内容和思想诸方面进行严格的文献学研究，经过细心考察，反复校勘、比对，最大程度地还原红色法律史料的原貌。②

陈始发、陈亚先在《晋冀鲁豫根据地的法律文献整理现状与法制建设研究述评》中指出，从晋冀鲁豫根据地法律文献的整理现状来看，系统性或专题性的成果较少，大量地收集在宏观性或总体性史料集中。同时，还有不少的法律文献保存在从中央档案馆到涉及晋冀鲁豫根据地的地方档案馆、博物馆、党史研究室、公检法资料室等部门，亟待抢救整理出版。从总体上来说，学术界对于晋冀鲁豫根据地婚姻法、土地法、经济立法等方面研究较多，成果较为丰硕，而行政法、司法制度、刑事法律方面的研究则较为薄弱，劳动法规等方面的研究几乎处于空白。在以后的研究工作中，应该拓宽研究领域和视野，更多地从中共法制史的高度加强对晋冀鲁豫法制建设的宏观研究，加强与其他根据地法制建设的比较研究，加强对于根据地司法文献和法理文献的研究③。陈始发、包若然《湘鄂赣革命根据地法律文献整理和研究的考察与思考》认为，湘鄂赣革命根据地法律文献大多散见于与湘鄂赣革命根据地有关的文献资料中。学术界对于湘鄂赣革命根据地法制建设的研究，主要集中在两个方面：一是在通史类或专史类论著中对于法制建设的介绍或简要评述；二是对于经济法、土地法、行政法等部门法的集中研究。需要拓宽研究领域和研究视野，从中共革命法制史的高度加强对湘鄂赣根据地法制建设的宏观研究；深化法理研究，加强对湘鄂赣革命根据地的法制宣传教育研究；借鉴运用法学、史学、政治学、社会学等学科方法，创新湘鄂赣革命根据地法制建设研究。④

法制通论方面，陈少峰、朱文龙、谢志民编著《中央苏区法制建设研究》对中央苏区法制产生的历史条件、主要成就、历史地位及当代启示做

---

① 肖居孝编著：《中央苏区司法工作文献资料选编》，中国发展出版社 2015 年版。
② 张希坡编著：《革命根据地法律文献选辑》，中国人民大学出版社 2017 年版。
③ 陈始发、陈亚先：《晋冀鲁豫根据地的法律文献整理现状与法制建设研究述评》，《理论学刊》2013 年第 8 期。
④ 陈始发、包若然：《湘鄂赣革命根据地法律文献整理和研究的考察与思考》，《江西财经大学学报》2017 年第 5 期。

出梳理，以史料为基础，从宪政立法、经济立法、社会建设立法、民事立法、刑事立法等方面归纳中央苏区立法并进行评析，从中央苏区行政、中央苏区司法、中央苏区法律监督三方面阐述评价中央苏区法制的运行状况。①

二　革命根据地宪法研究

相关法律史学者在考察革命根据地宪法制度的基础上，阐明了其与同时期我党政治纲领之间的紧密关联。史永丽在《论〈陕甘宁边区抗战时期施政纲领〉与"三民主义"》中就三民主义理论在根据地法制建设及其实践中的作用和影响进行初步研究，以求了解中共在法制建设方面所作的探索，所积累的经验，所反映出的问题，并通过对中共建政过程中的法制传统进行分析和探讨，期望为我国当代社会的法制建设提供有益思考和借鉴。1937年2月，为了建立抗日民族统一战线，中共在国民党做出相关保证的前提下，将中华苏维埃共和国中央政府西北办事处更名为陕甘宁边区政府。由于这一时期国共合作的方式之一是将共产党领导的政权组织改组为国民政府领导下的省级行政机构，因此，中共需要调整原有的法律体系，以与南京国民政府的"法统"相衔接。在此背景下，中共需要解决的核心问题是如何在立法方面既维护统一战线又保持自身的独立性。以三民主义理论作为立法的指导思想，成为解决这一问题的关键。中共根据国民政府的《省临时参议会组织条例》，以"政府训令"的形式决定将原来的"陕甘宁边区议会"改为"陕甘宁边区参议会"。参议会审议并通过了《陕甘宁边区抗战时期施政纲领》《陕甘宁边区政府组织条例》《陕甘宁边区各级参议会组织条例》《陕甘宁边区选举条例》等法规，确立了抗日民主政治的基础。作者认为，陕甘宁边区政权形式合法性的完成，包括参议会、边区政府的设立及其法律渊源的最终完成，是在建立抗日民族统一战线的政治背景下，在与国民政府进行艰难谈判和斗争的情况下取得的制度性成果。其中，《陕甘宁边区抗战时期施政纲领》是一个地方性的法律文本，"陕甘宁边区"确定了其实施的空间范围；"抗战时期"确定了其时间效力，说明立法者将其定位为一部具有战时色彩的临时性立法；从程序上而言，它是一个符合法定立法程

---

① 陈少峰、朱文龙、谢志民编著：《中央苏区法制建设研究》，江西高校出版社2017年版。

序的法律文本;从法律的层级效力来看,该纲领在边区法律体系中又起着类似宪法的功能和作用,是"边区一切工作之准绳"。在这部重要的法律文本中,三民主义构成了其立法的指导思想、基本框架和主要内容。随着抗战形势的变化,蒋介石政策转向反共,中共为了维护统一战线,在思想领域与其进行了有关三民主义的理论论战。随着抗战相持阶段的到来,日本对国民党政权采取以政治诱降为主、军事打击为辅的方针,蒋介石也从以对外抗日为主转向对内反共为主。1941年11月,陕甘宁边区第二届参议会接受并通过了中共中央西北局的《五一施政纲领》为《陕甘宁边区施政纲领》,取代了《陕甘宁边区抗战时期施政纲领》,就是因为双方有关三民主义的论战,直接导致了旧纲领被新纲领所取代。作者认为,中共对三民主义理论的研究和实践,不论在程序上、实体上还是实践中,都提升了根据地政权建设的民主性,《陕甘宁边区抗战时期施政纲领》的制定、实施和废止正是这一民主进程不断发展的表现[①]。

韩大元在《苏俄宪法在中国的传播及其当代意义》一文中对苏俄宪法在中国的传播情况进行梳理,明确了其对中国的宪法发展的实际影响及当代意义。最早完整翻译并发表1918年苏俄宪法的中国学者是张君劢。苏俄宪法在中国的传播需要各种条件,如苏俄对其宪法的对外宣传提供了外部条件,张君劢对苏俄宪法的翻译提供了研究基础,渴望变革追求富强的中国社会提供了土壤,而其传播过程则需要借助众多学者的持续努力才能实现。中国共产党不仅宣传苏俄宪法,而且积极实践苏维埃制度,将苏俄宪法精神融入1954年宪法,力求做到"知行合一"。苏俄宪法在中国共产党诞生之前已经在中国传播,成为中国共产党夺取政权、建设政权的思想基础之一。对苏俄宪法在中国传播的研究表明,中华人民共和国宪法有着社会主义思想渊源,中国学者从事宪法学研究时不应忽视这种浓厚的社会主义渊源。100年前,"苏""维""埃"是相互独立的三个字,而现在"苏维埃"已经成为一个妇孺皆知的词语,一个内涵确定外延明确的词语。由三个字组成一个词语,在中国经历了复杂的过程,通过概念史方法考察苏俄宪法的传播过程,可以直观地看到历代学者和政治人物在传播苏俄宪法的过程中所付出的努力以及所展现的智慧[②]。

[①] 史永丽:《论〈陕甘宁边区抗战时期施政纲领〉与"三民主义"》,《政法论丛》2012年第1期。

[②] 韩大元:《苏俄宪法在中国的传播及其当代意义》,《法学研究》2018年第5期。

三 革命根据地民事经济法制研究

(一) 民事经济法制综合研究

张波《陕甘宁边区经济法制研究》详细研究了陕甘宁边区的经济法制，认为在新民主主义革命理论指导下，边区进行了政治、经济、文化、法制等多领域的建设并取得辉煌成就，不仅为战争提供了源源不断的物质保障，而且进行了新民主主义国家建设的有益尝试，同时也获得了执政的重要经验，可以说，中国共产党执政全国的信心正是来源于此。中国共产党在边区时期建立的政治、经济、文化、法律体制也顺理成章地成为新中国重要的制度资源。新中国的法律制度，包括经济法律制度，在很大程度上沿袭了边区的法制传统。因此，研究边区的经济法律制度，深入挖掘中国法制建设的本土资源，对认识新中国的经济法制及其法制建设中的种种问题，有追根溯源之效，不仅有重要的理论价值，也有重要的现实意义。作者对马克思、恩格斯有关经济法制的思想、列宁和毛泽东的相关经济法制思想以及中央苏区、国民政府颁布实施的与本主题写作相关的土地问题、金融问题、财政税收问题的相关制度进行了较为全面的归纳整理，对边区经济法制创制的理论前提、理论依据与阶段划分进行了简述。作者认为，正是因为中国共产党对马克思主义的土地所有制理论进行了符合中国实际的继承与创新，较好地解决了土地这一关乎中国革命成败的根本问题，才最终获得了广大农民的衷心拥护，取得了足以战胜一切困难的制胜法宝。边区的金融立法以皖南事变为转折点，主要划分为两个阶段，呈现出三个主要特质：即在金融机构的设置上，官民互动相结合；金融工具类型多样化；金融制度服务于产业政策。作者对边区经济法制的现实意义进行了理论评析，从政治及法律视角对边区经济法制的历史作用予以客观评价，提出结论：第一，无论是在艰苦的战争年代抑或是在和平建设时期，坚持中国共产党的领导绝不动摇，是我们革命和建设事业取得成功的根本保证；第二，坚决维护人民大众的根本利益，是中国共产党革命和建设事业取得重大成就的最宝贵的经验，在阶层利益多元繁复的当下，立法者对此经验应更加珍视；第三，马克思主义中国化的路径并非单向、唯一，在坚守终极理想与基本理念的前提下，必须依据特定时空条件下的利益诉求，创造性地塑造具有社会实效性的路线、方针、政策乃至制度。① 韩伟、马成主编《陕甘宁边区法制史稿（民法篇）》系统梳理研究陕甘宁边区民事法制史，对于我们在中国共产党的领导下如何更好地建设中国特色社会主义法治国家有一定的参考意义。②

（二）妇女权益地位法制

李红英、汪远忠在《论华北抗日根据地应对灾荒法律及实践中的女性角色》中指出，抗日战争期间，为了扩大劳动力资源，动员妇女参加农业生产具有重大的政治、经济和社会意义。华北抗日根据地党和政府在应对灾荒中提出把生产自救的救灾方针和提高女性社会地位的观念相结合，通过各种政策和相关法律规定，极力强调妇女要从事生产活动，并颁布了保障女性权利、加强女性防灾救灾减灾技能培训、提高女性救灾减灾积极性的政策法律，改变女性原有的社会角色观念，女性在应对灾荒实践中利用自身的优势发挥了较大作用，大大提升了社会地位，这对巩固和发展根据地具有重要意义③。纪庆芳在《浅析中国共产党革命根据地政权的女性法律地位》中认为，中国共产党建立的革命根据地政权一开始就在法律上确立了男女平等的原则，从社会地位、家庭地位两个方面对女性在参政、教育、劳动就业、婚姻和财产等方面的平等权进行了细致的规定，同时对女性的特殊权益也以法律形式进行保护，这些平权思想的科学与进步性与国统区的法律形成鲜明对比，使人民群众更加拥护共产党的革命斗争④。

（三）金融法制

党政军在《抗日战争时期的陕甘宁边区银行》中指出，抗日战争时期，陕甘宁边区银行坚持独立自主的货币金融工作方针，先后发行光华商店代价券、陕甘宁边区银行币和陕甘宁边区贸易公司商业流通券，开展对敌货币斗争，维护了边区货币市场的稳定与统一。与此同时，边区银行遵照"发展

---

① 张波：《陕甘宁边区经济法制研究》，博士学位论文，西北大学，2017年。
② 韩伟、马成主编：《陕甘宁边区法制史稿》，法律出版社2018年版。
③ 李红英、汪远忠：《论华北抗日根据地应对灾荒法律及实践中的女性角色》，《中国农史》2013年第1期。
④ 纪庆芳：《浅析中国共产党革命根据地政权的女性法律地位》，《周口师范学院学报》2013年第3期。

经济,保障供给"的财经工作总方针,积极发放生产和贸易贷款,在促进边区工农业生产发展和繁荣商业贸易,帮助解决财政困难,支援抗日战争等方面,均做出了重大贡献。① 耿磊在《朱理治与1941—1942年陕甘宁边区银行》中结合边区银行行长朱理治的从政实践,考察了1941—1942年陕甘宁边区银行的金融实践。作者认为,外援断绝后,因边区银行未能处理好边币发行与物价问题,边区政府任命朱理治为银行行长。为使银行工作适应经济形势,朱理治一方面稳健发行边币,调整贷款、汇兑、存款业务,另一方面扩充机构,完善相应规章制度,努力发挥银行在贸易、经济中的调剂作用。就银行的发行工作,边区内部存在着不同声音,这成为朱理治被撤职的重要诱因。银行内部存在的问题及机关部队的自给生产,是制约朱理治金融、贸易思想落实的重要因素。②

(四) 土地法制

张亚飞、王兰惠《抗战时期沦陷区、国统区、根据地土地政策之比较研究》提出,抗日战争时期沦陷区、国统区、根据地三类不同地区实施的土地政策各有不同,日本侵略者把沦陷区作为补充基地,疯狂掠夺土地和资源,维持战争;南京国民政府国统区的土地政策是集中全部力量,赢得抗战胜利;中国共产党在根据地施行减租减息的土地政策,不改变土地所有权,仅改变土地使用权,地主少收租,地主和农民达到了一种平衡关系,共同为抗战努力。③ 吕静《习仲勋与南梁革命根据地土地改革》认为,在南梁革命根据地创建过程中,为了巩固和发展革命的成果,以往的革命经验让时任苏维埃政府主席的习仲勋深深地认识到,只有把广大农民发动起来,才是革命胜利的关键。而要获得农民的支持,就必须进行土地革命。④ 陈和平《民国时期永佃权之没落及其在抗日根据地法中的表达》提出,始于明初、在中国延续了几百年的永佃权在限制地主撤佃、维护佃农生活安定和促进封建生产力发展及保障地主收益的稳定和减少换佃成本上具有不可替代的价值,然而永佃权对土地流转的阻碍、对永佃农长久的束缚以及其固有的剥削性,注

---

① 党政军:《抗日战争时期的陕甘宁边区银行》,《陕西档案》2014年第1期。
② 耿磊:《朱理治与1941—1942年陕甘宁边区银行》,《史学月刊》2015年第6期。
③ 张亚飞、王兰惠:《抗战时期沦陷区、国统区、根据地土地政策之比较研究》,《中北大学学报》(社会科学版)2016年第4期。
④ 吕静:《习仲勋与南梁革命根据地土地改革》,《福建党史月刊》2017年第2期。

定了它难以适应民国以来不断发展的近代社会,并在民国法律和租佃实践中留下持久而沉重的衰落印记。抗日根据地法从党的减租和保障佃权政策出发,在理性看待永佃权价值基础上,肯定了既有的永佃权,审慎设定未来之永佃权,并对其权能作历史的扬弃。① 陈和平《苏区土地租佃制度演进:从绝对禁止到相对自由》提出,在土地革命"打土豪,分田地"血与火的洗礼下,苏区土地法创立伊始就禁止土地租佃现象,以防传统地租剥削死灰复燃。但随后政府公地、红军公田、老幼病疾家庭土地难以耕作等社会问题的出现,使得苏区立法者们不得不由革命理想回归到现实理性,放弃了这一矫枉过正的做法,逐步放开了对土地租佃的限制,并最终确立了租佃相对自由原则。在从绝对禁止到相对自由之曲折演进中,苏区租佃制度实现了否定之否定的历史扬弃。②

(五) 劳动法制

吴升辉在《福建中央苏区劳动法的制定与影响》中提出,在开创福建中央苏区的过程中,以毛泽东为代表的老一辈无产阶级革命家,亲自指导福建苏区工人,探索形成了上杭县《劳动问题》《永定县劳动法》和《闽西劳动法》等苏区法律制度,这是中国工人阶级的伟大创举,对于今天仍有着重要的理论价值和现实意义。③ 何友良《一九三三年苏区劳动政策调整研究》认为,1933 年,为了应对中央苏区十个县工人罢工造成的社会危机事件,苏区党和政权以修改劳动法和说服教育为路径,调整劳动政策以改善劳资、工农和师徒关系。这是中共在局部执政前期正确认识与平和处置社会矛盾的一次成功事例,比较典型地反映了苏区政权对不同利益群体诉求的应对与引导,是国家与社会关系的一种良性调整。④ 高中华《孰重孰轻? 根据地职工权益与阶级利益的权衡及劳动政策变迁(1927—1945)》认为,在土地革命时期,在"一切为了斗争"的政策指导下,苏区一味强调提高职工待遇,不仅影响了根据地的经济,并进而影响工农联盟的巩固。在抗日战争

---

① 陈和平:《民国时期永佃权之没落及其在抗日根据地法中的表达》,《南昌大学法律评论》2018 年卷。
② 陈和平:《苏区土地租佃制度演进:从绝对禁止到相对自由》,《江西社会科学》2019 年第 12 期。
③ 吴升辉:《福建中央苏区劳动法的制定与影响》,《福建党史月刊》2012 年第 24 期。
④ 何友良:《一九三三年苏区劳动政策调整研究》,《中共党史研究》2014 年第 11 期。

时期，客观形势的变化，尤其是经济形势的变化，促使中国共产党调整劳动政策，兼顾劳资关系，并以思想教育的方式来促进职工改变对权益的认识。至解放战争时期，中国共产党提出了"劳资两利"的政策，采取了既扶持工商业者又兼顾职工权益的政策。中国共产党权衡职工权益与阶级利益，对劳动政策进行多番调整，既是党的路线调整的直接体现，也反映了中国共产党对劳动政策的认识在不断趋于规范与理性。① 许民慧《闽西苏区时期劳动法规探析》认为，闽西苏区时期的劳动法规是在中国共产党劳动立法的初期探索阶段进行的，对后续的劳动立法产生了深远影响。当时劳动立法的许多原则和精神，仍为现行的劳动立法所沿用。闽西苏区时期的劳动法规，大大激发了工人群众建设苏维埃政权的热情，工人群众在政治、经济和军事上大力支持苏维埃政权建设。闽西苏区时期的劳动立法也警示后人，劳动立法应该以"劳资两利"为理论基础，要以经济繁荣和社会稳定为目标，要从实际出发，不能超越生产力发展水平。②

四 革命根据地刑事法制研究

（一）刑事法制通论

韩伟在《七十年来革命根据地刑事法制研究述论》中指出，刑事法律在现代国家治理中具有重要作用，也是革命根据地法制建设的重要内容。70年来，学界从根本法、实体法、程序法等方面对根据地刑事法作了大量的研究，并整理、辑录了数量可观的根据地刑事法律文献，提炼出刑事调解、典型案例研究等诸多热点，为后续研究奠定了基础。继续推进和深化根据地刑事法研究，需要更注重体系性、动态性、反思性、理论性的研究，总结经验教训，提升理论品位，为当代社会主义法治建设提供智识资源。③ 张娜在《陕甘宁边区预防犯罪之启示——以刑罚目的的实现为视角》中提出，陕甘宁边区刑罚的最终目的是预防犯罪，针对此目的的实现，边区作了许多有益

---

① 高中华：《孰重孰轻？根据地职工权益与阶级利益的权衡及劳动政策变迁（1927—1945）》，《晋阳学刊》2016年第4期。

② 许民慧：《闽西苏区时期劳动法规探析》，《龙岩学院学报》2016年第6期。

③ 韩伟：《七十年来革命根据地刑事法制研究述论》，《苏区研究》2021年第1期。

的探索。刑事立法上，围绕刑罚目的、结合实际调整刑罚体系，规定轻缓的刑罚制度；刑事司法上，坚持刑罚适用平等原则，推行刑事调解制度；刑罚执行上，尊重犯人人格，强调对犯人的感化教育，注重培养犯人的劳动技能。这些经验对于我们通过完善刑罚立法、正确适用和执行刑罚来实现预防犯罪的目的提供了有益的借鉴。①

（二）刑事政策研究

潘怀平在《陕甘宁边区时期刑法的"三元结构模式"》中提出，陕甘宁边区的刑事政策以教育感化为主，不采用报复与惩办主义，刑法的目的在于巩固民主政权及维护社会秩序；教育犯罪之人转变恶习，不再犯罪，改造为社会共同生活的善良分子；教育大众，使社会上意识薄弱之人有所观感与警觉，从而减少社会上犯罪事件的发生。②潘怀平在《比较法视野下陕甘宁边区罪刑协商制度研究》中提出，陕甘宁边区的刑事政策以教育感化为主，通过立法的形式允许一定范围的刑事案件试行调解，开启了世界法制史上刑事调解制度之先河。镇压与宽大处理相结合的刑事政策之运用和国外的辩诉交易程序有异曲同工之效。陕甘宁边区的刑事调解应为恢复性司法的源头。陕甘宁边区的罪刑协商制度经验宝贵、价值隽永，成为世界法制史上的重要遗产。③

马成在《陕甘宁边区镇压与宽大相结合的刑事政策及当代启示》中指出，镇压与宽大相结合是新民主主义法制建设一项基本的刑事政策，承载着中国共产党人在早期对刑罚功能、司法规律和社会治理进行探索的智慧和理性认知。在边区的司法实践中，镇压和宽大适用的情形主要包括犯罪性质、罪犯主观悔罪态度、主从犯身份以及特殊的社会背景等。镇压与宽大相结合作为当下宽严相济刑事政策的源头，不仅在陕甘宁边区特殊的历史背景下发挥了独特的作用，更为新时代宽严相济刑事政策的发展创新提供了知识上的

---

① 张娜：《陕甘宁边区预防犯罪之启示——以刑罚目的的实现为视角》，《宁夏社会科学》2012年第5期。

② 潘怀平：《陕甘宁边区时期刑法的"三元结构模式"》，《检察日报》2010年7月29日第3版。

③ 潘怀平：《比较法视野下陕甘宁边区罪刑协商制度研究》，《理论学刊》2013年第3期。

本土资源，其不乏借鉴启示意义。①

（三）具体刑事法律制度

欧阳华《抗战时期陕甘宁边区锄奸反特刑事法律制度研究》提出，抗日战争时期，陕甘宁边区根据锄奸反特斗争需要，确立了正确划清敌我界限、法律面前人人平等、惩办与教育相结合的刑事立法方针，坚持罪刑法定与类推相结合，罪责自负，反对株连，主观与客观相统一的刑法原则，制定了大量的刑事法规，丰富了刑罚的种类，为锄奸反特提供了基本的法律依据。②

杜俊华、周与欣在《论法学视阈下抗战时期陕甘宁边区党员犯罪惩罚从重》中指出，抗战时期，中国共产党高度重视依法依规加强党员尤其是党员干部队伍的建设，对党员犯罪从严惩处，在《陕甘宁边区施政纲领》《边区惩治贪污暂行条例》等法律法规和条例中进行了专门的规定。在司法方面，中国共产党在根据地积极实践，尤其是对曾经有功于革命的党员干部、犯罪分子黄克功和肖玉璧按照法律进行了严惩，这不仅加强了根据地的党员队伍建设，更充分体现了依法治政的精神。③

马成、薛永毅《"人民司法"视野下陕甘宁边区刑事证据规则考论》提出，陕甘宁边区政府时期是新民主主义证据制度确立并独立发展的重要阶段。综观这一时期刑事证据规则的政策法令和实际运行，形成了重证据不轻信口供、法院主动调查取证、重视对证人证言的审查判断等诸多制度。陕甘宁边区的刑事证据规则具有鲜明的"人民司法"特色，将发现事实真相作为边区刑事司法的核心任务，注重在证据的搜集、运用中发扬司法民主、贯彻群众路线，从而既使边区人权得到切实保障，又服务了抗战中心工作。语境化解读边区的刑事诉讼证据规则对推进当下刑事诉讼证据制度的改革完善

---

① 马成：《陕甘宁边区镇压与宽大相结合的刑事政策及当代启示》，《青海社会科学》2019年第5期。

② 欧阳华：《抗战时期陕甘宁边区锄奸反特刑事法律制度研究》，《军事历史研究》2012年第3期。

③ 杜俊华、周与欣：《论法学视阈下抗战时期陕甘宁边区党员犯罪惩罚从重》，《中州大学学报》2018年第3期。

不无裨益。①

汪红娟在《抗战时期陕甘宁边区的食盐走私与缉私》中指出，抗战时期，食盐在陕甘宁边区经济中占有重要地位。"皖南事变"前，边区财政来源主要是外援，政府只征少量的盐税，故食盐走私并不严重；"皖南事变"后，外援断绝，随着边区政府对盐税的倚重及管理的加强，食盐走私逐渐泛滥。走私形式花样百出，不一而足，走私原因也是多方面的，其对边区所造成的政治经济影响不可忽视。鉴于此，边区政府采取多种措施治理打击食盐走私，诸如健全缉私机构，颁布相应的法规制度，发动群众力量缉私等。在边区政府的治理及严厉打击下，食盐缉私取得了一定成效，但食盐走私并未销声匿迹。②

（四）具体案件考辨

余伯流在《赣东北苏区吴先民冤案考辩》中指出，党的历史有辉煌，也有曲折。土地革命战争时期，赣东北苏区和红十军的创始人之一吴先民在"左"倾肃反政策的淫威下被残酷杀害，惨剧的制造者是"左"倾"中央代表"、后堕落为叛徒的曾洪易。方志敏为之抵制、抗争过，但无力回天。从历史的深思中，应当吸取深刻的经验教训，获得有益的当代启示。③

五　革命根据地司法研究

（一）通论性研究

刘全娥的《陕甘宁边区司法改革与"政法传统"的形成》一书以陕甘宁边区的司法档案文献为主要材料，以历史研究法、案例分析法为主要分析手段，以边区司法改革及其中的终审机构政府审委会为双重视角，探讨司法层面的"政法传统"的形成过程，在此基础上提炼这一传统的主要特征并分析其成因。该书第一章为导论，第二章探讨"政法传统"的苏维埃渊源

---

① 马成、薛永毅：《"人民司法"视野下陕甘宁边区刑事证据规则考论》，《证据科学》2019年第2期。
② 汪红娟：《抗战时期陕甘宁边区的食盐走私与缉私》，《河北学刊》2019年第5期。
③ 余伯流：《赣东北苏区吴先民冤案考辩》，《苏区研究》2019年第1期。

与边区法治的生态环境，第三至四章探讨"政法传统"形成的过程，包括前期的司法正规化改革及后期"马锡五审判方式"的推出及影响，第五章以边区政府审委会的历史为视角探讨这一传统形成中关于司法审判地位的制度与实践，第六章以审委会司法实践为视角探讨"政法传统"形成中的诉讼模式及其特征，第七章以审委会审级功能为视角探讨"政法传统"形成中的审级体制，第八章从观念、制度及运作层面对"政法传统"的基本特征进行总结，并分析其成因、价值及局限，认为"政法传统"是在借鉴、变革与创新中形成的现代法律传统。[①] 胡永恒的《陕甘宁边区的民事法源》在充分利用历史资料的基础上，经过细腻的辨析，指出陕甘宁边区法制具有独特的历史地位，它在很多方面并未遵循晚清、民初及国民政府时期一脉相承的法律现代化道路，而是另辟蹊径，其理念与实践对后来的法制影响较大。司法档案显示，陕甘宁边区民事审判中主要援引的法源包括国民政府六法全书、边区政策法令、习惯、情理及法理，呈现民事法源的多元格局。[②]

姜翰在《民意与司法：苏维埃时期的刑事审判（1931—1934）》中指出，苏维埃时期中国共产党颁行的大量刑事法规见证了革命根据地法制的发展。对中华苏维埃共和国成立后刑事审判的考察表明，围绕民意与司法，根据地经历了从民意与司法相对分离到民意主导司法的演变，其背后是政治诉求与政治需要的内在驱动。政权属性、政策导向及治理模式进一步助推了民意进入甚至突破司法审判的制度框架，使得司法为民转化为人民司法。在党的领导下如何处理好政治、民意与法律的关系，维护法制良性运转，树立司法权威，苏维埃时期刑事审判实践的经验与教训值得反思。[③]

（二）马锡五审判方式

2012年以来，马锡五审判方式的历史实践成为许多法律史学者关注的重点。张希坡的《马锡五与马锡五审判方式》以人民司法制度的产生与发展为制度背景，分析了马锡五在陕甘宁边区担任庭长期间在审判方式改革方面的真实情况，从马锡五主持审理的典型案例出发，概括马锡五审判方式的基本特点，分析马锡五审判方式产生的社会历史根源，明确了马锡五审判方

---

① 刘全娥：《陕甘宁边区司法改革与"政法传统"的形成》，人民出版社2016年版。
② 胡永恒：《陕甘宁边区的民事法源》，社会科学文献出版社2012年版。
③ 姜翰：《民意与司法：苏维埃时期的刑事审判（1931—1934）》，《苏区研究》2019年第4期。

式的历史意义和社会影响。①梁洪明《马锡五审判与中国革命》则将研究对象确定为"马锡五式的司法工作者"而非马锡五个人。作者梳理了马锡五审判方式的产生过程,提出马锡五审判虽冠以马锡五之名,实乃司法工作者集体智慧的结晶,奥海清和马锡五是名副其实的先行者。两者都走出法庭到出事地点办案,注重实地调查研究;都广泛听取知情群众的意见,善于利用群众的智慧解决纠纷。这种审判方法引起了雷经天、李维汉、谢觉哉、林伯渠以及毛泽东的注意。在边区政府和共产党的倡导下,广大的司法人员纷纷效仿马锡五的审判方式。作者认为,马锡五审判在质的规定性上包含了内容与形式两个层面。从内容上看,"马锡五"们不是现代意义上的职业法官,他们主持的纠纷解决也并非专业性质的司法审判,这在审判与调节结合于一、干部与群众共同断案、司法与行政相互利用三个方面体现出来。从形式上看,马锡五审判遵循就地审判的方式。马锡五审判之所以是中国共产党历史上唯一一个以个人名字命名的司法方式,根本原因在于它在共产党领导的革命中具有纠纷处理、社会控制和革命建国层面上的构成性意义。作者认为,奥海清和马锡五开创的马锡五审判以一种崭新的面目出现在20世纪40年代的边区司法舞台上,它以实质理性为取向,融合了调解技术,吸收了权威群众,利用了行政权力,采取了就地审判。一方面,马锡五审判是共产党采行的一种纠纷处理模式,它并不是严格意义上的司法审判;另一方面,纠纷处理在马锡五审判中又只处于基础性的地位,因为它还具有社会控制的行政功能和革命建国的政治功能。马锡五审判凭借特殊的内容与形式,迅速从一种局部性的司法实践上升为共产党法律制度以至政治制度的象征,它既满足了革命对司法的充分想象,也成就了司法对革命的最大意义②。

随着法律史学方法论的蓬勃发展,对马锡五审判方式的研究视角也趋于多样。陈洪杰在《人民司法的历史面相——陕甘宁边区司法传统及其意义符号生产之"祛魅"》一文中,对于历史上的"马锡五审判方式"作了一个知识考古学上的回溯和还原。作者认为,陕甘宁边区推行"马锡五审判方式"是国家政权建设"权力下沉"策略的重要组成部分,在制度理性化程度较低的历史背景下,这一司法方法试图以人格型权威弥补制度内生型权威的不足,尽可能消解改造社会的法律方案在强制推行过程中的暴力因素,

---

① 张希坡:《马锡五与马锡五审判方式》,法律出版社2013年版。
② 梁洪明:《马锡五审判与中国革命》,《政法论坛》2013年第6期。

但是这一微观法律技术能否在宏观层面有效解决法律公共产品供给与社会现实需求之间的供需失衡的结构性冲突仍然存在一定疑问①。刘星在《马锡五审判方式的"可能"的运行逻辑：法律与文学》中从法律与文学的角度对于马锡五审判的文学作品中的具体情节进行叙述，分析该审判方式可能面临的微观环境，进一步探索该审判方式一种可能的运行逻辑。作者认为，如此研究的目的在于丰富对其可操作性的理解，同时拓展对这种审判方式可能应对的深层法理问题和试图解决的基层司法关键环节的理解②。

(三) 边区司法组织

汪世荣等的《新中国司法制度的基石：陕甘宁边区高等法院：1937—1949》的研究时段集中在1937年至1949年，侧重于抗日战争时期，主要考察了边区高等法院的机构沿革、审判实践、工作绩效等内容。作者在书中指出，边区高等法院虽为国民政府辖下的地方司法机关，但实际上是独立于国民政府司法体系的一个部分，受中国共产党和边区政府的领导，在司法的理念、体制以及实践上均有自己鲜明的特色，为新中国司法制度奠定了基石。③ 该书使用了陕西省档案馆收藏的原始司法档案，包括边区高等法院档案和边区政府秘书处档案，在梳理大量档案史料的基础上，展开对于边区高等法院各个方面的考察：第一，从边区社会出发，描述边区的法律和司法活动；第二，将边区高等法院的研究纳入中国法律现代化的视野中予以观察和思考；第三，从法律史的角度解读边区高等法院，揭示其在推动边区法律发展和构建边区新型社会秩序中的作用。④

(四) 革命根据地各项具体司法制度

路子靖在《1930年代中央苏区反革命罪的审判——以〈红色中华〉的

---

① 陈洪杰：《人民司法的历史面相——陕甘宁边区司法传统及其意义符号生产之"祛魅"》，《清华法学》2014年第1期。

② 刘星：《马锡五审判方式的"可能"的运行逻辑：法律与文学》，《清华法学》2014年第4期。

③ 汪世荣等：《新中国司法制度的基石：陕甘宁边区高等法院：1937—1949》，商务印书馆2018年版，第2页。

④ 汪世荣等：《新中国司法制度的基石：陕甘宁边区高等法院：1937—1949》，商务印书馆2018年版，第6页。

案件为中心》中提出，20 世纪 30 年代苏区反革命罪的立法及司法是中国共产党在"国家政权"层面处理反革命问题的首次实践。反革命罪的审判具有四个明显特征：司法审判中的反革命罪构成要件前期以"政治判断"为主，后期以"法律规定"为主，具有相对确定性；在量刑方面，实行革命重刑主义与特定情形减轻处罚相结合原则；在审判方面，实行一级审判制与二级审判制相结合、依法裁判与重视群众意见相结合以及裁判委员会指导、主审制与陪审员制结合原则；在诉讼权利方面，嫌疑人有一定限度的辩护权和上诉权。苏区反革命罪的司法原则对共产党主导的新民主主义和社会主义刑事司法政策产生了深刻影响。[①]

贾宇《陕甘宁边区刑事和解制度研究》在梳理陕甘宁边区的五宗案例和刑事调解立法规范的基础上，认为陕甘宁边区的刑事调解制度是中国共产党人和陕甘宁边区人民群众所创造的解决刑事案件的独特方式，也是中国共产党人对于人类法治实践和经验的重要贡献。当时陕甘宁边区聚集了一大批优秀的知识分子，包括社会学专家、法学专家，他们据以创建刑事调解制度的理论、观念，对于指导今天中国的法治建设，仍然是先进的、新鲜的，也是实用的。1949 年，边区人民法院的工作总结中指出："一九四五年冬，高等法院召开了推事审判员联席会议确定了调解的原则为：一、双方自愿，不许强迫。二、适合善良习惯，照顾政府法令。三、调解不是诉讼必经程序。不过今天检讨起来，调解原则的第二条仍有不妥之处，在去年九月初的指示中修改为：'要遵守政府政策法令，照顾善良习惯。'这样才能贯彻政策法令，对具体保护群众利益才能做得更好。"陕甘宁边区除明确规定以上三原则外，在实践中要求对案件的事实要基本清楚，物质赔偿与精神抚慰兼顾，这对今天的刑事和解实践依然具有指导意义。陕甘宁边区刑事和解制度可以适用于所有公民之间人身或财产损害的案件，刑事和解的主持人可以由刑事诉讼各环节的司法机关和民间调解组织充任。陕甘宁边区刑事和解制度的刑事政策、立法、审判原则和经验，从历史的角度，以现在的眼光，用合理性、先进性、科学性的标准进行衡量，仍然值得我们虚心借鉴，古为今用，践行之，推广之。[②]

[①] 路子靖：《1930 年代中央苏区反革命罪的审判——以〈红色中华〉的案件为中心》，《史学月刊》2014 年第 8 期。

[②] 贾宇：《陕甘宁边区刑事和解制度研究》，《法律科学》（西北政法大学学报）2014 年第 6 期。

刘全娥《陕甘宁边区离婚诉讼中"考虑期间"的创制、实践及其价值》以相关档案资料为基础，梳理陕甘宁边区离婚诉讼中的"考虑期间"，探寻其创立、渊源、适用及制度化过程，进而揭示这一制度的历史与现实意义。作者梳理史料认为，陕甘宁边区 1945 年之前不存在"考虑期间"制度；"考虑期间"最早出现在 1945 年的童宪能与常桂英离婚纠纷案中。从涉及"考虑期间"的民事裁定内容来看，具体理由虽有不同，但裁定"考虑期间"的目的是给予婚姻关系中有冲突的双方充分的考虑时间，以待婚姻关系的好转，诉讼程序上均为法官依职权给予两年以内的"考虑期间"，且仅限一次，其法律后果为诉讼中止，待期间届满后重新依法裁判。这一司法实践，形成了边区法律史上的"考虑期间"制度。边区离婚诉讼案例中有以"考虑期间"或"诉讼中止"为内容的民事裁定，显然说明国民政府民法为边区"考虑期间"制度的渊源。1945 年 4 月底高等法院在离婚诉讼中首次采用"考虑期间"的裁定之后，这一裁定内容逐渐为边区司法界认可、肯定并制度化。作者认为，边区民事司法实践中引入"考虑期间"有利于解决法律难题，完善婚姻法规，缓和婚姻冲突，稳定婚姻家庭。作者认为，陕甘宁边区创设、实践离婚考虑期的历史，可为今天之镜鉴①。

韩伟《司法调解与治理变革——以陕甘宁边区基层司法档案为中心的考察》认为，以陕甘宁边区为代表的革命根据地调解制度不只是司法制度，实质上更是一种治理模式，辅助革命政策的推行。中国共产党借助司法调解，较好地实现了革命根据地社会治理模式的变革，有效消解了革命法制与社会旧俗之间的紧张关系，增进了普通民众对共产党政权的认同度。革命时期的调解成为当下司法与社会治理可资借鉴的历史资源。②

六 革命法学理论与法律文化研究

中国共产党的革命法制理论起源很早。于化民《国民革命时期中共"平民政权"思想的演进轨迹》对国民革命时期中共的"平民政权"的概念

---

① 刘全娥：《陕甘宁边区离婚诉讼中"考虑期间"的创制、实践及其价值》，《法律科学》（西北政法大学学报）2019 年第 6 期。

② 韩伟：《司法调解与治理变革——以陕甘宁边区基层司法档案为中心的考察》，《法学家》2020 年第 3 期。

进行分析，梳理了"平民政权"的思想演变过程。国民革命为幼年期的中共走进现代中国政治舞台的中心提供了重要的历史机遇。共产党人不再祈求在中国一步实现苏维埃式的无产阶级专政，而是运用马克思主义的观点方法，剖析中国社会的基本结构、主要矛盾以及由此决定的社会性质和特点，考察各主要历史阶级的经济和政治状况以及对于革命的态度，并在此基础上制定了建立多阶级联合专政的政权目标。随着革命进程的推进，中共内部对中国革命一系列基本问题尤其是对国民革命联合战线中各阶级地位与作用认识上的分歧逐渐显现，进而形成了两种不同的革命思路和策略主张。大革命给共产党人留下极其深刻的经验教训，同时也开启了马克思主义中国化的历史进程[①]。

中国当代的法学教育与革命根据地时期的法学教育有着很深的渊源。曾鹿平在《西北政法大学：中国共产党延安时期法律高等教育的直接延续》中梳理了中国共产党在延安时期的法律高等教育，明确了西北政法大学与中国共产党延安时期法律高等教育之间的历史渊源关系。作者认为，1940年7月前，中共中央在延安没有一所学校设有法律方面的专业，更没有专门的法律学院。延安时期的法律高等教育始于1940年7月成立的边区行政学院，完善于延安大学。这一学院建立在两个重要的历史条件之上，一是陕甘宁边区新民主主义宪政的推进和实施；二是延安干部高等教育逐步呈现向正规化、专门化方向发展的趋势。在中国共产党延安时期法律高等教育开办之前，为了适应司法实际工作的需要，陕甘宁边区最早实施的是法律职业教育。从历史演变看，西北政法大学是中国共产党延安时期法律高等教育的直接延续，集中体现了中国共产党延安时期法律高等教育的成就、经验和问题，也直接反映了中国共产党从新民主主义革命时期到社会主义建设及改革开放时期法律高等教育发展的脉络及其特点，在中国高等教育史上，特别是在法律高等教育史上，在中国革命史和中共党史上都具有独特的不可替代的地位，其历史的研究应该受到高度的重视，其建设发展也理应受到各方面的高度关注[②]。

革命根据地的法学与马克思主义理论有着天然的联系。程梦婧在《中

[①] 于化民：《国民革命时期中共"平民政权"思想的演进轨迹》，《中国社会科学》2013年第12期。

[②] 曾鹿平：《西北政法大学：中国共产党延安时期法律高等教育的直接延续》，《法律科学》（西北政法大学学报）2013年第3期。

国第一代马克思主义法学家的理论开创》一文中,基于马克思主义法学理论的形成和学科开创方面的代表性,选择对谢觉哉、董必武、李达、何思敬、张友渔、韩幽桐六人的学术经历和理论贡献加以研究。20世纪的中国知识分子面对的一个核心问题是,新型国家及其政治法律制度体系应当以及可能是怎样的。20世纪中国的许多理论、学说都在试图回答和解决这个问题。第一代马克思主义法学家不仅是革命性变革运动和实践的积极参与者,也是革命性变革思想与理论的提出者与证成者。对于"新时代已经到来了,法学应如何迎接新时代"这个问题,只有马克思主义的或者人民的"新法学"才能迎接并适应那个"新时代"。创建"新法学"是中国第一代马克思主义法学家肩负的时代使命,这一使命的完成取决于他们在法学学科理论上的开创性贡献。法学家的成长和发展同其所专长的法学学科的成长和发展时常是紧密相关的。第一代马克思主义法学家是在特殊的革命性变革时代成长起来的,他们开创的法学理论不仅以马克思主义为指导,而且紧密联系法律的历史和中国的民主法制实践,从而形成了与时代相适应的实践性理论品格。"不同历史时期的学者形成了不同的学术风格,这些不同时期学者的学术风格延续下来,形成一条既各具特色又互相关联的学术思想脉络,这种思想史上的绵延关系构成了中国法学的知识谱系,形成了中国法学研究和发展的基本框架。"从这个意义上讲,建构法学的学科体系、学术体系与话语体系,不仅需要学术创新,而且需要探寻法学史的基本脉络和主要传统。一种学术理论上的原创,往往不是抛开学术史的"截断众流",或者不顾学术传承的"另辟蹊径",而是对其已有理论的超越与创造性转化[①]。

有学者从革命根据地时期的一些文学作品中考察人们对于法律本质的看法。胡霁光在《法律与世俗——从〈伤逝〉到〈小二黑结婚〉中的婚姻自由问题谈起》一文中以文学作品《伤逝》和《小二黑结婚》为例,从现实、文学、法律的角度分析了近代婚姻自由的问题。作者指出,《伤逝》描述的是"婚姻自由"与"包办婚姻"的整体性的对抗,从更广泛的社会进化与时代变迁的角度展现了二者之间的对抗性悲剧。《小二黑结婚》展示出法律在克服社会根深蒂固的陈规陋习中可以起到非常显著的作用。从《伤逝》到《小二黑结婚》,这两部作品反映出的是在不同政治社会背景下年轻人对包办婚姻制度的抗争以及主人公所遇到的不同结局。《伤逝》所着重表达的

---

① 程梦婧:《中国第一代马克思主义法学家的理论开创》,《法学研究》2020年第5期。

是婚姻自由作为一种现代理念在早期被人们选择时所必须付出的代价,而《小二黑结婚》展示的是婚姻自由原则由早期的理念到形成制度的变迁过程①。

---

① 胡霁光:《法律与世俗——从〈伤逝〉到〈小二黑结婚〉中的婚姻自由问题谈起》,《比较法研究》2012年第2期。

参考文献

一 专著

（清）阿桂等纂：《大清律例》，中华书局2015年版。

（清）托津等纂，王帅一等校点：《大清会典》（嘉庆朝），凤凰出版社2021年版。

（清）吴坤修等编撰，郭成伟主编：《大清律例根原》，上海辞书出版社2012年版。

（清）伊桑阿等纂，关志国等校点：《大清会典》（康熙朝），凤凰出版社2016年版。

（清）允祹等纂，李春光校点：《大清会典》（乾隆朝），凤凰出版社2018年版。

阿风：《明清徽州诉讼文书研究》，上海古籍出版社2016年版。

包伟民：《近四十年辽宋夏金史研究学术回顾》，《开拓与创新——宋史学术前沿论坛文集》，中西书局2019年版。

包伟民主编：《龙泉司法档案选编》（第一辑1851—1911），中华书局2012年版。

包伟民主编：《龙泉司法档案选编》（第二辑1912—1927），中华书局2014年版。

包伟民主编：《龙泉司法档案选编》（第三辑1928—1937），中华书局2018年版。

包伟民主编：《龙泉司法档案选编》（第四辑1938—1945），中华书局2020年版。

包伟民主编：《龙泉司法档案选编》（第五辑1946—1949），中华书局2019年版。

北京市西周燕都遗址博物馆编：《琉璃河遗址与燕文化研究论文集》，科学出版社 2015 年版。

毕连芳：《中国近代法官制度研究》，中国政法大学出版社 2015 年版。

卞琳：《南京国民政府训政前期立法体制研究（1928—1937）》，法律出版社 2012 年版。

蔡晓荣：《晚清华洋商事纠纷研究》，中华书局 2013 年版。

长沙市文物考古研究所编：《长沙尚德街东汉简牍》，岳麓书社 2016 年版。

长沙市文物考古研究所等编：《长沙五一广场东汉简牍选释》，中西书局 2015 年版。

陈得芝：《蒙元史研究导论》，南京大学出版社 2012 年版。

陈高华、张帆、刘晓等整理：《元典章》，中华书局、天津古籍出版社 2011 年版。

陈宏天、高秀芳点校：《苏辙集·栾城集》，中华书局 2017 年版。

陈华丽：《近代审判公开启蒙研究：以〈申报〉杨乃武案为视角》，中国政法大学出版社 2017 年版。

陈佳臻：《元代法制史研究综述》，载中国社会科学院历史所魏晋南北朝隋唐史研究室主编《隋唐辽宋金元史论丛》（第 9 辑），上海古籍出版社 2018 年版。

陈少峰、朱文龙、谢志民：《中央苏区法制建设研究》，江西高校出版社 2017 年版。

陈伟主编：《里耶秦简牍校释》（第一卷），武汉大学出版社 2012 年版。

陈伟主编：《里耶秦简牍校释》（第二卷），武汉大学出版社 2018 年版。

陈伟主编：《秦简牍合集》（第一卷），武汉大学出版社 2014 年版。

陈伟主编：《秦简牍合集》（壹）（释文注释修订本），武汉大学出版社 2016 年版。

陈熙远：《在民间信仰与国家权力交叠的边缘——以明代南京一座祠祀的禁毁为例证》，载邱澎生、陈熙远编《明清法律运作中的权力与文化》，广西师范大学出版社 2017 年版。

陈玺：《唐代钱法考》，社会科学文献出版社 2018 年版。

陈玺：《唐代诉讼制度研究》，商务印书馆 2012 年版。

陈玺：《唐代刑事诉讼惯例研究》，科学出版社 2017 年版。

陈新宇：《帝制中国的法源与适用——以比附问题为中心的展开》，上海人民出版社 2015 年版。

陈新宇、陈煜、江照信:《中国近代法律史讲义》,九州出版社 2016 年版。
戴建国:《宋代法制研究丛稿》,中西书局 2019 年版。
戴建国:《宋代刑法史研究》,上海人民出版社 2008 年版。
戴建国:《秩序之间:唐宋法典与制度研究》,上海人民出版社 2020 年版。
戴建国、郭东旭:《南宋法制史》,人民出版社 2011 年版。
戴建国主编:《全宋笔记》10 编,大象出版社 2018 年版。
杜正贞:《近代山区社会的习惯、契约和权利——龙泉司法档案的社会史研究》,中华书局 2018 年版。
段晓彦:《刑民之间——"现行律民事有效部分"研究》,中国法制出版社 2020 年版。
冯卓慧:《汉代民事经济法律制度研究:汉简及文献所见》,商务印书馆 2014 年版。
伏阳:《民国时期新疆法律制度研究》,中国政法大学出版社 2013 年版。
甘肃省文物考古研究所等编:《居延新简:甲渠候官》,中华书局 1994 年版。
甘肃省文物考古研究所等编:《居延新简》,文物出版社 1990 年版。
高春平:《明代监察制度与案例研究》,商务印书馆 2020 年版。
高汉成:《〈大清新刑律〉与中国近代刑法继受》,社会科学文献出版社 2015 年版。
高汉成编:《大清新刑律立法资料汇编》,社会科学文献出版社 2013 年版。
高汉成主编:《中国法律史学新发展》,中国社会科学出版社 2013 年版。
高柯力、林荣辑:《明清法制史料辑刊(第三编)》,国家图书馆出版社 2015 年版。
高璐:《明代诏狱的羁押环境与待囚情况考究》,《大连近代史研究》第 16 卷,辽宁人民出版社 2019 年版。
高旭晨:《中国近代法律思想述论》,社会科学文献出版社 2014 年版。
公丕祥:《近代中国的司法发展》,法律出版社 2014 年版。
贵州省安顺市档案馆、西南民族大学西南民族研究院编:《民国安顺县司法档案资料选编》(第一集),民族出版社 2014 年版。
贵州省档案馆、黔东南州档案馆、剑河县档案馆合编:《贵州清水江文书》(剑河卷·第一辑),贵州人民出版社 2018 年版。
贵州省档案馆、黔东南州档案馆、黎平县档案馆合编:《贵州清水江文书》

（黎平卷·第二辑），贵州人民出版社 2017 年版。

贵州省档案馆、黔东南州档案馆、三穗县档案馆合编：《贵州清水江文书》（三穗卷·第一辑），贵州人民出版社 2016 年版。

贵州省档案馆、黔东南州档案馆、三穗县档案馆合编：《贵州清水江文书》（三穗卷·第二辑），贵州人民出版社 2018 年版。

郭东旭等：《宋代民间法律生活研究》，人民出版社 2012 年版。

韩清友：《元朝路总管府推官初探》，《元史及民族与边疆研究集刊》第 35 辑，上海古籍出版社 2018 年版。

韩清友《元朝路总管府推官初探》，《元史及民族与边疆研究集刊》第 35 辑，上海古籍出版社 2018 年版。

韩树峰：《汉魏法律与社会：以简牍、文书为中心的考察》，社会科学文献出版社 2011 年版。

韩涛：《晚清大理院：中国最早的最高法院》，法律出版社 2012 年版。

韩伟、马成：《陕甘宁边区法制史稿》，法律出版社 2018 年版。

韩延龙、常兆儒：《革命根据地法制文献选编》，中国社会科学出版社 2013 年版。

郝平主编：《清代陕西民间契约文书选编》，商务印书馆 2019 年版。

何志辉：《外来法与近代中国诉讼法制转型》，中国法制出版社 2013 年版。

侯欣一：《创制、运行及变异：民国时期西安地方法院研究》，商务印书馆 2017 年版。

胡祥雨：《清代法律的常规化：族群与等级》，社会科学文献出版社 2016 年版。

胡兴东：《宋代立法通考》，中国社会科学出版社 2018 年版。

胡兴东：《宋元断例辑考》，社会科学文献出版社 2019 年版。

胡永恒：《陕甘宁边区的民事法源》，社会科学文献出版社 2012 年版。

胡震：《清代省级地方立法：以"省例"为中心》，社会科学文献出版社 2019 年版。

湖北省文物考古研究所编：《曾国考古发现与研究》，科学出版社 2018 年版。

湖南省文物考古研究所编：《里耶秦简（壹）》，文物出版社 2012 年版。

湖南省文物考古研究所编：《里耶秦简（贰）》，文物出版社 2017 年版。

黄海：《曶鼎铭文集释》，载张生主编《法史学刊》（2020 年卷），社会科学文献出版社 2020 年版。

黄瑞亭、胡丙杰：《中国近现代法医学史》，中山大学出版社 2020 年版。

黄源盛：《〈唐律〉与〈龙筋凤髓判〉》，《汉唐法制与儒家传统》，广西师范大学出版社 2020 年版。

黄正建：《唐代法典、司法与〈天圣令〉诸问题研究》，中国社会科学出版社 2018 年版。

黄志繁、邵鸿、彭志军编：《清至民国婺源县村落契约文书辑录》，商务印书馆 2014 年版。

黄志繁等编：《清至民国婺源县村落契约文书辑录》，商务印书馆 2014 年版。

贾文龙：《卑职与高峰：宋朝州级属官司法职能研究》，人民出版社 2014 年版。

江苏省档案馆、南京师范大学法学院编：《民国时期江苏司法档案辑录》（法官卷），国家图书馆出版社 2020 年版。

江照信：《中国法律"看不见中国"：居正司法时期（1932—1948）研究》，清华大学出版社 2010 年版。

凯里学院、黎平县档案馆编：《贵州清水江文书·黎平文书》，贵州民族出版社 2017 年版。

雷炳炎：《明代宗藩犯罪问题研究》，中华书局 2014 年版。

李贵连、孙家红编：《法政速成科讲义录（全 11 册）（附〈科目目录〉）》，广西师范大学出版社 2017 年版。

李均明等：《当代中国简帛学研究》，中国社会科学出版社 2019 年版。

李凯：《从曾伯陭钺看周代的"德"与"刑"》，《中国古代法律文献研究》（第十四辑），社会科学文献出版社 2020 年版。

李力：《〈尚书·甘誓〉所载夏代"军法"片段考析》，载王沛主编《出土文献与法律史研究》（第八辑），法律出版社 2020 年版。

李琳琦主编：《安徽师范大学馆藏千年徽州契约文书集萃》，安徽师范大学出版社 2014 年版。

李平龙：《中国近代法理学史研究》，法律出版社 2015 年版。

李启成：《中国法律史讲义》，北京大学出版社 2018 年版。

李卫华：《报刊传媒与清末立宪思潮》，中国社会科学出版社 2013 年版。

李欣荣：《自创良法：清季新刑律的编修与纷争》，社会科学文献出版社

2018 年版。

李秀清：《中法西绎：〈中国丛报〉与十九世纪西方人的中国法律观》，上海三联书店 2015 年版。

李雪梅：《法制"镂之金石"传统与明清碑禁体系》，中华书局 2015 年版。

李雪梅：《古代法律碑刻研究》（第一辑），中国政法大学出版社 2019 年版。

李雪梅：《昭昭千载：法律碑刻的功能研究》，上海古籍出版社 2019 年版。

李在全：《法治与党治：国民党政权的司法党化：1923—1948》，社会科学文献出版社 2012 年版。

刘广安：《晚清法制改革的规律性探索》，中国政法大学出版社 2013 年版。

刘琳等整理：《宋会要辑稿》，上海古籍出版社 2014 年版。

刘全娥：《陕甘宁边区司法改革与"政法传统"的形成》，人民出版社 2016 年版。

刘晓林：《秦汉律与唐律杀人罪立法比较研究》，商务印书馆 2021 年版。

刘晓林：《唐律立法语言、立法技术及法典体例研究》，商务印书馆 2020 年版。

刘晓林：《唐律"七杀"研究》，商务印书馆 2012 年版。

刘晓民：《法治的迷思：宋教仁案与中国法治困局的历史诠释》，中央编译出版社 2012 年版。

楼劲：《魏晋南北朝隋唐立法与法律体系：敕例、法典与唐法系源流》，中国社会科学出版社 2014 年版。

罗振玉辑，张小也、苏亦工等点校：《皇清奏议》，凤凰出版社 2018 年版。

马泓波点校：《宋会要辑稿·刑法》，河南大学出版社 2011 年版。

马慧玥：《近代华侨回国投资实业政策与法律研究》，法律出版社 2019 年版。

马怡、张荣强主编：《居延新简释文》，天津古籍出版社 2013 年版。

闵冬芳：《〈大清律辑注〉研究》，社会科学文献出版社 2013 年版。

聂鑫：《近代中国的司法》，商务印书馆 2019 年版。

聂鑫：《中国公法史讲义》，商务印书馆 2020 年版。

上海师范大学古籍研究所、华东师范大学古籍研究所点校：《文献通考》，中华书局 2011 年版。

四川省档案馆编：《清代巴县档案整理初编：司法卷·道光朝》，西南交通大学出版社 2018 年版。

四川省档案馆编：《清代巴县档案整理初编：司法卷·嘉庆朝》，西南交通大学出版社 2018 年版。

四川省档案馆编：《清代巴县档案整理初编：司法卷·乾隆朝》（一），西南交通大学出版社 2015 年版。

四川省档案馆编：《清代巴县档案整理初编：司法卷·乾隆朝》（二），西南交通大学出版社 2015 年版。

四川省档案馆编：《清代巴县档案整理初编·司法卷乾隆朝》，西南交通大学出版社 2015 年版。

宋国华：《元代法制变迁研究：以〈通制条格〉和〈至正条格〉为比较的考察》，知识产权出版社 2017 年版。

苏亦工：《明清律典与条例》（修订版），商务印书馆 2020 年版。

苏亦工、谢晶等编：《旧律新诠：〈大清律例〉国际研讨会论文集》，清华大学出版社 2016 年版。

孙家红：《散佚与重现：从薛允升遗稿看晚清律学》，社会科学文献出版社 2020 年版。

谈萧：《近代中国商会法：制度演化与转型秩序》，法律出版社 2017 年版。

唐仕春：《北洋时期的基层司法》，社会科学文献出版社 2013 年版。

图雅：《〈桦树皮律令〉文书研究》，内蒙古人民出版社 2019 年版。

屠凯：《日就月将：十五至十六世纪的中国法哲学》，法律出版社 2017 年版。

汪世荣等：《新中国司法制度的基石：陕甘宁边区高等法院：1937—1949》，商务印书馆 2018 年版。

汪娜：《近代中国商标法制的变迁：从寄生到自主的蜕变》，上海人民出版社 2016 年版。

王宏治：《中国刑法史讲义：先秦至清代》，商务印书馆 2019 年版。

王健：《西法东渐：外国人和中国法的近代变革》，译林出版社 2020 年版。

王捷：《包山楚司法简考论》，上海人民出版社 2015 年版。

王捷主编：《出土文献与法律史研究》（第九辑），法律出版社 2020 年版。

王坤、徐静莉：《大理院婚姻、继承司法档案的整理与研究：以民初女性权利变化为中心》，知识产权出版社 2014 年版。

王沛：《霸姬盘小考》，载姚远主编《出土文献与法律史研究》（第七辑），法律出版社 2018 年版。

王沛：《西周金文法律资料辑考（上）》，载中国政法大学法律古籍整理研究所编《中国古代法律文献研究》（第七辑），社会科学文献出版社 2013 年版。

王沛：《刑书与道术——大变局下的早期中国法》，法律出版社 2018 年版。

王沛主编：《中国法律史入门笔记》，法律出版社 2020 年版。

王帅一：《明月清风：明代时代的人、契约与国家》，社会科学文献出版社 2018 年版。

王晓龙等：《宋代法律文明研究》，人民出版社 2016 年版。

王新举：《明代赎刑制度研究》，中国财政经济出版社 2015 年版。

王振忠主编：《徽州民间珍稀文献集成》，复旦大学出版社 2018 年版。

王志亮：《中国监狱史——从待审待刑羁押到行刑监禁的蜕变》，中国政法大学出版社 2020 年版。

王志强：《清代国家法：多元差异与集权统一》，社会科学文献出版社 2017 年版。

邬文玲、戴卫红主编：《简帛研究》（2020 春夏卷），广西师范大学出版社 2020 年版。

邬文玲主编：《简帛研究》（2017 秋冬卷），广西师范大学出版社 2018 年版。

吴杰：《清代"杀一家三人"律、例辨析》，法律出版社 2016 年版。

吴佩林：《清代县域民事纠纷与法律秩序考察》，中华书局 2013 年版。

吴艳红主编：《明代制度研究》，浙江大学出版社 2014 年版。

肖居孝编：《中央苏区司法工作资料选编》，中国发展出版社 2015 年版。

谢志民：《民国时期江西县司法处研究》，商务印书馆 2018 年版。

熊达云：《洋律徂东：中国近代法制的构建与日籍顾问》，社会科学文献出版社 2019 年版。

徐道邻：《徐道邻法政文集》，清华大学出版社 2017 年版。

薛理禹：《明代保甲制研究》，中国社会科学出版社 2019 年版。

薛锋：《清末修律中法理派人权思想及其当代价值研究》，中国政法大学出版社 2017 年版。

闫强乐，《赵舒翘年谱》，台湾：花木兰文化事业有限公司 2019 年版。

闫晓君：《陕派律学家编年事迹考证》，法律出版社 2019 年版。

杨强：《近代内蒙古社会变迁与法制改革研究》，中国民主法制出版社 2017 年版。

杨天宏:《法政纠结:北洋政府时期"罗文干案"的告诉与审断》,广西师范大学出版社2018年版。

杨晓宜:《唐判研读举隅(一)——以〈文苑英华·判〉"师学门""刑狱门""为政门"为例》,《中国古代法律文献研究》第十二辑,社会科学文献出版社2017年版。

杨晓宜:《唐判研读举隅(二)——以〈文苑英华·判〉"师学门""刑狱门""为政门"为例》,《中国古代法律文献研究》第十三辑,社会科学文献出版社2018年版。

杨一凡:《重新认识中国法律史》,社会科学文献出版社2013年版。

杨一凡、陈灵海主编:《重述中国法律史》(第一辑),中国政法大学出版社2020年版。

杨一凡编:《古代判牍案例新编》,社会科学文献出版社2012年版。

杨一凡编:《清代成案选编(甲编)》,社会科学文献出版社2014年版。

杨一凡编:《清代秋审文献》,中国民主法制出版社2015年版。

杨一凡编:《中国律学文献》第5辑,社会科学文献出版社2018年版。

杨一凡点校:《皇明制书》,社会科学文献出版社2013年版。

杨一凡、[日]寺田浩明主编:《日本学者中国法制史论著选·宋辽金元卷》,中华书局2016年版。

杨一凡主编:《古代珍稀法律典籍新编》,中国民主法制出版社2018年版。

杨一凡主编:《历代珍稀司法文献》,社会科学文献出版社2012年版。

姚宇:《草线暗伏:清代"二罪俱发以重论"律例发微》,载苏亦工、谢晶等编《旧律新诠:〈大清律例〉国际研讨会论文集》(第二卷),清华大学出版社2016年版。

尤陈俊:《法律知识的文字传播:明清日用类书与社会日常生活》,上海人民出版社2013年版。

俞江主编:《徽州合同文书汇编》,广西师范大学出版社2017年版。

袁瑜琤:《中国传统法律文化十二讲》,北京大学出版社2020年版。

岳纯之:《宋刑统校证》,北京大学出版社2015年版。

岳纯之点校《唐律疏议》,上海古籍出版社2013年版。

岳谦厚:《边区的革命(1937—1949):华北及陕甘宁根据地社会史论》,社会科学文献出版社2014年版。

张伯元:《包山楚简案例举隅》,上海人民出版社2014年版。

张伯元：《律注文献丛考》，社会科学文献出版社2016年版。

张冠梓编：《中国少数民族传统法律文献汇编（共5册）》，中国社会科学出版社2014年版。

张国刚主编：《中国家庭史》五卷，人民出版社2013年版。

张晋藩：《中国监察法制史》，商务印书馆2019年版。

张晋藩主编：《清代冕宁司法档案全编》（第一辑），法律出版社2019年版。

张晋藩总主编：《清代冕宁司法档案全编》（第一辑第1—35卷），法律出版社2019年版。

张培田主编：《新中国婚姻改革和司法改革史料——西南地区档案选编》，北京大学出版社2012年版。

张群：《分居还是共居？——顾炎武对传统家庭居住制度的反思》，《法史学刊》第15卷，社会科学文献出版社2020年版。

张群：《苏轼的行政才干与法政思想——从惠州营房问题说起》，《师大法学》第4辑，法律出版社2019年版。

张群：《也谈"读书万卷不读律"》，《法史学刊》第14卷，社会科学文献出版社2019年版。

张群：《中国保密法制史研究》，上海人民出版社2017年版。

张仁善：《近代中国的主权、法权与社会》，法律出版社2013年版。

张生、邹亚莎：《仁道与中国古代法统秩序研究》，黑龙江教育出版社2019年版。

张生主编：《中华人民共和国立法史》，法律出版社2020年版。

张松等整理：《洗冤录汇校》，社会科学文献出版社2014年版。

张田田：《〈大清律例〉律目研究》，法律出版社2017年版。

张希坡：《革命根据地法律文献选辑》，中国人民大学出版社2017年版。

张希坡：《马锡五与马锡五审判方式》，法律出版社2013年版。

张希坡主编：《革命根据地法律文献选辑》，中国人民大学出版社2019年版。

张小也：《清代司法档案中的"行奸复拒奸"》，载中国政法大学法律古籍整理研究所编《中国古代法律文献研究》第七辑，社会科学文献出版社2013年版。

张新民主编：《天柱文书》（第1辑），江苏人民出版社2014年版。

张正印：《宋代狱讼胥吏研究》，中国政法大学出版社2012年版。

张重艳、杨淑红：《中国藏黑水城所出元代律令与词讼文书整理与研究》，知识产权出版社 2015 年版。

赵秉志、陈志军编：《中国近代刑法立法文献汇编》，法律出版社 2016 年版。

赵晶：《〈天圣令〉与唐宋法制考论》，上海古籍出版社 2014 年初版，2020 年修订再版。

赵晶：《三尺春秋——法史述绎集》，中国政法大学出版社 2019 年版。

赵敏、王伟编：《大理民间契约文书辑录》，云南大学出版社 2018 年版。

赵崧：《知无不言，言有不尽——〈"夜无故入人家"——不应忽略的那一面〉读后》，《法律史评论》第 8 卷，法律出版社 2015 年版。

赵晓耕：《北宋士大夫的法律观——苏洵、苏轼、苏辙法治理念与传统法律文化》，北京大学出版社 2020 年版。

赵晓耕：《传统司法的智慧——历代名案解析》，清华大学出版社 2016 年版。

赵晓耕主编：《罪与罚：中国传统刑事法律形态》，中国人民大学出版社 2012 年版。

赵中男：《明宣宗司法活动述论》，载吴艳红主编《明代制度研究》，浙江大学出版社 2014 年版。

《中国法制史》编写组：《中国法制史》（第二版），高等教育出版社 2019 年版。

《中国古典文学研究的新视镜——晚近北美汉学论文选译》，安徽教育出版社 2016 年版。

中国社会科学院考古研究所编：《殷周金文集成（修订增补本）》编号 10176，中华书局 2007 年版。

中国政法大学法律古籍整研究所编：《中国古代法律文献研究》（第六辑—第十四辑），社会科学文献出版社 2012 年—2020 年版。

中国政法大学法律古籍整研究所编：《中国古代法律文献研究》（第十一辑），社会科学文献出版社 2017 年版。

钟放：《伪满洲国的法治幻象》，商务印书馆 2015 年版。

周阿求：《民国时期婚约无效法律制度研究（1929—1949）——兼以沪赣两地司法档案为例证》，法律出版社 2020 年版。

周博：《商代法制史研究综述》，载王捷主编《出土文献与法律史研究》（第九辑），法律出版社 2020 年版。

周东平：《〈魏书·刑罚志〉译注札记》，载中国政法大学法律古籍整研究所编《中国古代法律文献研究》（第十四辑），社会科学文献出版社 2020 年版。

周东平主编：《〈晋书·刑法志〉译注》，人民出版社 2017 年版。

周思成：《规训、惩罚与征服：蒙元帝国的军事礼仪与军事法》，陕西人民出版社 2020 年版。

周勋初主编：《宋人轶事汇编》，上海古籍出版社 2015 年版。

周颖：《近代中国少年司法的启动》，法律出版社 2019 年版。

朱凤瀚：《三种"为吏之道"题材之秦简部分简文对读》，中国文化遗产研究院：《出土文献研究》（第十四辑），中西书局 2015 年版。

朱腾：《早期中国礼的演变——以春秋三传为中心》，商务印书馆 2019 年版。

［日］岸本美绪：《冒捐冒考诉讼与清代地方社会》，载邱澎生、陈熙远编《明清法律运作中的权力与文化》，广西师范大学出版社 2017 年版。

［日］夫马进：《讼师秘本〈珥笔肯綮〉所见的讼师实像》，载邱澎生、陈熙远编《明清法律运作中的权力与文化》，广西师范大学出版社 2017 年版。

［日］夫马进主编：《中国诉讼社会史研究》，范愉、赵晶等译，浙江大学出版社 2019 年版。

［日］冈野诚：《〈唐律疏议〉中"例"字之用法》（上）（下），李力译，《法律史论集》第 3 卷、第 4 卷，法律出版社 2001 年版、2002 年版。

［日］谷井阳子：《为何要诉"冤"——明代告状的类型》，何东译，载［日］夫马进编《中国诉讼社会史研究》，浙江大学出版社 2019 年版。

［英］马若斐：《南宋时期的司法推理》，载徐世虹主编《中国古代法律文献研究》第 7 辑，陈煜译，社会科学文献出版社 2013 年版。

二　论文

白京兰：《清代新疆法律的多元形态与边疆治理——以伊斯兰教法为中心》，《学术月刊》2014 年第 10 期。

白贤：《两宋士大夫法律素养之考量——兼与"两宋士大夫'文学法理，咸精其能'说"商榷》，《河北大学学报》2017 年第 5 期。

柏桦：《榜谕与榜示——明代榜文的法律效力》，《学术评论》2012 年第 2 期。

柏桦：《清代的上控、直诉与京控》，《史学集刊》2013 年第 2 期。

柏桦、卢红妍：《洪武年间〈大明律〉编纂与适用》，《现代法学》2012 年第 2 期。

包思勤、苏钦：《清朝蒙古律"存留养亲"制度形成试探》，《民族研究》2016 年第 1 期。

毕连芳：《中国近代的法官回避制度》，《安徽师范大学学报》2015 年第 1 期。

毕连芳、任吉东：《中国近代法官的职业使命探析》，《福建论坛》2015 年第 8 期。

卞利：《论明清时期的民间规约与社会秩序》，《史学集刊》2019 年第 1 期。

蔡晓荣：《从负债应偿到破产免责：破产债务清偿责任衍进的中国法律史叙事》，《法学家》2013 年第 6 期。

蔡晓荣：《民国时期社会法理论溯源》，《清华法学》2018 年第 3 期。

蔡晓荣：《清末民初上海会审公廨中美商民的混合诉讼及交涉》，《历史研究》2019 年第 1 期。

蔡晓荣：《文本、判解及学说：近代中国侵权行为法的生成谱系》，《清华法学》2013 年第 1 期。

蔡晓荣：《中国近代民法法典化的理论论争——兼论对中国当下编纂民法典之启示》，《政法论坛》2017 年第 3 期。

蔡晓荣：《中国近代侵权行为法学的理论谱系：知识立场的回顾与梳理》，《法制与社会发展》2013 年第 1 期。

蔡晓荣、马传科：《中国固有法中的水相邻关系及其近代衍变》，《厦门大学学报》2020 年第 6 期。

蔡永明：《论清末法律教育的改革》，《陕西师范大学学报》2014 年第 4 期。

蔡永明：《中国近代法律职业的生成及其影响》，《南开学报》2018 年第 1 期。

曹爱生、周亮：《试论清代两淮盐政中的法律体系》，《盐业史研究》2013 年第 2 期。

曹金娜：《清代茶法初探》，《农业考古》2013 年第 2 期。

曹旅宁：《张家山 336 号汉墓〈朝律〉的几个问题》，《华东政法大学学报》

2008 年第 4 期。

曹雯：《晚清租界的早期发展与领事裁判权问题由来》，《清史研究》2018 年第 3 期。

长沙市文物考古研究所：《湖南长沙五一广场东汉简牍发掘简报》，《文物》2013 年第 6 期。

常怀颖等：《北京大学藏秦简牍室内发掘清理简报》，《文物》2012 年第 6 期。

晁福林：《"五刑不如一耻"——先秦时期刑法观念的一个特色》，《社会科学辑刊》2014 年第 4 期。

陈范宏：《民国宪制设计的庞德方案：安全与自由的衡平》，《比较法研究》2017 年第 2 期。

陈国平：《张居正改革中的考成法考论》，《中国法学》2020 年第 4 期。

陈寒非：《清代的男风犯罪》，《法律和社会科学》2015 年第 1 辑。

陈和平：《民国时期永佃权之没落及其在抗日根据地法中的表达》，《南昌大学法律评论》2018 年卷。

陈和平：《苏区土地租佃制度演进：从绝对禁止到相对自由》，《江西社会科学》2019 年第 12 期。

陈洪杰：《人民司法的历史面相——陕甘宁边区司法传统及其意义符号生产之"祛魅"》，《清华法学》2014 年第 1 期。

陈华丽：《〈申报〉与杨乃武案：近代审判公开理念启蒙的表达》，《社科纵横》2017 年第 8 期。

陈佳臻：《元代法律中的"十恶"问题——兼论〈事林广记〉中〈大元通制〉节文的真伪》，《元史及民族与边疆研究集刊》2019 年第 1 期。

陈景良：《法律史视野下的唐宋社会变革——从"皇权统治国家，士绅构建社会"说起》，《公民与法》（法学版）2012 年第 2 期。

陈景良：《给断由：南宋司法公正的制度实践》，《人民论坛》2020 年第 21 期。

陈景良：《何种之私：宋代法律及司法对私有财产权的保护》，《华东政法大学学报》2017 年第 3 期。

陈景良：《浅谈宋代司法传统中的若干问题》，《师大法学》2017 年第 2 期。

陈景良：《释"干照"——从"唐宋变革"视野下的宋代田宅诉讼说起》，《河南财经政法大学学报》2012 年第 6 期。

陈景良:《唐宋州县治理的本土经验:从宋代司法职业化的趋向说起》,《法制与社会发展》2014年第1期。

陈景良、王天一:《典卖与倚当:宋代法律的逻辑与生活原理——以会要体文献为中心》,《法律科学》2018年第3期。

陈景良、王小康:《宋代司法中的事实认知与法律推理》,《学术月刊》2020年第2期。

陈开科:《俄总领事与清津海关道——从刻本史料看同治年间地方层面的中俄交涉》,《中国社会科学》2012年第4期。

陈利:《史料文献与跨学科方法在中国法律史研究中的运用》,《法律和社会科学》2018年第1期。

陈利:《知识的力量:清代幕友秘本和公开出版的律学著作对清代司法场域的影响》,《浙江大学学报》(人文社会科学版)2015年第1期。

陈灵海:《〈抱冲斋诗集〉所见清代刑官生涯志业》,《学术月刊》2018年第11期。

陈灵海:《〈大清会典〉与清代"典例"法律体系》,《中外法学》2017年第2期。

陈灵海:《攻法子与"法系"概念输入中国——近代法学史上的里程碑事件》,《清华法学》2017年第6期。

陈霓珊:《民国民事立法中的"保守"与"激进"——基于爱斯嘉拉本土化立法方案的考察》,《近代史研究》2018年第3期。

陈荣杰:《走马楼吴简"朱表割米自首案"整理与研究》,《中华文史论丛》2017年第1期。

陈锐:《"例分八字"考释》,《政法论坛》2015年第2期。

陈锐:《清代的法律歌诀探究》,《现代法学》2017年第1期。

陈锐:《唐代判词中的法意、逻辑与修辞——以〈文苑英华·刑狱门〉为中心的考察》,《现代法学》2013年第4期。

陈始发、包若然:《湘鄂赣革命根据地法律文献整理和研究的考察与思考》,《江西财经大学学报》2017年第5期。

陈始发、陈亚先:《晋冀鲁豫根据地的法律文献整理现状与法制建设研究述评》,《理论学刊》2013年第8期。

陈松长:《长沙走马楼西汉古井出土简牍概述》,《考古》2021年第3期。

陈同:《律师制度的建立与近代中国社会变迁》,《社会科学》2014年第

7期。

陈伟：《秦汉简牍所见的律典体系》，《中国社会科学》2021年第1期。

陈玺：《唐律"漏泄禁中语"源流考》，《华东政法大学学报》2012年第1期。

陈玺、江国珍：《说"骨价"——宋代死亡赔偿规则臆测》，《人民法院报》2019年7月12日第7版。

陈小洁：《清代司法判例情理表达的内在价值及现代启示》，《法学》2016年第11期。

陈小远：《〈文苑英华〉判文研究》，硕士学位论文，北京大学，2011年。

陈新宇：《〈大清新刑律〉编纂过程中的立法权之争》，《法学研究》2017年第2期。

陈新宇：《从礼法论争到孔教入宪——法理健将汪荣宝的民初转折》，《华东政法大学学报》2013年第5期。

陈新宇：《礼法论争中的冈田朝太郎与赫善心——全球史视野下的晚清修律》，《华东政法大学学报》2016年第4期。

陈新宇：《戊戌时期康有为法政思想的嬗变——从〈变法自强宜仿泰西设议院折〉的著作权争议切入》，《法学家》2016年第4期。

陈新宇：《宪政视野下的大清新刑律——杨度〈论国家主义与家族主义之区别〉解读》，《政法论丛》2014年第6期。

陈新宇：《一种相思、三处闲愁——从历史法学派到近代中国的法律保守主义思潮》，《历史法学》2013年第1期。

陈新宇：《转型司法的困局——以清季陕西赵憘憘故杀胞弟二命案为例》，《法律适用》2019年第2期。

陈颐：《清末民国时期法典翻译序说》，《法学》2013年第8期。

陈昱良：《从明人墓志看官民违律纳妾问题》，《历史档案》2012年第2期。

陈煜：《"殊为具文"？——浅论〈大清律例〉中的"宣示性条款"》，《东南大学学报》（哲学社会科学版）2016年第6期。

陈煜：《〈唐律疏议〉中的法律概念及其条款——兼与〈大清律例〉相比较》，《中国政法大学学报》2016年第5期。

陈煜：《明清司法的新趋势》，《江苏社会科学》2018年第4期。

陈煜：《晚清公羊学与变法维新》，《暨南学报》2015年第10期。

程燎原：《梁启超的"政体思维"是怎样被误解的——评王绍光的〈政体与

政道：中西政治分析的异同〉》，《政法论坛》2014 年第 2 期。

程梦婧：《〈大宪章〉在晚清中国的传播》，《清华法学》2016 年第 2 期。

程梦婧：《法国〈人权宣言〉在晚清》，《现代法学》2013 年第 6 期。

程梦婧：《革命还是立宪：〈人权宣言〉给晚清士人提供的启示》，《政法论坛》2016 年第 1 期。

程梦婧：《晚清两个〈人权宣言〉汉译本的考察》，《法学论坛》2016 年第 1 期。

程梦婧：《中国第一代马克思主义法学家的理论开创》，《法学研究》2020 年第 5 期。

程民生：《论宋代私有财产权》，《中国史研究》2015 年第 3 期。

程天权、袁璨：《清道咸时期的官场腐败与吏治整饬》，《法学杂志》2013 年第 8 期。

程泽时：《〈中国少数民需传统法律文献汇编〉评介》，《民族研究》2015 年第 6 期。

程泽时：《民初中国金融市场的司法调适——以买空卖空的限缩解释与适用为视角》，《政法论坛》2015 年第 1 期。

崔兰琴：《辛亥革命理念与民初地方自治探索》，《比较法研究》2013 年第 3 期。

崔学森：《清末立宪的日本视角：以法学家清水澄为中心》，《政法论坛》2018 年第 4 期。

崔学森：《再论清末〈大清宪法案〉稿本问题》，《历史档案》2017 年第 2 期。

戴建国：《"东坡乌台诗案"诸问题再考析》，《福建师范大学学报》2019 年第 3 期。

戴建国：《从佃户到田面主：宋代土地产权形态的演变》，《中国社会科学》2017 年第 3 期。

戴建国：《从两桩案件的审理看北宋前期的法制》，《历史教学》2017 年第 8 期。

戴建国：《大力开拓文献史料源不断提升学术创新力》，《历史教学》2019 年第 2 期。

戴建国：《南宋基层社会的法律人——以私名贴书、讼师为中心的考察》，《史学月刊》2014 年第 2 期。

戴建国:《宋〈天圣令〉"因其旧文,参以新制定之"再探》,《史学集刊》2017年第5期。

戴建国:《宋代的民田典卖与"一田两主制"》,《历史研究》2011年第6期。

戴建国:《宋代鞫、谳、议审判机制研究——以大理寺、审刑院职权为中心》,《江西社会科学》2018年第3期。

戴建国:《宋代赎刑制度述略》,《法学研究》1994年第1期。

戴建国:《宋代特别法的形成及其与唐法典谱系的关系》,《上海师范大学学报》2020年第2期。

戴建国:《宋代州府的法司与法司的驳正权》,《人文杂志》2018年第4期。

戴建国:《熙丰诏狱与北宋政治》,《上海师范大学学报》2013年第1期。

戴建国:《元〈至正杂令〉发覆》,《河北学刊》2012年第3期。

党政军:《抗日战争时期的陕甘宁边区银行》,《陕西档案》2014年第1期。

邓长春、朱海:《程树德〈九朝律考〉补遗一则——南齐"永明定律"考》,《西南政法大学学报》2013年第4期。

邓建鹏:《"化内"与"化外":清代习惯法律效力的空间差异》,《法商研究》2019年第1期。

邓建鹏:《清代州县词讼积案与上级的监督》,《法学研究》2019年第5期。

邓建鹏:《清末民初法制移植与实效分析——以讼费法规为切入点》,《华东政法大学学报》2015年第6期。

丁化民:《国民革命时期中共"平民政权"思想的演进轨迹》,《中国社会科学》2013年第12期。

丁洁琳:《梁启超与中国近代宪政》,《中国政法大学学报》2013年第1期。

杜金、徐忠明:《读律生涯:清代刑部官员的职业素养》,《法制与社会发展》2012年第3期。

杜军强:《法律原则、修辞论证与情理——对清代司法判决中"情理"的一种解释》,《华东政法大学学报》2014年第3期。

杜俊华、周与欣:《论法学视阈下抗战时期陕甘宁边区党员犯罪惩罚从重》,《中州大学学报》2018年第3期。

杜正贞:《晚清民国山林所有权的获得与证明——浙江龙泉县与建德县的比较研究》,《近代史研究》2017年第4期。

杜正贞:《晚清民国时期的祭田轮值纠纷——从浙江龙泉司法档案看亲属继

承制度的演变》，《近代史研究》2012 年第 1 期。

杜正贞、王云婷：《民国的招赘婚书与招赘婚诉讼——以龙泉司法档案为中心的研究》，《政法论坛》2014 年第 3 期。

段凡：《论沈家本司法人道主义思想及其历史意义》，《法学评论》2017 年第 2 期。

段晓彦：《〈大清现行刑律〉与民初民事法源——大理院对"现行律民事有效部分"的适用》，《法学研究》2013 年第 5 期。

段晓彦：《名称、内容和性质——"现行律民事有效部分"的三点辨正》，《法制与社会发展》2018 年第 1 期。

方潇：《当下中国法律史研究方法刍议》，《江苏社会科学》2016 年第 2 期。

冯时：《周代的臣扁与陪台——兼论穆王修刑与以刑辅德》，《考古学报》2019 年第 4 期。

傅钰钦：《唐代禁止"别籍异财"之法考论》，硕士学位论文，西南政法大学，2019 年。

高汉成：《大清刑律草案签注考论》，《法学研究》2015 年第 1 期。

高汉成：《治外法权、领事裁判权及其他——基于语义学视角的历史分析》，《政法论坛》2017 年第 5 期。

高汉成：《中国近代"治外法权"概念的词汇史考察》，《厦门大学学报》（哲学社会科学版）2018 年第 5 期。

高汉成：《中国近代刑法继受的肇端和取向——以 1907 年大清新刑律草案签注为视角的考察》，《政法论坛》2014 年第 5 期。

高全喜：《试论〈江楚会奏变法三折〉的宪制意义》，《法学评论》2016 年第 4 期。

高旭晨：《近代司法运行及其展开》，《现代法学》2018 年第 6 期。

高中华：《孰重孰轻？根据地职工权益与阶级利益的权衡及劳动政策变迁（1927—1945）》，《晋阳学刊》2016 年第 4 期。

耿磊：《朱理治与 1941—1942 年陕甘宁边区银行》，《史学月刊》2015 年第 6 期。

公丕祥：《传统中国的县域治理及其近代嬗变》，《政法论坛》2017 年第 4 期。

公丕祥：《国家与区域：晚清司法改革的路线图》，《法制与社会发展》2016 年第 4 期。

公丕祥：《司法人道主义的历史进步——晚清司法改革的价值变向》，《法制与社会发展》2012年第4期。

公丕祥：《司法与行政的有限分立——晚清司法改革的内在理路》，《法律科学》2013年第4期。

公丕祥：《司法主权与领事裁判权——晚清司法改革动因分析》，《法律科学》2012年第3期。

龚汝富、余洋：《透过民国时期的法官与律师看司法腐败的生成——以江西地区为例》，《法学论坛》2020年第2期。

顾凌云：《唐代实判的判案依据研究》，《敦煌学辑刊》2014年第1期。

顾元：《论清代的先占制度——以"盗田野谷麦"律为中心》，《政法论坛》2020年第5期。

顾元：《论唐代无主物法律制度》，《中国法学》2020年第3期。

郭金鹏：《进步与局限：晚清工商立法与民族商人的权利救济》，《山东大学学报》2012年第5期。

郭相宏：《简论孙中山晚年法治思想的转变》，《法学杂志》2012年第12期。

郭沂：《从西周德论系统看殷周之变》，《中国社会科学》2020年第12期。

韩大元：《苏俄宪法在中国的传播及其当代意义》，《法学研究》2018年第5期。

韩清友：《元代司法检验论析》，《政法学刊》2019年第1期。

韩树峰：《汉晋法律由"繁杂"到"清约"的变革之路》，《中国人民大学学报》2014年第5期。

韩树峰：《汉晋时期的黄簿与黄籍》，《史学月刊》2016年第9期。

韩涛：《乾坤挪移玄机深　晚清官制改革中的"改寺为院"》，《中外法学》2016年第1期。

韩涛：《晚清法制变局中的覆判制度——以大理院覆判活动为中心的考察》，《江苏社会科学》2012年第4期。

韩涛：《晚清中央审判中实体法的适用——以大理院司法文书为中心的考察》，《历史档案》2012年第3期。

韩伟：《明代法家思想及其当代价值》，《理论探索》2017年第1期。

韩伟：《七十年来革命根据地刑事法制研究述论》，《苏区研究》2021年第1期。

何邦武:《亲属作证制度在近代中国的演变及启示》,《中国法学》2014年第3期。

何邦武:《清季现代自由心证知识体系形成考释》,《法学评论》2015年第3期。

何勤华:《法律翻译在中国近代的第一次完整实践——以1864年〈万国公法〉的翻译为中心》,《比较法研究》2014年第2期。

何欣峰:《明代疫灾应对机制研究》,《中州学刊》2020年第12期。

何永军:《中国法律之儒家化商兑》,《法制与社会发展》2014年第2期。

何友良:《一九三三年苏区劳动政策调整研究》,《中共党史研究》2014年第11期。

何有祖、刘盼、蒋鲁敬:《张家山汉简〈二年律令·赐律〉简序新探——以胡家草场汉简为线索》,《文物》2020年第8期。

衡爱民:《张之洞"变法不变道"的变法观新探》,《法学评论》2012年第1期。

侯欣一:《民国时期法院民事调解制度实施状况实证研究》,《华东政法大学学报》2017年第5期。

侯欣一:《清末民国时期报纸与审判机关关系实态研究》,《政法论坛》2018年第1期。

侯欣一:《学科定位、史料和议题——中国大陆法律史研究现状之反思》,《江苏社会科学》2016年第2期。

胡霁光:《法律与世俗——从〈伤逝〉到〈小二黑结婚〉中的婚姻自由问题谈起》,《比较法研究》2012年第2期。

胡建淼、吴欢:《中国行政诉讼法制百年变迁》,《法制与社会发展》2014年第1期。

胡仁智:《改革与法制:中国传统"变法"观念与实践的历史考量》,《法制与社会发展》2017年第3期。

胡祥雨:《"逃人法"入"顺治律"考——兼谈"逃人法"的应用》,《清史研究》2012年第3期。

胡祥雨:《清代"家长奸家下人有夫之妇"例考论——满、汉法律融合的一个例证》,《法学家》2014年第3期。

胡祥雨:《清末新政与京师司法官员的满汉比例(1901—1912)——基于〈缙绅录〉数据库的分析》,《清史研究》2018年第4期。

胡祥雨：《吴达海揭帖的发现与〈顺治律〉制定过程新考》，《历史档案》2017 年第 4 期。

胡祥雨：《顺治朝题本中所见"两议"案件研究》，《北大法律评论》2017 年第 1 辑。

胡晓进：《清末民初美国宪法在中国的翻译与传播》，《华东政法大学学报》2015 年第 3 期。

胡兴东：《"开元六典"的继受传播及对中华法系的影响》，《中国法学》2020 年第 3 期。

胡兴东：《宋朝对士大夫官僚法律知识改善措施、失败及其影响研究》，《思想战线》2016 年第 2 期。

胡兴东：《元朝令考》，《内蒙古师范大学学报》2016 年第 4 期。

胡兴东：《元代法律史研究几个重要问题评析（2000—2011）》，《内蒙古师范大学学报》2013 年第 4 期。

胡兴东：《元代地方立法问题研究》，《西华师范大学学报》2013 年第 2 期。

胡译之：《平政院编制立法考论》，《清华法学》2020 年第 4 期。

胡译之：《晚清来华传教士中国法律观的"变"与"常"——以理雅各〈圣谕广训〉译介为中心》，《华东政法大学学报》2020 年第 2 期。

胡玉鸿：《法理的发现及其类型——清末变法大潮中的法理言说研究之一》，《法制与社会发展》2020 年第 2 期。

胡玉鸿：《法理的功能及与其他评价标准的异同——清末变法大潮中的法理言说研究之二》，《法制与社会发展》2020 年第 3 期。

胡玉鸿：《民国时期法律学者"法理"观管窥》，《法制与社会发展》2018 年第 5 期。

胡玉鸿：《清末变法中法理言说的兴起及其内涵——清末变法大潮中的法理言说研究之三》，《法制与社会发展》2020 年第 4 期。

胡震：《近代中国刑事上诉制度的生成及展开》，《法学研究》2020 年第 5 期。

胡震：《因言何以获罪？——"谋大逆"与清代文字狱研究》，《中国农业大学学报》（社会科学版）2013 年第 4 期。

湖南省文物考古研究所等：《湖南龙山里耶战国——秦代古城一号井发掘简报》，《文物》2003 年第 1 期。

华友根：《宋教仁民主与爱国之法律思想研究》，《政治与法律》2015 年第

3 期。

黄阿明:《明初磨勘司考论》,《社会科学辑刊》2013 年第 4 期。

黄春燕:《清末法律改革何以如此艰难》,《法学论坛》2012 年第 1 期。

黄海:《"醴阳令恢盗县官米"案与汉代的官员监守自盗犯罪》,《法律适用》2020 年第 24 期。

黄海:《论中国古代专职法官在战国时期的出现》,《华东政法大学学报》2019 年第 2 期。

黄海:《由"笞"至"笞刑"——东周秦汉时期"笞刑"的产生与流变》,《社会科学》2019 年第 4 期。

黄河:《中国近代就业促进法制变迁及启示》,《历史教学问题》2016 年第 3 期。

黄礼登:《礼法论争中的失踪者:赫善心的生平与思想》,《华东政法大学学报》2017 年第 2 期。

黄兴涛:《强者的特权与弱者的话语:"治外法权"概念在近代中国的传播与运用》,《近代史研究》2019 年第 6 期。

黄学涛:《明成化禁僭奢条例变化研究》,《暨南学报》(哲学社会科学版) 2019 年第 4 期。

黄益飞、刘佳佳:《霸姬盘铭文与西周誓制》,《考古》2019 年第 3 期。

黄源盛:《民初大理院公序良俗原则的构建及其法理》,《法学》2021 年第 5 期。

黄源盛:《晚清民国的社会变迁与法文化重构》,《法制与社会发展》2020 年第 3 期。

霍存福:《〈龙筋凤髓判〉判目破译——张鷟判词问目源自真实案例、奏章、史事考》,《吉林大学学报》1998 年第 2 期。

霍存福:《给宋代"鞫谳分司"制度以定位——"听""断"从合一到分立的体制演化》,《北方文物》2017 年第 5 期。

霍存福:《沈家本"情理法"观所代表的近代转捩——与薛允升、樊增祥的比较》,《华东政法大学学报》2018 年第 6 期。

霍存福:《沈家本眼中的"情・法"结构与"情・法"关系——以〈妇女离异律例偶笺〉为对象的分析》,《吉林大学社会科学学报》2012 年第 1 期。

霍存福:《宋代"鞫谳分司":"听""断"合一与分立的体制机制考察》,

《社会科学辑刊》2016年第4期。

霍存福：《张鷟〈龙筋凤髓判〉与白居易〈甲乙判〉异同论》，《法制与社会发展》1997年第2期。

纪庆芳：《浅析中国共产党革命根据地政权的女性法律地位》，《周口师范学院学报》2013年第3期。

贾丽英：《秦汉至三国吴的"訾税"变迁》，《历史研究》2019年第2期。

贾文龙：《司命千里——宋朝司理参军制度》，《平顶山学院学报》2015年第3期。

贾宇：《陕甘宁边区刑事和解制度研究》，《法律科学》（西北政法大学学报）2014年第6期。

江国华：《中国国家荣誉制度立法的历史考察（1881—1949）》，《政法论丛》2014年第2期。

江国华、韩玉亭：《清末民初法科留学生与中国法制近代化》，《求索》2017年第1期。

江照信：《司法民族主义（1922—1931）：司法的政治参与、进程与意义》，《清华法学》2017年第1期。

姜翰：《民意与司法：苏维埃时期的刑事审判（1931—1934）》，《苏区研究》2019年第4期。

姜翰：《时间与刑罚：清代"永远监禁"考略》，《清史研究》2019年第4期。

姜小川：《百年来我国废除刑讯不止的源头审视——以清末废除刑讯为视角》，《法学杂志》2014年第1期。

姜小川：《清末司法改革对中国法制现代化的影响与启示》，《法学杂志》2012年第7期。

姜晓敏：《晚清的死刑废除问题及其历史借鉴》，《法学杂志》2013年第12期。

姜宇：《金代司法机构研究综述》，《白城师范学院学报》2015年第7期。

蒋海松：《时务学堂与近代法政教育革新》，《湖南大学学报》2017年第6期。

蒋铁初：《中国传统量刑制度的近代化——以〈大清新刑律〉为对象》，《政法论丛》2012年第2期。

焦洪昌、王放：《"五四宪法"的"社会主义"规范入宪——依宪执政的探索与实践》,《法学杂志》2014 年第 12 期。

解锟:《西法东渐之殊途:胶澳与威海卫租借地法制实践样本考察》,《政法论坛》2017 年第 4 期。

金敏:《继承晚清谁人遗产?——梁治平先生〈礼教与法律〉读后》,《清华法学》2015 年第 5 期。

金欣:《传统法的危机——黄宗羲〈明夷待访录〉中的法思想再探讨》,《时代法学》2018 年第 1 期。

景风华:《新旧之间:民国时期的家长惩戒权与送惩权》,《开放时代》2019 年第 2 期。

鞠明库:《明代勘灾制度述论》,《中国社会经济史研究》2014 年第 1 期。

柯伟明:《民国时期税收制度的嬗变》,《中国社会科学》2019 年第 11 期。

孔许友:《论春秋时期的刑书书写——以铸刑鼎之争为中心》,《云南社会科学》2016 年第 3 期。

赖俊楠:《十九世纪国际法学中的中国叙述》,《法学家》2012 年第 5 期。

赖骏楠:《"文明论"视野下的晚清中国及其对外关系——以〈中国评论〉(1872—1901)为考察对象》,《华东政法大学学报》2017 年第 4 期。

赖骏楠:《梁启超政治思想中的"个人"与"国家"——以"1903 年转型"为核心考察对象》,《清华法学》2016 年第 3 期。

赖骏楠:《清代民间地权习惯与基层财税困局——以闽台地区一田多主制为例》,《法学家》2019 年第 2 期。

赖骏楠:《清末〈新民丛报〉与〈民报〉论战中的"国民"议题》,《法学研究》2018 年第 4 期。

赖骏楠:《清末立宪派的近代国家想象——以日俄战争时期的〈东方杂志〉为研究对象(1904—1905)》,《中外法学》2018 年第 4 期。

赖骏楠:《晚清时期梁启超宪法思想中的"人民程度"问题》,《清史研究》2016 年第 1 期。

兰图、栾雪飞:《近代中国社团立法的演进及启示》,《学术交流》2014 年第 7 期。

雷安军:《新出金文所见西周罚金刑研究》,《中国法学》2020 年第 2 期。

雷勇:《清末修律的旁观者:赫善心与〈中国新刑律论〉》,《政法论坛》2019 年第 4 期。

冷霞:《近代英国法律知识的大众传播及其中国影响——以〈人人自为律

师〉的译介为例》,《华东政法大学学报》2018 年第 6 期。

李畅:《唐代别籍异财罪研究》,硕士学位论文,安徽大学,2012 年。

李鼎楚:《法正当性"中国建构"的尝试:中国传统法理智慧的近代论说及其启示》,《法律科学》2016 年第 3 期。

李鼎楚:《历史法学在近代中国传播的"知识景象"——基于法政书刊的考察》,《政法论坛》2017 年第 6 期。

李栋:《19 世纪前中西法律形象的相互认知及其分析》,《学术研究》2017 年第 8 期。

李栋:《迈向一种法学的法律史研究——萨维尼法学方法论对于中国法律史研究的启示》,《江苏社会科学》2020 年第 3 期。

李栋:《鸦片战争前后英美法知识在中国的输入与影响》,《政法论坛》2014 年第 1 期。

李栋、王世柱:《中国传统伦理法向现代法的范式转换——以晚清"无夫奸"罪存废之争为背景》,《法学》2019 年第 5 期。

李栋、杨莹:《洋务运动时期王韬对待西方法政知识的认知与逻辑》,《广东社会科学》2019 年第 2 期。

李峰:《中国古代国家形态的变迁和成文法律形成的社会基础》,《华东政法大学学报》2016 年第 4 期。

李凤鸣:《清代强奸幼女罪溯源及其成立要件研究》,《社会科学家》2017 年第 10 期。

李凤鸣:《清代重案中的成案适用——以〈刑案汇览〉为中心》,《北京大学学报》(哲学社会科学版)2020 年第 2 期。

李富鹏:《比较法视野下的近代宪法汇编》,《法学评论》2019 年第 6 期。

李富鹏:《改造"律例"——晚清法律翻译的语言、观念与知识范式的近代转化》,《政法论坛》2019 年第 6 期。

李贵连、程晶:《从令到例:论明代律例法律体系的生成》,《学术界》2020 年第 10 期。

李贵连、刘鄂:《清末法政学堂自修科考》,《清史研究》2014 年第 2 期。

李红英、汪远忠:《论华北抗日根据地应对灾荒法律及实践中的女性角色》,《中国农史》2013 年第 1 期。

李婧:《论近代中国股份公司制银行的法律规制》,《江西社会科学》2013 年第 5 期。

李俊领：《礼治与宪政：清末礼学馆的设立及其时局因应》，《近代史研究》2017年第3期。

李明：《清代律例馆考述》，《清史研究》2016年第2期。

李明：《试论清代律学与经学的关系》，《清史研究》2020年第5期。

李平：《传统中国审判机制的法理与道理——从刘锡彤断杨乃武小白菜案说起》，《法制与社会发展》2017年第4期。

李启成：《法律继受中的"制度器物化"批判——以近代中国司法制度设计思路为中心》，《法学研究》2016年第2期。

李启成：《清末比附援引与罪刑法定存废之争——以〈刑律草案签注〉为中心》，《中国社会科学》2013年第11期。

李启成：《儒学信仰、法政新知与议员风骨——从晚清资政院议员之操守谈起》，《比较法研究》2013年第1期。

李启成：《议事之学与近代中国的民权演进——从〈资政院议事细则〉到〈民权初步〉》，《法学家》2013年第3期。

李勤通：《法律儒家化、卡迪司法与礼法融合的嵌入式规范结构》，《社会》2021年第2期。

李勤通：《法律儒家化及其解释力》，《学术月刊》2020年第8期。

李勤通：《南朝梁的赎刑及其转折意义》，《暨南史学》2018年第1期。

李青：《清代民事诉讼意识的萌发——以清代档案为视角》，《政法论坛》2013年第4期。

李守良：《律典之失与律学吸纳：明清私家律学与清代的法典编纂》，《江汉论坛》2018年第5期。

李书吉：《论〈太和律〉及北朝法系》，《山西大学学报》（哲学社会科学版）2017年第3期。

李斯特：《清代地方法律实践中的现代逻辑——围绕"犯奸"展开》，《北大法律评论》2013年第1辑。

李欣荣：《1907年修律权纷争与立法新制的建立》，《社会科学研究》2016年第6期。

李欣荣：《清季京师模范监狱的构筑》，《清史研究》2019年第3期。

李欣荣：《清季伍廷芳提出诉讼新法的理想与冲突》，《学术研究》2016年第9期。

李欣荣：《清季许同莘的学法、修律与法学理路》，《中山大学学报》2017

年第 3 期。

李欣荣:《清末"国事犯"观念的引进、论辩与实践》,《近代史研究》2013 年第 6 期。

李欣荣:《汪康年与晚清修律中的法权迷思》,《广东社会科学》2015 年第 3 期。

李欣荣:《辛亥前夕的"无夫奸"论争与政党政治萌芽》,《学术研究》2013 年第 9 期。

李秀清:《〈印中搜闻〉与 19 世纪早期西方人的中国法律观》,《法学研究》2017 年第 4 期。

李秀清:《〈中国评论〉与十九世纪末西方人眼中的中国司法》,《中外法学》2017 年第 1 期。

李秀清:《〈中国评论〉中的中国法律及其研究价值》,《比较法研究》2017 年第 2 期。

李秀清:《叙事·话语·观念:论 19 世纪西人笔下的杀女婴问题》,《中国法律评论》2017 年第 5 期。

李学勤:《一篇记述土地转让的西周金文论》,《故宫博物院院刊》2015 年第 5 期。

李洋:《从"非正式帝国主义"到"法律帝国主义":以近代中国的境遇为例》,《法学家》2020 年第 1 期。

李洋:《从词义到语境:"治外法权"误读、误用及误会》,《社会科学》2015 年第 2 期。

李洋:《近代在华美国法律职业群体形象的多重建构》,《中外法学》2019 年第 1 期。

李洋:《罗炳吉与东吴大学法学院》,《华东政法大学学报》2014 年第 6 期。

李洋:《美国驻华法院:近代治外法权的另一重实践》,《法学家》2015 年第 6 期。

李耀跃:《清末铁路交涉中的法律技术与政治策略》,《齐鲁学刊》2016 年第 2 期。

李游、李栋:《西法对中国法制近代化的影响——以郭嵩焘的法政思想为主线》,《比较法研究》2013 年第 3 期。

李育民:《中外条约关系与晚清法律的变化》,《历史研究》2015 年第 2 期。

李源、韦东超:《明代提学官制施行背景及其效果探析》,《中央民族大学学报》(哲学社会科学版) 2014 年第 4 期。

李在全：《亲历清末官制改革：一位刑官的观察与因应》，《近代史研究》2014 年第 2 期。

李在全：《制度变革与身份转型——清末新式司法官群体的组合、结构及问题》，《近代史研究》2015 年第 5 期。

李志芳、蒋鲁敬：《湖北荆州市胡家草场西汉墓 M12 出土简牍概述》，《考古》2020 年第 2 期。

李治安：《元代"内蒙外汉"二元政策简论》，《史学集刊》2016 年第 3 期。

李治安：《元江南地区的籍没及其社会影响新探》，《社会科学》2016 年第 9 期。

李治安：《元至明前期的江南政策与社会发展》，《历史研究》2016 年第 1 期。

李治安：《在兼容和划一之间——元蒙汉杂糅与明"配户当差"治天下》，《古代文明》2020 年第 4 期。

栗铭徽：《清代法律位阶关系新论——以〈大清律例〉和〈户部则例〉的关系为例》，《华东政法大学学报》2017 年第 3 期。

梁洪明：《马锡五审判与中国革命》，《政法论坛》2013 年第 6 期。

梁健：《明清民间法律规则考析——以"书约"为例》，《现代法学》2017 年第 5 期。

林来梵：《权利概念的移植交流史》，《中外法学》2020 年第 2 期。

林乾：《清代吏治腐败的法律诱因——以"完赃减等"例为中心的考察》，《国家行政学院学报》2017 年第 5 期。

林乾：《清代乾隆时期群体性事件的法律控制及其效果考察》，《国家行政学院学报》2018 年第 6 期。

林乾：《巡按制度罢废与清代地方监察的缺失》，《国家行政学院学报》2015 年第 4 期。

凌斌：《从〈清帝逊位诏书〉解读看国家建立的规范基础》，《法学家》2013 年第 4 期。

凌斌：《政治私约主义的正当性困境：政治宪法学批判——以〈清帝逊位诏书〉的法学解读为中心》，《清华法学》2012 年第 6 期。

凌文超：《走马楼吴简隐核州、军吏父兄子弟簿整理与研究——兼论孙吴吏、民分籍及在籍人口》，《中国史研究》2017 年第 2 期。

刘冰雪：《清代法律文献中的习俗规制——以丧葬习俗为例》，《河北师范大学学报》（社会科学版）2013 年第 3 期。

刘笃才：《律令法体系向律例法体系的转换》，《法学研究》2012 年第 6 期。

刘笃才：《破解〈皇明条法事类纂〉之谜》，《北方法学》2017 年第 5 期。

刘鄂：《依违于礼教与宗教之间——〈钦定大清刑律〉"发掘坟墓罪"研究》，《清华法学》2014 年第 6 期。

刘广安：《〈大清会典〉三问》，《华东政法大学学报》2015 年第 6 期。

刘练军：《"大跃进"中的人民司法》，《政法论坛》2013 年第 5 期。

刘猛：《论中国现代法学学术之开端》，《华东政法大学学报》2016 年第 1 期。

刘猛：《宋代司法的运行及其法理：以阿云案为考察对象》，《史林》2019 年第 5 期。

刘庆：《秦汉告、劾制度辨析》，《中国史研究》2016 年第 4 期。

刘全娥：《陕甘宁边区离婚诉讼中"考虑期间"的创制、实践及其价值》，《法律科学》（西北政法大学学报）2019 年第 6 期。

刘顺峰：《史料、技术与范式：迈向科学的中国法律史研究》，《江苏社会科学》2016 年第 2 期。

刘伟：《晚清州县"就地正法"司法程序之再考察》，《社会科学》2015 年第 2 期。

刘小萌：《清代旗人民人法律地位的异同——以命案量刑为中心的考察》，《清史研究》2019 年第 4 期。

刘晓：《改革开放 40 年来的元史研究》，《中国史研究动态》2018 年第 1 期。

刘晓：《〈大元通制〉到〈至正条格〉：论元代的法典编纂体系》，《文史哲》2012 年第 1 期。

刘晓林：《〈唐律疏议〉中的"理"考辨》，《法律科学》（西北政法大学学报）2015 年第 4 期。

刘晓林：《〈唐律疏议〉中的"情"考辨》，《上海师范大学学报》（哲学社会科学版）2017 年第 1 期。

刘晓林：《传统刑律中的死刑限制及其技术策略：以〈唐律疏议〉中的"至死"为中心的考察》，《四川大学学报》（哲学社会科学版）2019 年第 6 期。

刘晓林：《立法语言抑或学理解释：注释律学中的"六杀"与"七杀"》，

《清华法学》2018 年第 6 期。

刘晓林：《唐律立法体例的实证分析——以"不用此律"的表述为中心》，《政法论坛》2016 年第 5 期。

刘晓林：《唐律误杀考》，《法学研究》2012 年第 5 期。

刘晓林：《唐律中的"杀"与"死"》，《政法论坛》2020 年第 3 期。

刘晓林：《唐律中的"余条准此"考辨》，《法学研究》2017 年第 3 期。

刘晓林：《唐律中的"罪名"：立法的语言、核心与宗旨》，《法学家》2017 年第 5 期。

刘晓林：《唐律中的"罪止"：通过立法技术表现的慎刑与官吏控制》，《法律科学》2020 年第 4 期。

刘晓林：《唐律中的罪名：立法的语言、核心与宗旨》，《法学家》2017 年第 5 期。

刘星：《马锡五审判方式的"可能"的运行逻辑：法律与文学》，《清华法学》2014 年第 4 期。

刘彦波：《晚清两湖地区州县"就地正法"述论》，《暨南学报》2012 年第 3 期。

刘玉堂：《关于唐代婚姻立法若干问题的思考》，《华中师范大学学报》2017 年第 6 期。

刘玉堂：《唐代对官吏婚姻特权的法律规范》，《中国文化》2013 年春季卷。

刘玉堂：《论唐代的义绝制度及其法律后果》，《中南民族大学学报》（人文社会科学版）2005 年第 6 期。

刘源：《从韩伯丰鼎铭文看西周贵族政体运作机制》，《史学集刊》2018 年第 3 期。

刘正刚、高扬：《明代法律演变的动态性——以"耷妻"例为中心》，《历史研究》2020 年第 4 期。

刘志松：《清代河工贪冒考论》，《社会科学辑刊》2017 年第 3 期。

刘宗志：《清代常平仓法律探析》，《河南工业大学学报》（社会科学版）2014 年第 3 期。

柳立言：《南宋的民事裁判：同案同判还是异判》，《中国社会科学》2012 年第 8 期。

柳飒：《近代中国权利观念的嬗变与重构》，《法学评论》2012 年第 3 期。

柳飒：《中国近代基本法权利规范在实证法律中的变迁》，《求索》2012 年第 8 期。

楼劲：《"法律儒家化"与魏晋以来的"制定法运动"》，《南京师大学报》（社会科学版）2014 年第 6 期。

楼劲：《北魏天兴"律令"的性质和形态》，《文史哲》2013 年第 2 期。

楼劲：《从"以官存司"到"以司存官"——〈百官志〉体例与汉唐行政体制变迁研究》，《历史研究》2021 年第 1 期。

鲁西奇：《甘肃灵台、陕西长武所出北魏地券考释》，《中国经济史研究》2010 年第 4 期。

路子靖：《1930 年代中央苏区反革命罪的审判——以〈红色中华〉的案件为中心》，《史学月刊》2014 年第 8 期。

吕静：《习仲勋与南梁革命根据地土地改革》，《福建党史月刊》2017 年第 2 期。

吕克军：《清末浙江咨议局的创设与运行》，《浙江学刊》2017 年第 3 期。

吕丽、王志民：《〈元史〉中官吏贪腐案考察》，《社会科学战线》2017 年第 3 期。

吕铁贞：《晚清铁路外债之恶例与流弊：中比卢汉铁路借款合同的考察》，《法学》2014 年第 3 期。

吕志兴：《北周五刑制度研究》，《西南政法大学学报》2020 年第 3 期。

吕志兴：《南朝律学的发展及其特点——兼论"中原律学，衰于南而盛于北"说不能成立》，《政法论坛》2012 年第 1 期。

栾爽：《社会变迁与契约法制——关于近代中国社会的一种考察》，《政治与法律》2013 年第 9 期。

罗玮：《元明时期树木保护法令初探》，《北京林业大学学报》（社会科学版）2015 年第 1 期。

罗新慧：《春秋时期天命观念的演变》，《中国社会科学》2020 年第 12 期。

马成：《陕甘宁边区镇压与宽大相结合的刑事政策及当代启示》，《青海社会科学》2019 年第 5 期。

马成、薛永毅：《人民司法视野下陕甘宁边区刑事证据规则考论》，《证据科学》2019 年第 2 期。

马建红：《孙中山的法治理想与现实困境》，《法学杂志》2012 年第 1 期。

马岭：《我国国家主席制度的历史回顾及反思》，《法律科学》（西北政法大学学报）2014 年第 6 期。

马孟龙：《张家山二四七号汉墓〈二年律令·秩律〉抄写年代研究——以汉初侯国建置为中心》，《江汉考古》2013年第2期。

马孟龙：《张家山三三六号汉墓〈秩律〉残简相关问题阐释》，《江汉考古》2014年第6期。

马腾：《中国传统法思想形态新探——以晋〈律注表〉为中心》，《法制与社会发展》2017年第1期。

马腾：《子产礼义与变法新诠——〈左传〉与清华简〈子产〉互证》，《四川大学学报》（哲学社会科学版）2021年第2期。

马小红、张岩涛：《当代中国法律史学研究方法的分析》，《政法论丛》2020年第1期。

马小红、张岩涛：《中国法律史研究的时代图景（1949—1966）——马列主义方法论在法律史研究中的表达与实践》，《政法论丛》2018年第2期。

马一德：《政治变革与国家能力——对中国近代宪治探寻的再思考》，《法学研究》2013年第6期。

茆巍：《清代命案私和中的法律与权力》，《社会科学研究》2016年第4期。

冒志祥：《苏轼对宋代"海上丝路"贸易法规建设的贡献——以苏轼有关高丽的状文为例》，《南京师范大学文学院学报》2017年第1期。

孟广洁：《以"法律"语义演变标记的中国法制近代化探究——以来华传教士文献、清末日译法律工具书为依据》，《华东政法大学学报》2018年第4期。

牟宪魁：《北洋政府时期的司法权与宪法解释制度研究》，《法学评论》2012年第3期。

牟宪魁：《国民政府时期的司法权与宪法解释制度研究——"五五宪草"上的司法释宪模式之检讨》，《法学》2013年第4期。

娜鹤雅：《晚清中央与地方关系下的就地正法之制》，《清史研究》2018年第1期。

聂卫锋：《中国民商立法体例历史考——从晚清到民国的立法政策与学说争论》，《政法论坛》2014年第1期。

聂鑫：《财产权宪法化与近代中国社会本位立法》，《中国社会科学》2016年第6期。

聂鑫：《共和中的不和：〈临时约法〉与〈魏玛宪法〉的失败》，《法学》2016年第9期。

聂鑫：《近代中国宪制的发展》，《中国法学》2015年第2期。

聂鑫：《民初选举诉讼中的"法官造法"》，《中外法学》2018年第3期。

聂鑫：《民初制宪权问题的再审视——比较宪法的视角》，《华东政法大学学报》2013年第5期。

聂鑫：《民国时期公务员惩戒委员会体制研究》，《法学研究》2016年第3期。

聂鑫：《内阁制、总统制还是半总统制——民国宪法史上的政体之争》，《法学》2013年第10期。

聂鑫：《资政院弹劾军机案的宪法学解读》，《法学研究》2013年第6期。

欧阳华：《抗战时期陕甘宁边区锄奸反特刑事法律制度研究》，《军事历史研究》2012年第3期。

潘怀平：《比较法视野下陕甘宁边区罪刑协商制度研究》，《理论学刊》2013年第3版。

潘怀平：《陕甘宁边区时期刑法的"三元结构模式"》，《检察日报》2010年7月29日第3版。

潘萍：《平：传统中国的核心司法理念》，《原道》2019年第2期。

彭凯翔、林展：《从例的修订看清代治理模式：以〈大清律例〉〈会典事例〉为主的分析》，《清史研究》2020年第6期。

齐春风：《国民党中央对民众运动的压制与消解（1927—1929）》，《中国社会科学》2016年第8期。

齐继伟：《秦〈发征律〉蠡测——兼论秦汉"律篇二级分类说"》，《中国史研究》2021年第1期。

齐静：《从英国档案看国际法的运用和鸦片战争的非法性》，《华东政法大学学报》2016年第6期。

乔惠全、范忠信：《从大理院判例到案例指导制度：法律传统的制度性转化》，《法学杂志》2015年第5期。

秦宝琦、孟超：《清代惩处秘密会党律例的制定与实施》，《清史研究》2015年第3期。

邱唐：《旗民不婚？——清代族群通婚的法律规范、实践与意识》，《清华法学》2016年第1期。

邱志红：《清末法制习惯调查再探讨》，《广东社会科学》2015年第5期。

饶传平：《宪政与革命：1920年代中国知识分子的"孤军"困境——以

〈孤军〉杂志为中心》,《政法论坛》2012 年第 5 期。

桑本谦:《科技进步与中国刑法的近现代变革》,《政法论坛》2014 年第 5 期。

山西省考古研究所等:《山西翼城大河口西周墓地 2002 号墓发掘》,《考古学报》2018 年第 2 期。

沈岚:《〈大清违警律〉立法源流探析》,《法学杂志》2012 年第 2 期。

沈岚:《新生活运动与中国近代的治安处罚法》,《比较法研究》2012 年第 1 期。

沈如泉:《敦煌伯 3813 唐判与宋代花判》,《敦煌研究》2016 年第 1 期。

沈伟:《近代中国比较法教育辨正——基于东吴大学法学院的考察》,《华东政法大学学报》2017 年第 5 期。

沈伟:《萌芽时期的中国近代法学教育——基于南洋公学特班的研究》,《交大法学》2019 年第 1 期。

史洪智:《日本法学博士与清末新政——以交往、舆论与制度转型为视角》,《河南大学学报》2013 年第 1 期。

史洪智:《清末修订法律大臣的政治困境》,《史学月刊》2013 年第 1 期。

史洪智:《议案博弈:资政院常年会与〈改订大清商律草案〉》,《河南大学学报》2015 年第 1 期。

史永丽:《论〈陕甘宁边区抗战时期施政纲领〉与"三民主义"》,《政法论丛》2012 年第 1 期。

宋洁:《"具五刑"考——兼证汉文帝易刑之前存在两个"五刑"系统》,《中国史研究》2014 年第 2 期。

宋少华:《长沙市走马楼西汉古井及简牍发掘简报》,《考古》2021 年第 3 期。

宋兴家:《贞节与权利:清代"抢占良家妻女"条例研究》,《法律史评论》2020 年第 1 卷。

宋宇文:《相似宪法文本的不同命运——〈钦定宪法大纲〉与〈明治维新宪法〉的不同结局探析》,《法律科学》2013 年第 2 期。

苏基朗:《有法无天?严复译〈天演论〉对 20 世纪初中国法律的影响》,《清华法学》2012 年第 5 期。

苏俊林:《岳麓秦简〈暨过误失坐官案〉的议罪与量刑》,《史学月刊》2019 年第 8 期。

苏亦工：《"八议"源流与腹边文化互动》，《法学研究》2019 年第 1 期。

苏亦工：《官制、语言与司法：清代刑部满汉官权力之消长》，《法学家》2013 年第 2 期。

苏亦工：《康熙朝〈刑部现行则例〉的修颁时间、传本及特色》，《社会科学辑刊》2017 年第 3 期。

苏亦工：《清代"情理"听讼的文化意蕴——兼评滋贺秀三的中西诉讼观》，《法商研究》2019 年第 3 期。

苏亦工：《因革与依违——清初法制上的满汉分歧一瞥》，《清华法学》2014 年第 1 期。

孙德鹏：《历史精神与宪法：严复〈政治讲义〉论析》，《现代法学》2012 年第 1 期。

孙福轩：《北宋新党舒亶考论》，《浙江学刊》2012 年第 2 期。

孙家红：《帝制中国晚期的废除刑讯运动（1870—1905）——以〈申报〉为起点》，《甘肃政法学院学报》2015 年第 3 期。

孙家红：《法政速成科：清国的双刃剑》，《法人》2015 年第 10 期。

孙家红：《欲速则不达：清末法政速成教育之反思》，《社会科学论坛》2019 年第 4 期。

孙婧婍：《民逋与官欠——宋代田赋逋欠问题及其法律处置》，《青海社会科学》2020 年第 2 期。

孙连滨：《继承和弘扬中国传统法律文化的思想精髓》，《人民论坛》2018 年第 7 期。

田东奎：《民国水权习惯法及其实践》，《政法论坛》2016 年第 6 期。

田夫：《论"八二宪法"对检察院的"双重界定"及其意义》，《东方法学》2013 年第 6 期。

田富：《辽朝法律制度研究综述》，《赤峰学院学报》2020 年第 3 期。

田莉姝：《浅析明朝充军刑的实施对贵州的影响》，《贵州民族大学学报》（哲学社会科学版）2013 年第 5 期。

童旭：《国家与社会：明清的里社制与乡村秩序——以徽州"社会"为线索的考察》，《中国农业大学学报》（社会科学版）2019 年第 6 期。

汪红娟：《抗战时期陕甘宁边区的食盐走私与缉私》，《河北学刊》2019 年第 5 期。

汪强：《形象塑造与知识生产：晚清域外日记中的英国议会（1866—

1885）》,《华东政法大学学报》2019 年第 3 期。

汪雄涛:《清代司法的中层影像：一个官员的知府与臬司经历》,《政法论坛》2014 年第 6 期。

汪雄涛:《清代州县讼事中的国家与个人——以巴县档案为中心》,《法学研究》2018 年第 5 期。

汪雄涛:《中国法律史研究的三种神话——基于明清社会的反思》,《法学评论》2013 年第 4 期。

汪洋:《明清时期地权秩序的构造及其启示》,《法学研究》2017 年第 5 期。

王安宇:《秦汉时期的异地诉讼》,《中国史研究》2019 年第 3 期。

王本存:《抗战时期陈启天宪政思想研究》,《政法论坛》2014 年第 4 期。

王彬:《吴简许迪割米案相关文书所见孙吴临湘侯国的司法运作》,《文史》2014 年第 2 期。

王博:《论〈明律〉财税监督的制度结构及立法特点》,《安阳师范学院学报》2015 年第 1 期。

王菲:《清末讼师群体消亡原因分析》,《国家检察官学院学报》2014 年第 5 期。

王贵松:《论近代中国行政法学的起源》,《法学家》2014 年第 4 期。

王贵松:《民初行政诉讼法的外国法背景》,《清华法学》2015 年第 2 期。

王灏在:《近代中国法学学术团体考证》,《法学研究》2018 年第 3 期。

王宏斌:《清代内外洋划分及其管辖问题研究——兼与西方领海观念比较》,《近代史研究》2015 年第 3 期。

王捷:《清华简〈子产〉篇与"刑书"新析》,《上海师范大学学报》(哲学社会科学版) 2017 年第 4 期。

王捷:《直诉制度的历史实践渊源新证——以包山楚司法简为材料》,《华东师范大学学报》(哲学社会科学版) 2015 年第 1 期。

王敬松:《论元代法律中没有"十恶"体系》,《民族研究》2013 年第 5 期。

王敬松:《元代宪司分行录囚述论》,《北京联合大学学报》(人文社会科学版) 2013 年第 1 期。

王静:《中国近代商会法的演进与影响》,《天津社会科学》2012 年第 5 期。

王立民:《百年中国租界的法制变迁——以上海租界法制变迁为中心》,《政法论坛》2015 年第 1 期。

王立民:《抵触或接受：华人对中国租界法制的态度——以上海租界的两个

法制事例为出发点》,《政治与法律》2014 年第 9 期。

王立民:《甲午战争后中国区域法制的变化》,《中外法学》2016 年第 1 期。

王立民:《近代中国法制现代化进程再认识》,《社会科学》2019 年第 6 期。

王立民:《上海律师公会与中国近代法制》,《探索与争鸣》2012 年第 11 期。

王立民:《试论中国租界法制的传播与普及——以上海租界法制的传播与普及为中心》,《政治与法律》2013 年第 4 期。

王立民:《试论中国租界与租借地区域法制的差异——以上海租界与威海卫租借地区域法制的差异为例》,《现代法学》2017 年第 1 期。

王立民:《中国法制史学史三十五年》,《浙江学刊》2016 年第 4 期。

王立民:《中国近代成为大陆法系国家的原因及相关问题探析》,《华东师范大学学报》2017 年第 4 期。

王立民:《中国近代法制自主性诸问题研究》,《华东政法大学学报》2013 年第 3 期。

王立民:《中国唐律研究 70 年的三个重要问题》,《浙江学刊》2020 年第 1 期。

王立民:《中国唐律研究三十年》,《法学研究》2014 年第 3 期。

王立民:《中国租界法制研究的检视与思考——以近 30 余年来的研究为中心》,《当代法学》2012 年第 4 期。

王立民:《中国租界法制与中国法制现代化历程》,《社会科学》2015 年第 2 期。

王立民:《中国租界法制诸问题再研究》,《法学》2019 年第 11 期。

王沛:《琱生诸器与西周宗族内部诉讼》,《上海师范大学学报》(哲学社会科学版)2017 年第 1 期。

王沛:《西周邦国的法秩序构建:以新出金文为中心》,《法学研究》2016 年第 6 期。

王沛:《刑鼎、宗族法令与成文法公布——以两周铭文为基础的研究》,《中国社会科学》2019 年第 3 期。

王沛:《刑鼎源于何时——由枣阳出土曾伯陭钺铭文说起》,《法学》2012 年第 10 期。

王沛:《刑名学与中国古代法典的形成——以清华简、〈黄帝书〉资料为线索》,《历史研究》2013 年第 4 期。

王沛:《子产铸刑书新考:以清华简〈子产〉为中心的研究》,《政法论坛》2018年第2期。

王泉伟:《明代宦官司法体制初探》,《故宫学刊》2019年总第20辑。

王若时:《清代成案非"司法案例"辩》,《华东政法大学学报》2020年第1期。

王帅一:《"无法"之讼:传统中国国家治理体系中的田土细故》,《学术月刊》2019年第12期。

王雁:《晚清六部司官公务生活的时与空——以刑部司官唐烜为中心》,《清史研究》2017年第3期。

王勇:《传统政教观与晚清立宪观念的谱系沿革》,《当代法学》2012年第4期。

王元天:《重新审视沈家本的领衔修律与司法改革》,《法学论坛》2016年第3期。

王云红:《清代中原地区的立嗣民事习惯问题》,《中州学刊》2015年第5期。

王云红:《中国法律史上的失踪者:晚清豫派律学家群体考论》,《河南大学学报》2020年第5期。

王兆辉、刘志松:《清代州县佐贰官司法权探析》,《西南大学学报》(社会科学版)2014年第4期。

王喆、周磊:《法律史视野下的羁縻政策研究——以唐、清两代治理西北边疆的比较为例》,《时代法学》2014年第1期。

王志林:《中国传统法律解释的技术与意蕴——以清代典型的注释律学文本为视域》,《法学家》2014年第3期。

王志强:《论清代刑案诸证一致的证据标准——以同治四年郑庆年案为例》,《法学研究》2019年第6期。

王志强:《辛亥革命后基层审判的转型与承续——以民国元年上海地区为例》,《中国社会科学》2012年第5期。

王中江:《世界秩序中国际法的道德性与权力身影——"万国公法"在晚清中国的正当化及其依据》,《天津社会科学》2014年第3期。

魏磊杰:《中国民法典的本土化何以可能:一条现实主义的路径》,《法律科学》2019年第4期。

魏淑民:《张力与合力:晚清两司处理州县小民越讼的复杂态度——以樊增

祥及其〈樊山政书〉为例》,《河南社会科学》2013 年第 8 期。

魏治勋:《近代"救亡叙事"中的新法家法治意识形态及其问题》,《社会科学战线》2016 年第 1 期。

魏治勋:《新法家的"国家主义"形式法治观批判》,《法学论坛》2015 年第 3 期。

文扬:《因袭与开新:沈家本"会通改制"论再评》,《河北法学》2015 年第 9 期。

邬勖:《〈岳麓简(三)〉"癸、琐相移谋购案"中的法律适用》,《华东政法大学学报》2014 年第 2 期。

吴大华、喻琴瑶:《是封建复辟还是价值传承——基于"夏俊峰"案的"存留养亲"制度分析》,《昆明理工大学学报》2014 年第 2 期。

吴海航:《论元代判例的生成及其运用》,《法治研究》2014 年第 5 期。

吴欢:《明清律典"例分八字"源流述略——兼及传统律学的知识化转型》,《法律科学》2017 年第 3 期。

吴欢:《融贯中西:民初行政审判中的规则适用——以〈平政院裁决录存〉为中心的考察》,《法商研究》2017 年第 4 期。

吴佩林:《从〈南部档案〉看清代县审民事诉讼大样——侧重户婚案件的考察》,《中外法学》2012 年第 6 期。

吴佩林:《清代地方社会的诉讼实态》,《清史研究》2013 年第 4 期。

吴佩林、吴冬:《清代州县司法中的"遵用式状"研究》,《苏州大学学报》(法学版)2017 年第 3 期。

吴佩林、张加培:《清代州县衙门中的官媒》,《历史档案》2018 年第 3 期。

吴升辉:《福建中央苏区劳动法的制定与影响》,《福建党史月刊》2012 年第 24 期。

吴艳红:《陈纲案与明前期对赃官的惩治》,《四川大学学报》(哲学社会科学版)2019 年第 6 期。

吴艳红:《国家政策与明代的律注实践》,《史学月刊》2013 年第 1 期。

吴艳红:《明代宗藩司法管理中的分别议处——从〈鲁府招〉说起》,《中国史研究》2014 年第 2 期。

吴艳红:《试论都察院与明代官方法律知识的控制》,《四川大学学报》(哲学社会科学版)2018 年第 2 期。

吴艳红:《制度与明代推官的法律知识》,《浙江大学学报》(人文社会科学版）2015 年第 1 期。

吴艳红、姜永琳：《布政司与明代司法——以明代〈四川地方司法档案〉为中心的研究》，《南京大学学报》（哲学·人文科学·社会科学）2016 年第 4 期。

吴云：《中国王朝国家时代边疆治理中的法律一体化》，《云南行政学院学报》2020 年第 4 期。

吴铮强：《传统与现代的互嵌：龙泉司法档案民事状词叙述模式的演变（1908—1934）》，《史学月刊》2020 年第 12 期。

武乾：《论南京国民政府的财政监督制度体系》，《法学评论》2015 年第 5 期。

武乾：《清代江南民间慈善习惯法与传统法源结构》，《法学》2016 年第 12 期。

夏强：《成型但不成熟：明代的盐法道制度》，《盐业史研究》2019 年第 2 期。

夏扬：《法律移植、法律工具主义与制度异化——以近代著作权立法为背景》，《政法论坛》2013 年第 4 期。

夏扬：《上海道契特殊法律地位的形成》，《法学家》2015 年第 1 期。

夏杨：《双重所有权在中国法上的接纳与转承——从"一田两主"到挂号道契再到近代法律改革》，《法学》2016 年第 2 期。

谢晶：《古今之间的清律盗毁神物——神明崇拜、伦常秩序与宗教自由》，《政法论坛》2019 年第 1 期。

谢晶：《逻辑之外的"理"——古今比较下的清代"盗贼自首"研究》，《现代法学》2015 年第 6 期。

谢晶：《清律"家人共盗"的法思想源流》，《法学研究》2018 年第 2 期。

谢晶：《儒法之间的刑罚根据论：清律窃盗罚则的古今之维》，《学术月刊》2019 年第 8 期。

谢晶：《重实行与靖盗源——清律"盗贼窝主"立法原理及当代启示》，《法商研究》2018 年第 1 期。

熊北生、陈伟、蔡丹：《湖北云梦睡虎地 77 号西汉墓出土简牍概述》，《文物》2018 年第 3 期。

修晓波：《明代巡视监察制度若干问题探讨》，《历史研究》2018 年第 4 期。

徐爱国：《寻找"新文化运动"在百年法治中的印记》，《清华法学》2016

年第 2 期。

徐畅：《新刊长沙走马楼吴简与许迪割米案司法程序的复原》，《文物》2015 年第 12 期。

徐嘉露：《从契约文书看明代民间分家行为的秩序及价值取向》，《中州学刊》2020 年第 2 期。

徐嘉露：《明代民间契约习惯与民间社会秩序》，《中州学刊》2016 年第 5 期。

徐世虹：《秦汉律中的职务犯罪——以"公罪"为考察对象》，《政法论丛》2014 年第 6 期。

徐世虹：《西汉末期法制新识——以张勋主守盗案牍为对象》，《历史研究》2018 年第 5 期。

徐望：《明中期武职犯罪的审理程序——以〈皇明条法事类纂〉为中心》，《上海大学学报》（社会科学版）2017 年第 6 期。

徐忠明：《明清时期法律知识的生产、传播与接受——以法律书籍的"序跋"为中心》，《暨南学报》（社会科学版）2015 年第 1 期。

徐忠明：《清代中国司法类型的再思与重构——以韦伯"卡迪司法"为进路》，《政法论坛》2019 年第 2 期。

徐忠明：《社会与政法：在语境中理解明清契约》，《吉林大学社会科学学报》2018 年第 3 期。

徐忠明：《台前与幕后：一起清代命案的真相》，《法学家》2013 年第 1 期。

徐忠明：《晚清河南王树汶案的黑幕与平反》，《法制与社会发展》2014 年第 2 期。

徐忠明：《写诗与读律：清代刑部官员的法律素养——与〈抱冲斋诗集〉所见〈清代刑官生涯志业〉作者商榷》，《上海师范大学学报》（哲学社会科学版）2019 年第 3 期。

徐祖澜：《清末民初国家权力与绅权关系的历史嬗变——以乡村自治为背景的考察》，《中外法学》2014 年第 3 期。

许民慧：《闽西苏区时期劳动法规探析》，《龙岩学院学报》2016 年第 6 期。

许章润：《中国近代法制的世俗理性主义》，《清华法学》2013 年第 6 期。

薛刚：《从自然法到官僚法：近代中国的法理结构转型》，《南京大学学报》2019 年第 3 期。

闫强乐：《西夏法律文献与法律史研究述论》，《西夏研究》2019 年第 2 期。

闫强乐：《"陕派律学"著述丛考》，《法律史评论》2020 年第 1 期。
闫晓君：《古代保密法：漏泄罪与间谍罪》，《法学》2017 年第 2 期。
闫晓君：《一桩命案引起的妇女离异争议》，《法律适用》2017 年第 8 期。
严泉：《半总统制的初创：1925 年民国宪法草案的政体设计》，《华东政法大学学报》2015 年第 2 期。
严志斌、谢尧亭：《气盘、气盉与西周誓仪》，《中国国家博物馆馆刊》2018 年第 7 期。
颜丽媛：《清代性侵害案件中男性受害者的法律保护——以清代法律实践为中心》，《中国刑事法杂志》2012 年第 10 期。
颜丽媛：《清末日僧在华传教权的条约之争》，《清史研究》2016 年第 1 期。
杨本娟：《冈田朝太郎视域中的清末"礼法之争"》，《原道》2019 年第 1 期。
杨大春：《从部门法学到领域法学——〈大明律〉转型的历史启示》，《辽宁大学学报》（哲学社会科学版）2019 年第 1 期。
杨国庆：《中国传统法律文化的多值逻辑及其现代意涵》，《学术交流》2016 年第 1 期。
杨国誉、汤惠生：《从新出西晋"田产争讼爰书"简册看汉晋法制史研究中的几个问题》，《理论学刊》2018 年第 1 期。
杨凌燕：《清末民初法政别科考》，《近代史研究》2019 年第 1 期。
杨念群：《清帝逊位与民国初年统治合法性的阙失——兼谈清末民初改制言论中传统因素的作用》，《近代史研究》2012 年第 5 期。
杨蓉：《论 1946 年政协会议中第三方力量的宪制主张与实践》，《法学评论》2016 年第 2 期。
杨瑞：《北京大学法科的缘起与流变》，《近代史研究》2015 年第 3 期。
杨天宏：《清帝逊位与"五族共和"——关于中华民国主权承续的"合法性"问题》，《近代史研究》2014 年第 2 期。
杨小敏：《晚清司法权概念考——以宪法学为视角》，《政法论坛》2014 年第 5 期。
杨一凡：《论事例在完善明代典例法律体系中的功能》，《暨南学报》（哲学社会科学版）2019 年第 4 期。
杨一凡：《明代典例法律体系的确立与令的变迁——"律例法律体系"说、"无令"说修正》，《华东政法大学学报》2017 年第 1 期。

杨侬:《逮捕制度的中国进路：基于制度史的理论考察》,《政法论坛》2019年第3期。

杨振红:《从出土秦汉律看中国古代的"礼"、"法"观念及其法律体现——中国古代法律之儒家化说商兑》,《中国史研究》2010年第4期。

杨振红、王安宇:《秦汉诉讼制度中的"覆"及相关问题》,《史学月刊》2017年第12期。

姚秀兰:《南京国民政府监察制度探析》,《政法论丛》2012年第2期。

姚宇:《情罪之衡：清律"二罪俱发以重论"司法观察》,《北京化工大学学报》(社会科学版) 2018年第4期。

姚志伟:《十告九诬：清代诬告盛行之原因剖析》,《北方法学》2014年第1期。

姚中秋:《从革命到文明：八二宪法序言第一段大义疏解》,《法学评论》2015年第2期。

尹成波:《理想与现实的冲突及整合——唐代"别籍异财法"研究》,《法学家》2014年第2期。

尹泠然:《沈家本与中国刑事法律的变革》,《中国刑事法杂志》2012年第8期。

尹子玉:《论嘉庆朝的遣犯改发》,《清史研究》2020年第3期。

尤陈俊:《"讼师恶报"话语模式的力量及其复合功能》,《学术月刊》2019年第3期。

尤陈俊:《"厌讼"幻象之下的"健讼"实相？重思明清中国的诉讼与社会》,《中外法学》2012年第4期。

尤陈俊:《明清司法经济对民众诉讼策略的影响——高昂讼费与健讼风气之悖论的一个分析》,《法学》2019年第3期。

尤陈俊:《明清中国房地买卖俗例中的习惯权利——以"叹契"为中心的考察》,《法学家》2012年第4期。

尤陈俊:《批评与正名：司法档案之于中国法律史研究的学术价值》,《四川大学学报》(哲学社会科学版) 2020年第1期。

尤陈俊:《清代讼师贪利形象的多重建构》,《法学研究》2015年第5期。

尤陈俊:《阴影下的正当性——清末民初的律师职业与律师制度》,《法学》2012年第12期。

尤陈俊:《中国法律社会史研究的"复兴"及其反思——基于明清诉讼与社

会研究领域的分析》,《法治与社会发展》2019 年第 3 期。

于明:《革命与制宪之间——吴景濂与 1923 年〈中华民国宪法〉》,《华东政法大学学报》2013 年第 5 期。

于明:《晚清西方视角中的中国家庭法——以哲美森译〈刑案汇览〉为中心》,《法学研究》2019 年第 3 期。

于明:《政体、国体与建国:民初十年制宪史的再思考》,《中外法学》2012 年第 1 期。

于语和、雷园园:《论中国传统法律文化在依法治国中的价值》,《北京理工大学学报》(社会科学版) 2020 年第 4 期。

余伯流:《赣东北苏区吴先民冤案考辩》,《苏区研究》2019 年第 1 期。

俞江:《论清代"细事"类案件的投鸣与乡里调处——以新出徽州投状文书为线索》,《法学》2013 年第 6 期。

俞江:《明清州县细故案件审理的法律史重构》,《历史研究》2014 年第 2 期。

俞江、陈云朝:《论清代合同的类型——基于徽州合同文书的实证分析》,《法学》2014 年第 6 期。

喻中:《梁启超与中国现代法学的兴起》,《政法论坛》2016 年第 4 期。

喻中:《论梁启超对权利义务理论的贡献》,《法商研究》2016 年第 1 期。

喻中:《民国初年的司法独立——司法总长梁启超的理论与实践》,《清华法学》2014 年第 6 期。

喻中:《所谓国体:宪法时刻与梁启超的共和再造》,《法学家》2015 年第 4 期。

岳纯之:《论〈唐律疏议〉的形成、结构和影响》,《政法论丛》2013 年第 2 期。

岳纯之:《仁井田陞等〈故唐律疏议〉制作年代考及其在中国的学术影响》,《史林》2010 年第 5 期。

岳纯之:《所谓现存〈唐律疏议〉为〈永徽律疏〉之新证——与郑显文先生商榷》,《敦煌研究》2011 年第 4 期。

曾加、刘亮:《陕西法政学堂与近代中国西部的法学高等教育》,《西北大学学报》2012 年第 3 期。

曾令健:《晚清州县司法中的"官批民调"》,《当代法学》2018 年第 3 期。

曾鹿平:《西北政法大学:中国共产党延安时期法律高等教育的直接延续》,

《法律科学》（西北政法大学学报）2013 年第 3 期。

翟晗：《国家想象之镜：中国近代"女权"概念的另一面》，《政法论坛》2020 年第 4 期。

展龙：《明代官员久任法研究》，《清华大学学报》（哲学社会科学版）2013 年第 4 期。

张本顺：《变革与转型：宋代"别籍异财"法的时代特色、成因及意义论析》，《法制与社会发展》2012 年第 2 期。

张波：《陕甘宁边区经济法制研究》，博士学位论文，西北大学，2017 年。

张朝阳：《汉晋民事司法变迁管测：基于甘肃临泽〈田产争讼爰书〉的探讨》，《华东政法大学学报》2017 年第 1 期。

张传玺：《秦及汉初逃亡犯罪的刑罚适用和处理程序》，《法学研究》2020 年第 3 期。

张春龙、张兴国：《湖南益阳兔子山遗址九号井出土简牍概述》，《国学学刊》2015 年第 4 期。

张春龙等：《湖南益阳兔子山遗址九号井发掘简报》，《文物》2016 年第 3 期。

张洪涛：《近代中国的"以礼入法"及其补正——以清末民初民事习惯法典化为例的实证研究》，《比较法研究》2016 年第 2 期。

张婧：《民国时期男女平权立法之研究——以夫妻财产制为视角》，《法学评论》2015 年第 4 期。

张俊峰：《清至民国山西水利社会中的公私水交易——以新发现的水契和水碑为中心》，《近代史研究》2014 年第 5 期。

张兰、崔林林：《中国教育法律体系近代化轨迹的历史考察》，《北京联合大学学报》2017 年第 2 期。

张丽霞：《明代息讼制度探究——以判牍为中心的考察》，《郑州大学学报》（哲学社会科学版）2017 年第 4 期。

张玲玉：《近代中国公司法：历史价值与富强梦想》，《中共中央党校（国家行政学院）学报》2020 年第 5 期。

张敏、许光县：《清代人身典权的法律规制——以白契制度为中心的考察》，《政法论坛》2013 年第 5 期。

张娜：《陕甘宁边区预防犯罪之启示——以刑罚目的的实现为视角》，《宁夏社会科学》2012 年第 5 期。

张勤:《法律精英、法律移植和本土化:以民国初期的修订法律馆为例》,《法学家》2014 年第 4 期。

张群:《明代士大夫的法律修养》,《法律史评论》2020 年第 1 卷。

张群:《也谈清代犯罪存留养亲的现代价值——一个学术史的回顾与思考》,《法制史研究》2019 年第 36 期。

张群:《中国古代法上的义绝》,《安徽大学法律评论》2011 年第 1 辑。

张群:《中国近代保密法制与新闻自由》,《政法论坛》2012 年第 3 期。

张群、杨子月:《〈皇朝经世文编〉中的法学名家——清初刑部尚书姚文然的律学贡献》,《社会科学论坛》2020 年第 6 期。

张仁善:《近代法学期刊:司法改革的"推手"》,《政法论坛》2012 年第 1 期。

张仁善:《论中国司法近代化进程中的耻感情结》,《江苏社会科学》2018 年第 4 期。

张荣强:《从户下奴婢到在籍贱民身分转变的考察》,《历史研究》2020 年第 4 期。

张荣强:《甘肃临泽晋简中的家产继承与户籍制度——兼论两晋十六国户籍的著录内容》,《中国史研究》2017 年第 3 期。

张生:《民国民法典的制定:复合立法机构的组织与运作》,《比较法研究》2015 年第 3 期。

张生:《民国时期民法体系中的判例:形式与功能的变化》,《学术研究》2019 年第 1 期。

张生:《新中国法律史学研究 70 年:传统法律的传承与发展》,《四川大学学报》(哲学社会科学版) 2019 年第 5 期。

张世慧:《走出"细故":清代商业活动中的钱债案与法律调整》,《近代史研究》2017 年第 2 期。

张世明:《清末就地正法制度研究》(上、下),《政法论丛》2012 年第 1、2 期。

张世明:《再论清末变法修律改革肇端于废除领事裁判权》,《中国人民大学学报》2013 年第 3 期。

张松:《从公议到公断:清至民国民间商事解纷形式的嬗变》,《政法论坛》2014 年第 5 期。

张松:《统一与多元:近代中国票据习惯之演进》,《政法论坛》2018 年第

3 期。

张婷:《法典、幕友与书商——论清代江南法律书籍的出版与流通》,《浙江大学学报》(人文社会科学版) 2015 年第 1 期。

张维新:《近三十年来唐律研究成果的法制史学史考察——以中国内地的部分专著为考评对象》,《前沿》2011 年第 11 期。

张伟:《民国监察权运行实效考察 (1931—1949)》,《法学评论》2020 年第 5 期。

张晓飞:《中国近代法上妻子的商事能力立法的法文化分析》,《法律科学》2016 年第 6 期。

张晓霞:《清代巴县档案中的 54 例犯奸案件分析》,《中华文化论坛》2013 年第 8 期。

张晓霞:《清代抱告制度在州县民事诉讼中的实践——以清代巴县档案为中心的考察》,《成都大学学报》(社会科学版) 2017 年第 4 期。

张晓宇:《近代领事裁判权体系下的华洋船舶碰撞案——1887 年万年青号事件的法律交涉》,《史林》2020 年第 3 期。

张亚飞、王兰惠:《抗战时期沦陷区、国统区、根据地土地政策之比较研究》,《中北大学学报》(社会科学版) 2016 年第 4 期。

张宜:《明代文官犯罪检举路径初探》,《法学杂志》2012 年第 6 期。

张正印:《宋代"鞫谳分司"辨析》,《当代法学》2013 年第 1 期。

张中秋:《中国传统法本体研究》,《法制与社会发展》2020 年第 1 期。

张忠炜:《汉律体系新论——以益阳兔子山遗址所出汉律律名木牍为中心》,《历史研究》2020 年第 6 期。

张忠炜、张春龙:《新见汉律律名疏证》,《西域研究》2020 年第 3 期。

章永乐:《"必要而危险"的权力:民初宪政争衡中的行政专权》,《法学家》2012 年第 2 期。

章永乐:《多民族国家传统的接续与共和宪政的困境——重审清帝逊位系列诏书》,《清史研究》2012 年第 2 期。

章永乐:《维也纳体系与君宪信念的持久性:以康有为为例》,《清华法学》2017 年第 3 期。

赵秉志:《中国刑法的百年变革——纪念辛亥革命一百周年》,《政法论坛》2012 年第 1 期。

赵晶:《试论宋代法律体系的多元结构——以宋令为例》,《史林》2017 年第 4 期。

赵晶:《文书运作视角下的"东坡乌台诗案"再探》,《福建师范大学学报》(哲学社会科学版)2019 年第 3 期。

赵晶:《中国传统司法文化定性的宋代维度——反思日本的〈名公书判清明集〉研究》,《学术月刊》2018 年第 9 期。

赵晶:《二十年来敦煌吐鲁番汉文法律文献研究述要》,《国学学刊》2019 年第 2 期。

赵克生:《明代"淹禁"述论》,《中国史研究》2013 年第 2 期。

赵林凤:《仿制与揉合:汪荣宝与中国近代宪法》,《求索》2012 年第 11 期。

赵美玲:《民国初期大理院对意思自治与交往安全之平衡——以对意思表示瑕疵的言说为中心》,《东方法学》2015 年第 4 期。

赵崧:《王阳明"因时致治"法律思想探讨》,《法律史评论》2016 年卷。

赵小波:《从"边角料"到"救国良方"——"宪法"诞生及其实用主义倾向》,《法制与社会发展》2014 年第 1 期。

赵小波:《近代中国"民权"内涵演变考论:从维新到革命的话语转换》,《法学家》2015 年第 2 期。

赵晓耕、时晨:《平衡与牵制:明代厂卫与法司的关系》,《甘肃社会科学》2018 年第 5 期。

郑鹏:《20 世纪以来元代司法研究回顾与展望》,《中国史研究动态》2018 年第 4 期。

郑鹏:《官、民与法:元代判决离婚的制度与实践》,《古代文明》2015 年第 4 期。

郑鹏:《文本、话语与现实:元代江南"好讼"考论》,《中国史研究》2018 年第 1 期。

郑鹏:《元代大赦与政治关系论析》,《史学月刊》2014 年第 12 期。

郑鹏:《元代江南地区司法秩序与地域社会——以湖田争讼案件为中心》,《北京社会科学》2018 年第 2 期。

郑鹏:《元代民众诉讼实践中的"诉冤"与"告奸"》,《西北师大学报》2017 年第 2 期。

郑鹏:《元代推官考论》,《古代文明》2019 年第 4 期。

郑琼现:《军政之治与宪政之病——对孙中山宪政程序设计的反思》,《法学评论》2012 年第 1 期。

郑显文：《公序良俗原则在中国近代民法转型中的价值》，《法学》2017 年第 11 期。

郑小春：《徽州诉讼文书所见清代县衙门判词的制作——兼评清代州县不单独制作判词》，《社会科学》2013 年第 10 期。

郑小春：《明清徽州司法实践中的保证文书》，《徽学》第 8 卷。

郑小悠：《吏无脸：清代刑部书吏研究》，《河北法学》2015 年第 2 期。

郑小悠：《清代"独子兼祧"研究》，《清史研究》2014 年第 2 期。

郑小悠：《清代法制体系中"部权特重"现象的形成与强化》，《江汉学术》2015 年第 4 期。

郑小悠：《清代刑部官员的法律素养》，《史林》2016 年第 3 期。

郑小悠：《清代刑部满汉官关系研究》，《民族研究》2015 年第 6 期。

郑小悠：《清代刑部堂官的权力分配》，《北京社会科学》2015 年第 12 期。

郑小悠：《清代刑部之堂司关系》，《史学月刊》2017 年第 1 期。

钟盛：《"双一流"建设背景下中国法律史教学改革的思考》，《现代教育科学》2019 年第 8 期。

钟子龙：《〈大明律〉体例变化原因辩证》，《南大法学》2020 年第 3 期。

周成泓：《从讼师到律师：清末律师制度的嬗变》，《求索》2013 年第 6 期。

周东平：《〈魏书·刑罚志〉点校问题评议》，《古籍整理研究学刊》2020 年第 6 期。

周东平：《论汉隋间法律文明的转型——以汉隋间的四部〈刑法志〉为主线》，《法律科学》（西北政法大学学报）2021 年第 2 期。

周东平、李勤通：《〈大明律〉采六部体系编纂模式原因考辨》，《法律科学》2017 年第 1 期。

周东平、薛夷风：《北朝胡汉融合视域下中古"五刑"刑罚体系形成史新论——兼评富谷至〈汉唐法制史研究〉》，《学术月刊》2021 年第 3 期。

周会蕾：《20 世纪上半叶唐律研究概观》，《华北水利水电学院学报》2011 年第 6 期。

周进：《清代土地绝卖契约中人的双向性居间功能》，《长江大学学报》（社会科学版）2013 年第 5 期。

周睿志：《民情与现代政制——"临时约法"场域中的孙中山与宋教仁》，《政法论坛》2018 年第 3 期。

周睿志:《追求保守与变革的平衡——武昌起义期间梁启超的立宪努力》,《政法论坛》2016 年第 2 期。

周思成:《20 世纪初以来元代法制"弃律用例"现象研究评析》,《北方民族大学学报》2019 年第 2 期。

周思成:《〈元史·镇海传〉中的"四射封赐"新论——蒙元法制史研究札记》,《北方文物》2014 年第 4 期。

周思成:《究竟是 yārghū 还是"钩考"?——阿蓝答儿钩考的制度渊源探微》,《北京师范大学学报》2021 年第 1 期。

周思成:《元代军律中的"临阵先退者处死"刍议——以〈至正条格·断例·擅兴〉为中心》,《军事历史》2015 年第 2 期。

周思成:《元代刑法中的所谓"敲"刑与"有斩无绞"说辩正》,《北京师范大学学报》2015 年第 2 期。

周威:《论康有为于戊戌变法前的宪法观及其宪法史地位》,《法学家》2018 年第 6 期。

周永坤:《"出入人罪"的司法导向意义——基于汉、唐、宋、明四代的比较研究》,《法律科学》(西北政法大学学报) 2015 年第 3 期。

周永坤:《〈晋书·刑法志〉中的司法形式主义之辩》,《华东政法大学学报》2017 年第 6 期。

周游:《近代中国公司法制之形塑及其诱因考论——以股权利益调整为线索》,《法制与社会发展》2015 年第 6 期。

周祖文:《清代存留养亲与农村家庭养老》,《近代史研究》2012 年第 1 期。

朱凤瀚等:《北京大学藏秦简牍概述》,《文物》2012 年第 6 期。

朱刚:《"乌台诗案"的审与判——从审刑院本〈乌台诗案〉说起》,《北京大学学报》(哲学社会科学版) 2018 年第 6 期。

朱海城:《从〈公司律〉到〈公司法〉:近代中国股票发行制度与实践研究》,《社会科学》2018 年第 7 期。

朱洁琳:《唐代判词的法律特征与文学特征——以白居易"百道判"为例》,《政法论坛》2013 年第 2 期。

朱明哲:《论王伯琦对法国学说的拣选与阐述》,《清华法学》2015 年第 2 期。

朱卿:《民国时期的刑讯逼供治理》,《湖南大学学报》(社会科学版) 2019 年第 1 期。

朱瑞熙:《宋朝乡村催税人的演变——兼论明代粮长的起源》,《河北大学学报》(哲学社会科学版) 2016 年第 1 期。

朱腾:《从君主命令到令、律之别——先秦法律形式变迁史纲》,《清华法学》2020 年第 2 期。

朱腾:《秦汉时代的律令断罪》,《北方法学》2012 年第 1 期。

朱腾:《秦汉时代律令的传播》,《法学评论》2017 年第 4 期。

朱腾:《清末日本法政大学法政速成科研究》,《华东政法大学学报》2012 年第 6 期。

朱文亮:《辛亥鼎革之际"民军"称谓考略——兼论清帝逊位诏书的性质》,《近代史研究》2014 年第 2 期。

朱旭亮:《唐宋时期"别籍异财"之禁研究》,硕士学位论文,辽宁大学,2017 年。

朱勇:《论中国古代的"六事法体系"》,《中国法学》2019 年第 1 期。

邹水杰:《秦汉〈亡律〉中的逃亡犯罪研究》,《湖南师范大学社会科学学报》2019 年第 1 期。

邹亚莎:《清代物权关系构建的基本路径与价值追求——以"业"的概念的再解读为起点》,《法学杂志》2014 年第 3 期。

后 记

《中国法律史学的新发展》意在对2012年至2020年中国法律史学领域的研究进展和学术成果予以系统的介绍和评述，从而展现本学科在此期间的发展成就、不足和趋势，续写中国法律史学的学术史，并为学界同人继续展开中国法律史研究提供便利和参考。早在2008年和2013年，中国社会科学院法学研究所法制史研究室诸同人就先后编辑出版过《中国法律史学的新发展》（中国社会科学出版社2008年版和2013年版），对2012年之前的中国法律史研究进行过绍介和评议，本书可视为续篇。

本书拟收录的文献范围，包括但不限于2012年至2020年出版、发表、面世的法律史学专著、论文、法律史料、代表性教科书等。其中，论文文献的来源，主要包括法学学术期刊、代表性法律史学集刊以及历史学刊物中的法律史学论文等。按照文献所属的朝代或时期，分为十三个章节，章节撰写安排如下：第一章（总论）：张生；第二、第三、第四章（先秦、秦汉、魏晋）：黄海；第五、第六、第七章（唐、宋、元）：张群；第八、第九章（明、清）：姚宇；第十、第十一章（近代化、清末）：高汉成、闫强乐；第十二、第十三章（民国、根据地）：孙烁、张生。

在全书的内容和风格方面，本书编写组希望执笔人在尽可能全面地关注和涵盖本时期研究成果的同时，避免单纯平铺式的列举和介绍，而能够对相关研究的整体特点和内在逻辑予以适当的提炼、梳理和评析。使本书不仅是对过往研究成果的回顾，而且能够反映编写者对学科发展脉络及趋势的见解，真正具有学术史研究的意义。但这是一个有相当实现难度的美好愿景，现在呈给大家的文稿有否兑现，我们只能说已经努力了。本书初稿完成后，曾送多位匿名评审人审阅并获反馈评审意见，在此表示感谢！

中国社科院法学研究所"中华法文化精华的
传承与借鉴研究"创新课题组
2022年4月18日